LICITAÇÕES INTERNACIONAIS

PARTICIPAÇÃO DE ESTRANGEIROS E LICITAÇÕES REALIZADAS COM FINANCIAMENTO EXTERNO

RAFAEL WALLBACH SCHWIND

Prefácios
Marçal Justen Filho
Aris Georgopoulos

LICITAÇÕES INTERNACIONAIS

PARTICIPAÇÃO DE ESTRANGEIROS E LICITAÇÕES REALIZADAS COM FINANCIAMENTO EXTERNO

4ª edição revista, ampliada e atualizada

Belo Horizonte
FÓRUM
CONHECIMENTO JURÍDICO
2025

FÓRUM
CONHECIMENTO JURÍDICO

Luís Cláudio Rodrigues Ferreira
Presidente e Editor

Coordenação editorial: Leonardo Eustáquio Siqueira Araújo / Thaynara Faleiro Malta
Revisão: Fabiana Guimarães Coelho
Capa e projeto gráfico: Walter Santos
Diagramação: Derval Braga

Rua Paulo Ribeiro Bastos, 211 – Jardim Atlântico – CEP 31710-430
Belo Horizonte – Minas Gerais – Tel.: (31) 99412.0131
www.editoraforum.com.br – editoraforum@editoraforum.com.br

Técnica. Empenho. Zelo. Esses foram alguns dos cuidados aplicados na edição desta obra. No entanto, podem ocorrer erros de impressão, digitação ou mesmo restar alguma dúvida conceitual. Caso se constate algo assim, solicitamos a gentileza de nos comunicar através do *e-mail* editorial@editoraforum.com.br para que possamos esclarecer, no que couber. A sua contribuição é muito importante para mantermos a excelência editorial. A Editora Fórum agradece a sua contribuição.

Dados Internacionais de Catalogação na Publicação (CIP) de acordo com ISBD

S415l Schwind, Rafael Wallbach

Licitações internacionais: participação de estrangeiros e licitações realizadas com financiamento externo / Rafael Wallbach Schwind. -- 4. ed. --. Belo Horizonte: Fórum, 2025.

362p.; 14,5cm x 21,5cm.
ISBN 978-65-5518-991-9
ISBN digital 978-65-5518-993-3

1. Direito administrativo. 2. Licitações. 3. Licitações internacionais. 4. Contratos administrativos. 5. Estrangeiros. I. Título.

CDD 342
CDU 342

Ficha catalográfica elaborada por Lissandra Ruas Lima – CRB/6 – 2851

Informação bibliográfica deste livro, conforme a NBR 6023:2018 da Associação Brasileira de Normas Técnicas (ABNT):

SCHWIND, Rafael Wallbach. Licitações internacionais: participação de estrangeiros e licitações realizadas com financiamento externo. 4. ed. Belo Horizonte: Fórum, 2025. 362 p. ISBN 978-65-5518-991-9.

Para Luciana, com muito amor.
Ao nosso Felipinho, meu maior orgulho.

AGRADECIMENTOS

O presente livro é fruto de anos de dedicação acadêmica e profissional ao tema das licitações internacionais. É uma alegria enorme ver um tema tão específico e complexo chegar à quarta edição, algo que jamais imaginei que pudesse acontecer quando estava desenvolvendo esta obra.

Apesar de o estudo ser uma atividade fundamentalmente solitária, tive a honra de contar com o apoio e o incentivo de pessoas muito especiais, a quem deixo expressa minha gratidão.

Agradeço muito especialmente ao amigo Cesar A. Guimarães Pereira, que me incentivou a levar adiante este projeto e com quem pude manter um constante debate de ideias.

O resultado do estudo não teria sido o mesmo sem o auxílio da Karlin Olbertz Niebuhr e do Guilherme Augusto Vezaro Eiras. Ambos revisaram trechos do trabalho e, com enorme dedicação, auxiliaram-me com uma exaustiva pesquisa bibliográfica e jurisprudencial.

Devo muito ao Prof. Marçal Justen Filho. Além de ser uma das maiores autoridades do país no estudo das licitações públicas, é um grande incentivador e uma referência muito presente.

Agradeço também ao Professor Aris Georgopoulos, da Universidade de Nottingham, que é uma das maiores autoridades do mundo em licitações públicas. No período que estive em Nottingham como visitante, tive o privilégio de manter conversas muito interessantes com o Prof. Georgopoulos a respeito de diversos temas que são tratados nesta obra, e com isso pude aprofundar muitos pontos que ainda me geravam inquietações.

Por fim, agradeço ao Dr. Luís Cláudio Rodrigues Ferreira, que encampou este projeto, e a toda a equipe da Editora Fórum, que trabalhou com eficiência e dedicação para a concretização deste livro, que agora chega à sua quarta edição totalmente revisto e atualizado (e renovado) com a edição da Lei nº 14.133.

SUMÁRIO

CAPÍTULO 6

LICITAÇÕES REALIZADAS COM PARTICIPAÇÃO DO PNUD...265

PREFACE

It is almost customary for introductions/prefaces of books which cover public procurement law to begin by referring to the economic importance of government procurement (an area which corresponds to 10 to 15 per cent of a country's Gross Domestic Product (GDP) as an average). The reference to these statistics of government procurement is generally aimed at highlighting the significance of this area of economic activity at global level and prepare the readership for the next part which contains a "sales pitch": the case for the benefits of the internationalisation of government procurement regulation, through the establishment of international disciplines which aim at opening-up national government procurement markets to international participation, thus fostering competition and leading to net (economic) welfare gains.

Although such an introduction was needed perhaps at the start of the main effort of the internationalisation of government procurement regulation, in the late 80s early 90s, as a means to attracting the attention of stakeholders, I believe that thirty or so years later, the process of internationalisation of government procurement regulation has gained enough traction and as a result such a "sales pitch" is now optional. The process speaks for itself.

As we have discussed elsewhere[1] with esteemed colleagues, one of whom is the author of the present book, the internationalisation of government procurement regulation has evolved significantly and now manifests itself in a variety of bilateral, regional and plurilateral agreements. Nowadays it is almost unthinkable for comprehensive

[1] The Internationalization of Government Procurement Regulation, A. Georgopoulos, B.Hoekman, P. Mavroidis (eds.), Oxford University Press, 2017

trade agreements not to include disciplines in the area of government procurement often taking the form of lengthy chapters and occupying a lot of the time and energy of these trade negotiations. The aforementioned momentum of the internationalisation of government procurement regulation process explains the latter's "survival" during the recent resurgence of "economic nationalism" or "neo-mercantilism".[2] Indeed government procurement was probably the only area of international trade where meaningful negotiations continued against an atmosphere of general stagnation -see for instance the stalemate of multilateral negotiations of the Doha round and the World Trade Organisation (WTO) Appellate Body crisis.

Central role in the process of the internationalisation of government procurement regulation is played by the Government Procurement Agreement (GPA), the plurilateral agreement administered by the WTO since 1994.[3] After the successful renegotiation of the GPA 1994 which culminated in the formal adoption of the revised text of the Agreement in 2012 (GPA 2012) and its entry into force in 2014, the GPA saw its membership increase by attracting both developed economies (Australia, New Zealand) but also, for the first time, developing economies (Armenia, Montenegro and Moldova). In addition, and perhaps more importantly, other important global players and emerging economies have initiated accession negotiations amongst them Brazil, the Russian Federation and China.

The existing size of government procurement opportunities under the GPA regime, currently estimated circa $1,7 trillion dollars annually, in combination with the potential increase of the latter after the accession of large economies like China constitute a pull factor for other countries to join. However, it is not just the government procurement opportunities that explain why countries, especially developing economies and emerging markets have joined or consider joining the GPA. There is another important factor that appeals to them: joining the GPA is a "validation" that their national government procurement system adheres to the standards of good governance. It is a testimony that their system conforms with a framework that promotes transparency, contributes to the fight against corruption. It

---

2 Signalled by developments such as the withdrawal of the United Kingdom from the European Union (Brexit) and the election of the Trump administration in the United States of America.

3 The GPA has currently 21 Parties which comprise 48 WTO Members. The European Union and its twenty seven Member States count as one Party.

also provides these countries with the opportunity to participate in a regulatory ecosystem which seeks constant improvement, facilitates capacity building and identifies best practices. Such a "validation" can also have positive externalities from a political standpoint and also from an economic and foreign investment standpoint making these emerging economies more attractive to foreign investment. In a nutshell GPA membership is a "badge" of a modern, transparent, system of government procurement which all states (and especially developing economies) are proud to showcase.

Moreover, the significance of the GPA as a benchmarking regime and an ecosystem of improvement and capacity building is expected to increase with the new set of objectives promoted by national and international policy agendas such as social and green sustainability in government procurement, protection of Human Rights in the global supply chains and the wider net zero aims agreed at the UN Climate Change Conference (COP26) in Glasgow.

In this international regulatory environment Brazil's application to join the GPA in May 2020 and the formal start of accession negotiations in March 2021, constitute a significant development. Brazil is one of the so-called "BRICS" (Brazil, Russia, India, China and South Africa) emerging economies with immense potential in terms of economic development. Understanding more about the Brazilian government procurement regime, its policies, and priorities as well as the wider legal, administrative and economic environment of the country is therefore crucial. Furthermore, the need to update our knowledge about the Brazilian government procurement legislative framework is intensified because of the enactment of the new Public Procurement Law, Law 14.133 in April 2021. The coincidence of the introduction of the new legislation with the almost simultaneous start of Brazil's GPA accession negotiations raises pertinent questions of law and policy which are relevant for practitioners, negotiators, and academic researchers.

The timing for publishing the present volume could not have been better. The book puts the Brazilian government procurement legislation in its wider context, analyses the features of the new law, explains the improvements introduced by the latter and identifies the areas where tensions still exist between the Brazilian government procurement rules and the GPA regulatory framework. Rafael Wallbach Schwind uses his extensive knowledge as legal practitioner, arbitrator, but also as prolific academic writer, to shed light to these important aspects which will inform and affect the negotiation agenda.

This book is important for all stakeholders, at national and international level, with an interest in Brazilian government procurement. It constitutes a significant contribution which is relevant both from a practical and theoretical standpoint.

Dr. Aris Georgopoulos
Head of Defence and Strategic Procurement Research Unit, Co-Lead of Research Unit on Public Procurement, Human Rights and Social Sustainability, Public Procurement Research Group (PPRG,) School of Law, University of Nottingham United Kingdom

PREFÁCIO DA PRIMEIRA EDIÇÃO

A contratação entre a Administração Pública e os particulares sempre foi um instrumento relevante para assegurar a satisfação de necessidades coletivas. Mas as contratações administrativas adquiriram uma importância crescente ao longo das últimas décadas. Isso se deve a diversos fatores. Sumariamente considerando esse tema, a primeira questão envolveu a ampliação das funções estatais. Isso acarretou a ampliação horizontal dos encargos da Administração.

Por outro lado, o progresso tecnológico-científico gerou complexidades extraordinárias. Isso propiciou a especialização das atividades técnicas. Nenhuma entidade, pública ou privada, dispõe de condições de manter em seus quadros os especialistas necessários para fazer face a necessidades diferenciadas.

Em muitos casos, a limitação dos recursos públicos induz à necessidade de que investimentos relevantes sejam realizados por meio do capital privado, com a previsão da amortização dos investimentos por meio da exploração de infraestruturas ao longo do tempo.

Em outros casos, o incremento de certas atividades privadas (econômicas ou não) é desejável e depende da intervenção estatal. Há certas atividades que são socialmente desejáveis, mas que não apresentam atratividade econômica para a iniciativa privada.

Essas razões, entre outras, conduziram ao incremento das relações contratuais entre a Administração Pública e os particulares. O Estado estabelece relações contratuais com os particulares para obter bens e serviços indispensáveis ao atendimento de necessidades diferenciadas.

A contratação pela Administração Pública de empresas não estabelecidas no país, por outro lado, sempre despertou controvérsias. As manifestações políticas nacionalistas tendem a priorizar a contratação com os nacionais. Mas nem sempre é possível manter a contratação restrita às empresas nacionais. Em muitos casos, a indústria nacional não dispõe de recursos, conhecimento ou experiência necessários para executar uma certa atividade. Há hipóteses em que as condições contratuais praticadas no estrangeiro são muito mais compensadoras do que as praticadas no mercado interno. Existem situações em que a contratação com a Administração Pública nacional é um meio para produzir a transferência de conhecimento e o domínio da tecnologia para a Nação. E há aqueles casos em que pura e simplesmente uma empresa estrangeira busca ingressar no mercado nacional.

Em muitos casos, as empresas estrangeiras criam subsidiárias no Brasil e disputam as contratações administrativas na condição de pessoas nacionais. Mas há situações em que a empresa estrangeira não pretende funcionar no Brasil ou em que a execução do contrato não configura uma atuação contínua.

Uma outra faceta do problema se relaciona com contratos administrativos financiados, total ou parcialmente, por instituições estrangeiras. Em tais casos, é usual o financiamento ser outorgado mediante a condição de tratamento equivalente para nacionais e não nacionais.

Esse cenário permite compreender a complexidade do fenômeno da chamada "licitação internacional". Há várias passagens na legislação brasileira a propósito do tema, mas a sua disciplina jurídica é lacônica. Basicamente, o art. 42 da Lei nº 8.666 dispõe sobre o tema. Mas nem sequer existe uma definição precisa sobre a distinção entre licitações nacionais e internacionais. A questão se torna ainda mais complexa pela autorização contemplada no §5º do art. 42 para submissão da licitação a regras e regulamentos de instituições estrangeiras, se presentes determinados requisitos. Em tais casos, admite-se a submissão do certame a condições decorrentes de acordos, protocolos, convenções ou tratados internacionais (aprovados pelo Congresso Nacional), tal como a normas e procedimentos de entidades estrangeiras. Mas se exige a observância do princípio do julgamento objetivo.[4]

A complexidade do tema explica a relativa escassez de estudos especializados no Brasil sobre a licitação internacional. A matéria é tratada de passagem pela maioria dos doutrinadores, sem se tornar foco de atenção principal.

Em face disso, a obra de Rafael Wallbach Schwind é extremamente bem-vinda. Ao eleger a licitação internacional como tema de seu exame, o autor preenche uma lacuna na bibliografia nacional. Tanto bastaria para merecer os aplausos de todos. Mas as virtudes da obra são muito mais acentuadas. O autor se preocupa em examinar com profundidade a matéria. Isso significa considerar as questões práticas pertinentes à participação de licitantes estrangeiros – tanto em licitações nacionais,

[4] Nota de atualização: prefácio escrito para a primeira edição desta obra, ainda sob a vigência da Lei nº 8.666.

como em licitações internacionais. Mais ainda, Rafael Wallbach Schwind também se dedica a expor as questões pertinentes às licitações envolvendo recursos provenientes do BID, do BIRD e do PNUD.

O resultado é um livro dotado de dupla virtude. Por um lado, o autor não descura da dimensão teórica do tratamento da matéria. Toma em vista a inserção da licitação internacional no conjunto do ordenamento jurídico pátrio e a preponderância das normas constitucionais sobre qualquer regra contemplada na legislação infraconstitucional ou em normativas editadas por instituições estrangeiras.

Mas a obra não deixa de considerar as questões práticas envolvidas nos casos concretos, inclusive apontando a jurisprudência dos Tribunais e do TCU.

A obra permite compreender, então, as características e o regime jurídico das licitações internacionais, tal como daquelas que, embora nacionais, envolvam a participação de licitantes estrangeiros.

Todos esses atributos tornam o livro de Rafael Wallbach Schwind uma obra de consulta indispensável e uma colaboração marcante para o progresso da doutrina brasileira atinente às licitações. É não apenas uma honra prefaciar a obra de Rafael, mas também um privilégio haurir as lições por ele lançadas nesse aprofundado estudo.

Marçal Justen Filho

Doutor em Direito Público pela PUC-SP.
Professor Titular da UFPR de 1986 a 2006.

NOTA À SEGUNDA EDIÇÃO

Dentro do ideal de manter este livro devidamente atualizado, apresentamos esta segunda edição.

Foram revistos e ampliados determinados trechos, principalmente aqueles que tratam da participação de empresas estrangeiras nas licitações no Brasil. Nossa experiência tem demonstrado que o tema é de complexidade inesgotável. Em função disso, entendemos por bem fazer algumas complementações no texto, uma vez que o assunto tem sido objeto de intensas discussões administrativas e judiciais.

Nesse contexto, ampliamos diversos tópicos, sempre tendo o cuidado de atualizar e complementar a jurisprudência sobre cada ponto examinado. É o que se pode verificar, por exemplo, no item que trata da apresentação de documentos equivalentes por licitantes estrangeiros.

O tópico da equalização entre as propostas de licitantes nacionais e estrangeiros recebeu uma parcial revisão e um significativo aprofundamento. Ampliamos a exposição do tema, inclusive levando em consideração um recente e importante acórdão do Plenário do TCU.

Ainda na parte relacionada à participação de estrangeiros, incluímos um tópico sobre as medidas de compensação (*offset*), que são utilizadas com bastante frequência nas contratações realizadas pelas Forças Armadas. Trata-se de situações nas quais, como compensação pela aquisição de determinado produto junto a um fornecedor estrangeiro, o Estado Brasileiro, na qualidade de país comprador, pode exigir a assunção de determinados compromissos, tais como a aquisição, pelo fornecedor estrangeiro, de produtos e insumos de empresas brasileiras, a transferência de determinada tecnologia, a garantia de investimentos em determinados setores econômicos, a prestação de assistência técnica ou comercial, dentre outros. O *offset*, portanto, é uma prática adotada pelo Estado Brasileiro que possui grande relevância nas contratações que envolvem fornecedores estrangeiros, notadamente de equipamentos de alta tecnologia, tais como aeronaves, submarinos, dentre outras.

O leitor poderá verificar ao longo de todo o texto a existência de modificações destinadas a aprofundar e atualizar este trabalho. Esperamos que o tema continue gerando discussões teóricas e práticas, e que esta segunda edição possa contribuir para o estudo de um tema que, apesar de sua importância, segue sendo pouco tratado pela doutrina nacional.

NOTA À TERCEIRA EDIÇÃO

Em 1º de abril de 2021, foi finalmente publicada a nova Lei de Licitações e Contratos Administrativos (Lei nº 14.133). Essa nova lei conviverá com a Lei nº 8.666 por dois anos (conforme dispõe seu artigo 193, inciso II) e é de certa forma a síntese de alguns entendimentos do Tribunal de Contas da União com três instrumentos legais: a própria Lei nº 8.666, a Lei nº 10.520 (Lei do Pregão) e a Lei nº 12.462 (que instituiu o Regime Diferenciado de Contratações Públicas – RDC).

Pode-se dizer que a Lei nº 14.133 é, portanto, o resultado de praticamente três décadas da experiência prática e da evolução legislativa acerca das licitações e contratações públicas que ocorreu no Brasil – isso sem considerar o Decreto-Lei nº 2.300, de 1986, que já era muito similar em variados aspectos ao que viria a ser a Lei nº 8.666.

Em virtude dessa origem, já era de se esperar que a Lei nº 14.133 fosse um diploma um tanto confuso, circular. O mesmo assunto é tratado em diversos pontos da lei, o que demanda do intérprete e do aplicador um cuidado especial. Mas isso não tira os méritos da nova lei. Se é verdade que ela poderia ter sido muito melhor, ao menos se deve reconhecer que ela representa uma evolução significativa em muitos aspectos. A medida das suas transformações dependerá da postura dos seus aplicadores e também – e fundamentalmente – dos órgãos de controle, que não deverão aplicar a Lei nº 14.133 com os olhos apenas voltados ao passado.

Especificamente em relação às licitações internacionais e à participação de estrangeiros em licitações no Brasil, a Lei nº 14.133 parece contemplar um avanço razoável. Não houve uma transformação radical nas disposições sobre esses temas, mesmo porque isso não parecia necessário. Mas pode ser observada uma evolução positiva em muitos aspectos. Para citar alguns exemplos: (i) criou-se uma definição normativa de licitações internacionais, o que tende a contribuir para uma maior segurança na aplicação do conceito, (ii) simplificaram-se algumas regras, excluindo por exemplo as que tratam de representação no Brasil, (iii) estabeleceram-se alguns mecanismos destinados a facilitar a apresentação de documentos por licitantes estrangeiros, (iv) afastou-se a absurda "equalização de propostas", que era entendida por alguns como sendo uma autorização legislativa para que se somasse às propostas de estrangeiros a "carga tributária brasileira" (como se fosse possível um cálculo teórico dessa natureza), e (v) deixou-se de proibir que uma empresa estrangeira fosse líder em consórcio com empresas brasileiras, o que não fazia o menor sentido.

Esses e diversos outros pontos que foram alterados pela Lei nº 14.133 já eram objeto de críticas que vínhamos fazendo desde a primeira edição desta obra. Aliás, essas modificações inegavelmente têm relação com a intenção do Brasil de ser um futuro signatário do Acordo de Compras Governamentais da Organização Mundial do Comércio, o que demandará a superação de certas barreiras à participação de licitantes estrangeiros. Nesse contexto, é natural que tenhamos uma visão realisticamente positiva da nova lei.

Assim, dentro do ideal de manter este livro devidamente atualizado, apresentamos esta terceira edição, praticamente toda reescrita para contemplar as previsões da Lei nº 14.133.

Foram totalmente reformulados e reescritos diversos trechos, sempre com o objetivo de não se interpretar e aplicar a nova legislação com os olhos voltados ao passado. Isso não quer dizer, no entanto, que as experiências acumuladas desde a edição da Lei nº 8.666 devam ser simplesmente ignoradas. Muito pelo contrário: todo o conhecimento produzido nas últimas décadas é muito rico e deve ser considerado na interpretação e aplicação da nova lei. O que não se pode fazer é ignorar as novidades e a intenção do legislador de efetivamente instituir certas inovações.

Além disso, incluímos um novo capítulo tratando justamente do Acordo para Compras Governamentais da OMC (GPA) e dos seus impactos sobre as licitações no Brasil quando o país se tornar signatário do referido instrumento.

Dessa forma, entendemos que este livro, devidamente atualizado, revisado e ampliado, poderá ser útil aos operadores do direito e a todos os que trabalham com licitações internacionais e com a participação de estrangeiros em licitações no Brasil.

Temos a certeza de que o tema continuará gerando discussões teóricas e práticas, e que esta terceira edição poderá contribuir para o estudo de um tema que, apesar de sua importância cada vez maior, segue sendo pouco tratado pela doutrina nacional.

NOTA À QUARTA EDIÇÃO

Desde a terceira edição, publicada em 2022, alguns eventos relevantes ocorreram e estão sendo contemplados nesta nova edição.

O primeiro deles é o aprofundamento da experiência concreta na aplicação da Lei nº 14.133. A sua incidência prática, com a definitiva superação da Lei nº 8.666, faz com que os conhecimentos vão se assentando, o que é refletido na revisão desta nova edição.

O segundo evento marcante é o reposicionamento político do Brasil frente à sua adesão ao Acordo de Compras Governamentais da OMC (GPA). Apesar disso, decidimos pela manutenção do capítulo sobre o tema, introduzido na terceira edição, uma vez que, além de possuir relevância acadêmica, é plenamente possível que o posicionamento do país seja novamente reavaliado.

Além disso, esta nova edição contempla não apenas atualizações em geral, mas também alguns temas novos, como a celebração de memorandos de entendimento entre a Administração Pública e os agentes internacionais financiadores, a utilização de *dispute boards* nas contratações decorrentes de financiamentos internacionais e os modelos contratuais FIDIC – que inclusive poderiam ser melhor utilizados nas contratações administrativas no Brasil.

INTRODUÇÃO

Há muito tempo o direito administrativo ingressou na "era do direito global".[1] Isso se evidencia mediante a observação de alguns fenômenos.

É cada vez mais frequente a influência de soluções estrangeiras no direito administrativo brasileiro. Agências reguladoras, parcerias público-privadas, regulação de *essential facilities*, incorporação de modelos contratuais internacionalmente reconhecidos – são vários os temas que vêm sendo objeto de estudo nos últimos anos, inclusive com uma forte influência de compreensões derivadas de outros sistemas, como o da *common law*. A rigor, o direito administrativo brasileiro e a própria organização da Administração Pública sempre foram influenciados por compreensões adotadas em outros países. A influência francesa, por exemplo, é muito evidente ao menos desde as décadas de 60 e 70 do século passado, e é notável o crescimento da influência norte-americana nas últimas décadas.

Simultaneamente, há uma integração regional e internacional crescente, não só por meio da formação de blocos econômicos, mas também mediante a participação dos países em uma série de organizações internacionais e como signatários de acordos bilaterais e plurilaterais de comércio. Isso demanda uma aproximação das ordens jurídicas internas, que começam a seguir certos padrões semelhantes, ainda que sem desconsiderar as peculiaridades de cada país. Basta verificar que o Brasil é signatário de um sem número de atos internacionais. As normas contidas nesses instrumentos devem ser observadas por todos os seus signatários, apesar da diversidade de ordens jurídicas de cada um deles.

Há ainda uma integração econômica de iniciativa "não estatal", uma vez que as empresas não limitam a sua atuação ao território do seu país-sede. São frequentes os investimentos em outros países, partindo-se

[1] Acerca do assunto, confira-se: SUNDFELD. A Administração Pública na era do direito global. *In*: SUNDFELD; VIEIRA (Coord.). *Direito global*, p. 157-168. Para uma versão revisada do texto, consulte-se: SUNDFELD. O direito administrativo sobreviverá à globalização?. *In*: SUNDFELD. *Direito administrativo para céticos*, p. 182-192. Confira-se também: GEORGOPOULOS, Aris C.; HOEKMAN, Bernard; MAVROIDIS, Petros C. *The internationalization of public procurement*. Oxford, 2017.

de uma visão global das oportunidades de negócios – inclusive no que se refere às contratações com o Poder Público.

As licitações públicas brasileiras são influenciadas por todas essas diretrizes.

Em termos de regulação, nota-se a busca por regras licitatórias de aplicação mais simples e menos formalista. As leis que tratavam do pregão e tratam do Regime Diferenciado de Contratações Públicas (RDC) constituíram passos importantes nesse objetivo de se ter licitações menos formalistas e mais eficientes.[2] Aliás, a própria Lei nº 8.666 já contemplava há muito tempo a possibilidade de realização de licitações mediante a aplicação de regras editadas por organismos internacionais, possibilidade essa que foi mantida pela Lei nº 14.133 e que resulta na adoção de soluções procedimentais radicalmente diversas daquelas detalhadas na legislação nacional.

Além disso, há um "mercado de contratações públicas" no Brasil que desperta crescente interesse de empresas estrangeiras. A regulação da participação de estrangeiros em licitações públicas deve permitir que o Estado seja beneficiado com esse aumento do interesse de licitantes estrangeiros. Por outro lado, não se pode olvidar que as licitações constituem um mecanismo voltado ao desenvolvimento nacional sustentável.[3]

O presente estudo destina-se a examinar justamente os aspectos internacionais das licitações públicas no Brasil, com enfoque em dois temas principais: a participação de estrangeiros e o financiamento internacional.

Após a caracterização das "licitações internacionais" (Capítulo 1), será examinada a problemática relativa à participação de estrangeiros em licitações públicas no Brasil (Capítulo 2). Na sequência, serão estudadas as peculiaridades dos certames realizados com financiamento estrangeiro (Capítulos 3 e 4). Em seguida, tratar-se-á mais detalhadamente das licitações realizadas com recursos do BID e do BIRD à luz das regras editadas por essas entidades (Capítulo 5). Serão ainda examinadas as licitações que contam com a intermediação de recursos pelo PNUD (Capítulo 6). Por fim, haverá uma análise a respeito

---

[2] Consulte-se: ROSILHO. *Qual é o modelo legal das licitações no Brasil?*: as reformas legislativas federais no sistema de contratações públicas. Trata-se de um importante e aprofundado estudo acerca da evolução das licitações no Brasil.

[3] Acerca do tema, que será tratado com maior detalhamento neste livro, confira-se desde logo: JUSTEN FILHO; JORDÃO. A contratação administrativa destinada ao fomento de atividades privadas de interesse coletivo. *Revista Brasileira de Direito Público – RBDP*.

dos efeitos concretos que a possível adesão do Brasil ao Acordo para Compras Governamentais da OMC terá sobre as licitações públicas no país (Capítulo 7).

Procurou-se conferir ao estudo um enfoque eminentemente prático, que possa servir de awuxílio àqueles que atuam diretamente em licitações públicas nas quais estiverem envolvidos os assuntos tratados neste livro. Em certos pontos, contudo, foram feitas algumas digressões teóricas que, em nosso sentir, apresentam decorrências práticas relevantes.

Fizemos ainda um amplo levantamento de jurisprudência de modo a demonstrar como as questões vêm sendo decididas pelo Poder Judiciário e pelos tribunais de contas (em especial, pelo TCU). Ainda que muitas dessas decisões sejam anteriores à Lei nº 14.133, elas fornecem um norte para a aplicação da nova lei nos pontos em que ela não se distingue da legislação que a precedeu. Foram citados também diversos precedentes da *Project Procurement Committee* (*PCC*) do BID, que examina os protestos formulados nos certames financiados pela instituição. Os entendimentos adotados por essa comissão, ainda que não tenham força vinculante, constituem um importante referencial para casos futuros.

CAPÍTULO 1

CARACTERIZAÇÃO DAS LICITAÇÕES INTERNACIONAIS E PLANO DE EXPOSIÇÃO

1.1 Explicação prévia

Neste capítulo, pretende-se estabelecer uma caracterização inicial das licitações internacionais a partir das normas que tratam do tema.

Uma das inovações da Lei nº 14.133 foi o estabelecimento de um conceito de licitação internacional.

O artigo 6º, inciso XXXV, da Lei nº 14.133, define licitação internacional como sendo a licitação processada em território nacional na qual é admitida a participação de licitantes estrangeiros, com a possibilidade de cotação de preços em moeda estrangeira, ou licitação na qual o objeto contratual pode ou deve ser executado no todo ou em parte em território estrangeiro.

Antes de esmiuçar esse conceito, é interessante fazer um retrospecto histórico de modo a compreendê-lo melhor.

1.2 Ausência de conceituação na legislação que precedeu a Lei nº 14.133

A legislação que precedeu a Lei nº 14.133, embora fizesse várias referências às licitações internacionais, não as conceituava em nenhum momento.

O termo "licitação internacional" era utilizado pela Lei nº 8.666 em diversos dispositivos.

O §3º do artigo 23 estabelecia que a concorrência é a modalidade de licitação cabível em diversas situações, inclusive "nas *licitações internacionais*, admitindo-se neste último caso, observados os limites deste artigo, a tomada de preços, quando o órgão ou entidade dispuser de cadastro internacional de fornecedores ou o convite, quando não houver fornecedor do bem ou serviço no País".

O §4º do artigo 32 previa que as empresas estrangeiras que não funcionem no Brasil atenderiam, tanto quanto possível, "nas *licitações internacionais*, às exigências dos parágrafos anteriores mediante documentos equivalentes, autenticados pelos respectivos consulados e traduzidos por tradutor juramentado, devendo ter representação legal no Brasil com poderes expressos para receber citação e responder administrativa e judicialmente".

Ainda no artigo 32 da Lei nº 8.666, o §6º já determinava que o disposto no citado §4º, no §1º do artigo 33 e no §2º do artigo 55 não se aplicava, dentre outras hipóteses, "às *licitações internacionais* para a aquisição de bens e serviços cujo pagamento seja feito com o produto de financiamento concedido por organismo financeiro internacional de que o Brasil faça parte, ou por agência estrangeira de cooperação". Ou seja, nas licitações internacionais que utilizam recursos financiados por organismos internacionais, já se estabelecia que não havia a necessidade de atender determinados requisitos que deveriam ser observados em certames que não envolvem financiamento internacional.

O inciso IX do artigo 40 previa que o edital, no caso de licitações internacionais, deveria prever condições equivalentes de pagamento entre empresas brasileiras e estrangeiras.

O artigo 42 estabelecia que, nas "*concorrências de âmbito internacional*, o edital deverá ajustar-se às diretrizes da política monetária e do comércio exterior e atender às exigências dos órgãos competentes". Os seis parágrafos desse artigo estabeleciam regras a respeito de cotação em moeda estrangeira (§1º), de moeda de pagamento para o licitante brasileiro (§2º), de equivalência de garantias concedidas a licitantes brasileiros e estrangeiros (§3º), de equalização de propostas de licitantes estrangeiros e brasileiros no que se refere à carga tributária (§4º), de aplicação de regras específicas nas licitações realizadas com financiamento internacional (§5º), e de cotação para entrega no mesmo local (§6º).

Por fim, o §3º do artigo 53 previa que, nos "leilões internacionais", o pagamento da parcela à vista poderá ser feito em até vinte e quatro horas.

Como se vê, apesar de a Lei nº 8.666 fazer uso da expressão "licitação internacional" e outras semelhantes ("concorrência de âmbito internacional" e "leilão internacional"), não definia nem esclarecia exatamente o que se deveria entender por tal figura.

A Lei nº 10.520, que tratava do pregão, e os Decretos nº 3.555 e 10.024, que versam respectivamente sobre os pregões presencial e eletrônico, nem sequer utilizavam o termo licitação internacional ou qualquer outro semelhante. Continham somente algumas poucas disposições a respeito da participação de empresas estrangeiras em pregões no Brasil.

A Lei nº 12.462, que instituiu o RDC, também é silente sobre licitações internacionais.

Portanto, antes da edição da Lei nº 14.133, a legislação brasileira sobre licitações não continha nenhuma definição de licitação internacional, muito embora empregasse esse termo (e outros semelhantes) em diversos dispositivos e extraísse de tal qualificação algumas decorrências concretas.

1.3 A definição pelas normas que regem o *drawback*

Ainda antes da Lei nº 14.133, a Lei nº 11.732, de 2008, fazia uma caracterização das licitações internacionais, mas apenas para efeitos de aplicação do *drawback* previsto na Lei nº 8.032.[4]

O *caput* do artigo 3º da Lei nº 11.732 definia licitação internacional como sendo "aquela promovida tanto por pessoas jurídicas de direito público como por pessoas jurídicas de direito privado do setor público e do setor privado". O §1º do artigo 3º ainda estabelecia que, na licitação internacional, "as pessoas jurídicas de direito público e as de direito privado do setor público deverão observar as normas e procedimentos previstos na legislação específica, e as pessoas jurídicas de direito privado do setor privado, as normas e procedimentos das entidades financiadoras".

Nota-se, assim, que as normas da Lei nº 11.732, além de terem um objetivo restrito (delimitação do âmbito de aplicação do regime do *drawback*), não esclareciam de fato o que era uma licitação internacional. As previsões de que deveriam ser observados nas licitações internacionais os procedimentos e normas previstos na legislação específica, ou ainda os estabelecidos pelas entidades financiadoras, não se prestam à caracterização da figura. Na realidade, esses requisitos se aplicam a qualquer tipo de licitação, e não apenas às internacionais.

---

[4] Sobre o assunto, confiram-se: MOTTA. *Eficácia nas licitações e contratos*, p. 551-553; e MUKAI. Curiosa legislação: empresas privadas estão submetidas à obrigatoriedade de proceder a licitações públicas. *Fórum de Contratação e Gestão Pública – FCGP*, p. 84-85. Para verificar o entendimento do autor do presente trabalho, confira-se ainda: SCHWIND. Licitações internacionais realizadas por entidades de direito privado e aplicação do "drawback". *Informativo Justen, Pereira, Oliveira e Talamini.*

Posteriormente, foi editado o Decreto nº 6.702, de 18 de dezembro de 2008, justamente para regulamentar o artigo 3º da Lei nº 11.732.

O artigo 2º do decreto definia licitação internacional nos seguintes termos: "Considera-se licitação internacional, para efeito deste decreto, o procedimento promovido por pessoas jurídicas de direito público e por pessoas jurídicas de direito privado do setor público e do setor privado, destinado à seleção da proposta mais vantajosa à contratante, observados os princípios da isonomia, da impessoalidade, da publicidade, da probidade, da vinculação ao instrumento convocatório, da ampla competição e do julgamento objetivo".

Em seguida, o artigo 3º do Decreto nº 6.702 estabelecia os seguintes requisitos para a caracterização de uma licitação internacional: (i) obediência aos princípios previstos no artigo 2º, acima mencionados; (ii) existência de fases mínimas de abertura, recebimento de propostas, julgamento, declaração da proposta vencedora e celebração do contrato; (iii) publicidade do instrumento convocatório e do resultado final da licitação, com amplo acesso aos documentos respectivos pelas empresas participantes da licitação; e (iv) procedimento incluindo edital de abertura do certame, instruções gerais aos licitantes, especificação do objeto da contratação, e (v) descrição dos critérios objetivos de julgamento.

Novamente, os dispositivos limitavam a caracterização das licitações internacionais apenas para fins de verificar a possibilidade de aplicação do *drawback*. Não pretendiam instituir um conceito rigoroso de licitações internacionais e tampouco tinham o objetivo de delimitar as peculiaridades que tais certames apresentariam em comparação com as licitações nacionais (afinal, se se faziam referências a "licitações internacionais", é porque havia um conceito que se opunha ao de "licitações nacionais"). Além disso, os elementos previstos pelo Decreto nº 6.702 como sendo caracterizadores das licitações internacionais não se restringem apenas às licitações internacionais. Todos eles podem estar presentes em qualquer licitação nacional.

1.4 Possíveis critérios caracterizadores da licitação internacional prévios à Lei nº 14.133

Como a legislação que precedeu a Lei nº 14.133 utilizava o termo "licitação internacional" e conferia algumas peculiaridades a essa figura em comparação com as licitações ditas nacionais, a doutrina tentava estabelecer os critérios caracterizadores dessas duas figuras.

1.4.1 Realização no exterior

Um primeiro critério apontado para a caracterização das licitações internacionais dizia respeito ao local de realização do certame. Licitação internacional seria aquela realizada no exterior, ao passo que as licitações nacionais seriam as processadas no Brasil.

Entretanto, tal critério era incompatível com a legislação.

A legislação brasileira não exigia que o certame fosse realizado no exterior para que pudesse ser caracterizado como licitação internacional. Tampouco dava margem à interpretação de que licitações internacionais seriam somente aquelas realizadas fora do Brasil. Evidentemente, licitações internacionais podiam ser realizadas no Brasil. Não havia (e ainda não há, de acordo com a Lei nº 14.133) nenhuma obrigatoriedade de que fossem realizadas no exterior.

Assim, o critério do local de realização do certame não era correto para a caracterização das licitações internacionais.

1.4.2 Divulgação no exterior

Um segundo critério possível dizia respeito ao local de divulgação do certame. Afirmava-se que as licitações internacionais seriam aquelas que contavam com divulgação no exterior. Contudo, esse critério igualmente estava equivocado.

A legislação brasileira não exigia propriamente que as licitações internacionais fossem divulgadas no exterior. Só isso já era suficiente para afastar o critério em questão. Se fosse obrigatória a divulgação no exterior, deveria haver normas estabelecendo claramente como ocorreria essa publicidade. A mera remissão à "divulgação no exterior" era vaga e imprecisa. A licitação internacional realizada no Brasil deveria ser divulgada em todos os países ao redor do mundo? De que forma deveria haver essa divulgação? Em que periodicidade? Com qual antecedência em relação à abertura do certame? Em que idioma? A identificação dessas questões concretas e suas dificuldades afastava o entendimento de que as licitações internacionais seriam aquelas que contavam com "divulgação no exterior".

Nos dias atuais, em que há uma facilidade crescente na divulgação de informações, notadamente pela internet, eventuais interessados que tenham sede em outros países apresentam muito maior condição de tomar conhecimento de licitações públicas realizadas no Brasil. É inegável que a transmissão de informações em nível global se ampliou consideravelmente, mesmo antes da Lei nº 14.133. Assim, a divulgação em veículo informativo do exterior pode até ser desnecessária.[5]

Não se questiona que a divulgação no exterior seria conveniente para ampliar a publicidade da licitação, o que em tese aumentaria o universo de interessados. Se a Administração pretende realizar uma contratação que envolva experiências e tecnologias não disponíveis no Brasil, por exemplo, a divulgação no exterior poderia ser imprescindível para viabilizar o comparecimento de potenciais interessados. Outro exemplo se refere a licitações realizadas com recursos provenientes do exterior. As regras editadas por alguns organismos internacionais estabelecem que determinados certames por eles financiados sejam divulgados em determinados portais na internet. Contudo, apesar dessas situações em que a publicidade no estrangeiro é obrigatória ou pelo menos conveniente, a "divulgação no exterior" não constitui uma regra geral para todas as licitações internacionais. Não se trata do elemento identificador desse tipo de licitação, portanto.

Assim, o critério do local da divulgação não era adequado para a caracterização das licitações internacionais.

1.4.3 Recursos de fonte externa

O terceiro critério de identificação das licitações internacionais dizia respeito à origem dos recursos empregados na futura contratação. Havendo a aplicação de recursos de origem estrangeira, provenientes de financiamento ou doação concedidos por organismos internacionais ou agências de cooperação, tratar-se-ia de uma licitação internacional. Contudo, também esse critério era inadequado.

Uma licitação internacional poderia ser realizada mediante a aplicação de recursos nacionais ou estrangeiros (ou ainda com a aplicação concomitante de recursos de ambas as fontes). Não há nenhuma vinculação entre a origem dos recursos e a caracterização da licitação como internacional.

Em outras palavras, existem licitações internacionais realizadas total ou parcialmente com recursos obtidos no exterior, bem como licitações também internacionais realizadas com recursos inteiramente

[5] Exemplo disso é o Portal Nacional de Compras Públicas – PNCP, criado pela Lei nº 14.133 (artigos 174 a 176). O PNCP é uma demonstração de que a publicidade de informações sobre licitações em ambiente digital cumpre o papel de divulgação, com as informações sendo acessíveis em todo o mundo.

domésticos.[6] Logo, a fonte dos recursos não era (e continua não sendo) o elemento identificador de uma licitação internacional.

1.4.4 Participação de estrangeiros

A possibilidade de participação de estrangeiros era o quarto critério possivelmente identificador das licitações internacionais. Esses certames seriam abertos à participação de interessados sediados no exterior, ao passo que os estrangeiros não poderiam participar de licitações nacionais. Todavia, também esse critério não se sustentava.

Não há uma vedação a que empresas estrangeiras participem de licitações nacionais. Qualquer pessoa que preencha os requisitos legais e estabelecidos pelo edital poderá participar do certame. Seria inconstitucional vedar a participação de estrangeiros, assim como era ilegal discriminar licitantes em função da sua nacionalidade, sede ou domicílio, seja à luz da Lei nº 8.666 (artigo 3º, §1º, inciso I), seja sob a Lei nº 14.133 (artigo 9º, inciso I, alínea b).

Veja-se que o artigo 28, inciso V, da Lei nº 8.666 estabelecia como requisito de habilitação jurídica a existência de decreto de autorização quando o licitante for empresa ou sociedade estrangeira em funcionamento no Brasil. Inferia-se dessa previsão que não havia uma vedação geral à participação de estrangeiros. Apenas se exigia que os estrangeiros em funcionamento no Brasil tivessem sido autorizados a operar no país por meio de decreto. A rigor, o dispositivo nem mesmo vedava a participação de estrangeiros que não funcionassem no Brasil. Neste caso, contudo, se o objeto da contratação envolvesse atividades que

---

6 Por isso, parte da doutrina afirmava que existiam três tipos de licitações internacionais: com financiamento estrangeiro, com recursos nacionais, e decorrentes de acordos internacionais. Este último tipo inclusive poderia ser dispensado com base no artigo 24, inciso XIV, da Lei nº 8.666. É o entendimento de Edmir Netto de Araújo: "Frente ao direito positivo, a doutrina constata a existência de três espécies de licitações internacionais: aquelas, por assim dizer, comuns, realizadas com recursos próprios desvinculados de programas ou organizações internacionais, onde o objetivo é somente o melhor produto ou a melhor técnica, além da ampliação do campo de competição; as referentes a bens e/ou serviços a serem adquiridos em decorrência de acordo internacional (que em certos casos, pelo art. 24, XIV, podem até mesmo ser dispensadas), a partir de financiamentos por programas tipo *Extim-bank*, geralmente ligados a governos estrangeiros; e finalmente, as licitações para contratação com recursos de órgãos internacionais, dos quais o Brasil faça parte e neles tenha representante (BIRD, Banco Mundial, p. ex.), com regras em partes próprias, como é permitido pela própria Lei n. 8.666/93. Apesar da intenção de disciplinar de maneira uniforme e de atender às exigências legais gerais em qualquer caso, a verdade é que na Lei n. 8.666/93 as licitações internacionais apresentam vários pontos característicos (art. 42 e seus §§) que as apartam das licitações comuns" (*Curso de direito administrativo*, p. 594).

configuravam "funcionamento no país", a autorização governamental seria necessária, na forma dos artigos 1.134 e seguintes do Código Civil.

Portanto, a mera possibilidade ou não de participação de estrangeiros não é o critério identificador das licitações internacionais.

1.4.5 Desnecessidade de os estrangeiros terem autorização para funcionamento no Brasil

O quinto critério possivelmente identificador das licitações internacionais era o da necessidade ou não de autorização para funcionamento no Brasil. Parte da doutrina afirmava que, nas licitações internacionais, os estrangeiros não precisariam de autorização para funcionamento no Brasil, enquanto nas licitações nacionais essa autorização seria indispensável. O elemento identificador de uma licitação internacional, portanto, seria a desnecessidade de os estrangeiros disporem de autorização para funcionamento no Brasil. Mas esse critério também deve ser rejeitado.

O simples fato de o estrangeiro ser contratado pela Administração Pública não dispensava a observância dos requisitos previstos no Código Civil caso sua atuação dependesse de autorização para funcionamento no Brasil. A necessidade ou não de autorização se relacionava na verdade com a atividade material que seria desempenhada pelo estrangeiro, a qual poderia configurar "funcionamento no Brasil", e não com a natureza jurídica (pública ou privada) do sujeito que o contrata para praticar tal atividade. Do contrário, a empresa estrangeira que firmasse contrato com a Administração Pública seria dispensada de um requisito legal somente pelo fato de ser contratada pelo Poder Público, o que não faria sentido.

A esse tema se retornará no capítulo que tratará da participação de estrangeiros em licitações públicas no Brasil.

1.5 A positivação do conceito de licitação internacional pela Lei nº 14.133

A confusão conceitual a respeito do que é licitação internacional acabou sendo resolvida pela Lei nº 14.133, que, pela primeira vez, positivou no direito brasileiro um conceito normativo de licitação internacional efetivamente aplicável às licitações e contratações administrativas.

O artigo 6º, inciso XXXV, da Lei nº 14.133, define licitação internacional como sendo a "licitação processada em território nacional na qual é admitida a participação de licitantes estrangeiros, com a possibilidade de cotação de preços em moeda estrangeira, ou licitação na qual o objeto contratual pode ou deve ser executado no todo ou em parte em território estrangeiro".

Cabe um detalhamento dessa definição para a melhor compreensão do tema.

1.5.1 Processamento em território nacional

O conceito legal estabelece que as licitações internacionais são processadas em território nacional. Se a licitação é realizada no exterior, portanto, não se enquadra no conceito de licitação internacional estabelecido pela Lei nº 14.133.

Note-se que uma questão é o local de realização de licitação, outra é o local da execução do objeto licitado. É plenamente possível que o objeto da licitação internacional seja executado total ou parcialmente no exterior; o certame, no entanto, deve ser processado no Brasil.

É interessante observar que as licitações internacionais diferenciam-se dos certames (ou contratações diretas) realizados por repartições públicas sediadas no estrangeiro. No caso das contratações realizadas no âmbito das repartições públicas sediadas no exterior, há apenas o dever de que elas atendam as peculiaridades locais e os princípios básicos estabelecidos pela Lei nº 14.133, na forma de regulamentação específica a ser editada por Ministro de Estado, conforme estabelece o artigo 1º, §2º, da Lei. Não há propriamente um dever de realização de licitação – e nem poderia, uma vez que é evidente que, estando sediadas no exterior, tais repartições devem realizar as suas contratações de acordo com as peculiaridades locais. Do contrário, provavelmente teriam muita dificuldade até mesmo em realizar contratações essenciais. As repartições devem observar os princípios gerais da Lei de Licitações, ou seja, realizar contratações eficientes, governadas pelos princípios da isonomia, objetividade e imparcialidade, dentre outros, uma vez que estão empregando recursos públicos.

Licitações internacionais, no entanto, não têm relação com contratações realizadas por repartições públicas no exterior. Licitações internacionais são certames realizados no território brasileiro, ainda que o seu objeto seja executado total ou parcialmente no exterior.

1.5.2 Admissão da participação de estrangeiros

As licitações internacionais devem necessariamente admitir a participação de estrangeiros. Não será efetivamente uma licitação internacional o certame que contenha vedações à participação de interessados sediados em outros países. Nem poderia ser diferente. Se uma licitação é internacional, é evidente que a participação no certame deve ser aberta a licitantes com sede no exterior.

Isso não significa, contudo, que empresas estrangeiras somente podem participar de licitações internacionais. Mesmo licitações não qualificadas como internacionais em regra são abertas à participação de estrangeiros. A regra geral é a abertura das licitações nacionais e internacionais a estrangeiros. O que ocorre é que, nas licitações internacionais, é obrigatória a admissão de licitantes com sede no exterior. Já nas licitações nacionais, a regra geral é a possibilidade de participação de estrangeiros, mas em tese é possível que haja restrições à participação deles, a depender de certas peculiaridades de cada situação – por exemplo, se o objeto da contratação, normalmente por motivos de soberania nacional, for restrito a brasileiros.[7]

1.5.3 A questão da autorização para funcionamento no Brasil

Com a instituição de uma definição legal de licitação internacional que faz referência expressa à obrigatoriedade de admissão de licitantes estrangeiros, a Lei nº 14.133 acaba por afastar desses certames a necessidade de se demonstrar a existência de autorização para funcionamento no Brasil para que possa haver a participação dos interessados.[8] Seria contraditório estabelecer um conceito legal de licitação internacional como sendo um certame no qual deve ser admitida a participação de licitantes estrangeiros se, para participarem desses certames, tais interessados devessem comprovar deter autorização para funcionamento no Brasil. Assim, para participar de licitações internacionais, não será necessário que um licitante estrangeiro demonstre deter autorização para funcionamento no país. Se antes havia dúvidas quanto a isso, a

---

[7] A participação de estrangeiros em licitações no Brasil será detalhada em capítulo específico sobre o tema, adiante.

[8] A questão da autorização para funcionamento no Brasil e sua aplicabilidade prática será retomada em mais detalhe em capítulo próprio sobre o tema, mais adiante.

partir da positivação do conceito de licitação internacional com a Lei nº 14.133 não há mais.[9]

É verdade que, para *funcionarem* no Brasil, empresas estrangeiras com sede no exterior devem obter autorização governamental para tanto, na forma dos artigos 1.134 e seguintes do Código Civil – dispositivos que continuam em vigor e não foram suprimidos pela Lei nº 14.133. Não é o fato de tal atuação derivar de um contrato administrativo que fará com que esse requisito legal possa simplesmente ser desconsiderado. Assim, sempre que o objeto de um contrato administrativo efetivamente configurar funcionamento no país, o que não ocorre em todos os casos, caberá ao interessado obter essa autorização, atendendo aos requisitos aplicáveis – ou ainda constituir uma empresa brasileira da qual seria sócio ou acionista. Mas isso ocorrerá para a efetiva atuação no país. A simples participação na licitação internacional não configura funcionamento no Brasil.

Sendo assim, à luz da Lei nº 14.133, ficou claro que o licitante estrangeiro não precisará de autorização para funcionamento no país apenas para poder participar de uma licitação internacional. A existência desse tipo de autorização não poderá ser um requisito para a habilitação do licitante estrangeiro numa licitação internacional. Contudo, se o objeto do contrato derivado de uma licitação internacional configurar funcionamento no Brasil, o licitante estrangeiro que se sagrou vencedor deverá obter tal autorização.

Um possível problema será a demora para a obtenção da autorização para funcionamento no Brasil. Em tese, é possível que essa autorização demore meses para ser emitida. Contudo, para essas situações, caberá ao Estado Brasileiro criar mecanismos que contornem essa dificuldade, seja pela agilização da emissão desse tipo de autorização, seja com a revisão das normas que tratam do tema.

Uma possível solução seria adotar por analogia a mesma sistemática que a Lei nº 14.133 aplica em relação aos licitantes estrangeiros no tocante ao registro perante os conselhos profissionais competentes. O §7º do artigo 67 da Lei estabelece que sociedades empresárias estrangeiras, para atender a necessidade de demonstração de registro

---

9 Pode-se dizer que a previsão legal que abre as licitações internacionais a estrangeiros sem a necessidade de autorização para funcionamento no país é uma decorrência da pretensão do Brasil de se tornar um signatário do Acordo de Compras Governamentais da Organização Mundial do Comércio. Um dos requisitos para tanto é a supressão de barreiras à participação de licitantes sediados em outros países. A necessidade de se demonstrar deter autorização para funcionamento no Brasil apenas para a simples participação em um certame seria uma barreira à entrada de licitantes estrangeiros incompatível com o Acordo.

nos conselhos profissionais competentes, poderão apresentar, no momento da assinatura do contrato, a solicitação de registro perante tal entidade.[10] Não se exige dos licitantes estrangeiros, portanto, o registro perante o conselho profissional competente apenas para a participação na licitação. Apenas se o licitante estrangeiro for o vencedor do certame é que deverá solicitar tal registro. E, ainda assim, para a assinatura do contrato, bastará apresentar documento que demonstre a solicitação de tal registro, e não a existência propriamente dita do registro. Sistemática similar poderia ser adotada às autorizações para funcionamento no Brasil. Dispensa-se a existência de autorização para a simples participação no certame (que não configura funcionamento no país), mas faz-se a exigência de sua solicitação para a assinatura do contrato.

Outra solução, possivelmente mais fácil, seria que o licitante estrangeiro constituísse uma empresa brasileira para figurar como contratada. Assim, a mera condição de sócia dessa empresa brasileira não obrigaria a empresa estrangeira a obter autorização para funcionamento no Brasil, por expressa previsão no artigo 1.134 do Código Civil.[11] Essa criação de uma empresa brasileira, no entanto, deveria ser realizada de tal modo que não comprometa a qualificação técnica e econômico-financeira exigida na licitação.

O fato é que, no mundo globalizado atual, a exigência de autorização para funcionamento no Brasil é anacrônica. Há outros mecanismos que, sem constituir barreiras à participação de licitantes estrangeiros, poderiam proporcionar a segurança que o Estado Brasileiro precisa ter em relações travadas com empresas sediadas em outros países. De todo modo, as disposições do Código Civil sobre a matéria estão em vigor e devem ser observadas nos limites em que sejam aplicáveis.

1.5.4 A possibilidade de cotação de preços em moeda estrangeira

A definição legal de licitação internacional prevê ainda a possibilidade de cotação de preços em moeda estrangeira.

---

[10] O §7º do art. 67 estabelece o seguinte: "Sociedades empresárias estrangeiras atenderão à exigência prevista no inciso V do *caput* deste artigo por meio da apresentação, no momento da assinatura do contrato, da solicitação de registro perante a entidade profissional competente no Brasil".

[11] O *caput* do artigo 1.134 do Código Civil estatui que "A sociedade estrangeira, qualquer que seja o seu objeto, não pode, sem autorização do Poder Executivo, funcionar no País, ainda que por estabelecimentos subordinados, podendo, todavia, ressalvados os casos expressos em lei, ser acionista de sociedade anônima brasileira".

Note-se que a cotação em moeda estrangeira é uma possibilidade, e não uma obrigatoriedade. Sendo assim, é possível que uma licitação internacional preveja cotações em moeda estrangeira ou em moeda brasileira. Caberá definir isso caso a caso. De todo modo, se for permitido ao licitante estrangeiro cotar preços em moeda estrangeira, também o poderá fazer o licitante brasileiro. Portanto, a possibilidade de cotação em moeda estrangeira não estará vinculada à nacionalidade dos licitantes. Trata-se de derivação do princípio da isonomia, que veda tratamentos discriminatórios baseados em critérios incompatíveis com o direito.

A rigor, poderia se interpretar o conceito legal de licitação no sentido de que a possibilidade de cotação de preços em moeda estrangeira fosse uma espécie de faculdade aberta a qualquer licitante, cabendo a eles definir em qual moeda deveriam cotar as suas propostas. No entanto, parece-nos que o melhor entendimento não é o de que os licitantes poderiam optar livremente por qualquer moeda na formulação das suas propostas. Não se deve permitir a formulação de propostas em moedas distintas numa mesma licitação, uma vez que isso geraria sérias dificuldades à comparação das propostas. A interpretação correta do conceito legal de licitação internacional é a de que se permite que o edital indique uma única moeda (nacional ou estrangeira) para a formulação das propostas. As propostas deverão ser formuladas na moeda indicada pelo ato convocatório.

Quando se estabelecer que as propostas sejam cotadas em moeda estrangeira, deverá ser fixada uma data-base no edital, a fim de permitir a conversão segundo o câmbio praticado em determinado dia, de modo que a definição do licitante vencedor não derive de uma aleatoriedade relacionada a flutuações do preço da moeda brasileira.

1.5.5 Execução total ou parcial do objeto no exterior

A segunda parte do conceito legal de licitação faz referência à execução total ou parcial do objeto em território estrangeiro. Note-se que é uma complementação ao conceito legal. Ou seja, de um lado há as licitações internacionais processadas em território nacional nas quais é admitida a participação de licitantes estrangeiros e com a possibilidade de cotação de preços em moeda estrangeira. De outro lado, haverá as licitações internacionais em que o objeto contratual pode ou deve ser executado no todo ou em parte em território estrangeiro.

Assim, se o objeto de uma licitação envolver a execução ainda que parcial de seu objeto em território estrangeiro, tratar-se-á de uma licitação internacional, ainda que os demais requisitos do conceito legal não estejam presentes. Desse modo, a execução total ou parcial do objeto em território estrangeiro não será requisito para a configuração de toda e qualquer licitação internacional. Haverá licitações internacionais em que a integralidade do seu objeto será executada no território brasileiro; neste caso, os demais requisitos do conceito legal de licitação internacional deverão ser observados para que haja efetivamente um certame com a qualificação de licitação internacional.

É importante notar que o conceito legal não estabelece um mínimo de execução no exterior para a qualificação de uma licitação como internacional. Não se prevê, por exemplo, que ao menos um determinado valor do contrato deva remunerar alguma atividade desempenhada fora do território nacional. Sendo assim, se uma parcela diminuta do objeto contratual for desempenhada no exterior, tratar-se-á de licitação internacional.

1.5.6 A superação de entendimentos anteriores

Em síntese, o conceito legal de licitação internacional introduzido pela Lei nº 14.133 proporciona maior segurança jurídica na sua aplicação. Com isso, ficaram superados entendimentos que sustentavam que numa licitação internacional deveria haver necessariamente divulgação no exterior, utilização de recursos de fonte estrangeira ou mesmo que o objeto de uma licitação internacional devesse ser executado ao menos em parte no exterior.

1.6 A sistematização da matéria

Na prática, pode-se sistematizar o estudo das licitações internacionais da seguinte maneira: existem (i) licitações financiadas com recursos estrangeiros, nas quais normalmente (mas nem sempre) há a aplicação de normas contidas em atos internacionais ou editadas pelo organismo financiador ou doador dos recursos; (ii) licitações nacionais realizadas de acordo com a legislação brasileira; e (iii) licitações internacionais realizadas de acordo com a legislação nacional.[12]

[12] International Bidders and Public Procurement in Brazil. *Informativo Justen, Pereira, Oliveira e Talamini.*

As licitações financiadas com recursos de fonte estrangeira são reguladas por atos internacionais (protocolos, convenções, acordos ou tratados internacionais) ou pelas normas editadas pelos organismos financiadores sempre que esses órgãos impuserem a aplicação de suas regras (normalmente identificadas como *guidelines*) como condição para a concessão do financiamento ou a doação de recursos. Isso já ocorria com base no artigo 42, §5º, da Lei nº 8.666, bem como nos próprios atos internacionais de que o Brasil seja signatário, e agora tal possibilidade está prevista no artigo 1º, §3º, da Lei nº 14.133.[13]

Em determinadas situações concretas, o organismo internacional pode não condicionar a concessão do financiamento ou a doação dos recursos à aplicação de suas regras, com o que a legislação brasileira torna-se integralmente aplicável. De todo modo, mesmo havendo a aplicação das regras editadas pelo organismo internacional, os princípios gerais decorrentes da Constituição Federal devem ser observados.

Com a aplicação de regras editadas por organismos internacionais, podem ser adotadas soluções praxistas e procedimentais radicalmente diversas daquelas previstas na legislação brasileira, mas os princípios inerentes à atividade administrativa, inclusive os que dizem respeito aos direitos dos licitantes (por exemplo, a um julgamento objetivo, justo e vinculado às disposições do instrumento convocatório), devem ser observados. Afinal, se nem uma emenda constitucional poderia afastar os princípios fundamentais da ordem jurídica consagrados na Carta Magna, muito menos um organismo internacional poderia impor regras discriminatórias e descabidas em nosso contexto – ainda que a aplicação de tais regras proporcionasse a obtenção de recursos pela Administração Pública nacional.

As outras duas situações são as licitações nacionais e as licitações internacionais realizadas de acordo com a legislação brasileira. Nesses casos, para que uma licitação seja qualificada como internacional, deverá observar os requisitos e critérios constantes da definição legal contida no artigo 6º, inciso XXXV, da Lei nº 14.133. Já se tais requisitos não estiverem presentes, será uma licitação nacional.

1.7 Plano de exposição

As considerações acima se prestam apenas a uma aproximação inicial da problemática relacionada às licitações internacionais. Busca-se

[13] Essa questão será exposta com maior detalhamento no Capítulo 3.

afastar alguns entendimentos eventualmente repetidos, mas que não nos parecem compatíveis com a legislação que rege o tema.

O fato é que a participação de estrangeiros e a aplicação de recursos de origem externa envolvem questões jurídicas bastante complexas. Tais questões constituem precisamente o objeto do presente estudo, sendo examinadas nos capítulos que seguem.

No Capítulo 2, trataremos da participação de estrangeiros em licitações públicas no Brasil. Serão examinadas questões como a necessidade ou não de autorização governamental para participação nas licitações, os requisitos de habilitação, as diretrizes de estímulo ao desenvolvimento nacional sustentável e sua relação com a participação de estrangeiros, entre outros temas correlatos.

No Capítulo 3, serão examinados aspectos gerais relacionados às licitações financiadas por organismos internacionais. Após tratar dos requisitos que justificam a aplicação de normas licitatórias editadas por essas entidades, serão examinadas as soluções praxistas que podem ser adotadas e as regras da legislação nacional incidentes nesse tipo de situação.

O Capítulo 4 complementará o anterior ao tratar das questões processuais subjacentes aos certames financiados por organismos internacionais. Conforme se demonstrará, a participação desses entes apresenta algumas implicações em termos de competência jurisdicional que merecem ser estudadas de modo mais detalhado.

No Capítulo 5, serão examinadas as previsões contidas nos regulamentos de licitações editados pelo Banco Interamericano de Desenvolvimento (BID) e pelo Banco Internacional para Reconstrução e Desenvolvimento (BIRD) – Banco Mundial. Optou-se por tratar conjuntamente desses regulamentos, uma vez que eles contêm muitos pontos de convergência, mesmo à luz das diretrizes atualmente em vigor, desde 2020. O enfoque estará voltado sempre para a compatibilização dessas regras com os princípios gerais que regem as licitações públicas no país. Além disso, haverá referência aos precedentes do *Project Procurement Committee* (*PPC*) do BID, que constituem um importante instrumento de orientação para licitações futuras.

No Capítulo 6, tratar-se-á das licitações realizadas com recursos intermediados pelo Programa das Nações Unidas para o Desenvolvimento (PNUD), mediante a aplicação do Manual de Convergência de Normas Licitatórias. A edição dessas regras partiu do entendimento do TCU de que a mera intermediação de recursos por um organismo internacional não afasta a Lei Geral de Licitações. Assim, foi editado o

Manual de Convergência, que segue em linhas gerais a normativa da lei brasileira, mas com algumas disposições mais específicas.

No Capítulo 7, será examinada a questão da adesão do Brasil ao Acordo de Compras Governamentais (Government Procurement Agreement – GPA) da Organização Mundial do Comércio. O objetivo é explicar como se dá o processo de adesão e de que modo ela poderá influenciar diretamente a realização de licitações internacionais no país.

CAPÍTULO 2

PARTICIPAÇÃO DE ESTRANGEIROS EM LICITAÇÕES PÚBLICAS NO BRASIL

2.1 Explicação prévia

Neste capítulo, será examinada a participação de estrangeiros em licitações públicas realizadas no Brasil.

Conforme demonstrado no capítulo anterior, a possibilidade de participação de licitantes estrangeiros não se restringe às licitações internacionais. Em tese, também as licitações nacionais podem admitir a participação de interessados sediados em outros países.

A participação de licitantes estrangeiros envolve algumas peculiaridades: acrescenta certa complexidade ao certame, demanda ajustes à política monetária nacional e de comércio exterior, engloba a aplicação de questões alfandegárias e de incentivo à indústria nacional, entre outros fatores.[14] O estudo mais aprofundado dessas questões constitui o objeto deste capítulo.

---

[14] Para Carlos Pinto Coelho Motta, em observação ainda aplicável integralmente à legislação em vigor: "O chamamento ou a aceitação de competidores internacionais agrega, no entanto, inúmeras variáveis complementares. As licitações com acolhida de proponentes internacionais, segundo o art. 42 da Lei nº 8.666/93, devem em princípio ajustar-se às diretrizes da política monetária nacional e do comércio exterior. Esse é sem dúvida um grande desafio. Apesar da globalização, permanecem, e devem ser levadas em conta, variáveis como a diversidade da legislação, amarras alfandegárias e protecionismos. Observam-se, por outro lado, motivadas cláusulas protetivas de setores atual ou potencialmente estratégicos de mercado (que aliás não deixam de ter sua intrínseca validade, porquanto em outros países, não se registram facilidades para a contratação de empresas brasileiras, ou mesmo para a participação de empresas estrangeira em competições licitatórias)" (*Eficácia nas licitações e contratos*, p. 375).

2.2 A participação de estrangeiros e o princípio da isonomia

O exame do tema da participação de estrangeiros em licitações no Brasil deve ser iniciado por algumas considerações relativas ao princípio da isonomia.

2.2.1 O princípio da isonomia: noção geral

Isonomia não significa vedação a tratamentos diferenciados. Em certas situações, o tratamento discriminatório é uma exigência inafastável para que se observe a isonomia. O tratamento uniforme é que poderia ser inválido.

Segundo Celso Antônio Bandeira de Mello,

> por via do princípio da igualdade, o que a ordem jurídica pretende firmar é a impossibilidade de desequiparações fortuitas ou injustificadas. Para atingir este bem, este valor absorvido pelo Direito, o sistema normativo concebeu fórmula hábil que interdita, o quanto possível, tais resultados, posto que, exigindo *igualdade*, assegura que os princípios genéricos, os abstratos e atos concretos colham a todos sem especificações *arbitrárias*, assim proveitosas que detrimentosas para os atingidos.[15]

Para o doutrinador, para que um discrímen seja convivente com a isonomia, impende que concorram quatro elementos: (i) que a desequiparação não atinja de modo atual e absoluto um só indivíduo; (ii) que as situações ou pessoas desequiparadas pela regra de direito sejam efetivamente distintas entre si, vale dizer, possuam características nelas resistentes que sejam diferençadas; (iii) que exista, em abstrato, uma correlação lógica entre os fatores diferenciais existentes e a distinção de regime jurídico estabelecida pela norma jurídica; e (iv) que, *in concreto*, o vínculo de correlação referido acima seja pertinente em função dos interesses constitucionalmente protegidos, isto é, que haja correspondência (adequação) entre o tratamento discriminatório e os valores jurídicos consagrados pelo ordenamento jurídico.[16]

Para o presente estudo, são relevantes o segundo, o terceiro e o quarto elementos.

---

[15] *O conteúdo jurídico do princípio da igualdade*, p. 25.

[16] *O conteúdo jurídico do princípio da igualdade*, p. 27-28.

De acordo com o segundo elemento, o direito não cria, mas apenas reflete uma diferença já existente no mundo dos fatos. Ou seja, o direito estabelece uma diferença de tratamento jurídico, mas a diferença em si mesma preexiste ao direito. A dificuldade, então, diz respeito ao estabelecimento dos critérios identificadores das distinções relevantes ao ordenamento jurídico.

O terceiro elemento significa que o tratamento diferenciado somente é justificável à luz da diferença identificada pelo ordenamento. Assim, a distinção em termos jurídicos deve ser compatível com a distinção do mundo dos fatos.

O quarto elemento, que não se confunde com o terceiro, propugna que deve haver uma correspondência entre o tratamento discriminatório instituído pelo ordenamento e os vetores axiológicos consagrados pelo próprio ordenamento. Todo tratamento discriminatório concretiza certos valores, os quais devem ser consagrados no ordenamento jurídico.

2.2.2 A licitação como procedimento essencialmente discriminatório

Especificamente em relação às licitações, o princípio da isonomia apresenta uma importância fundamental.

A licitação é um procedimento essencialmente discriminatório. Como a Administração necessita escolher um interessado para contratar, é necessário estabelecer critérios diferenciadores entre eles que justifiquem a escolha daquele que melhor atenderá às necessidades da Administração.

Entretanto, o fato de a licitação ser um procedimento discriminatório não significa que deva ser anti-isonômico. Pelo contrário. Para serem válidas, as distinções criadas para diferenciar os licitantes e suas propostas precisam atender as diretrizes que compõem o princípio da isonomia expostas acima: (i) devem retratar diferenças fáticas que sejam efetivas e reais; (ii) devem instituir um tratamento discriminatório adequado às diferenças de fato; e (iii) devem retratar valores jurídicos consagrados pelo ordenamento.

Por um lado, a isonomia se traduz na regra geral de livre acesso de todo e qualquer interessado – *inclusive estrangeiros* – à disputa estabelecida pela Administração. Há, portanto, um direito geral atinente a todo particular de disputar com outros agentes econômicos a contratação pretendida pelo Poder Público.

Por outro lado, a isonomia é uma manifestação diretamente relacionada com o interesse coletivo. Isso porque, com a ampliação da disputa, criam-se as condições necessárias à apresentação de propostas que melhor atendam às necessidades da Administração, tanto em termos de qualidade quanto de preço.

Em virtude desses dois fatores (livre acesso à licitação e interesse coletivo na ampliação da disputa), a isonomia se traduz na vedação à formulação de exigências inúteis e desnecessárias, que restrinjam de forma injustificada o universo de possíveis licitantes, inclusive estrangeiros.

2.2.3 A isonomia e a participação de estrangeiros

A questão da participação de estrangeiros em licitações públicas realizadas no Brasil relaciona-se diretamente com o princípio da isonomia.

2.2.3.1 Regra geral: possibilidade de participação de estrangeiros

Em princípio, qualquer pessoa, nacional ou estrangeira, que preencha os requisitos estabelecidos pela lei e pelo edital poderá participar da licitação. Seria inconstitucional, por ofensa à isonomia, vedar a participação de estrangeiros em licitações públicas.

Precedentes anteriores do TCU

> 83. A franquia postal como atividade auxiliar ao serviço postal está prevista na Lei n.º 11.668/2008 e no Decreto que a regulamentou; lá não se encontra nenhuma restrição à participação de estrangeiros nas licitações que o denunciante pretende impugnar. Sendo assim, e considerando que a Constituição não dá tratamento privilegiado às empresas brasileiras em detrimento das estrangeiras, não há como aceitar as alegações do denunciante. [...] VOTO [...]. No mérito, observo que o denunciante aponta diversas irregularidades nas licitações, desde a formatação dos certames até vícios contidos nos respectivos editais, que encerrariam ilegalidades e inconstitucionalidades que ensejariam a retificação dos respectivos instrumentos editalícios ou a sustação definitiva dos certames. 4. A Secretaria de Fiscalização de Desestatização – Sefid, após minudente análise dos esclarecimentos apresentados pela ECT em sede de oitiva prévia, considerou não caracterizadas as irregularidades apontadas pelo denunciante, consignando, assim, pela improcedência

da denúncia, bem como pela retirada da chancela de sigiloso dos seus autos e seu consequente arquivamento. 5. Dito isso, registro, desde logo, que tenho por apropriada a instrução da unidade técnica, que examinou, de forma detida e pontual, as ocorrências indicadas na denúncia, motivo pelo qual incorporo os fundamentos de sua análise às minhas razões de decidir (TCU – Acórdão nº 1695/2010-Plenário, Rel. Min. José Jorge, j. 14.07.2010, DOU, 19.07.2010)

VI – Restrição à participação de empresas estrangeiras 50. O item 3.1.3 do edital previa, como exigência para que empresas estrangeiras participassem do certame, que possuíssem representante legal no Brasil. Do mesmo modo, o item 3.2.3 vedava a participação de empresas que não funcionem no País. Por fim, o item 8.5.1 exigia, no caso de empresa estrangeira, a apresentação do decreto de autorização, ato de registro, ou autorização para funcionamento expedido pelo órgão competente. 51. Como existe apenas uma empresa que monta helicópteros no País, a exigência foi inicialmente considerada excessivamente restritiva, ou mesmo indicadora de possível direcionamento. 52. Confrontados com a questão, os gestores alegaram, em síntese, que o impedimento à participação direta de empresas estrangeiras no certame decorre de preocupação em garantir manutenção adequada e tempestiva, assegurando à Administração um alto grau de disponibilidade dos equipamentos. 53. A Unidade Técnica, por seu lado, julga que o edital restringiu indevidamente a competitividade do certame, ao obrigar as empresas estrangeiras interessadas a ter de contar com a intervenção de firmas sediadas no País para participar do pregão, medida que oneraria excessivamente o seu preço. 54. Se a proibição em questão afastou a participação direta de empresas estrangeiras sem representação no País, ao menos não impediu que seus distribuidores, representantes ou vendedores nacionais viessem a participar do certame, o que descaracteriza a ocorrência de direcionamento. Entretanto, cumpre reconhecer que o impedimento implica a incidência de custo adicional nos preços dos equipamentos fornecidos por empresas estrangeiras, pois, ao incluir uma empresa nacional na intermediação do negócio, pode-se eliminar parcial ou totalmente as vantagens tributárias do fornecimento direto à Administração. O critério cria uma situação concorrencialmente injusta, vez que a empresa nacional competirá com o preço do equipamento líquido de impostos, enquanto o estrangeiro terá preços onerados por tributos que, ao final, reverterão para a Administração. 55. Por outro lado, a existência, no País, de representante legal da empresa assegura ao contratante a possibilidade de demandá-la judicialmente, no caso de inadimplemento de alguma obrigação contratual. Portanto, ao contrário do alegado pelos gestores a existência de representante no País não é garantia de que as aeronaves terão adequado suporte técnico e de manutenção, mas sim de que poderão ser acionadas na eventualidade da inadequação desses serviços. 56. Não acredito que disponhamos de elementos suficientes para sopesar as vantagens e desvantagens dessa restrição, de forma a expedir uma orientação definitiva ao órgão sobre a matéria. Mas podemos sugerir uma solução de compromisso, que agregue as vantagens que advém da participação de empresas estrangeiras e a segurança contratual desejada. 57. Nesse sentido, deve-se determinar ao órgão que estude a possibilidade de autorizar a participação direta de empresas estrangeiras em licitações com objetos similares ao examinado, desde que em consórcio com empresas nacionais ou caso comprove a capacidade de oferecer a garantia técnica e a assistência técnica por meio de oficinas homologadas, como no caso do edital da PMBA, que permitiu a contratação da empresa Bell como fornecedora do equipamento e a empresa TAM como responsável pela garantia e manutenção (TCU – Acórdão nº 2406/2006-Plenário, Rel. Min. Marcos Vinicios Vilaça, j. 06.12.2006, DOU, 13 dez. 2006)

2.2.3.2 Atividades restritas a brasileiros

Há, contudo, atividades cujo exercício se restringe aos brasileiros ou a empresas cujo controle é exercido por brasileiros. Nesses casos, serão admitidas restrições e vedações à participação de estrangeiros em licitações, desde que sejam previstas em lei e compatíveis com a Constituição. Em outras palavras, admite-se em tese a constitucionalidade de vedações legais à participação de estrangeiros em licitações públicas no Brasil, desde que haja uma relação direta entre a vedação e a proteção do interesse pátrio – que poderá resultar eventualmente em um dispêndio maior de recursos públicos do que ocorreria com a contratação de um licitante estrangeiro.[17]

2.2.3.3 Tratamento isonômico entre nacionais e estrangeiros

Sendo possível a participação de estrangeiros, o artigo 9º, inciso I, alínea b consagra a regra geral de tratamento isonômico entre licitantes nacionais e estrangeiros ao vedar regras que estabeleçam preferências ou distinções em razão da naturalidade, da sede ou do domicílio dos licitantes.[18] Além disso, o inciso II do mesmo artigo veda ainda mais claramente o estabelecimento de tratamento diferenciado entre empresas brasileiras e estrangeiras, inclusive no que se refere a

---

[17] Para uma síntese de atividades cujo exercício é vedado a empresas estrangeiras no Brasil, consulte-se: MOTTA. *Eficácia nas licitações e contratos*, p. 379-383.

[18] O dispositivo prevê que é vedado ao agente público que atua nas licitações admitir, prever, incluir ou tolerar, nos atos que praticar, situações que "estabeleçam preferências ou distinções em razão da naturalidade, da sede ou do domicílio dos licitantes".

moeda, modalidade e local de pagamento, mesmo quando envolvido financiamento de agência internacional.[19]

Isso significa que, se a Administração estabelecer determinadas exigências, deverá aplicá-las a todos os licitantes, independentemente de sua nacionalidade. Haverá regras uniformes a respeito da moeda, modalidade e local de pagamento, nos limites do que dispõe a própria lei. A regra geral, portanto, é a da uniformidade de tratamento entre nacionais e não nacionais, e isso não se alterou com a edição da Lei nº 14.133.[20]

Além disso, são vedadas também as discriminações *indiretas* que envolvam inclusive a moeda, o local e as condições de pagamento. Não se admite, portanto, que o instrumento convocatório estabeleça exigências que onerem de tal modo os estrangeiros, a ponto de se equiparar na prática a uma vedação à sua participação.

Entretanto, o Tribunal Regional Federal da 4ª Região já entendeu que a exigência de que apenas licitantes estrangeiros prestassem caução não constituiria violação ao princípio da isonomia. Isso porque a consulta à situação financeira de empresas estrangeiras não seria possível da mesma forma que ocorre com licitantes brasileiros.

Precedente anterior do TRF da 4ª Região

> ADMINISTRATIVO. LICITAÇÕES. EXIGÊNCIAS. DISPENSA. 1. Mantida a sentença que julgou procedente o pedido, dispensando a parte autora de prestar caução, pois é o próprio edital quem prevê que tal medida só pode ser exigida de empresas estrangeiras. 2. Não foi violado o Princípio da Igualdade, pois a isonomia deve ser aplicada quando houver igualdade de condições, o que não ocorre. A situação financeira das empresas nacionais é apurada mediante consulta a determinados órgãos, o que evidentemente não é possível em relação a empresas estrangeiras. 3. Apelação e remessa oficial improvidas (Apelação cível nº 200004010681036, Rel. Des. Federal Marga Inge Barth Tessler, 3ª Turma, DJ, 1º nov. 2000)

---

[19] O dispositivo estatui que é vedado "estabelecer tratamento diferenciado de natureza comercial, legal, trabalhista, previdenciária ou qualquer outra entre empresas brasileiras e estrangeiras, inclusive no que se refere a moeda, modalidade e local de pagamento, mesmo quando envolvido financiamento de agência internacional".

[20] CRETELLA JÚNIOR. *Das licitações públicas*: comentários à Lei Federal nº 8.666, de 21 de junho de 1993, p. 286; MEIRELLES. *Direito administrativo brasileiro*, p. 354.

2.2.3.4 A questão da adesão do Brasil ao Acordo de Compras Governamentais da OMC

A vedação ao tratamento discriminatório é reforçada caso o Brasil promova sua adesão ao Acordo de Compras Governamentais (Government Procurement Agreement – GPA) da Organização Mundial do Comércio (OMC).[21]

O Acordo de Compras Governamentais da OMC não regula a sistemática interna de licitações de cada país, mas estabelece premissas básicas, voltadas notadamente ao afastamento de eventuais tratamentos discriminatórios aos licitantes dos demais países que são signatários do acordo.

Nesse sentido, eventual adesão do Brasil ao Acordo de Compras Governamentais da OMC exigirá do país a vedação ao tratamento discriminatório em relação a licitantes estrangeiros. Deverão ser afastadas exigências que configurem tratamento discriminatório tanto direto quanto indireto. Assim, por exemplo, eventuais exigências que seriam de impossível (ou extremamente difícil) atendimento por licitantes estrangeiros deverão ser extirpadas.[22]

2.2.3.5 A questão do domicílio no Brasil

Para fins de tratamento nas licitações públicas, pouco importa se o licitante estrangeiro é ou não domiciliado no Brasil.

O *caput* do artigo 5º da Constituição Federal poderia conduzir a interpretação diversa ao garantir determinados direitos apenas "aos brasileiros e aos estrangeiros *residentes no País*". Ainda que a distinção entre estrangeiros residentes ou não no Brasil apresente alguns efeitos concretos, isso não significa que o dispositivo constitucional autorize tratamento discriminatório simplesmente por esse motivo. Como ensina Marçal Justen Filho, a legislação "proibiu a consagração pelo edital de qualquer condição ou requisito, direto ou indireto, relativo a qualquer tema, estabelecendo discriminação direta contra licitantes não nacionais ou que produza, ainda que de modo indireto, efeito jurídico ou econômico similar".[23]

---

[21] O Brasil formalizou sua intenção de aderir ao Acordo de Compras Governamentais da OMC em maio de 2020. Fez sua oferta final em junho de 2022. Entretanto, retirou a oferta em maio de 2023. De todo modo, continua aberta a possibilidade de aderir ao Acordo. O tema será tratado em capítulo específico desta obra.

[22] O tema será melhor detalhado em capítulo específico.

[23] *Comentários à Lei de Licitações e Contratações Administrativas*, p. 662.

Além disso, não existe mais no ordenamento brasileiro a distinção entre empresas estrangeiras, empresas brasileiras e empresas brasileiras de capital nacional, que era estabelecida no artigo 171 da Constituição Federal. Com a revogação desse dispositivo pela Emenda Constitucional nº 6, de 15 de agosto de 1995, foi suprimida a distinção que servia de base para o estabelecimento de uma série de diferenciações jurídicas.

2.2.3.6 Participação de licitantes nacionais e financiamento estrangeiro

A regra geral do tratamento isonômico entre nacionais e não nacionais, por outro lado, beneficia também os próprios licitantes brasileiros. Não é admissível que o licitante nacional sofra restrições que não se apliquem aos estrangeiros.

Isso é especialmente relevante para as licitações realizadas com financiamento internacional, que serão tratadas em capítulo específico. A Administração não pode aceitar a inclusão de exigências destinadas a prejudicar os licitantes brasileiros, em favor, por exemplo, de empresas originárias do país de origem do organismo internacional financiador. Ainda que isso implique a perda do financiamento (ou até mesmo da doação concedida a fundo perdido), caberá à Administração recusar a condição imposta pelo organismo financiador, uma vez que o critério seria incompatível com a Constituição Federal.[24]

2.2.4 Exceções legais: a proteção da indústria brasileira e o fomento ao desenvolvimento nacional

Apesar da regra geral de vedação ao tratamento diferenciado entre licitantes nacionais e estrangeiros, há algumas exceções legais.

2.2.4.1 Exceções previstas na Lei nº 14.133

A própria Lei nº 14.133, tal como a Lei nº 8.666 já o fazia, prevê algumas exceções ao tratamento uniforme entre nacionais e estrangeiros.

A primeira foi estabelecida no artigo 26, que prevê margem de preferência para bens manufaturados e serviços nacionais que atendam as normas técnicas brasileiras (inciso I), preferência essa que pode ser

[24] Nesse sentido: JUSTEN FILHO. *Comentários à Lei de Licitações e Contratos Administrativos*, p. 88.

estendida a bens manufaturados e serviços originários de países do Mercosul (§1º, inciso III).[25]

A rigor, o artigo 26 da Lei nº 14.133 não estabelece uma distinção de tratamento entre *licitantes* brasileiros e não brasileiros, e sim entre *bens e serviços* produzidos ou não de acordo com determinados critérios. Nada impede, por exemplo, que um licitante estrangeiro ofereça na licitação um bem manufaturado no Brasil segundo normas técnicas brasileiras. Entretanto, em regra, um licitante não nacional, ainda mais se não domiciliado no país, oferecerá bens produzidos por ele próprio no estrangeiro.

A segunda exceção à regra geral do tratamento isonômico é prevista no artigo 60, §1º, inciso II, que estabelece como segundo critério de desempate a preferência a "empresas brasileiras". Trata-se, aqui sim, verdadeiramente de um critério subjetivo de distinção, uma vez que fundado na própria pessoa do licitante.

Busca-se com esse tipo de previsão a utilização das licitações como um mecanismo fomentador da indústria e do desenvolvimento nacional ("utilização promocional" das contratações públicas).[26]

Há inclusive entendimento doutrinário no sentido de que, diante do imperativo de desenvolvimento nacional, a decisão por se instaurar uma licitação nacional ou internacional "deverá perder extensão discricionária".[27]

---

[25] Trata-se de disposições que já constavam da Lei nº 12.349, de 15 de dezembro de 2010, que trata do incentivo ao desenvolvimento nacional, mas agora foram consolidadas na Lei nº 14.133. A Resolução SEGES-CICS/MGI nº 4, de 18 de outubro de 2024, especifica os produtos manufaturados nacionais que serão objeto de margens de preferência normal e adicional, nas licitações realizadas no âmbito da Administração Pública federal direta, autárquica e fundacional. Além disso, observe-se que a Resolução SEGES-CICS/MGI nº 6, de 25 de novembro de 2024, suspende a aplicação de margens de preferência em licitações que tenham por critério de julgamento o menor preço por grupo de itens.

[26] Acerca do assunto, confira-se: JUSTEN FILHO; JORDÃO. A contratação administrativa destinada ao fomento de atividades privadas de interesse coletivo. *Revista Brasileira de Direito Público – RBDP*. Sobre a utilização da licitação como mecanismo de indução de determinadas práticas de mercado que produzam resultados socialmente desejáveis, confiram-se ainda: FERRAZ. Função regulatória da licitação. *Revista Eletrônica de Direito Administrativo Econômico – REDAE*; PEREIRA JUNIOR; DOTTI. *Políticas públicas nas licitações e contratações administrativas*, com especial ênfase nas páginas 23-144; JUSTEN FILHO. *Curso de direito administrativo*, p. 443 *et seq.*; MOTTA; BICALHO. Licitações nacionais como instrumento da efetivação dos princípios constitucionais do desenvolvimento nacional e do incentivo ao mercado interno. *Fórum de Contratação e Gestão Pública – FCGP*; ROSSITO, Isabella Karollina. Contratação pública socialmente sustentável: mecanismos na legislação nacional brasileira; ARROWSMITH, Sue. Horizontal policies in Public Procurement: a taxonomy, p. 149-186, 2010; BREUS, Thiago Lima. A funcionalização da contratação pública para a realização de políticas públicas (horizontais). *Revista de Direito Público da Economia – RDPE*, Belo Horizonte, ano 13, n. 51, p. 219-241, jul./set. 2015.

[27] BICALHO. Impactos da concepção contemporânea do certame nas licitações internacionais. *Revista Zênite – Informativo de Licitações e Contratos – ILC*, p. 855.

Precedente anterior do TCU

21. A respeito desses dispositivos, é importante registrar que a margem de preferência estipulada no §5º não esgota todas as opções possíveis para a consecução dessa mais nova finalidade da licitação pública, qual seja, a de promoção do desenvolvimento nacional sustentável. 22. Tais opções envolvem desde requisitos cuja observância pode ser exigida das empresas na produção de bens ou prestação de serviços a serem adquiridos pelo Estado (aspectos relativos à sustentabilidade ambiental, também amparados pela Lei nº 12.187, de 29 de dezembro de 2009, como nas licitações verdes ou sustentáveis), passando pela priorização para bens fabricados no Brasil (sustentabilidade econômica, como no caso destes autos), indo até a fixação de margem de preferência para produtos manufaturados produzidos no País, entre outras ações, desde que, é claro, a exigência fique devidamente justificada no respectivo processo de licitação. 23. Ademais, a margem de preferência, que envolve produtos manufaturados e serviços nacionais (pode alcançar até o montante de 25% do preço de produtos e serviços manufaturados estrangeiros, nos termos do art. 3º, §6º, da Lei nº 8.666, de 1993, com as alterações da Lei 12.349, de 2010), não serviria para avalizar a compra de qualquer produto fabricado no Brasil. 24. E o produto manufaturado nacional, ante o conceito da própria Lei nº 8.666, de 1993 (art. 6º, inciso XVII), deve observar o processo produtivo básico (PPB) ou regras de origem estabelecidas pelo Poder Executivo Federal, sendo que tais conceitos definem o alcance da margem de preferência. 25. Logo, vê-se que a margem de preferência, de acordo com os requisitos explicitados na Lei nº 8.666, de 1993, com as alterações da Lei nº 12.349, de 2010, merece ser aplicada a produtos que observarem tais critérios, quando envolver concorrência com produtos manufaturados estrangeiros. (TCU – Acórdão nº 2241/2011-Plenário, Rel. Min. André Luís de Carvalho, j. 24.08.2011, DOU, 24 ago. 2011)

Por outro lado, a jurisprudência entende que o incentivo ao desenvolvimento nacional não justifica a simples proibição do fornecimento de produtos estrangeiros.

Precedentes anteriores do TCU

Conforme decidido pelo Acórdão nº 1317/2013-Plenário, este Tribunal não compartilha do entendimento de que o critério para favorecer a promoção do desenvolvimento nacional sustentável, instituído como um dos objetivos das licitações públicas pela Lei nº 12.349/2010, possa ser definido discricionariamente caso a caso, nem de que a vedação a produto estrangeiro seja uma forma razoável de fixá-lo.

2. Na mesma esteira, de modo geral e objetivo, o Poder Executivo Federal vem editando decretos para estabelecer a margem de preferência de produtos nacionais sobre estrangeiros, sem proibir que haja concorrência entre ambos.
3. Assim, de acordo com a proposta da Unidade Técnica, deve ser dada resposta ao consulente nos mesmos termos definidos pelo Acórdão nº 1317/2013-Plenário.
[...]
9.2.1. é ilegal o estabelecimento de vedação a produtos e serviços estrangeiros em edital de licitação, uma vez que a Lei nº 12.349/2010 não previu tal restrição;
9.2.2. é ilegal o estabelecimento, por parte de gestor público, de margem de preferência nos editais licitatórios para contratação de bens e serviços sem a devida regulamentação via decreto do Poder Executivo Federal, estabelecendo os percentuais para as margens de preferência normais e adicionais, conforme o caso, e discriminando a abrangência de sua aplicação (TCU – Acórdão 1.550/2013-Plenário, Rel. Min. José Múcio Monteiro, j. 19.06.2013)

A introdução do conceito de "Desenvolvimento Nacional Sustentável" no art. 3º da Lei 8.666/1993 não autoriza: (i) o estabelecimento de vedação a produtos e serviços estrangeiros e, (ii) a admissão de margem de preferência para contratação de bens e serviços, sem a devida regulamentação por decreto do Poder Executivo Federal. (TCU – Acórdão 1.317/2013-Plenário, Rel. Min. Aroldo Cedraz, j. 29.05.2013)

É ilegal, nos editais de licitação, o estabelecimento de: (a) vedação a produtos e serviços estrangeiros, uma vez que a Lei 12.349/2010 não previu tal restrição; (b) margem de preferência para contratação de bens e serviços sem a devida regulamentação, via decreto do Poder Executivo Federal, estabelecendo os percentuais para as margens de preferência normais e adicionais, conforme o caso, e discriminando a abrangência de sua aplicação. (TCU – Acórdão 286/2014-Plenário, Rel. Min. José Mucio Monteiro, j. 12.02.2014)

2.2.4.2 A Lei nº 12.598 e as contratações no setor de defesa

A Lei nº 12.598, de 2012, ao editar normas especiais para as compras, as contratações e o desenvolvimento de produtos e de sistemas relacionados ao setor de defesa, previu a possibilidade de se conferir, em certa medida, um tratamento diferenciado entre nacionais e estrangeiros, com o objetivo declarado de incentivar o desenvolvimento da área estratégica de defesa no Brasil.

O artigo 2º, inciso XI, define "sócios ou acionistas brasileiros" como (i) pessoas naturais brasileiras, natas ou naturalizadas, (ii) pessoas jurídicas de direito privado organizadas em conformidade com a lei brasileira que tenham no país a sede e a administração, que não tenham estrangeiros como acionista controlador nem como sociedade controladora e sejam controladas, direta ou indiretamente, por uma ou mais pessoas naturais brasileiras, e (iii) os fundos ou clubes de investimentos, organizados em conformidade com a lei brasileira, com sede e administração no país e cujos administradores ou condôminos, detentores da maioria de suas quotas, sejam pessoas que atendam aos requisitos descritos nos itens "i" e "ii" acima. Não observadas quaisquer dessas condições previstas no artigo 2º, inciso XI, o sócio ou acionista, de acordo com o inciso XII, será considerado estrangeiro para efeitos de aplicação da Lei nº 12.598.

Portanto, se uma pessoa jurídica de direito privado, organizada em conformidade com a lei brasileira, com sede e administração no Brasil, tiver um estrangeiro como acionista controlador, não poderá ser considerada como sócia ou acionista brasileira para fins de aplicação da Lei nº 12.598.

A questão apresenta relevância porque a Lei nº 12.598 estabeleceu a figura da Empresa Estratégica de Defesa (EED). A EED, de acordo com o artigo 2º, inciso IV, é toda pessoa jurídica credenciada pelo Ministério da Defesa mediante o atendimento cumulativo de uma série de condições. Entre tais requisitos, estão os seguintes: (i) ter no Brasil a sede, a sua administração e o estabelecimento industrial, equiparado a industrial ou prestador de serviço, (ii) dispor, no Brasil, de comprovado conhecimento científico ou tecnológico, e (iii) assegurar, em seus atos constitutivos ou nos atos de seu controlador direto ou indireto, que o conjunto de sócios ou acionistas e grupos de sócios ou acionistas estrangeiros não possam exercer em cada assembleia-geral número de votos superior a 2/3 (dois terços) do total de votos que puderem ser exercidos pelos acionistas brasileiros presentes.

Portanto, a EED somente poderá ser uma empresa brasileira, com sede, administração e estabelecimento no Brasil, sendo que, se houver sócios ou acionistas estrangeiros, seu poder de voto em assembleia-geral deverá observar determinadas limitações. Assim, ainda que seja admitida a existência de sócios ou acionistas estrangeiros em uma EED (o que a lei definitivamente não veda), os atos constitutivos da empresa deverão impedir ou tornar ineficazes os votos dos acionistas estrangeiros acima do limite estipulado pela Lei nº 12.598 (dois terços do total de votos que puderem ser exercidos pelos acionistas brasileiros presentes). O não atendimento desses requisitos poderá conduzir à perda da condição de EED, com o consequente descredenciamento junto ao Ministério da Defesa.

A condição de EED é extremamente relevante para as contratações do setor de defesa. Isso porque a Lei nº 12.598 admitiu a realização de procedimentos licitatórios destinados exclusivamente à participação de EED quando envolver fornecimento ou desenvolvimento de Produto Estratégico de Defesa (PED)[28] – artigo 3º, §1º, inciso I.[29] Nesse caso, portanto, admite-se a realização de licitação de que somente poderão participar empresas brasileiras, com sede, administração e estabelecimento no Brasil, e cujo poder de voto de seus eventuais sócios ou acionistas estrangeiros deverá observar determinadas limitações previamente estabelecidas nos atos constitutivos da EED.

Na realidade, não é obrigatória a realização de licitações necessariamente exclusivas à participação de EED. Mesmo que a contratação pretendida envolva fornecimento ou desenvolvimento de PED, a Administração poderá realizar licitação que não se restrinja a EED. A decisão pela realização de procedimentos licitatórios que admitam somente a participação de EED dependerá de uma avaliação da Administração acerca dos fatores envolvidos, inclusive quanto à amplitude do mercado relevante.[30]

Não se pretende aqui aprofundar a análise dos dispositivos da Lei nº 12.598. Para efeitos do presente estudo, basta referir que a lei previu a possibilidade de tratamentos diferenciados entre nacionais e estrangeiros com o intuito declarado de incentivar o desenvolvimento da área estratégica de defesa no Brasil.

---

[28] Produto Estratégico de Defesa (PED) é definido pelo artigo 2º, inciso II, da Lei nº 12.598 como sendo todo "Prode" que, pelo conteúdo tecnológico, pela dificuldade de obtenção ou pela imprescindibilidade, seja de interesse estratégico para a defesa nacional. Produto de Defesa (Prode), por sua vez, é definido como todo bem, serviço, obra ou informação, inclusive armamentos, munições, meios de transporte e de comunicações, fardamentos e materiais de uso individual e coletivo utilizados nas atividades finalísticas de defesa, com exceção daqueles de uso administrativo.

[29] O artigo 3º, §1º, da Lei nº 12.598 tem a seguinte redação: "Art. 3º As compras e contratações de Prode ou SD, e do seu desenvolvimento, observarão o disposto nesta Lei. §1º O Poder Público poderá realizar procedimento licitatório: I – destinado exclusivamente à participação de EED quando envolver fornecimento ou desenvolvimento de PED; II – destinado exclusivamente à compra ou à contratação de Prode ou SD produzido ou desenvolvido no País ou que utilize insumos nacionais ou com inovação desenvolvida no País, e, caso o SD envolva PED, aplica-se o disposto no inciso I deste parágrafo; e III – que assegure à empresa nacional produtora de Prode ou à ICT, no percentual e nos termos fixados no edital e no contrato, a transferência do conhecimento tecnológico empregado ou a participação na cadeia produtiva".

[30] Nesse sentido, confira-se: PEREIRA. A Lei nº 12.598 e as licitações e contratações administrativas no setor de defesa. *Informativo Justen, Pereira, Oliveira e Talamini.*

2.2.4.3 Considerações críticas

Por não ser objeto deste estudo, não cabe aqui examinar todas as hipóteses em que se admitem margens de preferência a produtos nacionais. Dados a sua natureza e os objetivos buscados, é natural que essas normas sejam constantemente revisitadas e reformuladas. O que importa é que essas margens de preferência, ainda quando digam respeito formalmente a *produtos* nacionais, e não propriamente a *licitantes* nacionais, acabam por criar uma diferenciação entre estrangeiros e brasileiros. Afinal, para sagrar-se vencedor de um certame, o licitante estrangeiro que produza no exterior os bens ofertados à Administração deverá formular uma proposta que ultrapasse a margem de preferência aos bens produzidos no Brasil.

É evidente que nem toda discriminação entre bens nacionais e não nacionais será admissível. A promoção da indústria nacional não pode servir de justificativa para contratações desastrosas ao erário público. A diferenciação criada deverá guardar relação de pertinência e proporcionalidade com o fim pretendido, o qual deve ser compatível com os valores consagrados pelo ordenamento. Mas é inegável que haverá uma margem possível de discriminação acerca da qual o licitante estrangeiro deve estar ciente.

Em síntese, a regra geral que orienta as licitações públicas no Brasil é a do tratamento uniforme entre licitantes brasileiros e não brasileiros. Salvo as exceções legais, que somente poderão ser aplicadas à luz dos postulados da proporcionalidade e da razoabilidade e normalmente têm algum intuito de fomento ao desenvolvimento nacional, deverão ser estabelecidas regras uniformes no tocante a moeda, modalidade e local de pagamento. As exigências que vierem a ser estabelecidas pela Administração devem ser aplicadas de modo genérico a nacionais e estrangeiros.

2.3 As práticas de compensação (*offset*)

Uma das hipóteses de participação especialmente intensa de empresas estrangeiras em contratações públicas no Brasil envolve as práticas de compensação (*offset*). Essas medidas, que têm sido adotadas com bastante frequência principalmente nas contratações realizadas pelas Forças Armadas no Brasil, merecem algumas considerações específicas.

2.3.1 Esclarecimento de ordem terminológica

A compensação de que se trata aqui não deve ser confundida com o instituto da compensação, que consiste na extinção de uma relação jurídica entre dois sujeitos que são concomitantemente credores e devedores.

Ao nos referirmos à compensação, pretendemos tratar das práticas pelas quais um fornecedor estrangeiro, para ser contratado pela Administração Pública brasileira, assume o dever não apenas de executar suas obrigações contratuais, mas também de promover uma atuação adicional, contemplada no edital da licitação, ou definida nas negociações estabelecidas com a Administração Pública contratante em caso de contratação direta.

2.3.2 O *offset* como medida de fomento nas contratações públicas

A compensação (*offset*) pode ser conceituada como sendo toda e qualquer prática compensatória acordada entre as partes como condição para a importação de bens, serviços e tecnologia, com a intenção de gerar determinados benefícios de natureza industrial, tecnológica ou comercial.[31] A compensação pode ser prevista no próprio contrato de fornecimento, ou em uma avença específica denominada de Acordo de Compensação, que é firmada em separado do contrato principal.[32]

Assim, como compensação pela aquisição de determinado produto junto a um fornecedor estrangeiro, o Estado Brasileiro, na qualidade de país comprador, pode exigir a assunção de determinados compromissos, tais como a aquisição, pelo fornecedor estrangeiro, de produtos e insumos de empresas brasileiras, a transferência de determinada tecnologia, a garantia de investimentos em determinados setores econômicos, a prestação de assistência técnica ou comercial, dentre outros.

---

[31] A compensação é definida pelo artigo 2º, inciso VII, da Lei nº 12.598, de 2012 nos seguintes termos: "Compensação – toda e qualquer prática acordada entre as partes, como condição para a compra ou contratação de bens, serviços ou tecnologia, com a intenção de gerar benefícios de natureza tecnológica, industrial ou comercial, conforme definido pelo Ministério da Defesa". Antes disso, o Anexo II ("Conceituações") da Portaria Normativa nº 764/MD, de 27 de dezembro de 2002, do Ministério de Estado da Defesa, que continua em vigor, já continha definição similar.

[32] O artigo 2º, inciso VIII, da Lei nº 12.598 define o Acordo de Compensação como sendo o "instrumento legal que formaliza o compromisso e as obrigações do fornecedor para compensar as compras ou contratações realizadas".

O *offset*, portanto, é uma prática adotada pelo Estado Brasileiro que tem por *objetivos* (i) promover o crescimento tecnológico e qualitativo da indústria nacional, (ii) fomentar a indústria nacional para ampliar a sua competitividade em nível internacional, (iii) ampliar o mercado de trabalho brasileiro mediante a criação de oportunidades de emprego de alto nível tecnológico, (iv) obter recursos externos diretos e indiretos para elevar a capacitação industrial e tecnológica brasileira e (v) incrementar a nacionalização e a progressiva independência do mercado externo.

Em última análise, pelas práticas de compensação (*offset*), o Estado Brasileiro utiliza o seu "poder de compra"[33] para a negociação de práticas compensatórias voltadas a certos objetivos de política macroeconômica. O *offset* representa, portanto, uma prática de *fomento* à economia nas contratações que envolvem empresas estrangeiras, com especial enfoque em alguns setores, notadamente de alta tecnologia. O Estado utiliza algumas de suas contratações públicas com fornecedores estrangeiros não apenas para obter diretamente a prestação de um serviço ou a aquisição de um determinado bem. Indiretamente, o Estado busca outros objetivos, reputados como sendo de interesse público, normalmente relacionados à obtenção de transferência de tecnologia que depois poderá ser aproveitada na produção de bens de elevada complexidade tecnológica, incentivando a indústria nacional,

[33] Sobre o poder de compra estatal como mecanismo que pode ser utilizado para uma série de funções, confiram-se: CYMBALISTA, Tatiana Matiello; ZAGO, Marina Fontão; RODRIGUES, Fernanda Esbizaro. O poder de compra estatal e a margem de preferência para produtos e serviços nacionais introduzida na Lei de licitações. *Revista de Direito Público da Economia*, Belo Horizonte, v. 9, nº 35, p. 143-178, jul./set. 2011; FROSSARD, Leila Barbieri de Matos; CÂMARA, Leonor Moreira. Poder de compras da administração pública federal: novas perspectivas para o debate acadêmico. *Encontro de Administração Pública e Governança da Anpad*, Vitória, nov. 2010. Disponível em: http://www.anpad.org.br/diversos/trabalhos/EnAPG/enapg_2010/2010_ENAPG393.pdf. Acesso em: 14 set. 2024; SILVA, Erivam Paulo da. O uso do poder de compra do Estado como instrumento de política pública: a Lei Complementar nº 123/2006, sua implementação. 2010. Dissertação (Mestrado). *Escola Brasileira de Administração Pública e de Empresas*, Centro de Formação Acadêmica e Pesquisa, Rio de Janeiro, 2010. Disponível em: https://bibliotecadigital.fgv.br/dspace/bitstream/handle/10438/3408/erivam.pdf?sequence=1&isAllowed=y. Acesso em: 14 set. 2024; SQUEFF, Flávia de Holanda Schmidt. O poder de compras governamental como instrumento de desenvolvimento tecnológico: análise do caso brasileiro. *Instituto de Pesquisa Econômica Aplicada*, Brasília, Texto para Discussão nº 1922, janeiro de 2014. Disponível em: http://comprasgovernamentais.com.br/wp-content/uploads/2014/01/O-PODER-DE-COMPRAS-GOVERNAMENTAL.pdf. Acesso em: 14 set. 2024; ZAGO, Marina Fontão. Poder de compra estatal para a implementação de políticas públicas: o uso derivado da contratação pública. Tese (Doutorado) – Universidade de São Paulo, São Paulo, 2018. Disponível em: https://www.teses.usp.br/teses/disponiveis/2/2134/tde-13112020-173328/publico/4094250_Tese_Corrigida.pdf. Acesso em: 14 set. 2024.

abertura de mercado e outras possibilidades à indústria brasileira. Com isso, há uma atuação indutora destinada a objetivos previamente traçados pelo Estado.[34]

Precedente anterior do TCU

30. Como configurado na prática do comércio internacional de armamentos e produtos e serviços correlatos, os offsets são típicas transações quid pro quo: uma forma de compensação (countertrade) exigida pelos países compradores às empresas fornecedoras internacionais pela celebração de um contrato de aquisição, abarcando obrigações tais como compromisso de compra pelo fornecedor internacional de produtos e insumos de empresas nacionais, transferência de tecnologias, garantia de investimentos em determinados setores econômicos, assistência técnica, comercial etc. Apenas para mencionar uma conceituação oficial, a Comissão Sobre Direito do Comércio Internacional da ONU (UNCITRAL) define como offsets as transações que 'normalmente envolvem o fornecimento de bens de alto valor ou sofisticação tecnológica e podem também incluir a transferência de tecnologia e know-how, promoção de investimento e facilitação de acesso a um mercado específico' (in Legal Guide on International Countertrade Transaction, p. 5 – http://www.uncitral.org/pdf/english/texts/sales/countertrade/countertrade-e.pdf).
31. Do ponto de vista estritamente jurídico, as transações de offset são normalmente estabelecidas em instrumentos convencionais autônomos, tal como esse celebrado pelo DECEA, que se fundamentam e fazem expressa referência ao conexo contrato de aquisição de bens ou serviços. Decisivo para a diferenciação do offset no conjunto das práticas de countertrade é o fato de que as suas transações são sempre avaliadas e expressas em termos monetários, ao passo que outras medidas compensatórias podem dispensar essa expressão monetária, como é o caso das trocas diretas, das metas de nacionalização da produção e das subcontratações. Com isso, o arranjo contratual firmado entre o Poder Público e o fornecedor internacional articula-se em torno de dois distintos conjuntos de relações obrigacionais: as obrigações de entrega dos bens e serviços adquiridos, que têm como contrapartida o fluxo financeiro de pagamentos devidos pelo Poder Público; e as obrigações de cumprimento das transações compensatórias devidas pelo contratado, que têm como contrapartida os créditos de offsets negociados e reconhecidos a favor do Poder Público, que normalmente alcançam um valor equivalente ao contrato de aquisição.

[34] Sobre a função de fomento por meio das contratações públicas em geral, confira-se: JUSTEN FILHO, Marçal; JORDÃO, Eduardo Ferreira. A contratação administrativa destinada ao fomento de atividades privadas de interesse coletivo. *Revista Brasileira de Direito Público – RBDP*, Belo Horizonte, ano 9, n. 34, p. 47-72, jul./set. 2011.

32. Dessa circunstância advém um aspecto fundamental para o entendimento da dinâmica econômica das transações de offset: como não há pagamento pelas compensações concedidas pelo vendedor, os custos incorridos por ele para executar os seus compromissos de offset são embutidos nos preços cobrados no contrato comercial de fornecimento de bens e serviços. No âmbito do Regulamento Federal de Aquisições (Federal Acquisition Regulation – FAR) dos Estados Unidos da América, por exemplo, as normas que disciplinam a venda externa de bens e serviços militares assumem que os preços cotados nos contratos são forçosamente majorados quando existem compromissos de compensação via acordos de offset (cf. FAR 225.7303-2 (iii)).

33. Essa peculiaridade faz com que, da ótica econômica, o offset seja caracterizado como um tipo de subsídio. Robert Waller, no trabalho citado anteriormente, é categórico a esse respeito (WALLER, Robert L. The use of offsets in Foreign Military Sales, p. 226): "Se [...] as empresas realmente aumentam os preços dos produtos de defesa para cobrir os custos com offsets, então a combinação de compra e pacote de offsets pode ser equiparada a uma forma de subsídio. Os compradores pagam mais do que pagariam num fornecimento direto, mas, em contrapartida, recebem alguns benefícios [...]. A alternativa para o comprador seria pagar um preço menor pelos produtos de defesa que necessita e, então, prover o subsídio para os benefícios desejados diretamente com recursos públicos. Todavia, esse subsídio direto pode não ser viável por conta de restrições políticas. Em suma, offsets podem ser considerados uma forma indireta de subsídio, possivelmente uma alternativa melhor, uma modalidade difusa de política comercial ou intervenção estatal" (Acórdão nº 2.334/2012-Plenário, Processo nº TC 008.091/2009-5, Rel. Min. André Luís de Carvalho, j. 29.8.2012)

2.3.3 Tipos de compensação

Existem dois *tipos de compensação*: direta e indireta.[35]

A compensação direta envolve bens e serviços diretamente relacionados com o objeto do contrato de importação. É o que ocorre, por exemplo, em uma avença na qual o fornecedor estrangeiro se compromete a entregar determinados bens (aeronaves, por exemplo) e, ao mesmo tempo, promove medidas de transferência de tecnologia para capacitar o comprador a fabricar o mesmo tipo de bem.

[35] A classificação consta do Anexo II ("Conceituações") da Portaria Normativa nº 764/MD, de 27 de dezembro de 2002, do Ministério de Estado da Defesa.

Já na compensação indireta, não há relação direta entre os bens e serviços e o objeto dos contratos de importação. Como exemplo, pode ser citado o contrato em que o fornecedor de determinado bem (por exemplo, um helicóptero) se compromete a realizar a assistência técnica de outro bem sem qualquer relação com aquele que será fornecido.

Em certos casos, contudo, assumem-se obrigações que envolvem compensações diretas e indiretas em uma mesma relação jurídica. É o que ocorreu, por exemplo, no Programa de Desenvolvimento de Submarinos (PROSUB). Nesse caso, o acordo de compensação envolveu a transferência de tecnologia para a construção dos submarinos convencionais e nucleares (compensação direta), bem como a obrigação de assistência técnica para o Navio-Aeródromo São Paulo (compensação indireta).[36]

2.3.4 Modalidades de compensação

A legislação brasileira prevê que a compensação pode se dar por meio de diversas *modalidades*: (i) coprodução, (ii) produção sob licença, (iii) produção subcontratada, (iv) investimento financeiro em capacitação industrial e tecnológica, (v) transferência de tecnologia, (vi) obtenção de materiais e meios auxiliares de instrução, (vii) treinamento de recursos humanos e (viii) contrapartida comercial (*countertrade*).

A classificação dessas modalidades de *offset* consta do Anexo II ("Conceituações") da Portaria Normativa nº 764/MD, de 27 de dezembro de 2002, do Ministério de Estado da Defesa. Por se tratar de uma classificação ampla e didática, a rigor ela pode ser aplicada até mesmo para contratos que não digam respeito a fornecimentos para o Ministério da Defesa.[37]

Na *coprodução*, há a produção parcial ou total, no Brasil, de um produto originado no exterior, a partir de informações técnicas fornecidas pelo governo ou empresa estrangeiros, com base em um acordo firmado entre o Governo Brasileiro e um ou mais governos estrangeiros.

Na *produção sob licença*, ocorre a reprodução de um componente ou produto que tenha origem no exterior, baseado em um contrato comercial de transferência de informação técnica entre empresas fornecedoras estrangeiras e os fabricantes nacionais.

---

[36] TCU. *Transferência de tecnologia*: Programa de Desenvolvimento de Submarinos (Prosub) e Projeto H-XBR. Brasília, 2014. Disponível em: http://portal2.tcu.gov.br/portal/pls/portal/docs/2657464.PDF. Acesso em: 12 fev. 2015.

[37] O artigo 8º do Decreto nº 11.890, de 2024, trata de medidas de compensação.

Na *produção subcontratada*, dá-se a produção de parte de um componente originado de um fornecedor estrangeiro. O subcontrato não envolve, necessariamente, a licença de informações técnicas e, usualmente, há um acordo comercial direto entre o fornecedor estrangeiro e o fabricante nacional.

No *investimento financeiro em capacitação industrial e tecnológica*, há o emprego de capital pelo fornecedor estrangeiro com o objetivo de estabelecer ou expandir uma empresa nacional por intermédio de uma *joint venture* ou de um investimento direto.

A *transferência de tecnologia* é o resultado de um Acordo de Compensação que pode ser executado na forma de pesquisa e desenvolvimento, assistência técnica, treinamento ou outras atividades, sempre com o objetivo de aumentar qualitativamente o nível tecnológico do Brasil.

A *obtenção de materiais e meios de instrução* não é definida pelas regras aplicáveis, mas consiste na contrapartida de fornecimento de certos tipos de materiais.

O *treinamento de recursos humanos* consiste na capacitação técnica de pessoas para que elas sejam aptas a realizar determinadas atividades, normalmente dotadas de alguma complexidade.

Por fim, as *contrapartidas comerciais* (*countertrade*) consistem em acordos comerciais que podem ser exigidos como medida de compensação. Podem incluir um ou mais dos seguintes mecanismos: (i) troca (*barter*), que é a troca de produtos ou serviços selecionados por outros de valor equivalente; (ii) contra-compra (*conter-purchase*), que é o compromisso pelo qual o fornecedor estrangeiro adquire ou obtém um comprador para determinado valor em produtos de um fabricante nacional, durante um período determinado; e (iii) subcontratação (*buy-back*), que consiste na aceitação, pelo fornecedor estrangeiro, como pagamento total ou parcial, de produtos total ou parcialmente derivados do produto originalmente importado no Brasil.

Portanto, há uma grande variedade de medidas possíveis de compensação. A rigor, os mecanismos aqui relacionados não são exaustivos. Podem ser estabelecidas modalidades inovadoras. O rol acima mencionado é meramente exemplificativo.

2.3.5 Casos concretos

As operações de *offset* vêm sendo realizadas no Brasil desde a década de 1950, quando a Força Aérea Brasileira adquiriu as aeronaves

Gloser Meteor TF-7 e F-8 da Inglaterra, que foram trocadas pelo mesmo valor em algodão (operação de *barter*). Outra operação de grande relevância ocorreu em 1988, quando o Exército Brasileiro adquiriu cinquenta e dois helicópteros da empresa francesa Eurocopter. A operação envolveu um Acordo de Compensação que tinha como medida de *offset* a venda de cinquenta aeronaves T-27 Tucano (fabricadas pela Embraer, então uma empresa estatal brasileira) para a Força Aérea Francesa, além da exportação de máquinas agrícolas, investimentos para reestruturar a Helibras (empresa privada brasileira), curso de capacitação de pilotos e mecânicos de voo, entre outras.[38] A Marinha do Brasil também já realizou operações de *offset*, que envolveram a construção no Brasil de fragatas com tecnologia estrangeira.

Entretanto, durante muito tempo, o Brasil deixou de realizar operações significativas de *offset*. Somente as operações ligadas ao setor aeronáutico tiveram algum avanço, resultando em grandes vantagens à empresa estatal Embraer.

A partir do início dos anos 2000, no entanto, pode-se dizer que houve um "renascimento" das operações de *offset* no Brasil, principalmente em função da política de reaparelhamento das Forças Armadas. O Estado Brasileiro viu a necessidade de reaparelhamento como uma oportunidade para o desenvolvimento de uma Base Industrial de Defesa sólida, que apresente uma independência tecnológica em relação a outros países.

Esse ressurgimento das medidas de *offset* pode ser verificado pela constante edição de normas que passaram a reger o assunto a partir da década de 2000.

Em 2002, foi editada a Portaria Normativa nº 764/MD/2002, do Ministério da Defesa, que regulou de forma sistemática os Acordos de Compensação, definindo os seus objetivos, modalidades e diretrizes gerais. Uma das normas que mais chama a atenção é a do artigo 8º, que estabelece a *obrigação* de se realizar Acordo de Compensação nas negociações de contratos de importação de produtos de defesa com valor líquido F.O.B. superior a US$5 milhões. Abaixo desse limite, a celebração de um Acordo de Compensação é facultativa (artigo 9º). A Portaria ainda previu que as normas de negociação para Acordos de Compensação devem observar certo grau de flexibilidade que permita considerar as características próprias desse processo (artigo 17), e que

---

[38] MODESTI, Ancelmo. *Offset*: teoria e prática. *In*: WARWAR, Z. (Ed.) *Panorama da prática do offset no Brasil*: uma visão da negociação internacional de acordos de compensação comercial, industrial e tecnológica. Brasília: Projeto Editorial/Livraria Suspensa, 2004.

os créditos de compensação podem reverter em favor da iniciativa privada – o que deve ser formalizado em instrumento específico que vise garantir benefícios às Forças Armadas.

Em 2008, foi editado o Decreto nº 6.703, que estabelece a Estratégia Nacional de Defesa (END). A END contemplou a diretriz de buscar parcerias com outros países para "desenvolver a capacitação tecnológica nacional, de modo a reduzir progressivamente a compra de serviços e de produtos acabados no exterior". Ou seja, fixou-se um claro objetivo de se firmar Acordos de Compensação para a transferência de tecnologia. Diretriz similar foi estabelecida pela Portaria nº 59, de 2010, da Marinha do Brasil.

Ainda em 2010, foi editada a Lei nº 12.349, que criou o §11 do artigo 3º da Lei nº 8.666. Esse dispositivo previa:

> Os editais de licitação para a contratação de bens, serviços e obras poderão, mediante prévia justificativa da autoridade competente, poderão exigir que o contratado promova, em favor de órgão ou entidade integrante da administração pública ou daqueles por ela indicados a partir de processo isonômico, *medidas de compensação comercial, industrial, tecnológica ou acesso a condições vantajosas de financiamento, cumulativamente ou não,* na forma estabelecida pelo Poder Executivo federal.

Em 2011, foi editado o Decreto nº 7.546, que conceituou normativamente as medidas de compensação, mas acabou sendo revogado pelo Decreto 11.890, de 2024.

Em 2012, foi editada a Lei nº 12.598, que estabelece normas especiais para aquisições, contratações e o desenvolvimento de produtos e sistemas de defesa. O Decreto nº 7.970, de 2013, que regulamenta a lei, criou a Comissão Mista da Indústria da Defesa (CMID), que tem dentre suas funções o assessoramento e a coordenação das políticas de aquisições de produtos de defesa – no que se inserem as políticas de *offset*.

Atualmente, a Lei nº 14.133 estabelece no artigo 26, §6º, que "Os editais de licitação para a contratação de bens, serviços e obras poderão, mediante prévia justificativa da autoridade competente, exigir que o contratado promova, em favor de órgão ou entidade integrante da Administração Pública ou daqueles por ela indicados a partir de processo isonômico, medidas de compensação comercial, industrial ou tecnológica ou acesso a condições vantajosas de financiamento, cumulativamente ou não, na forma estabelecida pelo Poder Executivo federal".

Em função dessas normas e dentro da visão dos Acordos de Compensação como medidas de fomento e de desenvolvimento nacional, estão em andamento no Brasil importantes contratos de aquisição de equipamentos e sistemas que envolvem medidas de compensação.

Um deles é o Programa de Submarinos da Marinha (PROSUB), que objetiva o desenvolvimento da capacidade doméstica de projetar e construir submarinos, inclusive de propulsão núcleo-elétrica. O PROSUB prevê a construção de quatro submarinos convencionais e um nuclear, a disponibilização de uma base e de um estaleiro, destinados, respectivamente, à manutenção e à construção desses ativos. O valor dos projetos é de mais de R$27,33 bilhões, e a principal contratada é uma empresa estatal controlada pelo Governo Francês.[39]

Outro programa de grande relevância é o Projeto H-XBR, destinado ao desenvolvimento e produção, no Brasil, de cinquenta helicópteros de médio porte para serem empegados pelos Comandos Militares e pela Presidência da República. O valor do projeto se aproxima de R$5,11 bilhões.[40]

Há também o contrato firmado entre o Departamento de Controle do Espaço Aéreo (Decea), vinculado ao Comando da Aeronáutica do Ministério da Defesa, com uma empresa francesa, para o desenvolvimento de radares de monitoramento, que envolve medidas de compensação relacionadas com a transferência de tecnologia para que os radares possam ser fabricados por uma empresa brasileira, que é controlada pela empresa francesa.[41]

2.3.6 Considerações sobre as medidas de compensação nas contratações públicas

Cabe aqui tecer algumas considerações sobre as medidas de compensação no âmbito das contratações públicas.

---

[39] Informações extraídas do sumário executivo elaborado pelo TCU, intitulado *Transferência de tecnologia*: Programa de Desenvolvimento de Submarinos (Prosub) e Projeto H-XBR. Brasília, 2014. Disponível em: http://portal2.tcu.gov.br/portal/pls/portal/docs/2657464.PDF. Acesso em: 12 fev. 2015.

[40] Informações extraídas do sumário executivo elaborado pelo TCU, intitulado *Transferência de tecnologia*: Programa de Desenvolvimento de Submarinos (Prosub) e Projeto H-XBR. Brasília, 2014 Disponível em: http://portal2.tcu.gov.br/portal/pls/portal/docs/2657464.PDF. Acesso em: 12 fev. 2015.

[41] TCU – Acórdão nº 2.334/2012-Plenário, Rel. Min. André Luís de Carvalho, j. 29.8.2012.

2.3.6.1 Medidas de compensação e a elevação do custo das contratações públicas

As medidas de compensação têm a potencialidade de elevar os valores a serem pagos pela Administração Pública. Afinal, os custos derivados das medidas de compensação assumidas pelo contratado integrarão o preço a ser pago ao particular.[42] Disso deriva que as medidas de compensação somente podem ser previstas se efetivamente houver uma expectativa fundada de gerarem um benefício pretendido pela Administração Pública.

É fundamental, portanto, que a Administração tenha estudado previamente e dimensionado a relevância dos objetivos buscados com as medidas de compensação. Seria um despropósito prever medidas de compensação inúteis, ou que resultem em custos desproporcionais com a sua relevância. A adoção de medidas de compensação demanda planejamento por parte da Administração Pública.

2.3.6.2 Medidas de compensação e licitação

As medidas de compensação podem ser previstas no edital de uma licitação, ou podem ser definidas por meio de negociações entre a Administração e a empresa que pretende ser contratada (no caso de contratações diretas).

Caso sejam definidas no edital da licitação, as medidas de compensação não constituirão propriamente um critério de julgamento. Elas estarão previamente definidas no instrumento convocatório, e caberá aos licitantes formular as suas propostas levando em consideração que terão a obrigação de executar as medidas de compensação ali estabelecidas. Por decorrência, será imprescindível que as medidas de compensação estejam definidas em termos objetivos. As condições de sua execução deverão ser certas e os critérios de aceitabilidade não poderão dar margem a dúvidas, a fim de que se observe o princípio da objetividade do julgamento.

Ao se prever objetivamente as medidas de compensação no edital da licitação, afasta-se a possibilidade de se levar em consideração eventuais vantagens adicionais que os interessados tenham a fornecer. Aplica-se o princípio da vinculação ao instrumento convocatório, uma

---

[42] JUSTEN FILHO, Marçal. *Comentários à Lei de Licitações e Contratos Administrativos*. 16. ed. São Paulo: Revista dos Tribunais, 2014, p. 121.

vez que a Administração sempre deverá levar em consideração os critérios objetivos definidos no edital, sendo vedada a utilização de qualquer elemento, critério ou fator sigiloso, secreto, subjetivo ou reservado que possa ainda que indiretamente elidir o princípio da igualdade entre os licitantes. Trata-se, em última análise, de uma derivação direta do princípio da objetividade do julgamento.

2.3.6.3 Medidas de compensação e negociação

No entanto, as medidas de compensação não são necessariamente previstas em um procedimento licitatório.

Na realidade, a prática tem demonstrado que as medidas de compensação têm sido adotadas com bastante frequência em contratações diretas, não precedidas de licitação. Nesse contexto, é admissível que haja um amplo espaço de negociação entre a Administração Pública e o interessado. Caberá à Administração, no entanto, demonstrar fundamentadamente que as medidas de compensação estabelecidas na contratação ou no Acordo de Compensação são compatíveis com os objetivos buscados e representam a melhor alternativa dentre as opções viáveis.

É evidente que há uma margem de discricionariedade na definição das medidas de compensação. Nem poderia ser diferente, uma vez que tais medidas representam a consecução de políticas públicas, com especial relevância no setor de defesa. Assim, assume ainda maior relevância a necessidade de que haja fundamentação das decisões tomadas.

2.3.6.4 O controle das medidas de compensação

Todos os programas que contemplam medidas de *offset* são submetidos ao controle pelo Tribunal de Contas. No âmbito federal, o TCU vem reconhecendo os benefícios obtidos com as medidas de compensação. Entretanto, aponta alguns problemas. Por exemplo, há uma dificuldade dos órgãos governamentais brasileiros na concepção e na estruturação dos projetos. O controle interno desses órgãos também vem sendo objeto de críticas pelo TCU, uma vez que há dificuldades no controle de contratos de tamanha complexidade técnica.[43]

---

[43] Essas questões são examinadas com bastante detalhamento nos Acórdãos nº 2.334/2012-Plenário e 2.952/2013-Plenário, ambos do TCU.

Na prática, verifica-se que a concepção e o controle das medidas de *offset* são extremamente complexos, mas isso não exclui o fato de que tais medidas vêm promovendo resultados significativos em termos de fomento à indústria nacional e de tornar o Brasil capaz de desenvolver produtos de alta tecnologia – principalmente na área de defesa. Trata-se de uma situação em que a contratação de empresas estrangeiras vem sendo realizada como medida indutora do desenvolvimento tecnológico brasileiro.

2.3.6.5 Medidas de compensação e benefício a empresas privadas

O beneficiado direto por uma medida de compensação poderá ser uma empresa privada. Não há nenhuma previsão legal que impeça essa possibilidade. Entretanto, é evidente que esse tipo de situação demande uma série de cautelas a fim de que os objetivos de fomento sejam alcançados.

Nesse sentido, o artigo 19 da Portaria Normativa nº 764/MD/2002, do Ministério da Defesa, admite expressamente a possibilidade de um ente privado ser beneficiado por um acordo de compensação. O dispositivo prevê que "A utilização dos créditos de compensação decorrentes dos Acordos de Compensação, pela iniciativa privada, deve ser formalizada em instrumento específico, visando, prioritariamente, trazer benefícios às Forças Armadas".

Portanto, ainda que haja benefício direto a um ente privado em função de uma medida de compensação, é imprescindível que a Administração tome as cautelas necessárias para garantir a consecução dos objetivos pretendidos, inclusive por meio da celebração de um contrato entre a Administração e o ente privado beneficiado. Com isso, o beneficiado indireto será a própria Administração.

O TCU não questiona a possibilidade de uma medida de compensação aproveitar diretamente empresas privadas, embora aponte para a necessidade de um controle mais efetivo.

Precedente do TCU

> 39. Esse é um aspecto que tem sido sobremaneira negligenciado no Brasil, tanto por parte dos órgãos públicos que têm celebrado esses acordos de compensação, notadamente no âmbito das Forças Armadas, quanto por parte do Tribunal de Contas da União no controle externo dessas relevantes e onerosas contratações encetadas pelo Poder Público. É que

as transações de offset, que como vimos, elevam os valores praticados nos contratos de aquisição de bens e serviços, têm geralmente como beneficiárias entidades privadas, tipicamente setores da indústria nacional que se deseja fortalecer mediante o acesso a novas tecnologias, a nacionalização da produção e a capacitação para a acirrada concorrência no mercado externo, com vistas a ampliação e a melhor qualificação do mercado de trabalho interno e a geração de novas receitas.

40. Ora, o benefício econômico trazido a particulares por efeito da utilização de recursos orçamentários para a aquisição de bens e serviços necessários à satisfação do interesse público impõe necessariamente a accountability das atividades que propiciam tais benefícios. Essa é uma prática recorrente, por exemplo, nos Estados Unidos, onde qualquer ação pública de fomento ao desenvolvimento ou transferência de tecnologia que gere benefícios a particulares deve ser avaliada em termos de performance, economicidade e retorno social (cf. LINK, Albert N.; e SCOTT, John T. Public Goods, Public Gains: Calculating the Social Benefits of Public. R&D, 2011, ps. 27-38).

41. Portanto, impõe-se constitucionalmente ao Comando da Aeronáutica (CF, art. 70, parágrafo único) verificar a legítima aplicação dos recursos públicos que propiciaram, por efeito das aquisições contempladas no Contrato nº 089/DECEA/2006, a efetivação de transações de offset que ensejaram benefícios econômicos, tecnológicos e comerciais à [...], com vistas a apurar se foram alcançados os objetivos que respaldaram essa atuação estatal. E ao proceder à accountability dessas transações de offset custeadas com recursos públicos, que produziram benefícios à [...], o Comando da Aeronáutica terá condições para identificar e quantificar as atividades de desenvolvimento dos transmissores dos radares LP23 que integraram, simultaneamente, os ajustes firmados pelo DECEA e o projeto de inovação tecnológica financiado pela Finep. Ressalte-se que o art. 5º da Portaria-SEGECEX Nº 13/2001 respalda a formulação dessa determinação por parte desta Unidade Técnica. (Acórdão nº 2.334/2012-Plenário, Processo nº TC 008.091/2009-5, Rel. Min. André Luís de Carvalho, j. 29.8.2012)

2.4 Ainda a distinção entre licitações nacionais e internacionais e a participação de estrangeiros

A participação de empresas estrangeiras não se restringe apenas às licitações internacionais.

Conforme demonstrado no capítulo anterior, o conceito de licitação internacional instituído pela Lei nº 14.133 menciona a participação de licitantes estrangeiros, mas é incorreto afirmar que estrangeiros somente poderiam participar de licitações internacionais.

A regra é que os estrangeiros possam participar de qualquer licitação, tanto nacional quanto internacional. Ausente um objetivo compatível com o ordenamento que justifique a vedação à participação de estrangeiros (como o incentivo ao setor nacional de defesa de que trata a Lei nº 12.598), seria inconstitucional – além de incompatível com o artigo 9º, incisos I, b, e II, da Lei nº 14.133 – vedar a participação de estrangeiros em licitações simplesmente pelo fato de não serem nacionais. Basta verificar que a proposta de um licitante estrangeiro pode, em tese, ser a mais vantajosa para a Administração, o que já impõe que seja levada em consideração.

A questão é que, além das preferências destinadas a incentivar o desenvolvimento nacional, certas atividades somente podem ser exercidas por brasileiros ou por empresas controladas por pessoas de nacionalidade brasileira. A legislação nacional, por questões de segurança, dentre outros fundamentos, reserva determinadas atividades a brasileiros. Nesse caso, é cabível vedar a participação de estrangeiros que não poderiam exercer a atividade licitada. Mas fora das hipóteses de vedação legal à participação de estrangeiros, as quais deverão ser compatíveis com valores protegidos pelo ordenamento, não se pode discriminar os licitantes em função de sua nacionalidade.

Em suma, empresas com sede no exterior, portanto, podem participar de licitações nacionais, mas devem cumprir alguns requisitos de ordem burocrática.

Já nas licitações internacionais realizadas de acordo com a legislação nacional, a licitação é expressamente aberta a licitantes estrangeiros. Nesses casos, como regra geral, o licitante estrangeiro pode receber pagamentos em moeda estrangeira. Além disso, o licitante estrangeiro, apenas para participar da licitação, não precisará deter autorização para funcionamento no Brasil, uma vez que exigência dessa natureza seria um contrassenso em relação à própria definição legal de licitação internacional.

2.5 Requisitos para a participação de licitantes estrangeiros

A participação de estrangeiros traz às licitações algumas complexidades adicionais. É fundamental compreender adequadamente as peculiaridades que dizem respeito à participação de estrangeiros em licitações públicas no Brasil.

2.5.1 A questão da autorização para funcionamento no Brasil

A questão da autorização para funcionamento no Brasil sempre gerou polêmica ao longo de toda a vigência da Lei nº 8.666.

2.5.1.1 O tratamento do tema pela Lei nº 8.666

A Lei nº 8.666 previa, para fins de habilitação, que o licitante em funcionamento no Brasil apresentasse o decreto de autorização para funcionamento no país (artigo 28, inciso V).[44] Além disso, o seu artigo 32, §4º, estabelecia que, nas licitações internacionais, os licitantes estrangeiros que não funcionem no país deveriam ter representação legal no Brasil, com poderes expressos para receber citação e responder administrativa ou judicialmente.

Ou seja, ao mesmo tempo que se exigia que os licitantes não nacionais tivessem autorização para funcionamento no Brasil, admitia-se que licitantes estrangeiros sem essa autorização participassem de determinados certames. Isso gerava algumas dúvidas, notadamente em relação à necessidade ou não de se apresentar tal autorização como requisito de habilitação nas licitações internacionais.

2.5.1.2 O tratamento do tema pela Lei nº 14.133

Já a Lei nº 14.133 deixou de exigir expressamente que os licitantes estrangeiros tenham autorização para funcionamento no Brasil para participarem de licitações. O artigo 65 deixa a cargo do edital a definição dos requisitos de habilitação. E o artigo 66 apenas prevê o objetivo buscado com a habilitação jurídica (demonstração da capacidade do licitante de exercer direitos e assumir obrigações) e as limitações aplicáveis (admitem-se exigências apenas para comprovação de existência jurídica da pessoa e, quando cabível, de autorização para o exercício da atividade a ser contratada).

Assim, é necessário aprofundar o exame das disposições legais acerca da autorização para funcionamento no Brasil para se verificar se, à luz da Lei nº 14.133, ela é ou não exigível dos licitantes estrangeiros.

---

44 Sobre o assunto, confira-se: MEIRELLES. *Direito administrativo brasileiro*, p. 354.

2.5.1.3 A disciplina legal para obtenção de autorização de funcionamento

O funcionamento de empresas estrangeiras no Brasil é disciplinado pelos artigos 1.134 a 1.141 do Código Civil.

Para funcionar no país, a sociedade estrangeira deve obter uma autorização do Poder Executivo, que é concedida mediante decreto do Presidente da República.[45] O deferimento dessa autorização é condicionado ao atendimento de uma série de exigências. Entre outros requisitos, a interessada deve demonstrar que foi constituída em conformidade com as leis do seu país, exibir os seus atos constitutivos, e apresentar uma relação dos membros de todos os órgãos da administração da sociedade, especificando os seus dados e a participação de cada um no capital social. O Poder Executivo tem ainda a prerrogativa de estabelecer condições adicionais que entenda convenientes à defesa dos interesses nacionais.

Expedido o decreto presidencial de autorização, a sociedade deverá providenciar o arquivamento dos seus documentos constitutivos e do decreto de autorização perante o Registro Público competente. Nesse momento, deverá comprovar o depósito, em dinheiro junto a banco oficial, do montante de capital destinado às operações no Brasil. Arquivados os documentos, a sociedade poderá então iniciar as suas atividades no país, sujeitando-se às leis e aos tribunais brasileiros no que se refere aos atos aqui praticados.

Enquanto o Código Civil disciplina a concessão de autorização para empresas estrangeiras funcionarem no país, a Lei nº 14.133 regula a participação em licitações de empresas estrangeiras que não funcionem no Brasil. Assim, não há propriamente um conflito de normas, mas campos delimitados de incidência de cada uma delas.

A questão da necessidade ou não de autorização para funcionamento no país para que a empresa estrangeira participe de licitação não se põe para estrangeiros que já funcionem no Brasil.

De fato, se a empresa estrangeira já funciona no país, isso significa que ela já terá sido previamente autorizada por decreto presidencial e inclusive terá providenciado as demais formalidades necessárias:

---

[45] O Decreto nº 11.497, de 2023, delega ao Ministro de Estado do Desenvolvimento, Indústria, Comércio e Serviços a competência para decidir e praticar os atos de autorização de funcionamento de sociedade estrangeira no Brasil, bem como permite a subdelegação dessa competência ao Diretor do Departamento Nacional de Registro Empresarial e Integração da Secretaria da Microempresa e Empresa de Pequeno Porte e do Empreendedorismo do Ministério do Desenvolvimento, Indústria, Comércio e Serviços.

arquivamento dos atos no registro competente, depósito em banco oficial do capital destinado às operações no país etc. Caso contrário, a empresa estará operando irregularmente no Brasil, o que dará ensejo às sanções aplicáveis e, evidentemente, impedirá a sua participação em licitações que demandem autorização para funcionamento no país.

O mesmo ocorre com estrangeiros pessoas físicas. O estrangeiro cuja permanência no país é irregular ou que disponha apenas de visto de turista não poderá participar de licitações, salvo no caso de alienação de bens pela Administração.[46]

2.5.1.4 O critério para definição da necessidade de autorização: "funcionamento" no Brasil

A questão fundamental consiste em saber em quais situações a autorização para funcionamento no país é exigível como requisito para participação em licitações.

O "funcionamento" no país se configura quando existam *continuidade* e *permanência* na atividade desempenhada pelo estrangeiro. Se a empresa estrangeira precisa celebrar pactos com brasileiros para executar um contrato para a Administração Pública, estará configurado o "funcionamento" no Brasil e, portanto, poderá ser exigida a comprovação de autorização para funcionamento no país.

Já se a execução do contrato administrativo demandar uma atividade eventual e isolada do estrangeiro no país, sem qualquer caráter de permanência, não estará configurado o "funcionamento" e, assim, não haverá necessidade de autorização por decreto para funcionamento no Brasil.

É precisamente esse o entendimento de Marçal Justen Filho. Para o doutrinador:

> Segundo entendimento pacífico, não constitui 'funcionamento' no Brasil a atividade eventual, precária e isolada. Uma empresa estrangeira, mesmo sem autorização governamental, pode praticar atos isolados. O 'funcionamento' no Brasil se configura quando exista continuidade e permanência na atividade desenvolvida. Se, por exemplo, uma

[46] De acordo com Marçal Justen Filho: "Àqueles que tenham recebido visto de turista não se pode admitir a possibilidade de participar de licitação – excetuada hipótese de alienação de bens por parte da Administração. No caso de estrangeiro em situação regular e permanente, a habilitação jurídica será comprovada através do documento adequado" (*Comentários à Lei de Licitações e Contratos Administrativos*, p. 468).

empresa estrangeira necessitar efetivar pactos com brasileiros para executar contrato com a Administração Pública, estará configurado o 'funcionamento' no Brasil.[47]

Evidentemente, a simples participação em uma licitação não configura funcionamento no Brasil. Assim, não há que se falar que para todos os casos os licitantes estrangeiros precisarão de autorização para funcionamento no país apenas para participar de certames. A comprovação de que o licitante estrangeiro tem autorização para funcionamento no Brasil será exigível apenas em certas situações.

Na prática, para se definir se um estrangeiro precisa de autorização para funcionamento no país para participar de licitações, devem ser verificados dois aspectos: (i) qual a forma de licitação adotada (se nacional ou internacional) e (ii) se a execução do contrato configurará "funcionamento" no Brasil.

Caso se trate de licitação internacional, não será exigível que os licitantes estrangeiros detenham autorização para funcionamento no Brasil apenas para participar do certame. Seria contraditório realizar uma licitação internacional, que é expressamente aberta a estrangeiros, podendo inclusive haver a execução do seu objeto no exterior, e exigir dos estrangeiros que detenham autorização para funcionamento no Brasil.

Se o objeto da licitação internacional não configurar funcionamento no Brasil, isso reforça ainda mais a desnecessidade de se deter autorização governamental. No entanto, mesmo quando o objeto da licitação internacional configurar funcionamento no Brasil, não será cabível exigir dos licitantes estrangeiros que tenham autorização para funcionamento no país apenas para participarem do certame. Tal exigência configuraria a contradição acima apontada: não faz sentido que em uma licitação internacional se exija um requisito específico para atuação no país.

Isso não quer dizer, no entanto, que a autorização para funcionamento no Brasil estará totalmente dispensada. Tal exigência não é cabível para a simples participação na licitação internacional. Para a execução do contrato, no entanto, o licitante estrangeiro deverá ter autorização para funcionamento no Brasil caso o objeto contratual configure funcionamento no país, ainda que esse contrato derive de uma licitação internacional. Isso ocorre porque a disciplina do Código

---

[47] *Comentários à Lei de Licitações e Contratos Administrativos*, p. 562.

Civil (artigos 1.134 e seguintes) não dispensa a empresa estrangeira de deter tal autorização governamental apenas pelo fato de o contrato que embasa sua atuação ter decorrido de uma licitação pública.

Dessa forma, a exigência de autorização para funcionamento no Brasil nesses casos não poderá ser considerada uma barreira indevida à atuação de estrangeiros. Isso porque, além de ser uma exigência legal (prevista no Código Civil), o licitante teve condições de participar do certame ainda que sem a autorização. Caberá, no entanto, que o Estado Brasileiro adote medidas para tornar mais ágil a emissão das autorizações para funcionamento no Brasil, a fim de que não haja problemas à execução do contrato licitado.

Já quando se trata de licitação nacional, se o seu objeto admitir a execução por estrangeiros, será exigível a prévia autorização para funcionamento no Brasil para participar do certame, e não apenas para a execução contratual. Isso porque não se trata de licitação internacional e também devido ao fato de que o objeto contratual será executado totalmente no Brasil (do contrário, o certame se enquadraria no conceito de licitação internacional).

Em síntese, à luz das previsões da Lei nº 14.133: (i) nas licitações internacionais tais como definidas na Lei nº 14.133, não será exigido dos licitantes estrangeiros que eles detenham autorização para funcionamento no Brasil apenas para participar da licitação, mas tal autorização será necessária posteriormente, para a execução do contrato, caso o seu objeto configure funcionamento no Brasil; (ii) nas licitações nacionais, será exigível autorização para funcionamento no Brasil de licitantes estrangeiros para a participação no certame.

2.5.1.5 A participação de empresa estrangeira em consórcio que será convertido em sociedade de propósito específico

Questão interessante diz respeito à participação de empresa estrangeira em consórcio que, se contratado, constituirá uma sociedade de propósito específico (SPE) no Brasil, segundo as leis brasileiras.

Se uma empresa estrangeira integra consórcio que se sagra vencedor em uma licitação, e se tal consórcio constituirá no Brasil uma sociedade de propósito específico brasileira para fins de execução do contrato, será desnecessário que a empresa estrangeira comprove deter autorização governamental para funcionamento no Brasil. Isso porque não é a empresa estrangeira que atuará no país, e sim a sociedade de propósito específico, que é uma pessoa jurídica distinta da empresa estrangeira, constituída à luz da legislação brasileira – ainda que tenha em seus quadros societários uma ou mais empresas estrangeiras.

Foi esse o entendimento adotado pelo TRF da 3ª Região, com o qual aqui se concorda integralmente.

Precedente anterior do TRF da 3ª Região

> Não vislumbro óbices para a empresa estrangeira que, embora não tenha funcionamento no país, demonstra interesse e condições de investir seus recursos nos objetivos da licitação, poder participar de consórcio e, posteriormente, de Sociedade de Propósito Específico – SPE, sendo dispensável, neste caso, a exigência do decreto de autorização e ato de registro de autorização para o seu funcionamento, desde que apresentados todos os demais documentos exigidos pelo Edital, para a habilitação. Trata-se da formação de sociedade de propósito específico – SPE, cuja previsão legal se encontra no art. 9º, da Lei nº 11.079/2004, que instituiu as normas gerais para licitação e contratação de parceria público-privada no âmbito da administração pública, sem a previsão de impedimento para a participação de empresas estrangeiras em sua composição (AC nº 2009.61.00.012923-2, Rel. Des. Consuelo Yoshida, 6ª Turma, j. 06.07.2010)

Tal entendimento é condizente com a disciplina prevista na legislação brasileira. O artigo 1.134 do Código Civil excetua a necessidade de autorização governamental para funcionamento no país para o caso das empresas estrangeiras que apenas são acionistas de sociedades anônimas brasileiras. Assim, se a sociedade de propósito específico é uma sociedade anônima brasileira, constituída sob a égide das leis nacionais, o simples fato de contar com acionistas estrangeiros não significa que tais acionistas precisem dispor de autorização para funcionamento no Brasil.

Note-se ainda que o artigo 1.134 do Código Civil, ao se referir à desnecessidade de autorização governamental para que empresas estrangeiras participem de sociedades anônimas brasileiras, não exclui a mesma solução para as empresas de responsabilidade limitada. Na verdade, a redação do artigo 1.134 do Código Civil repete basicamente a mesma regra que era contemplada pelo Decreto-Lei nº 2.627, de 1940 (antiga lei das sociedades anônimas).[48] Naquela lei, era compreensível

[48] O artigo 64 do Decreto-Lei nº 2.627 estabelecia o seguinte: "As sociedades anônimas ou companhias estrangeiras, qualquer que seja o seu objeto, não podem, sem autorização do

que se tratasse da desnecessidade de autorização governamental apenas para a participação em sociedades anônimas, uma vez que a lei tratava apenas desse tipo societário. A regra, depois, acabou sendo transposta para o Código Civil fazendo apenas referência às sociedades anônimas. Contudo, parece-nos evidente que a desnecessidade de autorização governamental se aplica aos estrangeiros que desejam ser sócios também de sociedades limitadas brasileiras. Portanto, a desnecessidade de autorização governamental prevista no artigo 1.134 do Código Civil se aplica à participação da empresa estrangeira no capital tanto de uma sociedade anônima brasileira como também no de uma sociedade limitada.

2.5.1.6 Momento de comprovação da autorização governamental

Resta ainda definir qual o momento de comprovação da autorização para funcionamento no país quando ela for exigível. Poderia tal requisito ser comprovado posteriormente à licitação, ainda que antes da assinatura do contrato?

Para responder a essa questão, novamente se deve verificar se o caso é de uma licitação nacional ou internacional.

Tratando-se de licitação nacional, em tese até seria defensável exigir que a autorização para funcionamento no Brasil fosse comprovada apenas para a assinatura do contrato, e não já na fase de habilitação. Essa solução possivelmente ampliaria a competitividade no certame. A postergação do atendimento às diversas exigências do Código Civil seria um incentivo à participação de empresas que ainda não operam no Brasil e que somente viriam a fazê-lo se fossem contratadas pela Administração.

Entretanto, esse entendimento geraria um problema de ordem prática. Se fosse admissível a comprovação de autorização do estrangeiro para funcionamento no país somente no momento da contratação, isso geraria problemas práticos insolúveis. Toda a licitação nacional seria realizada mediante uma condição suspensiva, qual seja, a obtenção de autorização governamental para que o licitante estrangeiro pudesse ser contratado. Entretanto, condicionar o encerramento da licitação e a

Governo Federal, funcionar no país, por si mesmas, ou por filiais, sucursais, agências, ou estabelecimentos que as representem, podendo, todavia, ressalvados os casos expressos em lei, ser acionistas de sociedade anônima brasileira (art. 60)".

efetiva contratação a esse evento futuro e incerto causaria problemas graves. Poderia até mesmo afetar o interesse da Administração em contratar. Se o licitante estrangeiro demorasse muito tempo para obter a autorização governamental, ou se nem atendesse os requisitos legais necessários para tanto, o certame restaria frustrado.

Assim, sendo caso de uma licitação nacional, os licitantes estrangeiros deverão demonstrar que detêm autorização para funcionamento no Brasil já durante a licitação (em regra, na fase de habilitação).

Já se a licitação for internacional, caso o objeto licitado configure funcionamento no Brasil, o licitante estrangeiro somente precisará apresentar autorização para funcionamento no país depois da licitação, caso se sagre vencedor. A Lei nº 14.133 não define o momento para tanto, mas poderia ser apontada por analogia a mesma solução que se aplica aos licitantes estrangeiros no tocante ao registro perante os conselhos profissionais competentes. O §7º do artigo 67 da Lei estabelece que sociedades empresárias estrangeiras, para atender a necessidade de demonstração de registro nos conselhos profissionais competentes, poderão apresentar, no momento da assinatura do contrato, a solicitação de registro perante tal entidade.[49] Não se exige dos licitantes estrangeiros, portanto, o registro perante o conselho profissional competente apenas para a participação na licitação. Apenas se o licitante estrangeiro for o vencedor do certame é que deverá solicitar tal registro. E, ainda assim, para a assinatura do contrato, bastará apresentar documento que demonstre a solicitação de tal registro, e não a existência propriamente dita do registro. Sistemática similar poderia ser adotada às autorizações para funcionamento no Brasil. Dispensa-se a existência de autorização para a simples participação no certame (que não configura funcionamento no país), mas faz-se a exigência de sua solicitação para a assinatura do contrato.

É verdade que o mesmo problema prático apontado acima em relação às licitações nacionais poderia ocorrer nas internacionais. A demora na obtenção de autorização para funcionamento no Brasil poderia atrasar o cumprimento do contrato. De todo modo, essa é uma questão alheia ao controle do contratado, que cabe ao Estado Brasileiro resolver. Deverá haver maior agilidade para a emissão dos atos governamentais de autorização. O que não se admite é que a exigência em questão seja

---

[49] O §7º do art. 67 estabelece o seguinte: "Sociedades empresárias estrangeiras atenderão à exigência prevista no inciso V do *caput* deste artigo por meio da apresentação, no momento da assinatura do contrato, da solicitação de registro perante a entidade profissional competente no Brasil".

feita para a simples participação de um estrangeiro numa licitação internacional. Do contrário, a própria figura da licitação internacional se tornaria inócua e o mercado brasileiro de compras públicas não estaria efetivamente aberto a outras nações.

2.5.2 A apresentação de documentos produzidos no exterior

O parágrafo único do artigo 70 da Lei nº 14.133 estabelece que as empresas estrangeiras que não funcionem no país deverão apresentar documentos equivalentes, na forma de regulamento emitido pelo Poder Executivo federal.[50]

2.5.2.1 A aplicação da lei do domicílio da pessoa jurídica

Apesar de a Lei nº 14.133, diferentemente da Lei nº 8.666, não estabelecer expressamente, pode-se dizer que, na legislação que rege as licitações públicas no Brasil, vigora o princípio de que deve ser observada a lei do local de origem do licitante. Ainda que os documentos do licitante estrangeiro precisem ser traduzidos, conforme será visto abaixo, eles devem ser regulares à luz da legislação que rege a empresa estrangeira. O simples fato de não observarem requisitos exigidos pela legislação societária brasileira para empresas nacionais evidentemente não impede a sua aceitação.

Segundo Marçal Justen Filho, em lição proferida à luz da Lei nº 8.666, mas também aplicável à Lei nº 14.133, reafirma-se

---

[50] Regra similar era estabelecida pelo artigo 32, §4º, da Lei nº 8.666: "As empresas estrangeiras que não funcionem no País, tanto quanto possível, atenderão, nas licitações internacionais, às exigências dos parágrafos anteriores mediante documentos equivalentes, autenticados pelos respectivos consulados e traduzidos por tradutor juramentado, devendo ter representação legal no Brasil com poderes expressos para receber citação e responder administrativa ou judicialmente". Além disso, regra semelhante consta do artigo 16 do Decreto nº 3.555, que trata dos pregões presenciais, bem como consta do artigo 41 do Decreto nº 10.024, que disciplinava os pregões eletrônicos. A diferença entre esses dois dispositivos é que o Decreto nº 3.555 exige "documentos equivalentes, autenticados pelos respectivos consulados e traduzidos por tradutor juramentado", enquanto o Decreto nº 10.024 exige que documentos equivalentes, "inicialmente apresentados com tradução livre", sendo que, na hipótese de o licitante vencedor ser estrangeiro, para fins de assinatura do contrato ou da ata de registro de preços, os documentos serão traduzidos por tradutor juramentado no País e apostilados nos termos dos regulamentos aplicáveis, ou consularizados pelos respectivos consulados ou embaixadas".

a aplicação da lei do local da constituição da pessoa jurídica. A cláusula 'tanto quanto possível' significa que a lei brasileira não será utilizada para disciplinar matéria atinente à constituição e funcionamento de pessoas jurídicas constituídas sob a égide de ordenamento jurídico de Estado estrangeiro perante o qual tenham domicílio.[51]

Por esses motivos, o TRF da 3ª Região fixou o entendimento de que é cabível a apresentação de balanço da empresa estrangeira elaborado de acordo com normas internacionais aplicáveis, sem a necessidade de que fosse convertido para as normas brasileiras.

Precedente anterior do TRF da 3ª Região

No que pertine à alegação de não apresentação do Balanço da empresa estrangeira, convertido para as normas comumente aceitas no Brasil, pertinentes as conclusões técnicas apresentadas no parecer da Superintendência de Marcos Regulatórios – SUREG, no sentido da aceitação das normas internacionais aplicadas (TRF 3ª Região – AC 2009.61.00.012923-2, Rel. Des. Consuelo Yoshida, 6ª Turma, DJU, 06 jul. 2010)

Precedentes anteriores do TJPR

APELAÇÃO CÍVEL - LICITAÇÃO - ALEGADO DESCUMPRIMENTO DE NORMAS PREVISTAS NO EDITAL - INOCORRÊNCIA - EMPRESA ESTRANGEIRA COM LEGISLAÇÃO PRÓPRIA - CONSÓRCIO QUE OBECEDEU AOS DITAMES DA LEI DE LICITAÇÕES - RECURSO DESPROVIDO.

[...]

Se é certo que a aprovação das "contas anuais" tem que ocorrer até 30 de junho do exercício subseqüente, e a data de aprovação depositada no registro de comércio nos 30 dias subseqüentes, a efetiva publicação que arremata o processo de aprovação das contas é ato do órgão de registro de comércio espanhol, e não da empresa. [...] (TJPR – Apelação Cível nº 689.277-3, 4ª Câmara Cível, Rel. Des. Astrid Maranhão de Carvalho Ruthes, j. 9.11.2010, DJ 17.11.2010)

AGRAVO DE INSTRUMENTO - PRÉ-QUALIFICAÇÃO EM LICITAÇÃO INTERNACIONAL - COMPROVAÇÃO DE INSCRIÇÃO MUNICIPAL NA FORMA DA LEGISLAÇÃO DO PAÍS ONDE ESTÁ SEDIADA A EMPRESA - ÍNDICE DE LIQUIDEZ GERAL DEMONSTRADO O QUANTO BASTE PARA EXAME DA IDONEIDADE JURÍDICA, FINANCEIRA E TÉCNICA. Agravo desprovido. (TJPR – Agravo de Instrumento nº 55315-1, 3ª Câmara Cível, Rel. Des. Ivan Bortoleto, j. 02.09.1997)

[51] *Comentários à Lei de Licitações e Contratos Administrativos*, p. 563.

2.5.2.2 A tradução dos documentos produzidos no exterior

Tradicionalmente, aplicam-se às licitações as regras comuns de autenticação de documentos produzidos no estrangeiro e de seu reconhecimento perante as autoridades públicas brasileiras. Um documento produzido no exterior deve ser consularizado e traduzido por tradutor juramentado.

O ato de consularização significa que um documento produzido no estrangeiro deve sofrer o crivo do consulado brasileiro no âmbito da jurisdição em que foi emitido.

Já a tradução juramentada constitui o ato pelo qual um tradutor que goza de presunção de veracidade verte para o idioma nacional determinado documento produzido em outra língua. A exigência não é exclusiva da Lei de Licitações. A necessidade de tradução (ainda que não necessariamente juramentada) é contemplada no artigo 224 do Código Civil.[52] E para efeito de aceitação em processos judiciais, o artigo 157 do Código de Processo Civil exige que os documentos tenham sido traduzidos por tradutor juramentado.[53]

Nesse contexto, sempre se entendeu que a autenticação pelo consulado do país de origem do documento não substituía a necessidade de tradução juramentada, conforme já decidiu o TRF da 1ª Região.

Precedente do TRF da 1ª Região

> PROCESSUAL CIVIL. AGRAVO REGIMENTAL. AGRAVO DE INSTRUMENTO. PREGÃO ELETRÔNICO. DOCUMENTOS EM LÍNGUA ESTRANGEIRA. TRADUÇÃO. CONSULARIZAÇÃO. 1. Não tendo a agravante apresentado os documentos em língua estrangeira (chinês) devidamente traduzidos por tradutor juramentado, conforme expressamente previsto no edital do certame, correta a decisão que indeferiu a liminar por meio da qual pretendia a Agravante a sua habilitação na licitação. Exigência que não é suprida pela autenticação por consulado ou embaixada no país de origem. 2. Agravo regimental a que se nega provimento. (TRF 1ª Região – AGA 2008.01.00.038059-8, Rel. Des. Federal Maria Isabel Gallotti Rodrigues, 6ª Turma, e-DJF1, 30 mar. 2009)

---

52 Artigo 224 do Código Civil: "Os documentos redigidos em língua estrangeira serão traduzidos para o português para ter efeitos legais no Brasil".

53 Artigo 157 do Código de Processo Civil: "Só poderá ser junto aos autos documento redigido em língua estrangeira, quando acompanhado de versão em vernáculo, firmada por tradutor juramentado".

Mesmo assim, havia o entendimento de que a ausência de tradução juramentada de um documento produzido regularmente no exterior não poderia gerar a inabilitação do licitante estrangeiro. Isso porque a tradução que se deixou de apresentar não seria um novo documento, mas apenas uma exigência de natureza formal. A ausência da tradução juramentada não tornaria propriamente nulo o documento produzido no exterior, mas apenas ineficaz, o que justificaria a realização de diligência com a fixação de prazo para que o licitante sanasse a falha, sob pena, aí sim, de inabilitação.[54]

Mais recentemente, têm sido editadas regras que dispensam traduções juramentadas de documentos produzidos no exterior.

Exemplo disso é o Decreto nº 10.024, de 2019, que dispensa a exigência de tradução juramentada para o cadastro no Sicaf. De acordo com o decreto, as exigências de habilitação serão apresentadas em tradução livre. Apenas se o licitante vencedor for estrangeiro é que será obrigatória a tradução juramentada para a assinatura do contrato ou da ata de registro de preços.

Nesse contexto, é interessante observar que a Lei nº 14.133 não exige expressamente traduções juramentadas de documentos produzidos no exterior. O §4º do artigo 67 estabelece apenas que serão aceitos atestados ou outros documentos hábeis emitidos por entidades estrangeiras "quando acompanhados de tradução para o português", salvo se comprovada a inidoneidade da entidade emissora.

Nesse ponto, observa-se o esforço elogiável do legislador em facilitar a participação de estrangeiros, reduzindo exigências burocráticas que na prática serviriam como barreiras à ampla participação no mercado de contratações públicas brasileiras.

2.5.2.3 A apresentação de documentos "equivalentes"

Até aqui restou demonstrado que documentos de qualificação equivalentes aos emitidos no Brasil devem ser apresentados com a devida tradução, havendo um movimento consistente do ordenamento no sentido de reduzir as exigências burocráticas.

De todo modo, ainda existe o problema atinente ao que se deve considerar como documentos "equivalentes" para fins de aplicação parágrafo único do artigo 70 da Lei nº 14.133. Tal questão é relevante,

---

[54] É o que sustenta Sidney Bittencourt, com base na lição de Ivo Ferreira de Oliveira (*Licitações internacionais*, p. 105-106).

uma vez que a simples apresentação de documentos emitidos no exterior não dispensa a necessidade de se verificar se o licitante estrangeiro efetivamente atende aos requisitos necessários para a execução do objeto licitado.

Em relação a isso, o fato é que outros países podem ter uma sistemática de atestação de informações bastante diversa da brasileira.

Para fins de aplicação do parágrafo único do artigo 70 da Lei nº 14.133, documento equivalente deve ser compreendido como aquele destinado ao mesmo fim que o documento passível de apresentação pelo licitante brasileiro, ou que contenha as mesmas informações que constariam do documento emitido no Brasil. Trata-se, portanto, do documento que mais se aproxima ao que seria apresentado por um licitante brasileiro para efeitos de habilitação. Por meio do documento equivalente, o licitante estrangeiro procurará atestar as informações exigidas pelo edital.

Um exemplo pode esclarecer o que se entende por documento equivalente. Suponha-se que, em determinado país, não se expeça certidão negativa de falência, mas que haja algum documento oficial que somente pode ser expedido se a empresa não apresenta nenhum pedido de falência formulado contra si. Nesse caso, tal documento poderá ser considerado como "equivalente", uma vez que se destina à mesma finalidade da certidão negativa de falência expedida no Brasil.[55]

Não é possível ir além e estabelecer requisitos mais objetivos acerca do que seria um documento equivalente. A formulação de requisitos teóricos mais detalhados acerca do que se pode considerar como documento equivalente conduziria a generalizações equivocadas. O que se pode afirmar é que as comissões de licitação devem estar preparadas para eventuais discussões a respeito da equivalência do documento produzido no exterior. É possível que um licitante alegue que o documento equivalente deveria ser outro, e não aquele apresentado pelo estrangeiro. Nesse caso, a comissão de licitação eventualmente terá de realizar diligências destinadas a verificar se o documento apresentado de fato é equivalente ao produzido no Brasil.

É importante notar que parágrafo único do artigo 70 da Lei nº 14.133 remete-se a regulamento que ainda será editado. O regulamento

---

[55] Mesmo quando não há a participação de licitantes estrangeiros, a problemática do documento equivalente pode se fazer presente, ainda que em menor grau. Imagine-se a participação de licitantes nacionais sediados em estados diferentes da federação. É plenamente possível que determinadas informações sejam atestadas por meio de documentos não expedidos em outros estados. Nessa situação, a comissão de licitação deverá levar em consideração os documentos expedidos no estado de origem do licitante.

deverá estabelecer regras mais detalhadas a respeito do que se entende por documento equivalente e sobre os requisitos que deverão ser observados.

De todo modo, é necessário se reconhecer possíveis dificuldades em se apresentar documentos equivalentes produzidos no exterior. Outros países podem inclusive não dispor de documento que seja equivalente ao apresentado pelo licitante brasileiro.

Portanto, é possível que o licitante estrangeiro não disponha de nenhum documento equivalente ao que seria apresentado pelos concorrentes brasileiros. Nesse caso, demonstrado que não existe documento equivalente, o licitante estrangeiro deverá ser classificado mesmo assim. Deve-se reconhecer que o licitante estrangeiro deverá apresentar documento equivalente "sempre que possível". Não havendo documento equivalente, tal fato deverá ser demonstrado, seja pelo licitante estrangeiro, seja pela comissão de licitação. A questão é que, sendo impossível a apresentação de documento equivalente porque inexistente, isso não poderá afastar o licitante estrangeiro do certame.

Novamente, recorra-se ao exemplo da certidão negativa de falência. Suponha-se que no país de origem do licitante estrangeiro simplesmente não exista o instituto da falência nem outro similar. Nessa situação, o licitante estará dispensado da apresentação de tal documento, já que ele evidentemente não existirá em um sistema que não contempla o instituto da falência.

O mesmo se aplica a outros documentos de habilitação, como é o caso dos atestados de qualificação técnica. Embora tradicional no Brasil, a sistemática de atestação técnica e registro dos atestados no conselho profissional competente não é adotada em todos os países. Isso significa que um licitante estrangeiro, embora tecnicamente qualificado para o desempenho do objeto licitado, poderá não contar com nenhum atestado de qualificação técnica. Nesse caso, a solução mais adequada não será a sua pura e simples inabilitação. Caberá ao licitante estrangeiro, no momento da entrega de seus documentos de habilitação, a apresentação de todo e qualquer documento que demonstre a sua qualificação técnica, ainda que não se trate propriamente de atestados de qualificação técnica. Poderá ser aceita a apresentação de declarações firmadas por contratantes, prospectos, projetos executados e quaisquer outros documentos que demonstrem a experiência do licitante estrangeiro, ainda que não sejam propriamente atestados de qualificação técnica registrados perante um conselho profissional. Caberá, então, à comissão de licitação o exame da fidedignidade das informações constantes da documentação, valorando-os de forma razoável e proporcional.

Ao mesmo tempo que se deverá observar a necessidade de participação do maior número possível de licitantes, aumentando-se as chances de obtenção de propostas mais vantajosas, não se poderá descuidar da necessidade de se verificar a efetiva qualificação técnica dos licitantes, inclusive estrangeiros.

Para evitar questionamentos, é recomendável que o licitante estrangeiro que não obtiver documento equivalente demonstre já com a documentação de habilitação que não se faz possível a obtenção de documento equivalente. Entretanto, essa prova pode ser difícil e, ademais, tal conduta não é exigida pela legislação. Assim, se houver algum questionamento por parte de outros licitantes ou até da comissão de licitação, deve-se oportunizar a realização de diligência para esclarecimento.

Precedentes anteriores do TJPR

> APELAÇÃO CÍVEL E REEXAME NECESSÁRIO. MANDADO DE SEGURANÇA. CONCESSÃO EM PRIMEIRO GRAU. APELO DO ENTE PÚBLICO. LI LICITAÇÃO INTERNACIONAL. DOCUMENTAÇÃO REFERENTE À HABILITAÇÃO ECONÔMICO-FINANCEIRA. CERTIDÃO NEGATIVA DE FALÊNCIA. EXIGÊNCIA DO EDITAL. APRESENTAÇÃO, CONTUDO, DE MERA DECLARAÇÃO DOS REPRESENTANTES DA PRÓPRIA LICITANTE. INSUFICIÊNCIA. NECESSIDADE DE QUE O DOCUMENTO FOSSE PROVENIENTE DE ÓRGÃO OFICIAL ESTRANGEIRO NO CASO. POSSIBILIDADE. INABILITAÇÃO DO CONSÓRCIO LICITANTE QUE SE MOSTROU ESCORREITA. SENTENÇA REFORMADA. RECURSO PROVIDO. REEXAME NECESSÁRIO PREJUDICADO.
>
> [...]
>
> Todavia, no que diz respeito à prova da qualificação econômico-financeira, mais precisamente a certidão negativa de falência ou concordata – prevista no inc. II, do art. 31 da Lei nº 8.666/93 –, o consórcio não logrou se desincumbir da demonstração pertinente, pois trouxe tão-somente declarações firmadas pelos próprios integrantes da empresa BTA.
>
> Com efeito. Compulsando os autos, vê-se que às fls. 63, 65 e 178 as declarações de inexistência de processo falimentar aberto contra a empresa [...] são subscritas por [...], ambos pertencentes ao quadro funcional da interessada.
>
> Ora, não é de se admitir que particulares venham fazer declaração que compete a órgão oficial do Estado.
>
> No Direito Alemão, a falência está prevista genericamente no §42 do Código Civil Alemão (BGB), contando com disciplina específica em diploma próprio.

O "Insolvenzordnung" ou Lei de Falências da Alemanha prevê em seu §9º ("Öffentliche Bekanntmachung", em tradução livre: Aviso Público da falência) que os avisos da abertura de processos falimentares ocorrerão por meio da internet em site oficial destinado a este fim, estando a consulta franqueada a qualquer interessado.

Assim, não se pode admitir que o consórcio traga declarações da própria empresa [...] para suprir a exigência editalícia do item 19.8.1 "g", eis que, em harmonia com as exigências impostas aos licitantes nacionais, havia instância administrativa/judicial alemã que poderia, de forma oficial, ter certificado a negativa de falência.

[...]

Destarte, face à ausência de documento idôneo, expedido por órgão oficial estrangeiro incumbido legalmente da informação, não se pode entender atendida a exigência da comprovação de negativa de falência contra a empresa [...]. (TJPR – Apelação Cível nº 840.064-2, Rel. p/ acórdão Des. Rogério Ribas, 5ª Câmara Cível, j. 3.4.2012, DJ, 23 abr. 2012)

APELAÇÃO CÍVEL - LICITAÇÃO - ALEGADO DESCUMPRIMENTO DE NORMAS PREVISTAS NO EDITAL - INOCORRÊNCIA - EMPRESA ESTRANGEIRA COM LEGISLAÇÃO PRÓPRIA - CONSÓRCIO QUE OBECEDEU AOS DITAMES DA LEI DE LICITAÇÕES - RECURSO DESPROVIDO.

[...]

Considerando que na Espanha, a disciplina do acervo técnico de engenharia é diversa daquela vigente no Brasil, ou seja, a experiência "acercada" está centrada na figura da "empresa de engenharia" e não na figura do "profissional de engenharia", não se dá a emissão de "atestados técnicos", em nome do profissional, tampouco existe órgão de estrutura e função equivalentes ao CREA nacional.

Como bem ponderado pelo Magistrado singular: "Apesar da irresignação do impetrante, a prova documental demonstra que o impetrado provou a qualificação técnica, uma vez que demonstrou que na Espanha a experiência está centrada na empresa, cuja relação entre os profissionais encarta-se na análise curricular.

Da análise do dispositivo normativo contido no art. 17 da Lei de Licitações daquele país, há clara disposição de que a qualificação técnica poderá ser justificada pelos títulos acadêmicos e experiência do empresário e dos quadros da empresa e, em particular, do ou dos responsáveis pelas obras.

Houve diante disso, a comprovação do item 19.3 do edital 001/2007, na medida em que, na condição de estrangeira não estabelecida no Brasil - a lide do impetrado deveria apresentar documentos equivalentes aos exigidos no edital, quando existentes, visado pelo Consulado respectivo e traduzidos para o português." (fls. 562/563) (TJPR – Apelação Cível nº 689.277-3, 4ª Câmara Cível, Rel. Des. Astrid Maranhão de Carvalho Ruthes, j. 9.11.2010, DJ 17.11.2010)

Precedente anterior do TRF da 5ª Região

ADMINISTRATIVO. LICITAÇÃO. CONCORRÊNCIA INTERNACIONAL. LICITANTE ESTRANGEIRO. EXIGÊNCIA DA QUALIFICAÇÃO ECONÔMICO-FINANCEIRA. APRESENTAÇÃO DE FIANÇA BANCÁRIA EM NOME DA REPRESENTANTE LEGAL. POSSIBILIDADE. FINALIDADE ASSEGURADA. GARANTIA DA EXECUÇÃO DO CONTRATO. 1- Deve-se, em prol da ampla concorrência que deve ser buscada nos procedimentos licitatórios – como forma de assegurar efetivamente a proposta mais vantajosa para a Administração Pública – analisar se a finalidade almejada com a apresentação da fiança foi ou não atingida. 2- A despeito de apresentada fiança bancária em nome de representante legal da licitante no país, foi esta redigida de forma a vincular sua apresentação à empresa licitante bem como ao objeto do certame. 3- A garantia apresentada, por haver atendido a sua finalidade – qual seja, assegurar a execução do contrato a ser firmado – deve ser aceita como comprovação da qualificação econômico-financeira da licitante, considerando-a habilitada a participar do procedimento licitatório. 4- Agravo de Instrumento improvido. (TRF 5ª Região, Agravo de instrumento nº 2006.05.00.000139-2, Rel. Des. Federal Francisco Wildo, j. 04.05.2006, DJ, 30 maio 2006)

Precedente anterior do TJSP

MANDADO DE SEGURANÇA – Licitação – Concorrência pública do tipo "menor preço" – Desclassificação da impetrante por "ausência de comprovação de sua capacidade econômico-financeira" – Apresentação do documento "contas anuais auditadas" referentes à contabilidade da matriz localizada na Espanha – Edital que previu, expressamente, a necessidade de apresentar "balanço patrimonial e demonstrações contábeis do último exercício social" – Licitação nacional – Documentação referente à sucursal – Não cumprimento da regra do certame – Ausência de direito líquido e certo. Recurso ao qual se nega provimento. (TJSP – Apelação nº 0022871-11.2013.8.26.0053, Rel. Des. Luís Geraldo Lanfredi, 2ª Câmara de Direito Público, j. 19.08.2014)

Além disso, cumpre ressaltar que as empresas estrangeiras que não funcionem no Brasil poderão utilizar o Sistema de Cadastramento Unificado de Fornecedores – Sicaf para a apresentação de documentos equivalentes.[56]

---

[56] Nos termos da IN - Seges/ME 53/2023: "Art. 1º Fica autorizada a utilização do Sistema de Cadastramento Unificado de Fornecedores – Sicaf, nos termos do Decreto nº 3.722, de 9 de janeiro de 2001, que regulamenta o art. 34 da Lei nº 8.666, de 21 de junho de 1993, e dispõe sobre o Sistema de Cadastramento Unificado de Fornecedores – Sicaf e da

2.5.2.4 A apresentação de atestados e "outros documentos hábeis"

O §4º do artigo 67 da Lei nº 14.133 estabelece que "Serão aceitos atestados ou outros documentos hábeis emitidos por entidades estrangeiras quando acompanhados de tradução para o português, salvo se comprovada a inidoneidade da entidade emissora".

Sob um certo ângulo, tal regra é um detalhamento da previsão contida no parágrafo único do artigo 70 no sentido de que serão aceitos "documentos equivalentes" apresentados por licitantes estrangeiros. Se um licitante estrangeiro não detiver atestados comprobatórios de sua experiência técnica, poderá apresentar outros documentos hábeis a demonstrar essa experiência, desde que emitidos por entidade idônea e acompanhado de tradução para o português.

De todo modo, e por uma questão de isonomia, a previsão do §4º do artigo 67 da Lei nº 14.133 aproveita também os licitantes brasileiros. Assim, também se um licitante brasileiro puder comprovar sua experiência não por meio de atestados e sim por documentos emitidos por entidades estrangeiras, poderá fazê-lo desde que a entidade emissora seja idônea.

Uma dúvida possível diz respeito à comprovação da idoneidade ou não da entidade emissora. Evidentemente, se o licitante que apresentar o documento trouxer informações que confirmem essa idoneidade, haverá menos margem para discussões. No entanto, a Lei nº 14.133 não exige que haja uma comprovação prévia de idoneidade. Em princípio, a idoneidade da entidade emissora do documento será presumida, devendo eventual inidoneidade ser objeto de comprovação pela comissão de licitação ou pelos concorrentes, se for o caso por meio de diligências.

Considerar a entidade emissora como idônea ou não acabará envolvendo certa margem interpretativa. Haverá situações em que a entidade será claramente inidônea, e outras em que a entidade terá respeitabilidade evidente. A dificuldade é que haverá situações duvidosas. Nesse caso, eventual decisão de habilitação ou não deverá ser devidamente fundamentada de modo que a condução do certame não seja feita de acordo com critérios subjetivos.

Instrução Normativa nº 3, de 26 de abril de 2018, que estabelece regras de funcionamento do Sistema de Cadastramento Unificado de Fornecedores – Sicaf, para apresentação de documentação equivalente por empresas estrangeiras que não funcionem no País, com fins de habilitação em licitação, dispensa, inexigibilidade e nos contratos administrativos de acordo com o que dispõe o parágrafo único do art. 70 da Lei nº 14.133, de 1º de abril de 2021, no âmbito da Administração Pública federal direta, autárquica e fundacional".

2.5.2.5 A regularidade fiscal do licitante estrangeiro

Questão relevante diz respeito a possíveis discussões a respeito da regularidade fiscal do licitante estrangeiro.

O licitante estrangeiro que funcione no Brasil e recolha tributos no país deverá apresentar certidões negativas de regularidade fiscal exatamente como um licitante nacional. Quanto a isso, não há dúvidas.

Já a situação do não nacional que não funcione no Brasil é peculiar. O licitante estrangeiro que não funcione no país e mesmo assim possa participar da licitação não precisará apresentar quaisquer documentos relativos à regularidade fiscal perante o seu país de origem. Isso porque o Estado Brasileiro não detém interesse na verificação da regularidade perante o país de origem do licitante, exceto na medida em que tal irregularidade afete a vida do licitante de outro modo – por exemplo, tornando-o insolvente ou reduzindo sua qualificação econômica (o que será apurado por vias próprias, não pela análise da regularidade fiscal). Caso se repute cabível alguma exigência de regularidade fiscal, o ato convocatório deve discriminar de que modo deve ser comprovado esse requisito, a fim de que seja exigida unicamente a regularidade fiscal relevante para o objeto do certame. Se isto é reconhecido como necessário no direito interno, com muito mais razão será essencial a exigência de clareza do ato convocatório quando se envolve uma pluralidade indeterminada de países.

2.5.2.6 A questão do registro perante a entidade profissional competente

O §7º do artigo 67 da Lei nº 14.133 estabelece que, para atender à exigência de demonstração de registro ou inscrição na entidade profissional competente (quando cabível tal exigência, evidentemente), o licitante estrangeiro poderá, no momento da assinatura do contrato, apresentar o comprovante de que solicitou o registro perante a entidade profissional competente no Brasil.

Portanto, especificamente para os licitantes estrangeiros, não será necessário comprovar no momento da habilitação que há registro ou inscrição na entidade profissional competente. A rigor, o estrangeiro poderá demonstrar o cumprimento do requisito em questão depois de assinado o contrato. No momento da assinatura, bastará demonstrar que requereu a inscrição ou registro.

A regra é destinada a facilitar a participação de empresas estrangeiras. Afinal, em regra uma empresa estrangeira, ainda mais se não tiver sede no Brasil, não conseguiria comprovar o requisito da inscrição no órgão profissional competente. Nenhuma empresa nessa condição teria tal inscrição e, portanto, a exigência acabaria por afastá-las totalmente do mercado de contratações públicas no Brasil.

2.5.2.7 O abrandamento das exigências e a necessidade de o licitante estrangeiro demonstrar a sua qualificação

Pelo exposto até aqui, nota-se que a Lei nº 14.133 abrandou as exigências de apresentação de documentos pelos licitantes estrangeiros em licitações internacionais. Não há dúvidas acerca da admissão desse abrandamento, que é necessário para se ampliar a competitividade e para a própria adesão pretendida pelo país ao Acordo de Compras Governamentais da OMC.

Contudo, é evidente que o abrandamento previsto na lei não dispensará a comprovação da aptidão para execução do objeto licitado e da qualificação econômico-financeira. Ou seja, ainda que com algumas dificuldades em termos probatórios, o licitante estrangeiro deverá demonstrar que possui as qualidades mínimas de ordem técnica, jurídica e econômica exigidas pelo edital para a execução do contrato. O fato de haver alguma dificuldade adicional na apresentação de documentos não libera o licitante estrangeiro do dever de demonstrar sua qualificação.

2.5.3 A existência de representação legal no Brasil

2.5.3.1 A representação legal no Brasil

A Lei nº 8.666 estabelecia que as empresas estrangeiras que não funcionassem no país, para participar de licitações, deveriam ter representação legal no Brasil com poderes expressos para receber citação e responder administrativa e judicialmente.[57]

As previsões destinavam-se a efetivamente possibilitar a participação em licitações de empresas estrangeiras que não funcionassem no Brasil. Se tais empresas não funcionavam no Brasil, evidentemente não dispunham de sedes ou filiais no país. Assim, era necessário que tivessem um representante legal para tornar mais ágil a sua participação no certame e a própria relação com a Administração caso fosse contratada.

---

[57] MENDES. *Lei de licitações e contratos anotada*, p. 575.

Precedente anterior do TCU

> Para a restrição à participação de empresas que não estejam constituídas sob a legislação brasileira – item 5.1 do edital – a empresa [...] argumenta tratar-se de medida preventiva, para eventuais ações judiciais, que dependeriam de cartas rogatórias, e da garantia da eficácia do controle externo, na medida que a ação do Tribunal de Contas da União se restringe ao território nacional. Afirma que a exigência do edital não afasta a participação de empresas estrangeiras, bastando, para isso, que tenham, em território brasileiro, alguma representação, filial ou subsidiária. Para a exigência contida no item 9.2.5 do edital – comprovação de experiência na fabricação de tetrápodes – afirma tratar-se da necessária segurança do poder público, no sentido de que a empresa contratada tenha condições efetivas de atender às especificidades tanto da fabricação quanto do transporte e colocação de mais de 10.000 tetrápodes, com peso que varia de 6 a 12 toneladas cada um. A meu ver, nenhuma das restrições levantadas foi afastada. A questão do tratamento isonômico a ser dado a todos os licitantes é uma imposição do art. 37, XXI, da Constituição Federal e do art. 3º, §1º, II, da Lei nº 8.666/93. Para empresa estrangeira habilitar-se em processo licitatório basta que atenda ao disposto no art. 28, V, da Lei nº 8.666/93. (TCU – Acórdão nº 1046/2000-Plenário, Rel. Min. Walton Alencar, j. 06.12.2000, DOU, 10 jan. 2001)

2.5.3.2 A ausência de previsão de representação no Brasil na Lei nº 14.133

A Lei nº 14.133 não exige expressamente que os licitantes estrangeiros tenham representante legal no Brasil. Essa omissão da lei chama a atenção.

De todo modo, não nos parece que seria indevido exigir no edital do certame que o licitante estrangeiro constitua representante no território brasileiro, inclusive com poderes para receber citação e responder administrativa e judicialmente. Primeiro, porque na prática será necessário haver um representante que interaja com a Administração ao longo do certame. Segundo, porque a constituição de um representante, além de não apresentar dificuldades, acaba facilitando a atuação do licitante estrangeiro que não tenha sede ou filial no Brasil.

Possivelmente, a Lei nº 14.133 não tenha detalhado a questão da representação no país sob o entendimento de que a tendência será a realização de certames por via eletrônica. Assim, o local de atuação do representante não seria um dado relevante. Trata-se de questão que eventualmente poderá ser detalhada em regulamento.

2.5.3.3 A formatação jurídica da representação

Se a lei não obriga a haver representante no país, evidentemente não estabelece uma forma específica para tanto (por exemplo, se por meio de um contrato de agenciamento ou de simples procuração). Sendo assim, será descabido inabilitar ou desclassificar licitante por não ter adotado uma forma específica de representação que não estava estabelecida previamente.

Uma forma bastante comum de representação legal de empresas estrangeiras no Brasil se dá por meio do contrato de agenciamento. Nesse tipo de avença, o agente representa a empresa estrangeira no país, praticando em nome desta os atos que, de outro modo, a empresa estrangeira deveria praticar por meio de seus representantes estatutários.[58] Trata-se, portanto, de uma representação comercial internacional.

Outra forma, mais simples, de representação legal no Brasil consiste na outorga de poderes pela empresa estrangeira a um representante no país, por meio de procuração, sem necessariamente a existência de um contrato de agenciamento.

2.5.3.4 Os poderes e as responsabilidades do representante legal

Havendo um representante do licitante estrangeiro no país, em princípio ele deverá dispor de poderes para realizar todos os atos que a empresa necessitaria praticar no Brasil por seus representantes estatutários. Isso não significa, contudo, que o representante legal seja responsável por todos os atos praticados pela empresa representada. Se, por exemplo, a representada vencer a licitação, mas descumprir os termos do contrato firmado, o representante não responderá por esse inadimplemento. O representante será responsável pelo correto desempenho de sua função de representação, e não pelos atos do representado, sobre o qual não tem ascendência.

---

[58] É muito comum, por exemplo, que armadores marítimos estrangeiros sejam representados por agentes ("agentes marítimos") no Brasil. Conforme já decidiu o STJ: "O agente marítimo compromete-se a representar o navio em terra, praticando em nome do armador ou capitão os atos que esse teria de realizar pessoalmente. Vale-se, para isso, de contrato consensual, bilateral e oneroso que corresponde perfeitamente à ideia do mandato profissional, figura jurídica tratada no art. 658 do CC de 2002. Do exposto, fica evidenciado que, por meio do contrato de agenciamento, não exerce o agente qualquer tipo de controle sobre o armador ou capitão do navio, antes, do contrário, o armador e capitão do navio, na qualidade de 'mandantes' são quem exerce 'poderes' sobre o agente marítimo ('mandatário'), a partir dos poderes outorgados" (REsp nº 993.712/RJ, Rel. Min. Luiz Fux, 1ª Turma, j. 26.10.2010, *DJe*, 18 nov. 2010).

2.5.3.5 O prazo da representação

Não se prevê um prazo para a representação da empresa estrangeira. Na ausência de previsão legal, deve-se concluir que o representante terá todos os poderes para representar a empresa estrangeira desde a sua participação na licitação até o encerramento definitivo do vínculo com a Administração, caso contratada. Por vínculo com a Administração, deve-se entender o período em que a empresa estrangeira poderá ser demandada em função do contrato – o que não se confunde com a vigência do contrato administrativo. Por exemplo, se o contrato for rescindido pela Administração por conta de um inadimplemento grave da empresa estrangeira, o vínculo contratual formalmente terá sido extinto, mas a contratada poderá ser demandada pela Administração, sendo pertinente que a atuação da representante permaneça por esse período.

2.5.3.6 O momento de comprovação da representação

Outra questão diz respeito ao momento de comprovação dos poderes conferidos ao representante. Essa questão não foi tratada pela Lei nº 14.133, que nem sequer exige expressamente que o licitante estrangeiro tenha um representante no Brasil.

Se o representante legal praticar atos em nome da empresa estrangeira já na licitação, é evidente que deverá exibir o instrumento que lhe confere os seus poderes. Entretanto, se sua atuação iniciar-se depois, tal instrumento não precisará necessariamente constar da documentação de habilitação se o edital assim não exigir. É esse, aliás, o entendimento que foi adotado pelo STJ ainda à luz da Lei nº 8.666 (num caso em que a redação do edital foi considerada dúbia).

Precedente anterior do STJ

> ADMINISTRATIVO – LICITAÇÃO – PROCURAÇÃO "AD JUDICIA" – EXIGÊNCIA PARA HABILITAÇÃO – IMPOSSIBILIDADE – TRADUÇÃO INDIRETA – INEXIGIBILIDADE.
> I – OS ARTS. 27 E 28 DA LEI Nº 8.666/1993 NÃO PERMITEM QUE O ESTADO CONDICIONE A HABILITAÇÃO DE LICITANTE, A APRESENTAÇÃO DE PROCURAÇÃO 'AD JUDICIA' [...]. (MS nº 5.281/DF, Rel. Min. Demócrito Reinaldo, Rel. p/ acórdão Min. Humberto Gomes de Barros, 1ª Seção, j. 12.11.1997, DJ, 09 mar. 1998)

Nesse precedente, o STJ entendeu que a prova da existência de representante legal no Brasil não diz respeito a nenhuma das exigências de habilitação então contidas na Lei nº 8.666. Concluiu-se então que "a habilitação não pode ser condicionada ao comprovante da existência de mandatário".

2.5.4 A participação de empresa estrangeira em consórcio

2.5.4.1 Possibilidade de consórcio

Se for admitida a participação de consórcios na licitação, a empresa estrangeira poderá integrar consórcio formado com outras empresas.

2.5.4.2 A questão da liderança

O §1º do artigo 33 da Lei nº 8.666 estabelecia que, se o consórcio fosse constituído por empresas brasileiras e estrangeiras, a liderança caberia necessariamente à brasileira.

Essa interferência na formação dos consórcios era indevida. Afinal, se é admissível a contratação de empresa estrangeira e de consórcios integrados apenas por empresas estrangeiras, não faz sentido que a lei vedasse a liderança de empresa estrangeira em consórcio integrado também por empresas nacionais. Eventualmente, até se poderia admitir no edital o estabelecimento de que a liderança caberia necessariamente a uma empresa nacional se houvesse motivos que justificassem tal previsão. Mas a vedação absoluta pela Lei nº 8.666 à liderança por empresa estrangeira não era compatível com o princípio da isonomia.

Nesse sentido, Marçal Justen Filho defendia o seguinte:

> Há inconstitucionalidade no §1º, ao impor que, no consórcio entre sociedades nacionais e estrangeiras, será obrigatório que a liderança caiba à sociedade nacional. Permitida a participação de empresas estrangeiras e a formação de consórcios, não se pode interferir na liberdade de concorrência e de exercício de profissões. Compete aos particulares decidir a quem incumbirá a liderança.[59]

---

[59] *Comentários à Lei de Licitações e Contratos Administrativos*, p. 571.

No mesmo sentido era o entendimento de Sidney Bittencourt.[60] Entretanto, outros autores entendiam que a norma havia sido derrogada pela extinção dos privilégios para a empresa brasileira com a supressão do artigo 171 da Constituição Federal,[61] e parte da doutrina nem chegava a questionar a norma.[62]

De todo modo, a própria Lei nº 8.666 excepcionava a previsão do §1º do artigo 33 ao estabelecer, no artigo 32, §6º, que a necessidade de liderança pela empresa brasileira não se aplicava a três situações: (i) licitações internacionais para a aquisição de bens e serviços cujo pagamento seja feito com o produto de financiamento concedido por organismo financeiro internacional de que o Brasil faça parte, ou por agência estrangeira de cooperação; (ii) contratação com empresa estrangeira para a compra de equipamentos fabricados e entregues no exterior, desde que para este caso tenha havido prévia autorização do Chefe do Poder Executivo; e (iii) aquisição de bens e serviços realizada por unidades administrativas com sede no exterior.

Nessas três hipóteses, eventual consórcio entre empresas estrangeiras e brasileiras poderia ter como líder tanto empresa nacional quanto não nacional.[63]

Com a Lei nº 14.133, passou-se a não mais vedar a liderança de consórcios por empresas estrangeiras. O artigo 15, inciso II, apenas exige a indicação da empresa líder do consórcio, que será responsável por sua representação perante a Administração. Sendo assim, não há mais nenhuma vedação a que a liderança de um consórcio entre brasileiros e estrangeiros seja exercida pela empresa estrangeira. Finalmente, corrigiu-se uma previsão equivocada da Lei nº 8.666, que não fazia sentido algum.[64]

---

[60] *Licitações internacionais*: considerando a lei brasileira: Lei nº 8.666/93 e as regras estabelecidas pelo Banco Mundial – BIRD, p. 116.

[61] PEREIRA JUNIOR. *Comentários à lei das licitações e contratações da Administração Pública*, p. 445.

[62] SUNDFELD. *Licitação e contrato administrativo*, p. 131.

[63] Sobre o tema da participação de consórcios, confira-se: MOREIRA; GUIMARÃES. *Licitação pública*: a Lei Geral de Licitação – LGL e o Regime Diferenciado de Contratação – RDC, p. 258-279.

[64] "Diferentemente da legislação anterior, a Lei 14.133/2021 não requer que, em consórcio integrado por empresas nacionais e estrangeiras, a liderança seja obrigatoriamente de empresa brasileira" (*Licitações & Contratos*: Orientações e Jurisprudência do TCU. 5. ed. Brasília: TCU, Secretaria-Geral da Presidência, 2024, p. 425).

2.6 O processamento da licitação com a participação de empresas estrangeiras

As licitações que contam com a participação de empresas estrangeiras podem apresentar algumas peculiaridades no seu processamento.

2.6.1 A cotação de preços em moeda estrangeira

O §1º do artigo 52 da Lei nº 14.133 prevê que, numa licitação internacional, se for permitido ao licitante estrangeiro cotar preços em moeda estrangeira, também o poderá fazer o licitante brasileiro. Portanto, é possível que, numa licitação internacional, o instrumento convocatório admita a apresentação de propostas em moeda estrangeira, independentemente da nacionalidade dos licitantes.

O dispositivo é coerente com o princípio da isonomia, que veda tratamentos discriminatórios baseados em critérios incompatíveis com o direito.

O §1º do artigo 52 da Lei nº 14.133 não significa, entretanto, que os licitantes poderiam optar livremente por qualquer moeda na formulação das suas propostas.

Não se deve permitir a formulação de propostas em moedas distintas numa mesma licitação, uma vez que isso geraria sérias dificuldades à comparação das propostas. Logo, não se deve interpretar o dispositivo no sentido de que os licitantes estrangeiros poderiam cotar seus preços em moeda estrangeira e os brasileiros teriam a faculdade de optar pela formulação de proposta em moeda estrangeira ou nacional. A interpretação correta é a de que o §1º permite que o edital indique uma única moeda (nacional ou estrangeira) para a formulação das propostas. As propostas deverão ser formuladas na moeda indicada pelo ato convocatório.

Ainda que se considere possível permitir ao licitante que escolha a moeda de formulação da sua proposta, deverá ser fixada uma data-base no edital, a fim de permitir a conversão segundo o câmbio praticado em determinado dia. De todo modo, segundo Marçal Justen Filho, isso propiciará certa dose de aleatoriedade indesejável, devido às constantes variações cambiais.[65]

---

[65] *Comentários à Lei de Licitações e Contratos Administrativos*, p. 671.

2.6.2 A fixação de condições equivalentes de pagamento

O inciso II do artigo 9º da Lei nº 14.133 veda o estabelecimento de tratamento diferenciado entre empresas estrangeiras e brasileiras, inclusive no que se refere a moeda, modalidade e local de pagamento, mesmo quando envolvido financiamento de agência internacional.

Portanto, o edital deve prever condições equivalentes de pagamento entre empresas brasileiras e estrangeiras.

2.6.3 Conversão da moeda para pagamento

Caso sejam formuladas propostas de preço em moeda estrangeira em uma licitação internacional, os pagamentos serão feitos em moeda nacional para o licitante brasileiro. É o que estabelece o §2º do artigo 52 da Lei nº 14.133.

Para essa situação, a Lei nº 8.666 previa que a conversão no pagamento ao licitante brasileiro se daria à taxa de câmbio praticada no dia útil imediatamente anterior à data do efetivo pagamento. No entanto, a Lei nº 14.133 não estabeleceu uma data específica para a aplicação da taxa de câmbio. O inciso XV do artigo 91 apenas estabeleceu que é uma cláusula necessária aos contratos firmados de acordo com a lei aquela que trata das condições de importação, data e taxa de câmbio para conversão. Logo, foi prevista maior liberdade para a definição da taxa de câmbio de conversão em cada caso concreto.

Já se o licitante que houver cotado preço em moeda estrangeira for estrangeiro, será admissível a realização dos pagamentos em moeda estrangeira. É o que se conclui da interpretação *a contrario sensu* do §2º do artigo 52 da Lei nº 14.133. Trata-se de um mecanismo de incentivo à participação de estrangeiros em licitações no Brasil, uma vez que eles podem preferir o recebimento dos seus pagamentos em moeda estrangeira – muito embora, em certas épocas, o pagamento em moeda brasileira possa ser até mais vantajoso para o contratado.

Precedente anterior do TCE/SP

> Se contratado o licitante brasileiro, na hipótese do referido certame, a ele serão efetuados pagamentos em moeda nacional, à taxa de câmbio vigente no dia útil anterior ao efetivo pagamento (§2º do art. 42)
> [...]
> Às pessoas domiciliadas no exterior, indubitavelmente, também, no meu entender, ficou possibilitado que os pagamentos fossem feitos em outra moeda, que não o real. (TCE/SP, TC-024226/026/97, Rel. Cons. Renato Martins Costa, j. 13.04.1999)

2.6.4 As garantias de pagamento ao vencedor

O §3º do artigo 52 da Lei nº 14.133 estabelece que, nas licitações internacionais, as garantias de pagamento prestadas ao licitante brasileiro serão equivalentes àquelas concedidas ao licitante estrangeiro. Trata-se de mais uma manifestação do princípio da isonomia, que veda tratamentos discriminatórios sem uma justificativa juridicamente plausível.

2.6.5 A previsão dos gravames incidentes sobre os preços e a superação da ideia de "equalização das propostas"

De acordo com o §4º do artigo 52 da Lei nº 14.133, nas licitações internacionais, os gravames incidentes sobre os preços constarão do edital e serão definidos a partir de estimativas ou médias dos tributos.

A previsão merece algumas digressões.

2.6.5.1 O entendimento pretérito de parcela da doutrina

A previsão da Lei nº 14.133 é diversa daquela que constava do §4º do artigo 42 da Lei nº 8.666.

O dispositivo da Lei nº 8.666 dava margem para uma interpretação de que ele consistia na determinação de que a carga tributária incidente sobre os licitantes nacionais deveria ser incorporada às propostas dos licitantes estrangeiros, de modo a se garantir a isonomia na disputa.

Jessé Torres Pereira Junior, por exemplo, entendia pela juridicidade da previsão da Lei nº 8.666 de se "acrescer ao preço da proposta formulada por estrangeiro os mesmos encargos com que a lei tributária brasileira onera a compra e venda ajustada entre nacionais, com o fim de propiciar equanimidade entre os preços".[66]

Ronny Charles entendia que o artigo 42, §4º da Lei nº 8.666 visava a "impedir beneficiamento de licitantes oriundos de países com carga tributária mais amena e reduzida que a nossa, o que, nos atuais parâmetros tributários brasileiros, não parece difícil de ocorrer".[67]

Portanto, doutrinadores de renome interpretavam o artigo 42, §4º, da Lei nº 8.666 como sendo uma regra destinada à proteção dos

---

[66] *Comentários à lei das licitações e contratações da Administração Pública*, p. 512.

[67] *Leis de licitações públicas comentadas*, p. 259.

licitantes nacionais. Supondo que a carga tributária de outros países é menos impactante do que aquela que incide sobre as empresas brasileiras – o que poderia tornar a disputa injusta em desfavor dos licitantes nacionais –, apontava-se que a solução seria aplicar a carga tributária brasileira sobre os preços dos concorrentes estrangeiros.

Aplicando-se a "carga tributária nacional" sobre os preços ofertados pelos estrangeiros, haveria, segundo esse raciocínio, uma efetiva isonomia entre os interessados. Isso porque os licitantes estrangeiros não seriam beneficiados em função de a carga tributária de seus países de origem ser mais amena do que a incidente sobre os licitantes brasileiros.

Entretanto, reputávamos que era equivocado o entendimento de que a norma daria ensejo a uma espécie de aplicação ficta da carga tributária brasileira sobre as propostas dos licitantes estrangeiros. Na realidade, esse entendimento partia de alguns equívocos de premissa.

2.6.5.2 A equalização das propostas: parâmetros para a sua compreensão

A correta compreensão da regra estabelecida pelo artigo 42, §4º, da Lei nº 8.666 dependia do estabelecimento de algumas premissas.

2.6.5.2.1 Objetivo da norma: proteção dos licitantes brasileiros e regra de isonomia

A previsão do §4º do artigo 42 da Lei nº 8.666 era uma regra de isonomia, muito mais do que uma norma de proteção aos licitantes.

Na realidade, devia-se ter cautela na interpretação da regra. Sob o pretexto de proteger os licitantes brasileiros, não é admissível que seja violado o princípio da isonomia. O artigo 42, §4º, da Lei nº 8.666 não podia ser interpretado como se contemplasse uma espécie de "armadilha" aos licitantes estrangeiros. Era preciso observar que a legislação que trata das licitações no Brasil admite expressamente a participação de estrangeiros nesses certames, inclusive em licitações nacionais. E mais: o artigo 3º, §1º, inciso II, da Lei nº 8.666 vedava como regra geral o estabelecimento de tratamento diferenciado entre licitantes estrangeiros e nacionais. Assim, ainda que manifestações nacionalistas tendessem a priorizar a contratação restrita às empresas nacionais e que existam regras destinadas a fomentar a indústria nacional inclusive por meio da realização de licitações, o fato é que o mercado de contratações públicas no Brasil é aberto aos interessados de outros países.

Em certos casos, a indústria nacional nem mesmo dispõe de recursos, conhecimento ou experiência necessários para executar a atividade de que necessita a Administração Pública. Além disso, existem situações em que as condições contratuais praticadas no estrangeiro são muito mais compensadoras do que as praticadas no mercado interno. Isso gera para a Administração Pública nacional o dever de fixar regras que, sem descuidar da segurança necessária à contratação, não gerem custos excessivos e desnecessários que, ao final, acabarão por onerar os próprios cofres públicos.

Assim, era imprescindível que o artigo 42, §4º, da Lei nº 8.666 fosse interpretado à luz do princípio da isonomia, partindo do pressuposto de que as contratações públicas no Brasil são um mercado aberto aos licitantes estrangeiros, o que também podia ser altamente benéfico para a própria Administração.

2.6.5.2.2 Impossibilidade de simular a "carga tributária brasileira"

Feitos os esclarecimentos acima, é importante observar que a afirmação da existência de uma "carga tributária brasileira", que seria constatável em tese, consiste num grave equívoco de premissa.

Não se podia interpretar o §4º do artigo 42 da Lei nº 8.666 como sendo uma determinação de se acrescer ficticiamente valores às propostas de estrangeiros como meio de "simular" a carga tributária assumida pelos licitantes brasileiros.

Relacionar absolutamente todos os encargos tributários incidentes sobre o licitante brasileiro seria no mínimo uma tarefa hercúlea. Ainda que o dispositivo se refira apenas aos tributos que onerem os licitantes brasileiros "quanto à operação final de venda", o fato é que todos os tributos recolhidos direta ou indiretamente pelo licitante ao longo de toda a sua cadeia de produção acabam repercutindo, ainda que de modo colateral, no preço final da sua operação de venda à Administração Pública. Impostos sobre patrimônio imobiliário, sobre veículos, sobre movimentação de bens e prestação de serviços, contribuições previdenciárias, tudo isso se reflete em custos ao particular que, de uma forma ou de outra, repercutem no preço final da sua proposta.

Na realidade, não se pode definir com exatidão o impacto da "carga tributária brasileira".

Essa observação era de suma importância para a análise da equalização das propostas prevista no §4º do artigo 42 da Lei nº 8.666.

Isso porque, inexistindo certeza absoluta sobre qual seria a "carga tributária brasileira" e o seu impacto sobre o preço final ofertado à Administração Pública, tornava-se impossível uma equalização de propostas que consistisse simplesmente na sua transposição para a proposta dos licitantes estrangeiros.

Qualquer transposição fictícia da "carga tributária brasileira" à proposta comercial de um licitante estrangeiro seria uma operação dotada de evidente subjetividade. Resultaria numa grave violação aos princípios da impessoalidade e do julgamento objetivo, comprometendo todo o resultado do certame.

2.6.5.2.3 Possibilidade de empregar mecanismos de elisão fiscal

Outro fator que impedia a quantificação de uma "carga tributária brasileira" incidente sobre os licitantes brasileiros derivava da potencialidade de se empregar mecanismos de elisão fiscal.

Os licitantes, na qualidade de empresas privadas que atuam no mercado, dispunham de liberdade suficiente para promover arranjos destinados a minorar a carga tributária que incidisse sobre eles. Trata-se dos mecanismos de elisão fiscal.[68]

Como os licitantes dispunham de liberdade para utilizar diversos mecanismos contemplados pelo ordenamento jurídico com o objetivo de reduzir os custos representados pelos tributos, tornava-se impossível definir uma carga tributária "em tese", que incidisse do mesmo modo sobre todo e qualquer licitante brasileiro e que supostamente poderia ser acrescentada ficticiamente sobre os licitantes não nacionais.

2.6.5.2.4 Os tributos incidentes sobre os licitantes estrangeiros

Por outro lado, os próprios licitantes estrangeiros já são onerados por determinados tributos que não incidem sobre os nacionais. Acrescer ficticiamente a suposta "carga tributária brasileira" às propostas

---

[68] A bibliografia acerca do assunto é vasta. Por todos, confiram-se: PEREIRA. Cesar A. Guimarães. *Elisão tributária e função administrativa*. São Paulo: Dialética, 2001; CAVALI, Marcelo Costenaro. *Cláusulas gerais antielusivas*: reflexões acerca de sua conformidade constitucional em Portugal e no Brasil. Coimbra: Almedina, 2006; HUCK, Hermes Marcelo. *Evasão e elisão*: rotas nacionais e internacionais do planejamento tributário. São Paulo: Saraiva, 1997.

dos licitantes estrangeiros, ainda que com o objetivo de estimular a indústria nacional, significaria a concessão de um tratamento ofensivo ao princípio da isonomia. Praticamente inviabilizaria a participação de licitantes estrangeiros, o que frustraria todas as previsões legais que admitem a participação destes.

Nesse sentido, é importante notar que havia um equívoco de premissa em se afirmar que o artigo 42, §4º, da Lei nº 8.666 pretenderia compensar os licitantes nacionais pela pesada carga tributária brasileira. Não se pode ter como ponto de partida a suposição de que a carga tributária de outros países seria necessariamente mais amena do que a tributação incidente sobre as empresas brasileiras. Em diversos países, verifica-se uma carga tributária bastante pesada, o que não necessariamente compromete a competitividade de suas empresas no mercado internacional.

2.6.5.2.5 A dificuldade de comparação

Depois, seria muito difícil (ou até mesmo impossível) comparar as "cargas tributárias" de cada país. Não apenas é um equívoco falar na existência de uma carga tributária "em tese", inclusive em função do uso de mecanismos de elisão fiscal, mas também a sistemática de tributação pode variar muito de um país para outro.

Há tributos e outros encargos indiretos, por exemplo, que podem onerar a atividade da empresa, ainda que não incidam expressamente sobre o bem por ela produzido ou o serviço por ela prestado. Assim, a constatação da carga tributária que onera a proposta do licitante dependeria de detalhados levantamentos contábeis, e muito provavelmente não chegaria a resultados satisfatórios e subsumíveis a um juízo objetivo.

A rigor, é muito difícil a comparação de cargas tributárias incidentes até mesmo sobre licitantes nacionais. Basta considerar que os tributos estaduais e municipais podem ter impactos diferentes entre os diversos licitantes.

Todas essas dificuldades derivavam, em última análise, da má redação do §4º do artigo 42 da Lei nº 8.666. Afinal, impostos sobre a renda, encargos previdenciários, IPTU, IPVA etc., todos são tributos que oneram exclusivamente os brasileiros e, evidentemente, são considerados na composição dos preços dos licitantes.

2.6.5.2.6. A busca pela proposta mais vantajosa

Há ainda que se considerar que a Administração Pública tem o dever de buscar a proposta mais vantajosa, e que a própria Lei nº 8.666 já contemplava uma série de outras normas destinadas a fomentar a produção e o desenvolvimento nacionais – de que são exemplos os dispositivos introduzidos pela Lei nº 12.349. Desse modo, acrescer ficticiamente determinados montantes às propostas dos licitantes estrangeiros, valores esses que de todo modo jamais serão recolhidos ao Fisco, seria um despropósito.

Diante dos fatores expostos até aqui, reputamos que o entendimento segundo o qual o artigo 42, §4º, da Lei nº 8.666 estabelecia a possibilidade de se transpor ficticiamente a "carga tributária brasileira" às propostas dos licitantes estrangeiros, alterando-se o seu valor final como mecanismo de comparação, é equivocado. Essa transposição de carga tributária, além de não proporcionar nenhuma vantagem à Administração Pública (pelo contrário, apenas encareceria as suas contratações), acabaria por gerar ainda mais discussões, sem qualquer perspectiva de gerar uma comparação objetiva entre as propostas dos licitantes nacionais e estrangeiros.

2.6.5.3 A correta compreensão da equalização das propostas

Estabelecido que a equalização de propostas por meio da transposição de carga tributária não correspondia ao melhor entendimento acerca do tema, resta demonstrar qual era a correta compreensão da questão.

2.6.5.3.1 A geração de despesa adicional à Administração pela contratação do estrangeiro

Entendíamos que a melhor interpretação do §4º do artigo 42 da Lei nº 8.666 era a de que somente se podia realizar a equalização se a proposta do licitante estrangeiro provocar algum custo adicional *à Administração Pública contratante*, que não exista para o caso de se contratar um licitante brasileiro. O objetivo primordial da regra, portanto, era permitir uma comparação adequada das propostas, verificando-se qual era aquela que efetivamente proporciona maior vantajosidade à Administração Pública contratante.

Assim, todos os licitantes, nacionais e estrangeiros, deviam arcar com os tributos que incidem sobre suas atividades, levando tal fator em consideração na elaboração das suas propostas. Dessa forma, a Administração teria condições de comparar as propostas e identificar aquela que realmente proporciona maior economia aos cofres públicos.

Em decorrência disso, qualquer modificação simulada nos custos tributários dos licitantes pela Administração acarretaria distorções desleais e, por isso, inaceitáveis.

Um exemplo pode esclarecer o que se afirma aqui. Suponha-se que a proposta do licitante estrangeiro envolva a importação do produto que será fornecido à Administração. Essa importação envolve determinados encargos tributários (imposto de importação, IPI, PIS/COFINS, ICMS), que necessariamente incidirão no custo final do produto. Nesse caso, a Administração não poderia deixar de considerar a incidência de tais encargos.

O entendimento aqui defendido é o adotado por Marçal Justen Filho.

Para o doutrinador: "Somente se produz a dita equalização quando a proposta do licitante estrangeiro acarretar algum tipo de despesa para a Administração Pública, despesa essa que não haveria no tocante à proposta do licitante nacional. Quanto a todas as demais despesas e encargos tributários, o licitante é responsável por eles".[69]

Ou seja, incumbia ao licitante estrangeiro observar as condições do edital e arcar com os tributos incidentes sobre as suas operações e as suas receitas. Sua proposta deveria ser observada, não sendo possível fazer complexos cálculos relativos a regimes fiscais. Se ele omitisse determinados custos tributários, ou deveria utilizar sua margem de lucro para fazer frente aos tributos, ou sua proposta será inexequível. Segundo Marçal Justen Filho: "O que não se admitirá será a modificação do valor da proposta, acrescentando-se (para fins de julgamento) o valor equivalente aos tributos".[70]

Sidney Bittencourt também criticava o entendimento corrente sobre a equalização de propostas. Segundo ele,

> o simplório acréscimo de valores às propostas dos estrangeiros é de um descabimento sem par. Ora, não é inconteste que compete ao licitante estrangeiro, caso vencedor do certame, a assunção do pagamento dos tributos incidentes sobre as operações e receitas auferidas. Contudo, há de ser respeitada a sua proposta, não sendo razoável efetuarem-se cálculos como se sobre eles incidissem os tributos internos brasileiros. Ao

---

[69] *Comentários à Lei de Licitações e Contratos Administrativos*, p. 672.

[70] *Comentários à Lei de Licitações e Contratos Administrativos*, p. 672.

> licitante estrangeiro cabe, por conseguinte, calcular seu preço, já levando em consideração os tributos inerentes. Não o fazendo, deverá assumir o ônus dessa atitude, custeando esses valores de sua margem de lucro.[71]

Com fundamento em lição de Marcos Juruena Villela Souto, o doutrinador ainda observava que a Administração devia sempre almejar o preço mais vantajoso, levando em consideração o valor total a ser desembolsado, sendo assim inútil a elevação do preço estrangeiro "se não representará a real quantia que sairá do Erário".[72]

2.6.5.3.2 Rejeição da tese do afastamento da previsão legal

Há ainda entendimentos que, em última análise, acabam questionando a própria regra legal.

Marcos Juruena Villela Souto, por exemplo, entendia que devem "ser repudiadas as cláusulas de editais calcadas no art. 42, §4º da Lei nº 8.666/93".

Para Ivan Barbosa Rigolin e Marco Tullio Bottino, as medidas de equalização

> são em verdade francamente protetivas ao nacional; [...] Onde, então, a 'proposta mais vantajosa' à entidade pública brasileira, se a lei em igualdade de condições protege deslavadamente o licitante nacional? Será sadia semelhante xenofobia, a persistir até hoje num país em que se não fosse a influência estrangeira estaria provavelmente atrasado em relação à situação de desenvolvimento que hoje desfruta?[73]

As críticas são válidas, mas entendemos que não deveria ser rejeitada a ideia de equalização das propostas. Na realidade, deve-se procurar uma interpretação do dispositivo legal que seja razoável e compatível com o ordenamento, observando o princípio da isonomia e a busca da proposta mais vantajosa para a Administração Pública.

---

[71] *Licitações internacionais*: considerando a lei brasileira: Lei nº 8.666/93 e as regras estabelecidas pelo Banco Mundial – BIRD. 3. ed. Belo Horizonte: Fórum, 2011, p. 129.

[72] *Licitações internacionais*: considerando a lei brasileira: Lei nº 8.666/93 e as regras estabelecidas pelo Banco Mundial – BIRD. p. 133.

[73] *Manual prático das licitações*. 7. ed. São Paulo: Saraiva, 2008, p. 385.

2.6.5.4 O correto posicionamento do TCU

O TCU adotou posicionamento que nos parece o mais correto acerca do tema.

Esse importante precedente (Acórdão nº 2.238/2013-Plenário, rel. Min. José Jorge, j. 21.8.2013), examinou a questão com bastante aprofundamento.

O caso julgado pelo TCU dizia respeito a uma licitação internacional realizada pela Centrais Elétricas Brasileiras (Eletrobras), com financiamento do Banco Mundial (BIRD),[74] destinada à aquisição de religadores automáticos trifásicos.

Um dos licitantes formulou representação ao TCU em que alegava, dentre outras possíveis irregularidades, que não havia sido observada a determinação legal de equalização da proposta de um licitante estrangeiro com sede na Austrália. A representante alegava que, por se tratar de licitação internacional, o certame demandaria necessariamente a aplicação de critério ou procedimento de equalização das propostas apresentadas por empresas nacionais com as de empresas estrangeiras, com vistas a se obter a correta valoração quanto à economicidade das propostas.

Segundo a representante, uma das razões para a necessidade de equalização das propostas derivava da incidência de custos adicionais de importação e nacionalização dos equipamentos por empresas estrangeiras – custos que não estariam presentes na eventual contratação de um licitante nacional.

Assim, segundo a representante, a Eletrobras deveria primeiramente distinguir os participantes entre nacionais e estrangeiros e, em seguida, imputar sobre o valor proposto por estes últimos os custos incidentes na operação de importação e nacionalização dos produtos. De acordo com a representante, como a incidência dos tributos de importação e das taxas de nacionalização poderiam acrescer o valor da proposta do licitante estrangeiro em aproximadamente 60% (sessenta por cento) adicionais, estaria descaracterizada a economicidade da oferta da empresa australiana.

---

[74] Rigorosamente, Banco Mundial e BIRD não se confundem. O BIRD, na realidade, é uma das instituições que integra o Banco Mundial, ao lado da Associação Internacional de Desenvolvimento (AID). Enquanto o BIRD atua nos países de renda média e nos países pobres com renda creditícia, a AID centra suas atenções nos países mais pobres do mundo. A questão será tratada mais detalhadamente abaixo, ao se examinarem as licitações com financiamento externo.

Na instrução do feito, concluiu-se que, mesmo considerada a carga tributária incidente (imposto de importação, PIS/COFINS, ICMS e IPI) sobre os equipamentos ofertados pelo licitante estrangeiro, o valor total da sua proposta ficaria mais baixo do que os dos demais licitantes. Por esse motivo, a ausência da equalização das propostas não teria gerado consequências onerosas à Eletrobras, conforme mencionado pelo TCU.

Mesmo assim, o TCU examinou a fundo o modo como deve se dar a equalização das propostas.[75]

No caso julgado, o edital estabelecia que os licitantes nacionais deveriam apresentar suas propostas de preços de forma equivalente ao EXW (*ex works*) do Incoterms, ou seja, com todos os custos decorrentes da venda, armazenamento e entrega no destino final (almoxarifado das distribuidoras da Eletrobras), o que incluía, por exemplo, (i) os direitos aduaneiros e de vendas e outros tributos já recolhidos ou a recolher sobre os componentes e matéria-prima utilizada na fabricação ou montagem dos bens; (ii) quaisquer tributos do país do comprador aplicável sobre vendas e outros impostos que serão recolhidos sobre os bens se o contrato for adjudicado ao licitante; e (iii) o preço do transporte terrestre, seguros e outros serviços locais necessários para conduzir os bens ao seu destino final.

Já no caso dos licitantes estrangeiros cujos bens ofertados ainda seriam importados, o edital estabelecia que os preços deveriam ser cotados na modalidade CIP (*Carriage and Insurance Paid To*) do Incoterms, com as seguintes características: (i) preço CIP com local de destino definido, no país do comprador; e (ii) preço do transporte terrestre, seguros e outros serviços locais necessários para conduzir os bens ao seu destino final.

Por fim, no caso de licitantes estrangeiros cujos bens já haviam sido importados, o edital previa que os preços deveriam ser cotados discriminando os custos de importação e taxas alfandegárias: (i) preço dos bens, incluindo o valor de importação original, além de qualquer custo local relacionado, direitos aduaneiros e outros impostos de

---

[75] Conforme constou do acórdão: "Ainda que a ausência de equalização das propostas não tenha gerado consequências mais onerosas à Eletrobras, entende-se que o tema merece análise pormenorizada por esta unidade técnica, especialmente considerando que o Projeto Energia + (Programa de Melhoria das Distribuidoras do Sistema Eletrobras), financiado com recursos de empréstimo com o Banco Mundial, envolve investimentos de até US$709,3 milhões (R$1,24 bilhões), sendo destes US$495 milhões provenientes do Banco e US$214,3 milhões de contrapartida da Eletrobras" (TCU – Acórdão nº 2.238/2013-Plenário, Rel. Min. José Jorge, j. 21.8.2013).

importação já recolhidos ou a recolher sobre os bens já importados; e (ii) preço do transporte interno, seguro e outros serviços locais necessários para conduzir os bens do local de destino inicialmente indicado até o seu destino final.

De acordo com cada situação, o licitante deveria preencher formulário específico de proposta.

Nos formulários, entretanto, observava-se que, no modelo de proposta de bens fabricados no exterior que serão importados, não havia previsão de campo próprio para a cotação dos impostos de importação e dos custos alfandegários. Pelo contrário: o edital determinava que o comprador (ente licitante) deveria excluir e desconsiderar as taxas alfandegárias e impostos de importação aplicáveis sobre os bens, como impostos sobre vendas e outros devidos caso o contrato seja adjudicado.

Tal previsão decorria das Diretrizes para aquisições no âmbito de empréstimos do BIRD, que, no item 2.21, preveem que

> Aos licitantes será solicitado cotar seus preços em base CIP (local de destino numerado) para todos os bens manufaturados no exterior, incluindo aqueles previamente importados, e EXW (*ex works*, ex-fábrica ou prateleira) acrescentados do custo do transporte e seguro internos até o local de destino para bens manufaturados ou montados no país do mutuário.

Em nota específica, as Diretrizes ainda esclareciam que o preço na base CIP "não inclui pagamento de tarifas aduaneiras e outros tributos de importação", cuja responsabilidade é do Mutuário, seja para bens previamente importados ou que serão importados".

Já no caso dos licitantes nacionais, as Diretrizes do BIRD preconizam a cotação de preços em base EXW do Incoterms, esclarecendo que deverão estar incluídos todas as tarifas, tributos, impostos sobre a venda e outras taxas já recolhidas ou devidas sobre componentes e matérias-primas utilizadas na produção ou montagem do equipamento ofertado na proposta.

Nesse contexto de diferentes regras para licitantes nacionais e estrangeiros, o TCU concluiu que

> a mera comparação de preços CIP (licitantes estrangeiras) e EXW (nacionais), em bases tributárias e de custos totalmente diferentes, colide com o disposto no art. 42, §4º, da Lei nº 8.666/93, além de ferir os princípios da isonomia e do julgamento objetivo e a própria finalidade do procedimento licitatório, qual seja, a obtenção da proposta mais vantajosa para a Administração.

Ainda segundo o TCU,

> o procedimento da equalização de valores de licitantes estrangeiros e nacionais, previsto no art. 42, §4º, da Lei nº 8.666/93, tem o objetivo de garantir a observância do princípio constitucional da isonomia entre os licitantes no seu direito de contratar com a Administração. Verifica-se que a desconsideração de carga tributária e taxas incidentes sobre o processo de importação para os produtos estrangeiros (preços na base CIP), ao mesmo tempo que se exige do licitante nacional a inclusão de quase todos os custos tributários (excetuando-se apenas o ICMS – preços na base EXW), conduz necessariamente a um tratamento desigual dos participantes da licitação, em ofensa ao art. 37, inciso XXI, da Constituição Federal.

Assim, o TCU entendeu que as previsões do edital que estabeleciam tratamentos distintos aos licitantes nacionais e estrangeiros configuravam "desobediência aos princípios da isonomia, da eficiência e do julgamento objetivo da licitação, previstos no art. 37, *caput* e inciso XXI, da Constituição Federal, c/c art. 42, §§4º e 5º, da Lei nº 8.666/93".

Ao final, o voto consignou que

> merecem ressalva as disposições do edital, tendo por base as Diretrizes do BIRD para aquisições no âmbito de empréstimos concedidos pela instituição, que conferem tratamento diferenciado à apresentação das propostas por licitantes nacionais (preços na base EXW) e estrangeiras (preços na CIP), cujos bens licitados ainda serão importados, exigindo das primeiras a inclusão de todos os tributos e outras taxas de importação, dispensando, porém, as últimas da discriminação desses encargos.

Note-se que o acórdão do TCU em nenhum momento mencionou a necessidade de se incluir ficticiamente na proposta dos licitantes estrangeiros a carga tributária incidente sobre os licitantes nacionais. Apenas houve a preocupação com que as propostas estivessem nas *mesmas bases tributárias*, de modo que fosse possível a sua correta comparação.

Entendemos que esta é a compreensão mais correta da previsão de equalização das propostas estabelecida pelo artigo 42, §4º, da Lei nº 8.666.

> *Precedentes anteriores do TCU*
>
> Em princípio, a equalização defendida não possui amparo na Lei de Licitações, que só prevê um caso de igualamento de licitantes, fundamentado

na proteção do empresariado nacional, que se dá no caso da oneração dos preços de proponente estrangeira com os mesmos tributos que incidem somente sobre as empresas brasileiras em operações de venda efetuadas no mercado interno (art. 42, §4º). [...] 30. De fato, conforme acima exposto, a equalização não encontra amparo na Lei nº 8.666/93, salvo nos casos de concorrências de âmbito internacional, nas quais é permitido o ajuste das propostas dos licitantes estrangeiros, no que concerne aos tributos que oneram exclusivamente os licitantes brasileiros, visando à proteção do empresariado nacional". (TCU – Representação TC 020.732/2003-4, Rel. Min. Marcos Vinicios Vilaça, j. 04.07.2004)

[...] verificada a ausência de discriminação entre empresas de capital nacional e estrangeiro, no que tange à participação em licitações públicas, seja quanto à habilitação, seja quanto ao julgamento das respectivas propostas, para as quais se aplicam, inclusive, os critérios de equalização estabelecidos pelo art. 42, §4º, da Lei nº 8.666/93, e, ainda assim, resultar em empate das ofertas concorrentes, nada mais legítimo que a opção pela oferta mais vantajosa à Administração Pública recaia sobre a proposta que mais atenda ao interesse nacional. Essa opção tem fundamento nas próprias normas programáticas dos arts. 218 e 219 da Constituição Federal, os quais orientam o legislador ordinário e o aplicador do Direito, como segue: [...]. (TCU – Consulta TC-012.986/2004-0, Rel. Min. Walton Alencar Rodrigues, j. 26.10.2005)

2.6.5.5 O tratamento do tema na Lei nº 14.133

O tema felizmente é tratado de forma diversa pela Lei nº 14.133 em comparação com a previsão que havia na Lei nº 8.666.

O §4º do artigo 52 da Lei nº 14.133 apenas estabelece que os gravames incidentes sobre os preços constarão do edital e serão definidos a partir de estimativas ou médias dos tributos.

O primeiro ponto a ser destacado é que a Lei nº 14.133 abandonou a fórmula utilizada pela Lei nº 8.666 de que as propostas de licitantes estrangeiros seriam acrescidas dos gravames tributários que oneram exclusivamente os licitantes brasileiros.

A menção ao acréscimo artificial de gravames numa proposta já apresentada gerava interpretações que eram equivocadas pelos motivos expostos acima.

O segundo ponto a ser destacado é que a Lei nº 14.133 menciona apenas que o edital deverá estabelecer quais os gravames incidentes sobre os preços. Optou-se, portanto, por uma regra mais simples e direta, que é a de deixar claro quais serão os gravames incidentes. Caberá a cada licitante observar corretamente as previsões.

O terceiro ponto que comporta observação é o de que a redação do dispositivo não fala que gravames incidentes apenas sobre licitantes brasileiros deverão ser acrescidos às propostas dos licitantes estrangeiros. A regra agora é mais simples e direta. Estabelece apenas que os gravames incidentes sobre o preço deverão ser estabelecidos pelo edital. Não há nenhuma intenção de proteção explícita a licitantes dependendo de sua nacionalidade. A proteção se dá em relação à Administração Pública, que deverá contratar a proposta mais vantajosa, já considerados os gravames incidentes.

Apesar de uma certa evolução no tratamento do tema com a Lei nº 14.133, já antevemos uma possível discussão, que diz respeito à situação em que o edital não relacionou todos os gravames incidentes.

Em relação a isso, parece-nos que não cabe ao edital relacionar absolutamente todos os gravames que incidem sobre os licitantes. Do contrário, voltaríamos às discussões sobre as dificuldades de se relacionar toda a carga tributária e de outros encargos e sobre a própria impossibilidade de haver uma definição geral, dado que os licitantes podem se utilizar de mecanismos de elisão tributária.

Os gravames que devem ser relacionados pelo edital são apenas aqueles que incidem diretamente sobre os preços finais. Não deve haver nenhuma pretensão por parte do edital de relacionar de forma taxativa absolutamente todos os gravames em geral.

Na realidade, o que importa é verificar em cada caso concreto se a contratação do licitante (estrangeiro ou nacional) poderá acarretar para a Administração Pública algum tipo de despesa que não haveria se outro licitante fosse contratado. No mais, cada licitante é responsável pelos encargos incidentes, não cabendo ao edital relacionar todos os encargos e muito menos tutelar os interesses dos particulares.

2.7 Participação de empresas sediadas em paraísos fiscais

Resta ainda examinar outro tópico, que diz respeito à participação de empresas sediadas em paraísos fiscais.

2.7.1 Possibilidade de participação em licitações

Não há propriamente nenhuma norma que vede ou crie restrições à participação em licitações públicas de empresas sediadas em paraísos fiscais. Assim, para todos os efeitos, deve-se concluir que empresas sediadas em países que sejam classificados como paraísos fiscais pela Receita Federal brasileira podem participar de licitações públicas no Brasil.

Na realidade, a participação de empresas sediadas em paraísos fiscais chega a ser expressamente admitida.

Nesse sentido, a Resolução nº 13/2009, da Agência Nacional do Petróleo, Gás Natural e Biocombustíveis (ANP), que trata do cadastramento de empresas para fornecimento de marcadores que serão utilizados em Produtos de Marcação Obrigatória (hidrocarbonetos resultantes do processamento do petróleo, gás natural, produtos da indústria petroquímica, entre outros), contém disposição específica sobre o tema.

O artigo 9º dessa Resolução, que estabelece os documentos necessários ao cadastramento de empresa estrangeira, prevê o seguinte em seu §3º:

> A ANP poderá solicitar documentos e informações adicionais, não listados nesta Resolução, a empresas sediadas em países classificados como paraísos fiscais pela Receita Federal, bem como a empresas sediadas em países classificados como não-cooperantes pelo Conselho de Atividades Financeiras do Ministério da Fazenda.

Portanto, o dispositivo acaba por admitir expressamente que empresas sediadas em paraísos fiscais participem de licitações, ainda que reserve à agência reguladora (no caso, a ANP) o direito de solicitar documentos adicionais – e de inabilitá-las se considerar que a documentação apresentada não é suficiente.

Da mesma forma que se admite a participação de empresas sediadas em paraísos fiscais em certames realizados pela ANP, deve-se reconhecer a mesma possibilidade em tese frente a toda a Administração direta e indireta.

A solicitação de documentos adicionais de licitantes sediados em paraísos fiscais destina-se a sanar eventuais dúvidas que a Administração tenha a respeito da situação dessas empresas. Não deve ser interpretada como uma espécie de presunção de ilegitimidade ou de ilegalidade dos atos praticados por pessoas sediadas em paraísos fiscais. Trata-se de um mecanismo destinado a sanar dúvidas da Administração.[76]

---

[76] O modelo de pré-edital da ANP para licitações destinadas à outorga de exploração, desenvolvimento e produção de petróleo e gás natural em blocos com risco exploratório, elaborado em 2008, chegou a estabelecer o seguinte: "3.16 Empresas sediadas em países

Na realidade, o correto é que haja a devida motivação de todo ato de inabilitação de empresa sediada em paraíso fiscal (ou em qualquer outro lugar).

2.7.2 Ainda a questão da equalização das propostas

A questão é que eventual adoção do entendimento de que é cabível a equalização de propostas terá um efeito concreto no caso de participação de empresas sediadas em paraísos fiscais. Como as empresas sediadas em paraísos fiscais contam com uma série de benefícios tributários não obtidos por empresas brasileiras, a equalização das propostas serviria para anular tais benefícios.

Entretanto, conforme demonstrado acima, adota-se aqui o entendimento de que não é cabível a equalização das propostas. Ou melhor: somente se pode realizar a equalização se a proposta do licitante estrangeiro provocar algum custo adicional *à Administração Pública contratante* que não exista para o caso de se contratar um licitante brasileiro. Assim, se eventual contratação de um licitante sediado em paraíso fiscal resultar em algum custo adicional para a Administração, deverá haver uma equalização das propostas que leve esse fator em consideração. Não se trata de equalizar as cargas tributárias, e sim de estabelecer um parâmetro objetivo de comparação.

2.7.3 A questão da indicação da composição societária

Questão interessante diz respeito à possibilidade de a Administração exigir que uma empresa *offshore* sediada em um paraíso fiscal indique expressamente a sua composição societária.

Em tese, uma *offshore* pode ter ações emitidas ao portador e, assim, a própria empresa pode não saber quais são todos os seus acionistas. Trata-se de uma sistemática admitida nos seus países de origem, ainda que inviável para empresas constituídas segundo as leis brasileiras.

---

específicos: 1. A Comissão Especial de Licitação poderá solicitar documentos e informações adicionais, não listadas neste Edital, de empresas sediadas em países classificados como paraísos fiscais pela Receita Federal, bem como de empresas sediadas em países classificados como não-cooperantes pelo Conselho de Atividades Financeiras do Ministério da Fazenda. 2. Com base em pareceres técnicos e/ou jurídicos fundamentados, a Comissão Especial de Licitação poderá indeferir a habilitação a empresas provenientes de países citados nesta seção 3.16, se considerar que a documentação submetida não é suficiente para garantia dos interesses da União como detentora dos direitos sobre a exploração e produção de hidrocarbonetos no país".

Nesse caso, deve-se entender que, em regra, o simples fato de a *offshore* não demonstrar a sua composição acionária não pode servir de fundamento para a sua desclassificação.

Em primeiro lugar, porque, conforme visto acima, vigora o princípio de que deve ser observada a lei do local de origem do licitante. Assim, se a legislação do país de origem da *offshore* admite a emissão de ações ao portador, essa possibilidade deve ser considerada na licitação, ainda que tal sistemática não seja a adotada pela legislação nacional para empresas brasileiras.

Em segundo lugar, porque a sistemática de emissão de ações ao portador gera uma impossibilidade fática de a *offshore* indicar quais são todos os seus sócios. A própria empresa pode não dispor de tal informação. Assim, exigir que ela esclarecesse quais são os seus acionistas seria algo de impossível cumprimento. Praticamente impediria a participação de tais empresas no certame.

CAPÍTULO 3

ASPECTOS GERAIS DAS LICITAÇÕES FINANCIADAS POR ORGANISMOS INTERNACIONAIS

3.1 Explicação prévia

O objeto deste capítulo diz respeito às peculiaridades das licitações realizadas com financiamento internacional.

De acordo com a legislação, as licitações realizadas com recursos obtidos mediante empréstimos ou doações de agência de cooperação estrangeira ou organismo financeiro multilateral de que o Brasil faça parte poderão ser realizadas mediante procedimento distinto do previsto na lei brasileira.

Para uma melhor análise dessa previsão, serão inicialmente examinados os fundamentos para a aplicação de atos internacionais ou regras editadas por organismos internacionais financiadores. A correta compreensão desses fundamentos é relevante do ponto de vista prático.

Em seguida, serão analisados os pressupostos de afastamento estabelecidos pela Lei nº 14.133, que são mais detalhados e um tanto diversos daqueles que eram previstos na Lei nº 8.666.

Na sequência, tratar-se-á das variações possíveis e, por fim, serão examinadas regras específicas da Lei nº 14.133 que dizem respeito às licitações realizadas com financiamento internacional.

3.2 A previsão do §3º do artigo 1º da Lei nº 14.133

O cerne das previsões relativas às licitações financiadas por organismos internacionais está contido no §3º do artigo 1º da Lei nº 14.133. Esse dispositivo tem a seguinte redação:

> §3º Nas licitações e contratações que envolvam recursos provenientes de empréstimo ou doação oriundos de agência oficial de cooperação estrangeira ou de organismo financeiro de que o Brasil seja parte, podem ser admitidas:
> I - condições decorrentes de acordos internacionais aprovados pelo Congresso Nacional e ratificados pelo Presidente da República;
> II - condições peculiares à seleção e à contratação constantes de normas e procedimentos das agências ou dos organismos, desde que:
> a) sejam exigidas para a obtenção do empréstimo ou doação;
> b) não conflitem com os princípios constitucionais em vigor;
> c) sejam indicadas no respectivo contrato de empréstimo ou doação e tenham sido objeto de parecer favorável do órgão jurídico do contratante do financiamento previamente à celebração do referido contrato;

Como se vê, o §3º do artigo 1º da Lei nº 14.133 engloba as principais previsões das quais decorrem as peculiaridades dos procedimentos licitatórios financiados por organismos internacionais. Basicamente, o dispositivo prevê que, havendo o emprego de recursos estrangeiros provenientes de empréstimo ou doação, poderão ser admitidas as condições decorrentes de acordos internacionais ou contidas em normas e procedimentos dos organismos que repassarão esses recursos, desde que atendidas certas exigências.

Em síntese, a Administração Pública interessada em obter recursos de fonte estrangeira apresenta um projeto a um determinado organismo internacional (tais como BID, Banco Mundial, entre outros). Se essa instituição entender que o projeto está de acordo com seus objetivos, doará recursos ou os emprestará, normalmente mediante a cobrança de juros e comissões. No caso de financiamento, que é a hipótese mais comum, firma-se um contrato de mútuo entre o ente público nacional e o organismo internacional. Em seguida, a Administração realiza o certame destinado à contratação de um licitante que esteja interessado em executar a obra ou prestar os serviços necessários. Essa licitação será regida de acordo com as normas previstas em um ato internacional ou nas diretrizes estabelecidas pelo ente financiador (caso a doação ou financiamento de recursos tenham sido condicionados à adoção de tais regras). Após a licitação, é firmado o contrato entre a Administração Pública e o licitante vencedor.

Portanto, não haverá uma relação contratual entre o organismo internacional e o licitante vencedor. A relação jurídica se estabelece entre a Administração Pública e o licitante vencedor, tal como ocorre em qualquer licitação realizada com recursos nacionais. Ainda que o organismo financiador tenha uma participação ativa antes da licitação e mesmo durante o procedimento licitatório (por exemplo, resolvendo protestos apresentados por licitantes e reexaminando determinados atos da Administração), a relação jurídica do licitante será firmada apenas com a Administração Pública.[77]

Entretanto, para que tudo isso ocorra, deverão ser observados alguns pressupostos.

3.3 Os fundamentos para a aplicação de atos internacionais ou regras editadas por organismos financiadores

Para que o afastamento das regras procedimentais previstas na legislação brasileira seja corretamente compreendido, é necessário examinar mais detidamente os fundamentos pelos quais se admite a aplicação de regras de origem estrangeira.

Seria um equívoco afirmar que a utilização de regras diversas daquelas previstas na Lei nº 14.133 deriva de uma "autorização" contida no seu artigo 1º, §3º. Na realidade, apenas a aplicação das normas e procedimentos editados pelos organismos financiadores internacionais deriva da autorização contida nesse dispositivo legal (inciso II). A aplicação de regras contidas em acordos internacionais (inciso I) decorre de fundamentos um tanto diversos. A distinção entre ambas as situações é essencial para que haja uma melhor compreensão da matéria.

3.3.1 Fundamentos para a aplicação das regras contidas em acordos internacionais

A realização de licitações mediante a aplicação de regras contidas em acordos internacionais não deriva propriamente do disposto no artigo 1º, §3º, da Lei nº 14.133. A incidência das normas contidas nesses instrumentos, apesar de ter sua aplicabilidade reconhecida expressamente pelo inciso I do §3º, deriva de outros fundamentos jurídicos.

O artigo 84, inciso VIII, da Constituição Federal, estabelece que compete privativamente ao Presidente da República "celebrar tratados,

[77] Entretanto, como será demonstrado na sequência, ainda que haja relação jurídica direta do organismo financiador apenas com a Administração Pública, o licitante pode se considerar prejudicado por atos praticados pelo ente internacional, do que surgirá a legitimidade passiva deste para responder por seus atos, inclusive diretamente em face do licitante.

convenções e atos internacionais, sujeitos a referendo do Congresso Nacional".

Quando se celebra um tratado, convenção ou ato internacional (expressão esta que engloba acordos e protocolos internacionais), cabe ao Congresso Nacional editar um decreto legislativo que delibere sobre o assunto sempre que tais instrumentos acarretem encargos ou compromissos gravosos ao patrimônio nacional. É o que estabelece o artigo 49, inciso I, da Constituição. Em seguida, o Presidente da República deve ainda editar um decreto promulgando o ato ou tratado internacional, devidamente ratificado pelo Congresso Nacional.

Observado esse procedimento, o tratado, convenção ou ato internacional passa a fazer parte da ordem jurídica nacional, com o *status* de lei ordinária,[78] ressalvada a hipótese prevista no artigo 5º, §3º, da Constituição Federal).[79]

Disso decorre que, se um acordo, protocolo, tratado ou convenção internacional prevê determinadas regras (inclusive no que se refere ao encargo de realizar procedimentos licitatórios mediante a aplicação de certas previsões), a incidência de tal instrumento deriva justamente da sua prévia integração ao direito interno com o *status* de lei ordinária. Portanto, a realização de licitações mediante a aplicação de regras previstas em atos internacionais não deriva propriamente de uma espécie de "autorização" por parte da Lei nº 14.133. Há, na realidade, regras concomitantes (previstas, de um lado, na Lei nº 14.133 e, de outro lado, nos atos internacionais integrados à ordem jurídica nacional), dotadas da mesma hierarquia (de lei ordinária), que são aplicáveis a situações diversas.

Em outras palavras, tendo sido celebrado um ato internacional de que o Brasil seja signatário dispondo sobre a realização de licitações financiadas por algum organismo internacional, e sendo tal ato reconhecido pelo direito interno por meio do atendimento às exigências previstas na Constituição Federal, a sua aplicação deriva precisamente desse reconhecimento pela ordem jurídica interna.

Verificando-se no caso concreto que se trata de hipótese de realização de um certame de acordo com regras previstas em um ato

---

[78] STF – ADI nº 1480 MC, Tribunal Pleno, Rel. Min. Celso de Mello, j. 04.09.1997, *DJ*, 18 maio 2001. Na doutrina, confira-se: SILVA. Comentário Contextual à Constituição, p. 403-404.

[79] O dispositivo constitucional prevê o seguinte: "Os tratados e convenções internacionais sobre direitos humanos que forem aprovados, em cada Casa do Congresso Nacional, em dois turnos, por três quintos dos votos dos respectivos membros, serão equivalentes às emendas constitucionais".

internacional, as previsões lá contidas serão observadas. Não se trata propriamente de uma decorrência das previsões contidas no §3º do artigo 1º da Lei nº 14.133. Mesmo se não existisse a norma do §3º do artigo 1º da Lei nº 14.133, poderiam ser realizadas licitações em conformidade com acordos, protocolos, tratados e convenções internacionais. Bastaria que fosse verificado no caso concreto que se trata de hipótese de aplicação das regras constantes desses instrumentos.

Em regra, contratações administrativas derivadas de tratados internacionais não envolvem uma avaliação direta em relação à vantajosidade da solução adotada. As previsões contidas em um tratado internacional refletem de modo geral uma orientação de política externa que o Brasil repute conveniente, ainda que não resulte numa vantajosidade aferível imediatamente em termos econômicos.

Note-se que os atos internacionais podem prever uma disciplina abstrata – típica das leis – ou de caráter mais concreto – específica para determinadas situações. Imagine-se, por exemplo, a edição de normas gerais de licitação para contratações de interesse de um bloco econômico integrado pelo Brasil (como o Mercosul).[80] Nesse caso, haveria a edição de normas aplicáveis a todas as situações previstas no ato internacional de que o Brasil fosse signatário. Já em outros casos, poderia ser firmado um ato prevendo regras licitatórias específicas para uma determinada situação. A aplicabilidade das normas, em ambos os casos, dependeria igualmente da integração dessas regras ao direito interno, de acordo com as exigências constitucionais.

Há ainda certas situações em que um tratado internacional veicula regras tão genéricas que não se tem como conduzir uma licitação apenas com base nelas. Nessa situação, aplica-se a Lei nº 14.133 no que não conflitar com o tratado.

Outro dado relevante é que, para ser integrado à ordem jurídica interna, um acordo, protocolo, convenção ou tratado internacional deve estar em harmonia com a Constituição Federal. A sua integração ao direito interno só pode ocorrer se as regras previstas não contrariarem a ordem jurídica nacional.

Especificamente no que se refere à realização de licitações, os atos internacionais não podem conter regras que violem o princípio da isonomia (CF, artigo 5º, *caput*), o princípio do acesso à informação (CF, artigo 5º, incisos XIV e XXXIII), o direito de petição (CF, artigo 5º, inciso

---

[80] DAL POZZO; PORTO FILHO. Projetos financiados por organismos internacionais em concorrências públicas: limites constitucionais e legais de suas diretrizes (*guidelines*). *Informativo de Licitações e Contratos – ILC*, p. 1011.

XXXIV), o direito ao contraditório, à ampla defesa e ao acesso ao Judiciário (CF, artigo 5º, inciso LV), os princípios da legalidade, impessoalidade, moralidade, publicidade e da eficiência (CF, artigo 37, *caput*), nem a obrigatoriedade de haver objetividade do julgamento em condições de igualdade entre os licitantes (CF, artigo 37, inciso XXI). Se o ato internacional estabelecer regras licitatórias que contrariem esses preceitos básicos, não poderá haver a sua integração à ordem jurídica interna. Caso haja a integração de normas incompatíveis com a ordem interna, a sua inconstitucionalidade inclusive poderá ser declarada pelo Poder Judiciário, ficando sujeita ao controle pelo Supremo Tribunal Federal, como prevê o artigo 102, inciso III, alínea "b", da Constituição Federal.

Portanto, as previsões contidas no §3º do artigo 1º da Lei nº 14.133 não constituem o fundamento para a aplicação de regras licitatórias contidas em acordos, protocolos, convenções ou tratados internacionais. O fundamento para a aplicação das normas previstas nesses instrumentos consiste na própria integração de tais regras ao ordenamento jurídico brasileiro, com *status* hierárquico idêntico ao da Lei nº 14.133, ou seja, de lei ordinária. Ainda que não existissem as previsões contidas no §3º do artigo 1º da Lei nº 14.133, poderiam ser realizadas licitações mediante a aplicação de normas contidas em acordos, protocolos, convenções ou tratados internacionais de que o Brasil seja signatário.

3.3.2 Fundamentos para a aplicação de regras editadas por organismo internacional

Situação diferente é a da aplicação das normas e procedimentos editados por organismos internacionais (*guidelines*).[81]

A aplicabilidade no Brasil das normas e procedimentos de contratação editados por organismos internacionais não é condicionada à aprovação pelo Congresso Nacional, conforme se verifica na redação do inciso II do §3º do artigo 1º da Lei nº 14.133. A necessidade de aprovação pelo Congresso e do atendimento às demais exigências da Constituição Federal restringe-se aos acordos, protocolos, convenções ou tratados internacionais, e não às "normas e procedimentos daquelas entidades", isto é, das agências oficiais de cooperação estrangeira e dos organismos internacionais de que o Brasil faça parte.

---

[81] DAL POZZO; PORTO FILHO. Projetos financiados por organismos internacionais em concorrências públicas: limites constitucionais e legais de suas diretrizes (*guidelines*). *Informativo de Licitações e Contratos – ILC*, p. 1012.

As normas e procedimentos de contratação editados por organismos internacionais, na realidade, não são integrados ao direito interno brasileiro. Não se equiparam a tratados.[82] São apenas regras editadas por tais organismos, de que o Brasil pode fazer parte (neste caso, eventualmente até participando da formulação e aprovação de tais regras). Para essa situação, as previsões do §3º do artigo 1º da Lei nº 14.133 não são despiciendas. Constituem uma autorização do ordenamento jurídico brasileiro a que sejam aplicadas regras de licitação editadas por organismos financiadores internacionais. Basta que tais organismos condicionem as operações de doação ou empréstimo de recursos à aplicação dessas regras. Nesse caso, e estando presentes os requisitos do artigo 1º, §3º, da Lei nº 14.133, a Administração Pública nacional, para a realização de uma contratação pública elegível (ou seja, que possa ser considerada pelo organismo internacional como passível de ser beneficiada pelos recursos concedidos mediante empréstimo ou doação), deverá realizar um procedimento licitatório que atenda às regras editadas pelo órgão financiador.

É até possível que as normas editadas por um organismo internacional tenham sido precedidas da internalização ao ordenamento nacional de regras contidas em um ato internacional. É o que ocorre, por exemplo, com o Banco Interamericano de Desenvolvimento, cujo Convênio Constitutivo foi concluído em Washington em 8 de abril de 1959. Depois, foi editado o Decreto Legislativo nº 18, em 7 de dezembro de 1959, tendo sido o Instrumento de Ratificação depositado pelo Brasil junto à Organização dos Estados Americanos em 30 de dezembro de 1959. Assim, o convênio em questão passou a fazer parte da ordem jurídica interna. Entretanto, as normas editadas pelo BID para a regência de licitações e contratações com recursos financiados pelo Banco não integram propriamente o ordenamento jurídico nacional. Ainda que o Brasil, na qualidade de país quotista do Banco, participe das deliberações e reuniões para a aprovação de tais normas, a sua aplicação não depende da edição de um ato internacional previamente integrado à ordem jurídica brasileira. Para essa situação, aplica-se o inciso II do §3º do artigo 1º da Lei nº 14.133, ou seja, as regras editadas pelo BID podem ser aplicadas tal como autorizado por esse dispositivo legal, desde que observados os pressupostos estabelecidos na lei.

---

[82] MAGALHÃES. Obrigatoriedade de observância das normas sobre licitação do BIRD (parecer). *Informativo de Licitações e Contratos – ILC*, p. 136.

3.3.3 A relevância prática da compreensão desses fundamentos

A correta compreensão dos fundamentos que justificam a realização de licitações mediante a aplicação de regras previstas em atos internacionais ou editadas por organismos internacionais apresenta grande relevância prática.

Uma decorrência da correta compreensão consiste no afastamento de críticas que constantemente são direcionadas à previsão legal de adoção de regras estabelecidas em atos internacionais ou por organismos internacionais.

São relativamente frequentes afirmações no sentido de que as previsões legais que permitem a adoção de regras licitatórias editadas por organismos internacionais ou previstas em atos internacionais seriam uma espécie de subserviência do Estado Brasileiro a interesses estrangeiros.

Ainda que se reconheça a legitimidade da preocupação dos críticos com a soberania nacional, não se trata disso. Na realidade, a simples realização de licitações mediante regras previstas em atos internacionais ou editadas por organismos internacionais em nada constitui ato de subserviência do Estado Brasileiro a interesses alienígenas.[83] [84]

No caso da realização de licitações mediante regras previstas em acordos, protocolos, convenções ou tratados internacionais, a aplicação de tais instrumentos deriva apenas do fato de o Brasil ser signatário de

---

[83] Nesse sentido é o posicionamento de Rogério Roberto Gonçalves de Abreu: "A aplicação de normas procedimentais ditadas por organismos internacionais às licitações brasileiras não parece traduzir nenhuma violação à soberania nacional. Em primeiro lugar, existe base na Lei nº 8.666/93. Em segundo lugar, a aplicação é restrita às hipóteses em que o objeto do contrato a ser firmado deverá ser custeado com recursos da entidade financiadora ou doadora, que poderá ter interesse em saber como o dinheiro fornecido ou doado estará sendo aplicado. Em terceiro lugar, a aplicação das regras procedimentais, autorizadas por lei, não pode contrariar princípios constitucionais fundamentais aplicáveis à atividade administrativa" (Apontamentos sobre os contratos administrativos internacionais e as licitações internacionais no contexto do direito brasileiro. *Boletim de Licitações e Contratos – BLC*, p. 1182).

[84] Já era esse o entendimento até mesmo antes da edição da Lei nº 8.666. O TJMS já havia decidido o seguinte: "Em licitação internacional, para a compra de material, com emprego de recursos alocados perante organismos internacionais, a observância de normas de licitação, ditadas por estes organismos, não se constitui em ilegalidade ou quebra da Soberania Nacional, se no contrato de empréstimo celebrado pela União, devidamente autorizado pelo Senado Federal, com o BIRD, no caso, consta expressamente a obrigação de serem observadas estas normas. O Estado, que foi beneficiado com repasse de parte deste empréstimo, também está sujeito à obediência das mesmas normas de licitação. A observância de tais normas é permitida pelo disposto no art. 34 do Dec.-lei 2.300/86" (Ap. nº 35.438-3, 1ª Turma, Rel. Des. Alécio Antonio Tamiozzo, j. 21.12.1993, *RT*, n. 708, p. 150-153, out. 1994).

tais atos – tendo, assim, concordado expressamente com eles por meio das autoridades competentes para tanto, e segundo os procedimentos previstos constitucionalmente. Trata-se apenas de um ato de política externa brasileira, no âmbito de suas relações com as demais pessoas de direito público internacional.[85]

Se uma convenção, tratado ou ato internacional foi firmado pelo Brasil e passou por todas as exigências constitucionais para que houvesse a sua integração ao direito interno, tais regras passaram a ter *status* de lei ordinária, que é exatamente o mesmo conferido à Lei nº 14.133. E note-se: a integração de tais instrumentos à ordem jurídica interna passa pelo crivo de constitucionalidade, ou seja, as regras previstas no ato de que o Brasil é signatário não são acolhidas pelo direito interno se o Congresso Nacional reputar que elas contrariam a Constituição Federal. É evidente que tais regras podem estabelecer disposições diversas daquelas previstas na Lei nº 14.133, mas isso não significa qualquer subserviência do Estado Brasileiro aos demais atores da ordem internacional. Aliás, em virtude de os tratados, convenções, protocolos e acordos internacionais constituírem instrumentos de integração entre seus signatários, é evidente que as regras neles previstas terão o intuito de harmonização. Deverão ser regras aceitas por todos os signatários, ainda que diversas dos procedimentos licitatórios internos de cada país.

No caso de aplicação de regras de contratação editadas por organismos internacionais, tampouco há qualquer subserviência dos interesses do Estado Brasileiro à ordem internacional. Existe apenas a aplicação de regras editadas por um organismo internacional do qual inclusive o Brasil pode fazer parte (como ocorre, por exemplo, com o Banco Interamericano de Desenvolvimento, de que o Brasil é quotista e participa das deliberações e da aprovação de regras, tal como diversos outros países). Ademais, no caso da aplicação de regras editadas por organismos internacionais, há uma verdadeira autorização legal para a aplicação de tais normas (artigo 1º, §3º, inciso II, da Lei nº 14.133), que somente poderão ser aplicadas se não ofenderem a ordem jurídica interna, ou seja, não contrariarem os princípios constitucionais aplicáveis a todo e qualquer certame licitatório.

---

85 Francisco Resek ensina que: "Pessoas jurídicas de direito internacional público são os Estados soberanos (aos quais se equipara, por razões singulares, a Santa Sé) e as organizações internacionais em sentido estrito. Aí não vai uma verdade eterna, mas uma dedução segura daquilo que nos mostra a cena internacional contemporânea" (*Direito internacional público*, p. 151).

Precedentes anteriores do TCU

> [...] 41. No entanto, a conclusão da Unidade Técnica, que incorporo às minhas razões de decidir, indica que a interpretação dada pela Dersa não extrapolaria as diretrizes do BID, sendo, portanto, legítima não caracterizando ofensa ao art. 37, inciso XXI da Constituição Federal. Tal fato não ensejaria a oitiva da Dersa ou a alteração dos itens em comento. [...]. (TCU – Acórdão nº 324/2012-Plenário, Rel. Min. Raimundo Carreiro, j. 15.02.2012)
>
> Auditoria. Departamento Nacional de Infra-Estrutura de Transportes – DNIT. Obras de restauração e duplicação da BR-101, segmento Palhoça SC – Osório RS. Irregularidades nos editais de licitação para seleção das empresas executoras das obras. Ausência de procedimentos e regras previstas na Lei nº 8.666/93, sob a alegação de exigência do BID. Análise da matéria. Impossibilidade de contrato de empréstimo internacional conter cláusulas conflitantes com a Constituição. Prevalência dos princípios constitucionais em caso de conflito com as normas dos organismos de financiamento. Determinação visando à correção dos editais. Remessa de cópia ao Congresso Nacional e órgãos de supervisão e controle. [...] 6. Como as alegações do DNIT para esses fatos invariavelmente apontam exigências ou orientações do BID, coloca-se em questão a aplicabilidade das normas licitatórias nacionais em face de procedimentos definidos por organismos internacionais de financiamento. É pacífico que, com fundamento na soberania, as normas contidas na Constituição Federal não podem ser afastadas. Então convém lembrar o que enuncia o inciso XXI do art. 37 da CF/1988: 'XXI – ressalvados os casos especificados na legislação, as obras, serviços, compras e alienações serão contratados mediante processo de licitação pública que assegure igualdade de condições a todos os concorrentes, com cláusulas que estabeleçam obrigações de pagamento, mantidas as condições efetivas da proposta, nos termos da lei, o qual somente permitirá as exigências de qualificação técnica e econômica indispensáveis à garantia do cumprimento das obrigações. [...]. (TCU – Acórdão nº 1640/2002-Plenário, Rel. Min. Marcos Vinicios Vilaça, j. 4.12.2002, DOU, 08 jan. 2003)

O simples afastamento dos procedimentos previstos na legislação nacional para a aplicação de regras contidas em atos internacionais ou editadas por organismos internacionais não significa uma abertura à arbitrariedade. Os procedimentos previstos na legislação nacional constituem apenas uma entre tantas formas possíveis de se disciplinar as licitações e contratações administrativas.[86] Há diversas

[86] Para um aprofundado e reflexivo estudo acerca do histórico das licitações no Brasil e identificação de tendências de evolução e reforma, confira-se: ROSILHO, André Janjácomo.

outras possibilidades de disciplina da matéria sem que haja violação aos princípios constitucionais e aos direitos dos licitantes, sendo que a harmonização de regras relativas a licitações públicas constitui um importante mecanismo de integração internacional.[87] Ao se aplicar regras licitatórias previstas em um ato internacional, tratado ou convenção, tais instrumentos terão sido previamente integrados à ordem jurídica interna, mediante inclusive a análise da sua compatibilidade com a Constituição Federal. No caso das regras editadas por organismos internacionais, também haverá a análise de sua compatibilidade à ordem interna, mas por parte da Administração, a quem incumbirá recusar a aplicação de regras incompatíveis com os princípios da ordem jurídica nacional, ainda que isso implique a não obtenção da doação ou do financiamento pretendidos. Mesmo depois as regras aplicadas poderão ser questionadas perante o Judiciário e os órgãos de controle por qualquer interessado e qualquer cidadão. Além disso, se o Brasil for integrante do organismo financiador, poderá ainda ter participado da elaboração das regras e de sua aprovação.[88]

Há ainda outra observação de suma importância. O Brasil insere-se em um contexto global em que é crescente a relação entre os países e os organismos internacionais por eles integrados. Com isso, há fontes normativas internacionais que exercem alguma influência no direito administrativo nacional – o que, aliás, não é propriamente nenhuma novidade, embora o fenômeno esteja se intensificando. Ademais, as próprias contratações públicas se transformam num importante mecanismo de integração social, política e econômica. Há um "mercado público internacional", por assim dizer.

Nesse contexto, ao aplicar normas editadas por organismos internacionais, o Estado Brasileiro está livremente aderindo às necessidades mundiais de organização da vida econômica, social e política. Isso não

---

Qual é o modelo legal das licitações no Brasil?: as reformas legislativas federais no sistema de contratações públicas.

[87] Sobre a importância da harmonização das licitações e contratações públicas para a integração regional, confira-se: MOTTA. A harmonização das normas sobre licitação nos Estados-Partes do Mercosul. *Interesse Público*, p. 107-121.

[88] Segundo José Carlos Magalhães, com quem concordamos integralmente ao tratar do princípio da igualdade de condições entre todos os concorrentes nas licitações com financiamento internacional: "O fato de as normas do BIRD preverem procedimento diverso do estabelecido na Lei nº 8.666, de 1993, não significa, por si só, desobediência ao mandamento constitucional. Seria preciso que tal procedimento violasse, efetivamente, o princípio básico de 'igualdade de condições a todos os concorrentes' [...]" (Obrigatoriedade de observância das normas sobre licitação do BIRD (parecer). *Informativo de Licitações e Contratos – ILC*, p. 136).

significa, contudo, qualquer perda da soberania nacional ou coisa que o valha. Muito menos conduz a uma espécie de fuga do direito administrativo. Afinal, a Administração Pública, mesmo aplicando normas de origem internacional, continuará subordinada ao direito. Deverá observar os princípios constitucionais que regem a sua atuação. Além disso, conforme bem ensina Carlos Ari Sundfeld, o que caracteriza o direito administrativo não é a submissão da Administração à lei em sentido estrito, emanada do Poder Legislativo nacional, e sim a submissão ao direito[89] – no que inequivocamente se inserem as normas a que o Estado Brasileiro aderiu. A realização de licitações com a aplicação de normas editadas por organismos internacionais nada mais é do que uma das facetas do *direito administrativo global*.

3.4 Pressupostos para a aplicação das regras previstas em atos internacionais ou editadas por organismos internacionais

Há cinco pressupostos que devem estar presentes de modo concomitante para que se admita o afastamento da disciplina prevista na Lei nº 14.133 em favor das regras previstas em atos internacionais ou editadas por organismos internacionais: (i) a aplicação dessas regras deve ser uma imposição do organismo internacional para o empréstimo ou doação; (ii) ao menos uma parte dos recursos empregados na contratação deve ser de origem efetivamente estrangeira; (iii) não pode haver conflito com os princípios constitucionais em vigor; (iv) deve haver uma indicação no contrato de empréstimo ou doação; e (v) deve haver parecer favorável do órgão jurídico contratante do financiamento previamente à celebração do contrato.[90]

O projeto de lei que resultou na Lei nº 14.133 ainda previa um sexto requisito, que era o despacho motivado pela autoridade superior da administração do financiamento, mas essa previsão foi vetada por se considerar que o despacho em questão deve ser de outra autoridade que não aquela mencionada no dispositivo.

---

[89] A Administração Pública na era do direito global. *In*: SUNDFELD; VIEIRA (Coord.). *Direito global*, p. 166; O direito administrativo sobreviverá à globalização? *In*: SUNDFELD. *Direito administrativo para céticos*, p. 190-191.

[90] Como se pode ver, houve uma ampliação das exigências em relação ao que previa a Lei nº 8.666, que contemplava um número menor de pressupostos e muito menor detalhamento dessas exigências.

3.4.1 Ressalvas prévias

Antes de se examinar os pressupostos que justificam a aplicação das regras previstas em atos internacionais ou editadas por organismos internacionais, é necessário fazer algumas ressalvas prévias.

3.4.1.1 Inexistência de afastamento completo da Lei nº 14.133: a diversidade de matérias tratadas pela lei e a impossibilidade de afastamento do regime jurídico administrativo

A primeira ressalva consiste em observar que a aplicação de regras contidas em atos internacionais ou normas editadas por organismos internacionais não significa que haverá o afastamento total das normas previstas na Lei nº 14.133.

A impossibilidade de afastamento dos princípios essenciais que regem as licitações no ordenamento brasileiro será examinada adiante. A questão prévia aqui tratada é outra. Relaciona-se com a diversidade de matérias que são tratadas pela Lei nº 14.133 e com a impossibilidade de se desconsiderar o regime jurídico administrativo.

O §3º do artigo 1º da Lei nº 14.133 estabelece a possibilidade de as licitações serem realizadas de acordo com normas editadas por organismos internacionais. Isso poderia conduzir ao entendimento de que haveria então um "afastamento" das disposições contidas na Lei nº 14.133. Entretanto, ainda que haja a possibilidade de se reger a licitação de acordo com normas radicalmente diversas daquelas previstas na Lei nº 14.133, isso não significa que haja propriamente o "afastamento da lei nacional de licitações".

Na realidade, as regras contidas na Lei nº 14.133 que dizem respeito apenas *às licitações* poderão ser "afastadas". Em termos mais precisos, poderão ser adotadas soluções praxísticas radicalmente diversas das contempladas na lei brasileira, e ainda assim desde que haja a observância dos princípios gerais que regem as licitações no ordenamento nacional (conforme será analisado).

Mas a Lei nº 14.133 não contempla somente dispositivos que dizem respeito a licitações. Há regras sobre a formalização e execução de contratos, sobre a possibilidade de os licitantes provocarem a Administração Pública acerca de determinados assuntos, sobre cautelas de responsabilidade fiscal, sobre a aplicação de penalidades (e a correlata necessidade de observância do contraditório e da ampla defesa prévios), sobre sanções administrativas, sobre a ocorrência de crimes e suas penas, entre outras. Tais regras – que dizem respeito ao Estado de Direito e ao regime de atuação da Administração Pública – não são afastadas simplesmente pelo fato de a licitação ser regida por normas editadas por um organismo internacional.

Um exemplo permite compreender bem a questão. Suponha-se que, no curso de uma licitação realizada de acordo com as regras de um organismo internacional, tenha havido o afastamento de um licitante por meio de violência, grave ameaça, fraude ou oferecimento de vantagem de qualquer tipo. Trata-se de conduta tipificada como crime pelo artigo 337-K do Código Penal, com a redação conferida justamente pela Lei nº 14.133. Ainda que a licitação não tenha sido regida por essa lei, as pessoas que praticaram a conduta tipificada poderão sofrer a aplicação das penas previstas no artigo 337-K da Lei nº 14.133. O simples fato de a licitação ter sido realizada de acordo com regras editadas por um organismo internacional não afasta a aplicabilidade dos dispositivos contidos na Lei nº 14.133 que dizem respeito a crimes cometidos nas licitações e suas respectivas penas.

Não se contraponha que as previsões da Lei nº 14.133 que dizem respeito a crimes e suas penas não seriam afastadas apenas em função da natureza dos interesses envolvidos (tutela penal do Estado). O mesmo raciocínio que conduz à aplicação dos dispositivos que tratam desse assunto leva à conclusão de que as regras legais que tratam de uma série de outros assuntos também não podem ser simplesmente desconsideradas.

Se na execução de um contrato decorrente de licitação realizada com recursos de um organismo internacional a Administração pretende aplicar alguma penalidade (por exemplo, pelo alegado inadimplemento do contratado), ela deverá evidentemente observar os dispositivos da legislação nacional (Constituição e normas infraconstitucionais) que tratem do contraditório e da defesa prévia, da produção de provas, da possibilidade de interposição de recursos, e assim por diante. Trata-se de um direito público subjetivo do contratado, que não é afastado somente pelo fato de a licitação não ter sido realizada de acordo com os procedimentos da Lei nº 14.133.

Ocorre o mesmo em relação a questões de responsabilidade fiscal, por exemplo. Ainda que a licitação seja realizada de acordo com regras editadas por um organismo internacional, sua abertura fica condicionada à previsão de recursos orçamentários suficientes (artigo 150 da Lei nº 14.133),[91] tal como ocorre com qualquer licitação regida pela Lei nº 14.133. Dispositivos que tratam de outras cautelas impostas por uma questão de responsabilidade fiscal também devem ser observados.

A execução dos contratos, por sua vez, deve atender aos limites de duração previstos na Lei nº 14.133 e deverão ser observadas as prerrogativas da Administração contidas nessa lei, ainda que a licitação tenha sido realizada de acordo com normas editadas pelo organismo internacional financiador. Tais questões dizem respeito a prerrogativas públicas e ao regime jurídico administrativo, que não são afastados simplesmente por haver a aplicação de recursos do estrangeiro.

O direito dos licitantes de impugnar o edital e de formular impugnações administrativas em face de atos que tenham afetado seus interesses legítimos também não é afastado em função de a licitação ser realizada de acordo com normas editadas pelo organismo internacional financiador. Trata-se não apenas de um direito fundamental dos licitantes, derivado do direito constitucional de petição (Constituição Federal, artigo 5º, inciso XXXIV, alínea "a"), mas também de uma decorrência do regime jurídico que caracteriza a atuação da Administração Pública (que engloba o poder-dever de revisão de seus atos a qualquer momento, inclusive pela autoridade hierarquicamente superior, em função do princípio da hierarquia). Assim, ainda que o edital de uma licitação realizada com financiamento internacional não preveja a possibilidade de interposição de recursos ou de impugnação ao instrumento convocatório, será plenamente possível a adoção dessas medidas, por se tratar de um direito inafastável dos licitantes e por dizerem respeito ao regime jurídico que caracteriza a Administração Pública brasileira. A Administração não poderá se recusar a analisar esses pleitos baseada no fato de que não existe previsão em edital. Afinal, é seu dever analisar adequadamente todo e qualquer pleito manifestado por um interessado – inclusive se se tratar de questão que poderia ser conhecida de ofício pela autoridade competente.

A questão é que, ao realizar uma licitação com a utilização de recursos de fonte estrangeira, a Administração Pública *não se desfaz da sua posição jurídica de ente público*. Sua atuação continua caracterizada

---

[91] Note-se que o fato de haver financiamento obtido junto a um organismo internacional não significa necessariamente que haja previsão de recursos suficientes. Normalmente se adota o mecanismo do *cost-sharing*, ou seja, as licitações que envolvem aplicação de recursos estrangeiros dependem também de recursos nacionais. Portanto, a simples existência de recursos obtidos junto a um organismo internacional não necessariamente significa que houve observância ao artigo 150 da Lei nº 14.133.

pelo regime jurídico administrativo, composto de prerrogativas e deveres que são *inafastáveis* por qualquer instrumento, inclusive normas editadas por um organismo internacional.

Em síntese, as previsões legais que tratam de questões de ordem pública e dizem respeito ao regime jurídico que caracteriza a Administração Pública não são afastadas, mesmo que o certame seja regido por normas de um organismo internacional. É um equívoco, ou no mínimo uma evidente imprecisão, afirmar que a aplicação de regras contidas em atos internacionais ou editadas por organismos internacionais implica o "afastamento" da Lei nº 14.133. Ainda que possam ser adotados procedimentos licitatórios totalmente diversos dos previstos na lei, não há propriamente o "afastamento da lei brasileira de licitações e contratações administrativas". Essa lei contém uma série de previsões relativas a assuntos diversos (responsabilidade fiscal, prerrogativas contratuais da Administração, crimes e sanções penais e administrativas, direitos inafastáveis dos licitantes, entre outros) que não são de nenhuma forma afastados simplesmente por haver a aplicação de normas de um organismo internacional.

Por uma questão de facilidade de exposição, referir-se-á adiante ao "afastamento das previsões da Lei nº 14.133". Mas sempre que esses termos forem empregados, deverão ser compreendidos com a ressalva ora exposta de que não há propriamente um afastamento "da lei", mas apenas a aplicação de normas diversas das contidas no diploma legal, sem o afastamento do regime jurídico administrativo.

Precedentes anteriores do TCU

> [...] A bem elaborada análise empreendida pela Secretaria de Recursos deste Tribunal sustenta que a Constituição Federal, o disposto no §5º do art. 42 da Lei nº 8.666/93, a doutrina e a jurisprudência afastam a incidência da referida Lei de Licitações em prol da aplicabilidade das normas e procedimentos dos organismos internacionais dos quais o Brasil faça parte, sem que haja qualquer ofensa à soberania de nossa nação. Essa aplicabilidade, no entanto, ainda segundo o parecer da Unidade Técnica, está condicionada à conformidade das normas aos dispositivos constitucionais, assim como ao princípio do julgamento objetivo, aplicando-se a Lei nº 8.666/93 apenas em caráter subsidiário, no caso de lacunas ou indeterminações de conceitos. Após analisar o posicionamento da Serur, entendo que a questão foi corretamente equacionada. [...]. (TCU – Acórdão nº 370/2004-Plenário, Min. Rel. Humberto Guimarães Souto, j. 07.04.2004, DOU, 20 abr. 2004)
>
> 18. A justificativa apresentada pelo responsável para negar a solicitação da empresa é desarrazoada, visto que não consta do edital cláusula

de sigilo em relação ao conteúdo do processo licitatório. Mesmo que houvesse, tal cláusula seria nula de pleno direito, visto que fere princípio básico da publicidade. 19. Ademais, a própria Lei de licitações, em seu art. 3º, §3º, é claríssima ao afirmar que 'a licitação não será sigilosa, sendo públicos e acessíveis ao público os atos de seu procedimento, salvo quanto ao conteúdo das propostas, até a respectiva abertura.' 20. Quanto às exigências do Banco Mundial, nem mesmo o art. 42, §5º, da referida lei respaldaria um possível sigilo, visto que o atendimento do edital às exigências de organismos internacionais não pode ferir princípio administrativo brasileiro, que é o que fundamenta a própria Lei de licitações. Seria como se a Lei fosse de encontro aos seus próprios fundamentos de existência. [...] 46. Devo considerar que o atendimento das regras e modelos do BIRD, o que é preconizado no parágrafo 5º do art. 42 da Lei nº 8.666/93, não pode se furtar à exigência da lei pátria que, em alguns momentos, não coincide com os normativos do BIRD. Caso a divergência seja mantida, vê-se atacado o princípio da legalidade e o da tutela ou controle da administração pública. (TCU –Acórdão nº 715/2004-Plenário, Rel. Min. Ubiratan Aguiar, j. 09.06.2004, DOU, 18 jun. 2004)

[...] mesmo quando se tratar de recursos disponibilizados pelas entidades previstas no §5º, do artigo 42, da Lei nº 8.666/93, não se poderá admitir a vedação de empresas nacionais em eventuais certames licitatórios. Os normativos oriundos de entidades estrangeiras, mesmo na vigência de acordos celebrados com a União, não prevalecem sobre certas disposições legais específicas, como no caso em comento, e menos ainda sobre princípios constitucionais pátrios que visam garantir os interesses dos integrantes da nação brasileira, haja vista a indisponibilidade do interesse público e a soberania nacional. Os acordos internacionais celebrados pela União e ratificados pelo Congresso Nacional devem ser honrados, mas não ao arrepio de nosso próprio ordenamento jurídico. (TCU Acórdão nº 135/2003-Plenário, Rel. Min. Lincoln Magalhães da Rocha, j. 19.02.2003, DOU, 28 fev. 2003)

3.4.1.2 O objeto das licitações realizadas de acordo com atos internacionais ou regras de organismo internacional: a questão das concessões e parcerias público-privadas

A segunda ressalva refere-se ao objeto das contratações realizadas com financiamento internacional. Uma licitação destinada à *concessão* de um serviço poderá ser realizada de acordo com atos internacionais ou regras editadas por um organismo internacional?

Essa questão parece não ter sido prevista quando da edição da Lei nº 14.133, uma vez que os contratos de concessão remetem em regra a situações nas quais os recursos são amealhados junto aos usuários do serviço, sem o emprego de recursos públicos. Entretanto, uma concessão pode envolver a aplicação de recursos de origem estatal, o que já era possível há muito tempo e restou definitivamente confirmado com a edição da Lei nº 11.079, de 2004 (lei das parcerias público-privadas).[92] Havendo a possibilidade de emprego de recursos estatais, pode-se em tese conceber um arranjo em que tais recursos sejam obtidos mediante doação ou financiamento internacional. Daí a importância de se examinar tal questão.

Em relação a um ato internacional, se ele prevê regras para a licitação de concessões e cumpriu todos os procedimentos de internalização ao ordenamento jurídico brasileiro, adquire *status* de lei ordinária e pode ser aplicado a certames com esse objeto. Nesse caso, deve-se pressupor que a internalização das normas ao ordenamento nacional levou em consideração as peculiaridades envolvidas em um contrato de concessão. Evidentemente, contudo, poderá haver o controle de constitucionalidade das normas previstas, além do controle da própria licitação.

Já em relação às regras de licitações editadas por um organismo internacional, a questão é mais complexa. Contratos de concessão normalmente compreendem uma relação jurídica trilateral, de longa duração, que envolve direitos e deveres não só do poder concedente e do concessionário, mas também dos usuários. O modo como se realiza a licitação acaba afetando os direitos dos usuários ao longo do prazo de duração do contrato. Basta imaginar, por exemplo, que o critério de julgamento eleito para o certame pode afetar diretamente o valor das tarifas a serem pagas pelos usuários. Não bastasse isso, o serviço prestado mediante concessão pode apresentar uma elevada carga de interesse social, e o contrato pode depender de uma engenharia financeira muito mais complexa do que as hipóteses de execução de obras ou aquisição de bens. Tais circunstâncias tornam extremamente complexa a aplicação de regras editadas por um organismo internacional às licitações para a concessão de um serviço de interesse social.

---

[92] Para verificar o entendimento do autor acerca do emprego de recursos estatais na remuneração do concessionário, confira-se: SCHWIND. *Remuneração do concessionário*: concessões comuns e parcerias público-privadas, *passim*. Conforme demonstrado naquele trabalho, os recursos utilizados na remuneração do concessionário podem ser provenientes de diversas fontes, dentre as quais o próprio Poder Público. Isso se aplica não apenas às parcerias público-privadas (assim entendidas como as concessões patrocinadas e administrativas), mas também à generalidade das concessões.

Entretanto, isso não significa ser absolutamente impossível a aplicação de regras editadas por um organismo internacional às licitações destinadas à concessão de um serviço. Se a forma como for realizada a licitação não afetar a consecução dos interesses sociais envolvidos na prestação nem os deveres inafastáveis que a Administração Pública detém por ser a titular do serviço concedido, não é de todo desarrazoado afirmar a possibilidade de aplicação de regras editadas por um organismo internacional. Esta pode inclusive se tratar da única forma pela qual a Administração obterá os recursos necessários à integração da remuneração do concessionário.

Há uma hipótese, aliás, em que a aplicação de regras editadas por um organismo internacional financiador não deve ser afastada de plano. Suponha-se que a Administração pretenda realizar uma concessão administrativa para a realização de obra e prestação de serviços de que a própria Administração seja a usuária direta ("concessão administrativa de serviços ao Estado").[93] Nesse caso, o contrato terá um objeto complexo integrado por prestações que inegavelmente podem contar com financiamento internacional (execução de obra e prestação de serviços). Além disso, o objeto será executado em favor do próprio Estado, sem a interferência de interesses de outros usuários. Se os recursos utilizados para a remuneração do parceiro privado forem proporcionados por meio de doação ou financiamento de um organismo internacional, não é de se afastar a possibilidade de que a licitação seja regida pelas regras editadas pelo agente financiador, desde que sejam atendidos os pressupostos estabelecidos no §3º do artigo 1º da Lei nº 14.133.

O BID e o BIRD, aliás, previram em suas Políticas de aquisições normas específicas para licitações destinadas à celebração de contratos de concessão e parcerias público-privadas. Somente a existência dessas regras evidentemente não significa que tal possibilidade é compatível com o direito brasileiro, mas é inegável que elas no mínimo demonstram ser possível a obtenção de recursos junto a organismos internacionais para se viabilizar a realização de um contrato de concessão – hipótese que possivelmente não foi imaginada quando da edição da Lei nº 14.133.

---

[93] O termo "concessão administrativa de serviços ao Estado" é de Carlos Ari Sundfeld. Para efeitos didáticos, o doutrinador classifica as concessões administrativas em "concessões administrativas de serviços públicos" e "concessões administrativas de serviços ao Estado" (Guia jurídico das parcerias público-privadas. *In*: SUNDFELD (Coord.). *Parcerias público-privadas*, p. 30).

3.4.1.3 A celebração de memorandos de entendimentos entre a Administração Pública brasileira e o organismo internacional financiador

É comum que a celebração de um contrato de doação ou financiamento seja precedida da realização de um memorando de entendimentos entre a Administração Pública brasileira e o organismo internacional financiador. Nesse contexto, surge a dúvida sobre a necessidade de o memorando ser de competência exclusiva do Congresso Nacional e se o documento deve ser submetido previamente ao Ministério das Relações Exteriores.

Para o enfrentamento dessas questões, é necessário compreender as normas aplicáveis.

O artigo 49, inciso I, da Constituição Federal estabelece que é da competência exclusiva do Congresso Nacional "resolver definitivamente sobre tratados, acordos ou atos internacionais que acarretem encargos ou compromissos gravosos ao patrimônio nacional".

Em regra, memorandos de entendimentos são documentos prévios, que constituem a assunção dos melhores esforços pelas partes signatárias no sentido de celebrarem um instrumento definitivo. Sendo assim, os memorandos de entendimentos em tese não acarretam encargos ou compromissos gravosos ao patrimônio nacional. Apenas estabelecem compromissos prévios, ainda preliminares, que poderão se converter ou não em compromissos definitivos, com ou sem potencial gravoso ao patrimônio nacional.

Ainda que possam gerar em tese, de modo indireto, alguma responsabilidade pré-contratual à Administração Pública signatária,[94] o fato é que um encargo ou um compromisso gravoso em definitivo somente poderão surgir com a celebração de um instrumento definitivo. Tanto é que os próprios memorandos de entendimentos normalmente contêm cláusulas específicas ressalvando que eles não geram compromissos definitivos às partes signatárias. Sendo assim, conclui-se que os memorandos de entendimentos entre a Administração Pública brasileira e o organismo internacional financiador não dependem de aprovação por parte do Congresso Nacional.

Contudo, é necessário levar em conta o conteúdo efetivo do documento que for celebrado. Caso ele estabeleça encargos ou com-

[94] Sobre o assunto, consulte-se: REISDORFER, Guilherme F. Dias. *Responsabilidade pré-contratual do Estado*. Belo Horizonte: Fórum, 2024.

promissos gravosos ao patrimônio nacional, deverão ser resolvidos definitivamente pelo Congresso Nacional, ainda que tenham a denominação de memorandos de entendimentos. Nesse caso, o conteúdo efetivo do documento deve prevalecer sobre a sua denominação formal.

A outra questão que se coloca diz respeito à necessidade ou não de se submeter um memorando de entendimentos a autorização prévia por parte do Ministério das Relações Exteriores. Isso porque o Manual de Procedimentos de Prática Diplomática Brasileira estabelece que os Ministérios e as agências governamentais poderão concluir memorandos de entendimento, convênios e protocolos interministeriais e (ou) interinstitucionais "desde que a conclusão de tais instrumentos seja previamente autorizada pelo Ministério das Relações Exteriores e não acarretem encargos ou compromissos gravosos ao patrimônio nacional, nem gerem obrigações para o Estado no plano do direito internacional".

Quanto a isso, é necessário observar que certos documentos, apesar de receberem a denominação de "memorandos de entendimentos", são na verdade atos interinstitucionais, sem a qualificação de acordos ou atos efetivamente internacionais. Se for esse o caso, o memorando de entendimentos não precisa ser submetido à aprovação prévia do Ministério das Relações Exteriores. Serão, na prática, verdadeiros convênios interinstitucionais.

Portanto, as respostas aos questionamentos dependerão sempre do conteúdo efetivo dos documentos celebrados (ou que se pretende que sejam celebrados). A denominação atribuída ao documento, por si só, não definirá a necessidade de aprovação prévia pelo Ministério das Relações Exteriores nem pelo Congresso Nacional.

3.4.2 Primeiro pressuposto: existência de recursos de origem estrangeira

O primeiro pressuposto para que se admita o afastamento da disciplina contida na legislação nacional de licitações consiste na aplicação de recursos que sejam *necessariamente de origem estrangeira*.

Admite-se o afastamento da disciplina prevista na lei por se reputar que esse afastamento propicia uma *vantagem* para a Nação brasileira.[95] Tal vantagem consiste precisamente na obtenção de recursos provenientes de organismos internacionais, seja de modo gratuito (doação), seja por meio de financiamentos concedidos a entidades

[95] JUSTEN FILHO. *Comentários à Lei de Licitações e Contratos Administrativos*, p. 673.

governamentais brasileiras, para aplicação no território nacional. Por isso, admite-se o afastamento da disciplina prevista na Lei nº 14.133 somente nos casos em que são aplicados recursos *efetivamente* de fonte estrangeira.

Apesar de parecer óbvio, tal requisito comporta algumas discussões.

3.4.2.1 A questão da aplicação de recursos apenas parcialmente originários de fonte estrangeira

O primeiro ponto diz respeito às licitações apenas *parcialmente* financiadas com recursos provenientes de organismos internacionais. Quando apenas parcela dos recursos for proveniente de fonte estrangeira, as disposições da Lei nº 14.133 podem ser afastadas?

A resposta é afirmativa, basicamente por dois fundamentos.

O primeiro deles deriva da própria interpretação literal do §3º do artigo 1º da Lei nº 14.133. Esse dispositivo faz referência às contratações "que envolvam recursos provenientes de empréstimo ou doação".

A lei não estabelece que a integralidade dos recursos empregados deve ser proveniente de fonte estrangeira. Basta que ao menos uma parcela dos recursos provenha de doação ou financiamento externo. Assim, de acordo com a interpretação literal do dispositivo, para que haja o afastamento da disciplina da Lei nº 14.133, não é necessário que a *totalidade* dos recursos seja proveniente de fontes internacionais. Basta que uma *parcela* dos recursos seja proveniente de doação ou financiamento obtido junto a organismos internacionais.

O segundo fundamento que conduz à mesma conclusão decorre de uma interpretação teleológica do dispositivo legal. Conforme mencionado anteriormente, o que justifica o afastamento das disposições da Lei nº 14.133 é a existência de uma vantagem para a Nação brasileira, consistente na obtenção de recursos de fonte estrangeira para determinada contratação. No caso em que apenas parcela dos recursos necessários provém de fonte estrangeira, reputa-se que há igualmente um benefício para a Nação brasileira, que é justamente a obtenção (ainda que apenas de parcela) dos recursos a serem utilizados para a contratação almejada. Também por esse motivo, portanto, admite-se o afastamento da disciplina prevista na Lei nº 14.133 se apenas parte dos recursos é proveniente de doação ou financiamento internacional.

Na prática, aliás, a forma de financiamento mais utilizada pelos organismos internacionais que atuam no Brasil é a do *cost-sharing*, em que parte dos recursos é proveniente de organismo internacional e o restante corresponde a recursos públicos brasileiros, de fonte nacional. São frequentes os casos em que 50% ou 70% dos recursos, por exemplo, provêm do organismo internacional financiador e o restante é integrado por recursos orçamentários do próprio ente contratante, de origem nacional, inclusive por meio de financiamentos internos ou repasse de outras entidades da federação.

Não se contraponha que o entendimento aqui defendido pode conduzir a fraudes. É o que ocorreria, por exemplo, na hipótese de apenas uma parcela ínfima dos recursos ter sido obtida por meio de um financiamento internacional apenas para se justificar o afastamento das regras previstas na Lei nº 14.133 e, com isso, permitir-se de algum modo o direcionamento do certame. Na realidade, eventual conduta nesse sentido dificilmente ocorreria, dada a seriedade com que os financiamentos internacionais são celebrados. Depois, a mera possibilidade de haver fraude não pode servir de fundamento para restringir o âmbito correto de aplicação do §3º do artigo 1º da Lei nº 14.133. Se a simples possibilidade de fraude conduzisse a esse raciocínio, haveria não só uma restrição incompatível com o dispositivo, como também a quase total inviabilidade de sua aplicação – afinal, conforme referido, o *cost-sharing* é a forma de financiamento mais utilizada pelos organismos internacionais. Assim, caso se adotasse o entendimento de que a Lei nº 14.133 só poderia ser afastada nos casos em que a integralidade dos recursos fosse obtida por meio de doação ou financiamento internacional, restaria praticamente inviabilizada a ocorrência desse tipo de operação.

O posicionamento aqui adotado é o mesmo defendido por Ronny Charles Lopes de Torres. Segundo ele, entendimento em contrário permitiria o regime diferenciado no caso de contratação totalmente financiada por organismo internacional, mas não possibilitaria o mesmo no caso em que a quase totalidade dos recursos (digamos, 95%) fosse custeada por doação. Entretanto, isso não faria sentido, uma vez que "mais que naquele, nesta última opção negocial (doação), mesmo não se alcançando a totalidade do custeio, parece haver uma situação mais vantajosa aos cofres públicos nacionais e ao interesse público", já que, na primeira opção, serão empregados recursos nacionais para o pagamento do financiamento (o que normalmente envolve juros e outros encargos).[96] O exemplo, ainda que concebido à luz da Lei

[96] TORRES. Licitação com recursos oriundos de organismo internacional: análise do §5º do artigo 42 da Lei nº 8.666/93. *Fórum de Contratação e Gestão Pública – FCGP*, p. 34.

nº 8.666, confirma a procedência do entendimento segundo o qual o afastamento da Lei nº 14.133 pode ocorrer também nos casos em que o organismo internacional financia apenas parte dos recursos empregados pela Administração.[97]

Note-se, contudo, que a lei não fixou um percentual mínimo de recursos que deverá ser proveniente dos organismos internacionais financiadores que justifique a aplicação das normas de tais entidades.[98]

Precedente anterior do TCU

VISTOS, relatados e discutidos estes autos de Representação [...] comunicando a ocorrência de possíveis irregularidades em processo licitatório promovido pela Prefeitura de Salvador, com recurso do BIRD e da União, para construção do Serviço de Trens Metropolitanos de Salvador. ACORDAM os Ministros do Tribunal de Contas da União, reunidos em Sessão do Plenário, diante das razões expostas pelo Relator, em: [...] 9.2. determinar à Prefeitura Municipal de Salvador/BA e à Companhia Brasileira de Trens Urbanos que: 9.2.1. observem o cumprimento do art. 38, parágrafo único, da Lei nº 8.666/93, que determina a submissão a prévio exame e aprovação do Órgão Jurídico das minutas dos instrumentos da licitação; 9.2.2. observem o cumprimento do art. 39, caput, da Lei nº 8.666/93, que exige audiência pública prévia à licitação em objetos com valor superior a 100 vezes o limite previsto em seu art. 23, I, c; 9.2.3. observem que o disposto no art. 42, §5º, da Lei nº 8.666/93, que admite, em licitações, o uso das normas e procedimentos de entidades financiadoras internacionais, não pode contrariar as normas e princípios da regra pátria, em especial o princípio

---

97 Em sentido contrário: MORIS. Licitações internacionais frente aos princípios constitucionais. *Informativo de Licitações e Contratos – ILC*, p. 499.

98 Diante disso, entendemos que não é possível estabelecer uma regra geral de percentual mínimo de recursos provenientes do organismo internacional. A questão, contudo, é controversa. Para Rogério Roberto Gonçalves de Abreu, "as *guidelines* não encontrarão aplicação na disciplina de licitações que objetivarem a celebração de contratos para a aquisição de bens ou serviços custeados por organismo internacional para futuro reembolso ou com majoritária participação financeira do órgão ou entidade nacional licitante. Para a aplicação das *guidelines*, é indispensável que o 'peso' do financiamento ou da doação internacional seja de tamanha expressão que justifique o afastamento das regras legalmente previstas para o processo de licitação" (Apontamentos sobre os contratos administrativos internacionais e as licitações internacionais no contexto do direito brasileiro. *Boletim de Licitações e Contratos – BLC*, p. 1182). É louvável a preocupação do doutrinador. Entretanto, não entendemos ser possível afirmar que os recursos internacionais deverão ser sempre majoritários. Pode haver situação em que, pelo volume de recursos envolvidos, aqueles obtidos junto a um organismo internacional, apesar de não constituírem a maior parcela dos recursos, serão bastante significativos e até mesmo imprescindíveis para a realização da contratação. O precedente mencionado pelo doutrinador inclusive não trata propriamente da situação mencionada.

da publicidade, contido no art. 3º, §3º, da mesma lei, que determina serem públicos e acessíveis ao público os atos do procedimento licitatório, salvo quanto ao conteúdo das propostas, até a respectiva abertura. (TCU – Acórdão nº 715/2004-Plenário, Rel. Min. Ubiratan Aguiar, j. 09.06.2004, *DOU*, 18 jun. 2004)

Precedente anterior do STJ

4. Tratando-se de recursos provenientes de contrapartida estadual e de empréstimo pelo qual se compromete também o Estado do Paraná a restituir ao BID, em prazo determinado, mediante pagamento de juros, conclui-se que, senão em seu todo, a maior parte dos recursos é de responsabilidade do Estado Brasileiro, não havendo como negar aplicação dos princípios insertos no art. 37 da Carta Política de 1988 relativos à atuação da Administração Pública, ou tampouco de algumas das regras constantes da Lei de Licitações, Lei nº 8.666/93. (STJ – Ag 627.913/DF, Rel. Min. Eliana Calmon, 2ª Turma, j. 07.10.2004, *DJ*, 07 mar. 2005)

3.4.2.2 Inaplicabilidade às situações de mera intermediação de recursos nacionais

Há ainda um segundo ponto que merece destaque para a correta compreensão do pressuposto aqui tratado. Não se admite o afastamento da disciplina da Lei nº 14.133 nas situações em que, *embora haja o intermédio de organismos internacionais,* os recursos aplicados sejam de origem brasileira.

Em certas licitações, o organismo internacional atua promovendo a mera *intermediação* de recursos que, na realidade, são provenientes de fontes nacionais. Nessas situações, o organismo internacional não concede um empréstimo nem doa recursos à Administração Pública nacional. Sua participação como organismo intermediador decorre apenas da *expertise* do organismo em desempenhar determinadas atividades. Nesse caso, não há aquela *vantagem* – consistente na obtenção de recursos – que justificaria o afastamento da legislação nacional em favor das regras editadas pelo organismo internacional. Logo, em tais casos, deve ser aplicada a legislação nacional, e não as regras editadas pela instituição que apenas realiza a intermediação de recursos.

Portanto, se o governo brasileiro repassa recursos a uma instituição internacional qualquer, e esses mesmos recursos serão empregados em determinada contratação pública, apenas com a intermediação do organismo internacional, não estará presente o pressuposto estabelecido pelo §3º do artigo 1º da Lei nº 14.133. Do contrário, poderia haver o afastamento da Lei nº 14.133 por meio de uma contratação mediante interposta pessoa, o que seria incompatível com os pressupostos estabelecidos pelo §3º do artigo 1º da lei. Ocorreria o repasse de recursos da entidade administrativa brasileira a um organismo internacional apenas para viabilizar uma contratação pública que não observasse a legislação aplicável, o que não se pode admitir.

Nesse sentido, Marçal Justen Filho destaca ser

> absolutamente inadmissível que o regime da Lei de Licitações seja afastado mediante um expediente até simplório, consistente em promover a contratação mediante interposta pessoa. Trata-se, uma vez mais, de reprimir a utilização de interpostas pessoas para a Administração Pública obter, sem a observância da Lei de Licitações, as contratações que lhe interessam.[99]

Entretanto, é necessário observar que a mera participação do Estado Brasileiro no organismo internacional financiador de recursos não impede o afastamento da Lei nº 14.133 aos casos em que tal entidade financiar determinada contratação. Veda-se o afastamento da legislação nacional apenas para os casos de mera *intermediação* de recursos, e não às situações em que o Estado Brasileiro possui participação no organismo internacional na condição de quotista. Bem por isso, o §3º do artigo 1º da Lei nº 14.133 refere-se expressamente à possibilidade de aplicação das políticas editadas por organismo financeiro multilateral "de que o Brasil seja parte".

Um exemplo pode esclarecer o que aqui se afirma. O Banco Interamericano de Desenvolvimento (BID) tem como quotistas vinte e oito países do continente americano (membros regionais) e vinte países de outros continentes. Depois dos Estados Unidos, o Brasil, ao lado da Argentina, é o país que tem a maior participação no Banco (com 11,4% do número de votos).[100] Isso significa que o Brasil, tal como os demais países quotistas, aplicou recursos próprios na subscrição de quotas do BID. Isso, contudo, não impede o afastamento da Lei nº 14.133 nas licitações realizadas no Brasil com recursos financiados pelo BID. Ainda que o país aplique recursos na subscrição de quotas da instituição, os recursos investidos em contratações financiadas pelo BID são de

---

[99] *Comentários à Lei de Licitações e Contratos Administrativos*, p. 673.

[100] De acordo com o "*Annual Report 2023 Financial Statements*" disponível no *site* do BID: www.iadb.org.

titularidade do Banco, e não dos países quotistas. Os valores investidos pelo BID no Brasil não são recursos nacionais meramente intermediados pelo Banco. O BID obtém seus recursos por diversos meios, tal como, por exemplo, a cobrança de juros e comissões nos financiamentos que realiza. Assim, os recursos do BID devem ser considerados como sendo de fonte estrangeira para fins de aplicação do §3º do artigo 1º da Lei nº 14.133.

Já no caso do Programa das Nações Unidas para o Desenvolvimento (PNUD), as operações costumam ser diferentes.[101] É frequente que as contratações públicas realizadas com a participação do PNUD sejam financiadas exclusivamente com recursos próprios nacionais, sendo que o PNUD realiza apenas a intermediação de tais recursos.[102] Nessa situação, não se fazem presentes os pressupostos para o afastamento da Lei nº 14.133.

Justamente por esse motivo, o Tribunal de Contas da União, na Decisão nº 178/2001-Plenário, definiu que as licitações realizadas com a participação do PNUD, quando utilizarem recursos que são na realidade de origem nacional (leia-se, provenientes em última instância dos contribuintes brasileiros), não podem se afastar das regras previstas na legislação brasileira, que se reputa como sendo o conjunto de normas que contém as cautelas necessárias para a aplicação de tais recursos:

> O Tribunal Pleno, ante as razões expostas pelo Relator, com fundamento nos arts. 1º, inciso II, 41 e 43 da Lei nº 8.443/92, DECIDE: [...] 8.2. firmar o entendimento, em caráter normativo, de que a faculdade prevista no art. 42, §5º, da Lei nº 8.666/93 não se aplica às despesas realizadas, em sede de acordo ou projeto de cooperação, com recursos próprios nacionais, ainda que tais recursos sejam previamente repassados a agências oficiais estrangeiras ou organismos financeiros multilaterais. (TCU – Decisão nº 178/2001-Plenário, Rel. Min. Guilherme Palmeira, j. 04.04.2001, unânime)

Como, entretanto, considerou-se impossível a aplicação dos exatos termos da lei nacional, o PNUD teve de elaborar um Manual de Convergência de Normas Licitatórias a ser aplicado nessas situações.

---

[101] As licitações realizadas com recursos intermediados pelo PNUD serão examinadas de modo mais aprofundado em capítulo específico.

[102] É possível que o PNUD doe ou empreste recursos de sua titularidade, o que justificaria o afastamento da Lei nº 14.133 caso fossem atendidos os pressupostos do §3º do artigo 1º da lei. Mas normalmente o PNUD realiza apenas a intermediação da aplicação de recursos nacionais, o que impede o afastamento da legislação nacional de licitações. Essas questões serão tratadas mais detalhadamente em capítulo específico.

Esse manual foi submetido ao TCU que, após determinar alguns ajustes, aprovou o texto que vem sendo utilizado nos certames realizados com intermediação de recursos pelo PNUD. A aprovação se deu no Acórdão nº 946/2004-Plenário, de que constou o seguinte:

> VISTOS, relatados e discutidos estes autos de Acompanhamento, instaurado por força do disposto no item 8.5 da Decisão nº 178/2001 – Plenário – TCU (Ata nº 12/2001), mediante o qual se verifica o cumprimento das determinações proferidas pelo Tribunal na auditoria realizada na Agência Brasileira de Cooperação – ABC do Ministério das Relações Exteriores – MRE, tendo por objetivo examinar procedimentos licitatórios e avaliar a participação de organismos internacionais no desenvolvimento do país, especialmente do Programa das Nações Unidas para o Desenvolvimento – PNUD (TC 005.289/1999-8), ACORDAM os Ministros do Tribunal de Contas da União, reunidos em Sessão Plenária, ante as razões expostas pelo Relator, em: 9.1 considerar que a versão final do "Manual de Convergência de Normas Licitatórias" elaborado pelo Programa das Nações Unidas para o Desenvolvimento – PNUD atende à determinação firmada pelo Tribunal no subitem 8.4.1 da Decisão nº 178/2001 – Plenário, estando, de conseguinte, em condição de ser aplicado por aquele organismo internacional no âmbito dos acordos ou projetos de cooperação técnica firmados com a União em que haja repasse de recursos nacionais.

Conforme será tratado em capítulo específico sobre as licitações com recursos do PNUD, o Manual de Convergência de Normas Licitatórias segue basicamente a normativa da lei então em vigor (Lei nº 8.666), justamente porque é aplicável aos casos em que há apenas a intermediação de recursos *nacionais* pelo PNUD.

Precedentes anteriores do TCU

> Não é demais frisar, não obstante já ter sido abordado com primor no voto condutor da deliberação em tela, que se está a tratar de recursos próprios nacionais, recursos orçamentários e não aqueles provenientes de financiamentos ou doações de organismos internacionais, os quais, esses sim, estariam acobertados pelo §5º do art. 42 da Lei nº 8.666/93, que é bastante claro e direto quando estabelece que as licitações poderão se sujeitar às normas dos organismos internacionais apenas quando os recursos são oriundos de financiamentos ou doações de agências oficiais de cooperação estrangeira ou organismo financeiro multilateral. (TCU Acórdão nº 547/2003-Plenário, Rel. Min. Adylson Motta, j. 21.05.2003, DOU, 02 jun. 2003);

Impende esclarecer que, de acordo com o entendimento firmado por meio da Decisão nº 178/2001 – Plenário, a Lei nº 8.666/93 deve ser observada nas contratações que envolverem recursos provenientes da União, mesmo que tenham sido repassados a organismos internacionais, pois nesse caso não se aplica o disposto no art. 42, §5º, da Lei de Licitações. Por sua vez, entendemos que quando os recursos advierem de financiamento ou doação, oriundos de agência oficial de cooperação estrangeira ou organismo financeiro multilateral de que o Brasil seja parte, ainda que o procedimento licitatório não seja o previsto na Lei nº 8.666/93, pelo menos devem ser observadas as normas previstas pelos organismos internacionais, como se depreende da norma supramencionada. A conclusão a que chegamos no parágrafo anterior é corroborada pela interpretação do art. 6º, inciso II, do Contexto Legal do Roteiro de elaboração de Projetos de Cooperação Técnica Internacional, que dispõe que a execução das ações se dá conforme as normas e procedimentos do próprio organismo. Portanto, essas normas não afastam a adoção de critérios de licitação das contratações por meio de organismos internacionais. (TCU – Acórdão nº 601/2003-Plenário, Rel. Min. Augusto Sherman Cavalcanti, j. 28.05.2003, DOU, 10 jun. 2003)

3.4.2.3 A questão da contrapartida pela Administração nacional em contratação apartada

O terceiro ponto que merece maior aprofundamento para se definir a viabilidade ou não do afastamento da Lei nº 14.133 diz respeito aos casos em que uma contratação apartada é realizada com recursos nacionais como *contrapartida* à obtenção de um financiamento de fonte estrangeira.

Suponha-se a situação em que um organismo internacional condicione a doação ou a concessão de financiamento à realização, pela Administração Pública, de outra contratação em apartado. A Administração, portanto, deveria realizar uma contratação específica, mediante a utilização de recursos (nacionais ou não), como pré-requisito para a obtenção dos recursos a serem doados ou financiados pelo organismo internacional – os quais, por sua vez, serão utilizados para *outra contratação*. Nesse caso, a contratação a ser realizada exclusivamente com recursos públicos nacionais deverá ser precedida de uma licitação regida pela legislação brasileira, e não pelas regras do organismo internacional que repassará os recursos para a outra contratação – ressalvado, evidentemente, o eventual cabimento de uma contratação direta por dispensa ou inexigibilidade de licitação. Isso porque, na contratação a ser realizada com recursos nacionais, não haverá o emprego de recursos de fonte estrangeira, o que afasta a aplicação do §3º do artigo 1º da Lei nº 14.133.

Ainda que o organismo financiador internacional condicione a doação ou financiamento de recursos a uma outra contratação a ser realizada pela Administração, tal contratação, se não envolver recursos estrangeiros, deverá se realizar de acordo com a legislação nacional. Eventual exigência por parte do organismo financiador de que essa contratação seja realizada de outra maneira seria incompatível com o artigo 1º, §3º, da Lei nº 14.133, além de ofensiva à soberania nacional.

Não se contraponha que a mera relação de determinada contratação com um projeto total ou parcialmente financiado por um organismo internacional justificaria o afastamento da Lei nº 14.133 por viabilizar uma vantagem à Administração Pública nacional, consistente na obtenção de recursos para outra contratação. Tal hipótese contraria a letra do §3º do artigo 1º da Lei nº 14.133 justamente por não envolver a aplicação de recursos de fonte estrangeira. Além disso, pouco importa ao organismo internacional quais são as regras aplicáveis às licitações realizadas com recursos nacionais. Ainda que se exija a realização da contratação como condição para o financiamento, não se pode obrigar que a licitação seja realizada necessariamente de acordo com as políticas do organismo internacional.

Eventual afirmação em sentido contrário conduziria a interpretações inteiramente divorciadas do ordenamento. Para se afastar a aplicação da Lei nº 14.133, bastaria afirmar que determinada contratação, ainda que financiada inteiramente com recursos nacionais, pertenceria depois, quando executada, a um programa mais amplo em que outras contratações são financiadas por um organismo internacional. Entretanto, não é esse o sentido das previsões contidas no §3º do artigo 1º da Lei Geral de Licitações.

O afastamento de disposições da Lei nº 14.133 em favor de normas editadas por um organismo internacional é excepcional. Aplica-se apenas aos casos expressos na lei. Mera afirmação de que, formalmente, determinada contratação comporia um projeto mais abrangente com financiamento internacional não constitui justificativa lícita para o afastamento da Lei nº 14.133. Assim, se a Administração Pública nacional ficou encarregada de executar determinadas contratações com recursos nacionais, deverá realizar as licitações mediante os procedimentos previstos na legislação nacional. O afastamento da Lei nº 14.133 só se aplica às licitações efetivamente financiadas com recursos internacionais, e desde que integralmente observados os requisitos do §3º do artigo 1º da lei.

A situação seria diferente, por óbvio, se a contratação em apartado envolvesse a aplicação de recursos de fonte estrangeira, seja do próprio organismo que financiará o outro contrato, seja de outro organismo internacional. Se forem empregados recursos provenientes do exterior, poderão ser aplicadas as regras editadas pelo organismo financiador, caso a doação ou empréstimo sejam condicionados a tal aplicação e se as regras forem compatíveis com o ordenamento jurídico brasileiro. Mas se forem empregados recursos exclusivamente nacionais, a licitação deverá ser realizada de acordo com a legislação brasileira aplicável ao caso concreto, ainda que outra contratação, independente desse certame, envolva a aplicação de recursos de fonte estrangeira.

3.4.2.4 A hipótese do financiamento internacional retroativo

Outra questão que merece atenção diz respeito à possibilidade de a Administração Pública nacional obter recursos junto a um organismo internacional *somente após já ter realizado a licitação e a contratação do licitante vencedor*.

As Políticas editadas pelo BID e pelo BIRD, por exemplo, contemplam essa possibilidade. Preveem ser possível que aquelas instituições emprestem recursos à Administração Pública depois de realizada a licitação, mas condicionam essa hipótese ao fato de a Administração ter realizado o certame – inclusive sua divulgação – de acordo com as regras instituídas por essas instituições. Assim, o banco revisaria o procedimento e, caso verificasse que houve a efetiva observância de suas normas, poderia conceder um empréstimo à Administração. Os recursos financiados pelo BID e pelo BIRD, então, poderiam ser utilizados para reembolsar os pagamentos já feitos pela Administração, ou até mesmo para efetuar os pagamentos que ainda fossem devidos ao contratado. A concessão do empréstimo, entretanto, não seria uma obrigação do banco, e a realização da licitação e da contratação previamente à obtenção dos recursos de fonte estrangeira seria um risco assumido pela Administração.

Essa hipótese de financiamento retroativo demanda uma análise mais aprofundada.

3.4.2.4.1 A questão da previsão de recursos orçamentários

Um possível questionamento que se põe diz respeito à regularidade de se realizar uma licitação sem haver certeza quanto à efetiva obtenção do financiamento internacional. Essa hipótese pode suscitar algumas dúvidas do ponto de vista das cautelas de responsabilidade fiscal que o Estado deve tomar em qualquer licitação.

O artigo 106, inciso II, da Lei nº 14.133 condiciona a contratação à previsão de recursos na lei orçamentária do exercício. Além disso, os artigos 15 e 16 da Lei de Responsabilidade Fiscal estabelecem que são "não autorizadas, irregulares e lesivas ao patrimônio público", a geração de despesa e a assunção de obrigação sem uma estimativa do impacto orçamentário no exercício em questão e nos dois subsequentes, e sem a declaração do ordenador de despesa de que o aumento tem adequação orçamentária e financeira com a lei orçamentária anual e compatibilidade com o plano plurianual e com a lei de diretrizes orçamentárias. Isso se aplica expressamente às licitações para a contratação de serviços, obras e fornecimento de bens, conforme previsto no artigo 16, §4º, inciso I, da LRF. Por fim, o artigo 37, inciso IV, da LRF, veda a assunção de obrigação "sem autorização orçamentária, com fornecedores para pagamento *a posteriori* de bens e serviços".

Diante desses dispositivos, é válida a instauração de uma licitação se a Administração Pública sequer tem certeza de que obterá recursos junto ao organismo internacional?

Para se responder a esse questionamento, é necessário destacar primeiramente que o fato de a Administração buscar um financiamento internacional retroativo, isto é, para custear uma contratação firmada antes desse financiamento, não é por si só problemático. É plenamente possível que a Administração Pública pleiteie um financiamento junto a um organismo internacional para ser "reembolsada" dos pagamentos que venha a realizar.

A questão que se põe diz respeito à organização do ponto de vista orçamentário. Afinal, as normas acima citadas dizem respeito à atuação administrativa e, portanto, devem ser observadas na generalidade das licitações, ainda que realizadas com base na obtenção de recursos junto a um organismo internacional qualquer.

Em relação a isso, deve-se ter por válida a instauração de uma licitação para a qual se busque um financiamento internacional retroativo. Isso porque a LRF e a Lei nº 14.133 exigem a "previsão" e a "autorização" de recursos, e não a "efetiva disponibilidade".[103] A rigor, a Administração dificilmente terá certeza absoluta acerca de suas receitas,

---

[103] Nesse sentido, confira-se: JUSTEN FILHO. *Comentários à Lei de Licitações e Contratos Administrativos*, p. 169.

ainda que elas (i) devam ser estimadas com base nas receitas auferidas nos últimos exercícios, de acordo com o artigo 12 da LRF e (ii) sua realização efetiva precisa ser acompanhada (artigo 9º da LRF). Disso se conclui que a instauração de uma licitação não depende propriamente da efetiva disponibilidade de recursos (por exemplo, por meio da concessão prévia de um financiamento por um organismo internacional). Assim, em tese, é viável a realização de um certame licitatório com a previsão de que haverá um financiamento retroativo por parte de um organismo internacional.

Contudo, a possibilidade de obter um financiamento internacional retroativo não permite que a Administração dê início a uma licitação sem qualquer previsão de recursos. Ou seja, a Administração não pode simplesmente deixar de prever outras fontes de recursos, baseando-se apenas na suposição de que futuramente obterá um financiamento junto a um organismo internacional. Para que a abertura da licitação nessa hipótese seja compatível com os preceitos de responsabilidade fiscal, a Administração deverá prever uma fonte de receitas que independa do financiamento internacional pretendido. Afinal, não há nenhuma segurança quanto à efetiva aprovação do financiamento nem quanto ao momento em que ele será aprovado – e financiamentos dessa ordem costumam levar um tempo razoável para ser liberados.

3.4.2.4.2 A questão do procedimento aplicável: aproveitamento dos atos praticados?

Fixado o entendimento de que é possível realizar uma licitação sem que tenha sido previamente firmado o contrato de mútuo com o organismo internacional, surge uma segunda questão, que diz respeito às regras aplicáveis ao certame. Em termos concretos, questiona-se o seguinte: a posterior não obtenção de recursos de fonte internacional compromete a validade da licitação e da contratação previamente realizadas de acordo com as normas de um organismo internacional? Ou seja, se o organismo internacional, depois de a contratação já ter sido realizada de acordo com suas Políticas, recusar-se a doar ou emprestar recursos, de modo que a Administração resolva aplicar recursos nacionais, a licitação terá sido válida? A questão é pertinente na medida em que, nessa hipótese, terá sido realizada uma licitação de acordo com as regras editadas por um organismo internacional, apesar de os recursos efetivamente empregados serem integralmente de fonte nacional. Isso não atenderia aos pressupostos do §3º do artigo 1º da Lei nº 14.133.

Para se responder a essa questão, é necessário verificar as regras concretas que foram aplicadas no curso da licitação. Se o certame, além de ter atendido às regras editadas pelo organismo internacional, observou também o ordenamento jurídico brasileiro, não terá havido nenhuma nulidade. A licitação será válida ainda que o organismo internacional não venha a conceder o financiamento pleiteado pela Administração.

Note-se que a observância de regras editadas por um organismo internacional não necessariamente implica a inobservância de regras jurídicas nacionais. É plenamente viável que a licitação tenha compatibilizado as regras da Lei nº 14.133 com as Políticas de contratação editadas pelo organismo internacional. A exigência contida nas regras do BID e do BIRD de que a licitação deve ser divulgada de acordo com as Políticas daquelas instituições, por exemplo, não é incompatível com a legislação nacional. É possível que haja uma ampla publicidade do certame que atenda aos requisitos da legislação brasileira e às regras daqueles bancos.

Já se a licitação tiver observado apenas as regras editadas por um determinado organismo internacional e o financiamento não for concedido, a questão torna-se mais complexa.

Se a licitação não observou nem mesmo os princípios gerais que regem as licitações no Brasil, o certame e a contratação serão inválidos. A rigor, essa invalidade atingiria a licitação e o contrato mesmo que o financiamento houvesse sido concedido pelo organismo internacional. Afinal, ainda que a hipótese seja de aplicação válida das regras editadas por um organismo internacional, isso não significa que possa haver a pura e simples desconsideração dos princípios que regem as licitações públicas no Brasil.

A situação mais complexa se dá na hipótese de terem sido observadas as regras editadas por um organismo internacional e os princípios gerais da licitação contemplados pelo ordenamento jurídico brasileiro, mas com isso ter havido a aplicação de normas diversas das previstas na Lei nº 14.133 ou em outro diploma legislativo que seria aplicável. Nessa hipótese, deve-se entender que a licitação e o contrato somente poderiam ser anulados se tiver havido a adoção de regras que resultaram na efetiva frustração da competitividade. Deverão ser prestigiados os princípios da razoabilidade e da proporcionalidade, que regem a atividade administrativa, sejam quais forem as regras aplicáveis a uma licitação em específico.

Assim, eventual nulidade somente deveria ser pronunciada se tiver havido efetivo prejuízo, de acordo com o princípio da *pas de nullité sans grief*. Com isso, estariam salvaguardados os interesses públicos e privados em jogo, deixando-se de impor consequências de severidade incompatível com o caso concreto.

Se a aplicação de regras incompatíveis com a legislação brasileira, entretanto, tiver conduzido a um certame despropositado, não haverá alternativa senão a sua anulação, bem como a do contrato subsequente – ainda que os direitos do contratado devam ser respeitados, conforme tratado abaixo.

Em certos casos, a nulidade será mais evidente. Em outros casos, a ausência de qualquer nulidade se evidenciará. Já em determinadas situações, a decisão acerca da nulidade ou não do certame será mais difícil. Há inegavelmente, portanto, uma zona cinzenta, de difícil solução em tese. Isso torna necessário examinar em cada caso concreto as efetivas decorrências da aplicação das regras editadas pelo organismo internacional em termos de competitividade do certame.

Um dado relevante será verificar se a Administração Pública nacional efetivamente tinha perspectivas concretas de obter os recursos junto ao organismo internacional. Não se exclui a possibilidade de a Administração ter pleiteado um financiamento apenas para justificar a aplicação de regras diversas das que seriam verdadeiramente aplicáveis e, com isso, direcionar o certame. Tal conduta, se efetivamente confirmada, será totalmente incompatível com o ordenamento jurídico e, portanto, inválida.

Reitere-se, contudo, que as circunstâncias concretas de cada caso deverão conduzir ao entendimento pela existência ou não de uma nulidade da licitação e do contrato.

3.4.2.4.3 A necessidade de observância dos direitos do contratado

Por fim, ainda nesse tópico, deve-se ressalvar a necessidade de proteção dos direitos do contratado de boa-fé.

a) Ausência de responsabilização do particular

Imagine-se a hipótese de a Administração ter instaurado uma licitação em que seriam aplicadas regras de um organismo internacional. Um particular, acreditando na lisura do certame (afinal, os atos da Administração são caracterizados pela presunção de legitimidade), comparece à licitação, apresenta a proposta mais vantajosa e é posteriormente contratado. Caso depois se chegue à conclusão de que o certame deveria ter sido regido pela legislação nacional e que seria o caso de anulá-lo, não se poderá negar ao contratado o direito à obtenção dos proveitos derivados da contratação, nem mesmo sob a alegação de que a impossibilidade de aplicação das normas do organismo internacional seria evidente. Como todo particular tem o dever de atender e respeitar atos administrativos dotados de um mínimo de aparência de regularidade, isso significa ser indevido imputar-se ao contratado algum defeito de conduta quando ele apenas observou os atos editados pelo Estado.

Aplica-se a essa situação a lição de Marçal Justen Filho, para quem

> não se configura excludente da tutela ao particular a mera possibilidade de conhecimento do defeito na contratação. A circunstância de que o particular 'poderia' ter adotado postura de maior rigor em face da Administração e que, se tivesse exigido a comprovação do cumprimento dos requisitos, poderia ter adquirido ciência do vício é insuficiente para afastar sua boa-fé.[104]

Portanto, ainda que se conclua pela anulação do certame e do contrato em virtude de não ser hipótese de aplicação das regras editadas pelo organismo internacional, o contratado não poderá ser prejudicado por isso. A decisão pela aplicação das regras do organismo internacional no certame em concreto não foi sua e não estava sujeita ao seu controle.

De todo modo, a própria conclusão pela anulação do certame e do contrato deverá levar em conta os pressupostos do artigo 147 da Lei nº 14.133. O dispositivo, que constitui regra geral para as contratações administrativas, mesmo quando não regidas pela Lei nº 14.133, estabelece uma verdadeira "análise de impacto invalidatório" do contrato administrativo. A invalidação do contrato somente poderá ocorrer caso não seja possível o saneamento do vício constatado, sendo que a decisão pela declaração de nulidade somente será adotada na hipótese em que se revelar medida de interesse público, com avaliação dos diversos aspectos relacionados nos incisos do artigo 147.

b) Direito à indenização pelos prejuízos sofridos

Em decorrência da boa-fé do particular e da ausência responsabilidade de sua parte pela regularidade do certame, terá ele o direito de ser indenizado pelos prejuízos sofridos em razão da anulação do contrato.

---

[104] *Comentários à Lei de Licitações e Contratos Administrativos*, p. 857.

Trata-se de uma questão de vedação ao confisco e ao locupletamento indevido do Estado.

Se a edição de atos administrativos inválidos (por inobservância do artigo 1º, §3º, da Lei nº 14.133) levou o particular a realizar prestações em benefício do Estado, o reconhecimento da nulidade não legitima o enriquecimento sem causa do ente público. Se a solução para o caso constituir no desfazimento dos atos considerados ilegais, o particular terá o direito de ser indenizado pelas perdas e danos sofridos, conforme se depreende do artigo 148, *caput* e §1º da Lei nº 14.133. Além disso, previamente à decisão de anulação, caberá verificar se o próprio desfazimento do contrato é medida de interesse público, conforme dispõe o parágrafo único do artigo 147 da Lei nº 14.133. É plenamente possível que a anulação não seja considerada a medida mais adequada em cada caso concreto.

De todo modo, havendo o desfazimento dos atos irregulares, a Administração, em virtude da responsabilidade civil do Estado, terá o dever de responder pelos atos praticados, inclusive (e especialmente) pelos que contiverem vícios. Tal indenização não deverá se limitar apenas ao que o contratado houver executado até a data em que a invalidade for declarada. O particular terá o direito de ser indenizado amplamente por todas as perdas e danos que tiver sofrido, o que deverá levar em conta inclusive os danos emergentes e o lucro que teria se o contrato fosse válido e tivesse sido integralmente executado.[105] Terá o direito, portanto, de obter o exato proveito que teria com a execução do contrato.

c) Necessidade de observância do devido processo legal

A decisão de invalidação do contrato por inobservância do §3º do artigo 1º da Lei nº 14.133 deverá ser antecedida do devido processo legal, com garantia de contraditório e ampla defesa. O contratado tem o direito de ser ouvido *previamente* a qualquer tomada de decisão pela Administração, e terá a faculdade de produzir todas as provas que considerar pertinentes.

O contratado poderá sustentar, por exemplo, que a aplicação das regras editadas pelo organismo internacional foi condizente com

---

[105] Marçal Justen Filho (*Comentários à Lei de Licitações e Contratos Administrativos*, p. 859-860752) e Carlos Pinto Coelho Motta (*Eficácia nas licitações e contratos*, p. 598) entendem que a indenização não deve se restringir ao que o particular tiver executado. Concorda-se aqui com esse posicionamento. Em sentido contrário: PEREIRA JÚNIOR. *Comentários à lei das licitações e contratações da Administração Pública*. 7. ed., p. 673-674.

o disposto na Lei nº 14.133 ou que ao menos não houve nenhuma inobservância substancial da legislação nacional – do que se poderá extrair que não seria caso de anulação do certame e do contrato e sim de aproveitamento dos atos praticados. Portanto, ainda que a Administração tenha o entendimento inicial de que o contrato deveria ser anulado e que tal solução seria a única compatível com os interesses públicos envolvidos, isso não a dispensará de ouvir previamente o contratado.

O exercício do contraditório prévio, destaque-se, não poderá ser considerado mera formalidade. Não se trata de ato apenas *pro forma*, mas de um dever da Administração e um direito constitucional do particular. Os fundamentos apontados pelo particular deverão ser efetivamente levados em consideração, ainda que venham a ser rejeitados. A decisão final em todo caso deverá ser motivada. Qualquer decisão predeterminada, tomada antes da ouvida do particular, será nula por inobservância efetiva da garantia constitucional do contraditório.

O contraditório se instaurará não apenas quanto ao possível desfazimento do contrato, mas também no tocante à apuração do montante devido ao particular em caso de nulidade da licitação. Ou seja, ao contratado deverá ser dada a oportunidade de, previamente a qualquer decisão, demonstrar ao ente público contratante qual seria o seu prejuízo em caso de anulação do certame e do contrato.

Precedentes anteriores do TCU

> 10. Nessa linha de entendimento, o contrato concluído se constitui em ato jurídico perfeito, insuscetível de desfazimento (respeitadas as hipóteses autorizadas por lei, sempre mediante indenização prévia), eis que goza de garantia prevista no art. 5º, XXXVI, da Constituição Federal. 11. Uma vez concluídas as obras e efetuados os pagamentos devidos, a despeito da inobservância da norma por parte do Dnit, não se pode exigir que a empresa promova a repetição de importâncias já recebidas, mormente se o Tribunal considerou não restar comprovada nos autos a existência de antieconomicidade. Aliás, da leitura do acórdão ora recorrido, transcrito em linhas anteriores, depreende-se que não foram essas as pretensões deste Pleno. (TCU – Acórdão nº 1839/2010-Plenário, Rel. Min. Benjamin Zymler, j. 28.7.2010, DOU, 06 ago. 2010);
>
> Quanto ao mérito, assiste razão à SERUR. Deve-se tornar sem efeito o subitem 9.3 do Acórdão nº 1.582/2005-Plenário. Com efeito, não há sentido em se proceder à anulação uma vez que os contratos já foram cumpridos a contento. Não se pode olvidar que a Administração é obrigada a realizar a contrapartida financeira em relação aos serviços devidamente prestados, sob pena de se incorrer em enriquecimento

sem causa. (TCU – Acórdão nº 1029/2006-Plenário, Rel. Min. Benjamin Zymler, j. 28.06.2006, DOU, 30 jun. 2006);
3. Enfrentando agora o mérito destes Embargos, é de se reconhecer que assiste razão à apelante quanto à omissão, porquanto restou não esclarecida a questão referente ao pagamento de serviços eventualmente já efetuados. Embora o Acórdão embargado tenha determinado a anulação da licitação e do contrato decorrente, permanece a obrigação da Administração em indenizar a empresa contratada pelos serviços executados até a sustação do contrato, consoante o disposto no parágrafo único do art. 59 da Lei nº 8.666/93. (TCU – Acórdão nº 2240/2006-Plenário, Rel. Min. Valmir Campelo, j. 29.11.2006, DOU, 1º dez. 2006)

Precedente anterior do STJ
1. Ação Civil Pública. Pedidos formulados pelo Ministério Público de nulidade do pleito licitatório ou proibição de cobrança do pedágio até a disponibilização ao usuário de rodovia alternativa. Pedido acolhido em primeiro grau para nulificar o procedimento licitatório. Providência liminar posterior de sustação da cobrança do pedágio. Aceitação da decisão pelo Estado e pelo Departamento de Estradas-DAER. Apelo da Concessionária. Acórdão pela manutenção da decisão com a reversão das partes ao estado anterior, incluindo a indenização da concessionária na forma do novel diploma regulador das licitações (Lei nº 8.666/93, art. 59). (STJ – REsp nº 434.283/RS, Rel. Min. Luiz Fux, 1ª Turma, j. 21.11.2002, DJ, 05 maio 2003)

3.4.3 Segundo pressuposto: condição essencial imposta pelo organismo internacional para o repasse dos recursos

O segundo pressuposto para o afastamento da disciplina prevista na Lei nº 14.133 é mais simples do que o anterior. O afastamento da Lei nº 14.133 deve ser uma exigência do organismo internacional para que haja a doação ou empréstimo dos recursos de fonte estrangeira que serão utilizados para a futura contratação. Em outras palavras, para que o afastamento das previsões da Lei nº 14.133 seja válido, ele deve ter sido estabelecido pelo organismo internacional como uma condição para a concessão do empréstimo ou doação de recursos.

Nesses casos, entende-se que a aplicação das normas contidas na legislação nacional constituiria um óbice à obtenção do financiamento ou da doação junto ao organismo internacional. Se a Administração Pública nacional insistisse na aplicação dos procedimentos previstos na Lei nº 14.133, não obteria os recursos em questão. Assim, justifica-se o afastamento da Lei nº 14.133 para que se obtenha a vantagem almejada pela Administração brasileira, que é justamente a obtenção dos recursos.

É importante notar que nem sempre os organismos internacionais exigem o afastamento da Lei nº 14.133. Em certos casos, exige-se apenas que a licitação seja realizada atendendo-se a determinados princípios – tais como o da objetividade do julgamento, da publicidade, entre outros – que são compatíveis com as previsões da Lei nº 14.133. Em tal hipótese, a Administração Pública brasileira deve realizar licitação observando os procedimentos previstos na legislação nacional.

Portanto, a mera existência de recursos provenientes de doação ou financiamento outorgado por organismo internacional não conduz necessariamente ao afastamento da Lei nº 14.133. Para que haja o afastamento válido da lei, o organismo internacional deve ter condicionado a concessão do financiamento ou doação dos recursos de fonte estrangeira à realização do certame de acordo com as suas normas.

Note-se que a concordância da Administração com a exigência do organismo internacional financiador não constitui nenhuma espécie de subserviência. Trata-se apenas do atendimento de uma condição legitimamente fixada por aquele ente. Se as regras editadas pelo organismo internacional forem compatíveis com os princípios do ordenamento brasileiro que regem as licitações públicas, sua aplicação não causará nenhum problema à Administração.

3.4.4 Terceiro pressuposto: compatibilização com os princípios constitucionais em vigor

A realização de licitações com recursos obtidos mediante doação ou financiamento internacional somente será válida se o procedimento observar os princípios constitucionais em vigor. O simples recebimento de recursos em doação ou financiamento não autoriza a Administração Pública a ignorar os princípios fundamentais consagrados na Constituição Federal. Não há espaço para decisões de cunho subjetivo ou pessoal por parte da Administração ou do órgão financiador.

Precedentes anteriores do TCU

Aplicam-se as disposições da Lei nº 8.666/93 ou os regulamentos do Banco Interamericano de Desenvolvimento – BID às licitações celebradas por órgãos da administração pública brasileira com recursos daquela entidade internacional? A bem elaborada análise empreendida pela Secretaria de Recursos deste Tribunal sustenta que a Constituição

Federal, o disposto no §5º do art. 42 da Lei nº 8.666/93, a doutrina e a jurisprudência afastam a incidência da referida Lei de Licitações em prol da aplicabilidade das normas e procedimentos dos organismos internacionais dos quais o Brasil faça parte, sem que haja qualquer ofensa à soberania de nossa nação. Essa aplicabilidade, no entanto, ainda segundo o parecer da Unidade Técnica, está condicionada à conformidade das normas aos dispositivos constitucionais, assim como ao princípio do julgamento objetivo, aplicando-se a Lei nº 8.666/93 apenas em caráter subsidiário, no caso de lacunas ou indeterminações de conceitos. [...] Respondido o primeiro questionamento e, admitindo-se, assim, que a aplicação das normas dos organismos internacionais nas licitações é possível, desde que não haja conflito com dispositivos constitucionais e respeitado o princípio do julgamento objetivo, é necessário que se passe a discutir as demais questões explicitadas no início do presente voto. (TCU – Acórdão nº 370/2004-Planário, Rel. Min. Humberto Guimarães Souto, j. 07.04.2004, DOU, 20 abr. 2004)

9. Conforme análise da Secob-2 não teriam sido adequadamente comprovados e justificados pela Dersa a adoção desses índices, embora a Dersa tenha alegado que o art. 42, §5º da Lei de Licitações possibilitaria a admissão de normas e procedimentos das entidades financiadoras em licitações de obras a serem realizadas com recursos delas provenientes. Ademais, segundo alegou a Dersa, o índice utilizado no Edital seria o usualmente adotado (o capital de giro anual médio) e estaria de acordo com as políticas de contratação do BID. 10. Peço vênias à Unidade Técnica por entender que assiste razão à Dersa para o caso em tela, uma vez que a Lei nº 8.666/1993 no alegado dispositivo (art. 42, §5º), desde que não conflitem com o princípio do julgamento objetivo, prevê, de fato, que poderão ser admitidas na licitação as condições decorrentes de acordos, protocolos, convenções ou tratados internacionais aprovados pelo Congresso Nacional, bem como as normas e procedimentos daquelas entidades. Ademais, como mencionado, o BID informou que participou da confecção do Edital em tela, como adiante transcrito (item 16 deste Voto), fato que ratifica o posicionamento adotado pela Dersa. (TCU – Acórdão nº 324/2012-Planário, Rel. Min. Raimundo Carreiro, j. 15.02.2012)

Precedente do STJ

ADMINISTRATIVO – MANDADO DE SEGURANÇA – CONCORRÊNCIA PÚBLICA INTERNACIONAL – EDITAL DE LICITAÇÃO ESTABELECENDO EXIGÊNCIAS ACERCA DA PRÉ-QUALIFICAÇÃO DAS EMPRESAS CONCORRENTES – AUSÊNCIA DE ATO ILEGAL – DENEGAÇÃO DA SEGURANÇA – RECURSO ORDINÁRIO – SUBSISTÊNCIA DOS FUNDAMENTOS DA DECISÃO RECORRIDA – IMPROVIMENTO DO RECURSO.

> Na realização de concorrência pública internacional, se o edital de pré-qualificação estabelece exigências compatíveis com o disposto na Lei de Licitações (artigo 42, parágrafo 5º e 114 da Lei nº 8.666/93), não se configura ilegalidade a ser reparada pela via do mandado de segurança. Recurso improvido. (STJ – RMS nº 11.015/MG, 1ª Turma, Rel. Min. Garcia Vieira, j. 13.03.2001, DJ 11.06.2001, p. 97)

3.4.4.1 A questão do julgamento objetivo

O artigo 42, §5º, da Lei nº 8.666 estabelecia como condição para aplicação das normas editadas por organismos internacionais a de que tais regras "não conflitem com o princípio do julgamento objetivo". Isso significa que as decisões tomadas no âmbito de uma licitação regida pelas regras editadas por um organismo internacional deviam ser embasadas em regras objetivas. A Lei nº 14.133 não faz menção expressa ao princípio do julgamento objetivo no artigo 1º, §3º, mas é evidente que tal princípio continua sendo de observância obrigatória em certames que utilizam recursos objeto de doações ou financiamentos internacionais. Afinal, o princípio do julgamento objetivo deriva diretamente da Constituição Federal.

Na realidade, mesmo à luz da Lei nº 8.666, já se defendia que não bastava observar o princípio do julgamento objetivo.[106] As regras aplicáveis às licitações financiadas por organismos internacionais já deviam observar todos os princípios fundamentais das licitações, tais como os da impessoalidade, isonomia, publicidade, moralidade, probidade administrativa e eficiência. O fato é que todos esses princípios se relacionam entre si, sendo impossível o isolamento e aplicação dissociada de apenas um deles em detrimento dos demais.

Assim, a exclusão da menção expressa ao princípio do julgamento objetivo no artigo 1º, §3º, da Lei nº 14.133 não deve ser considerada como uma espécie de liberação para que a Administração Pública possa simplesmente desconsiderar tal princípio nas licitações que

---

[106] É o entendimento, por exemplo, de Toshio Mukai. Para ele, "embora a Lei obrigue agora apenas a observância do princípio do julgamento objetivo, é óbvio que os demais princípios inscritos no art. 3º da Lei nº 8.66/93 são, indiretamente, de observância obrigatória, eis que, para que seja atendido o princípio do julgamento objetivo, haverá que se observar as regras do edital (vinculação ao instrumento convocatório), a competitividade e o princípio da igualdade (porque este de ordem constitucional – art. 37, XXI, da CF)" (As licitações internacionais, as normas da Lei nº 8.666/93 e as dos organismos financeiros internacionais. *Boletim de Licitações e Contratos – BLC*, p. 374). No mesmo sentido: TORRES. Licitação com recursos oriundos de organismo internacional: análise do §5º do artigo 42 da Lei nº 8.666/93. *Fórum de Contratação e Gestão Pública – FCGP*, p. 35-36.

envolvem doação ou financiamento internacional. Na verdade, ao se referir de modo mais amplo aos "princípios constitucionais em vigor", a intenção da nova lei parece ter sido a de deixar ainda mais claro que todos os princípios fundamentais devem ser observados, inclusive o do julgamento objetivo. Em última análise, todos eles são comandos inafastáveis de natureza constitucional.

Por outro lado, deve-se considerar também a incidência da LINDB, que, no seu artigo 20, estabelece que, nas esferas administrativa, controladora e judicial, "não se decidirá com base em valores jurídicos abstratos sem que sejam consideradas as consequências práticas da decisão". A incidência dos "princípios constitucionais em vigor" referida pelo artigo 1º, §3º, da Lei nº 14.133 é destinada a trazer maior segurança jurídica às decisões que vierem a ser tomadas pela Administração no âmbito de licitações com financiamento estrangeiro. Busca-se a observância dos princípios mais elementares que regem o ordenamento jurídico e, por consequência, as licitações públicas, e não deixar aberta uma porta para decisões arbitrárias supostamente fundadas em princípios.

Precedente anterior do TCU

> No que diz respeito ao segundo aspecto, vejo que o fato de estarem envolvidos recursos externos, essência da fundamentação apresentada pelo Reitor da UFBA, não altera o mérito da análise empreendida pela Secex/BA, não só porque o texto Constitucional deve ser observado no procedimento licitatório sob exame, dando cumprimento a princípios fundamentais ali estabelecidos, como o da competitividade, da economicidade e da legalidade, mas também porque o próprio Edital estipulou, em seu subitem 22.6, prazo para recurso. Ora, quanto mais ampla a competição, maiores são as possibilidades de a administração obter uma proposta mais vantajosa, que atenda a qualidade requerida ao menor custo possível. Sendo assim, a eliminação de concorrentes em qualquer fase, sem o efetivo direito ao contraditório e ampla defesa atenta quanto à finalidade do próprio procedimento licitatório, qual seja, a ampla competição. (TCU – Acórdão nº 2973/2003-Primeira Câmara, Rel. Min. Humberto Guimarães Souto, j. 25.11.2003, DOU, 03 dez. 2003)

3.4.4.2 O financiamento de recursos e os reflexos sobre os cofres públicos

A necessidade de observância dos princípios gerais das licitações é bastante evidente no caso de aplicação de recursos obtidos mediante financiamento. Nesses casos, não há mero repasse de recursos por organismos internacionais sem qualquer contrapartida do Estado Brasileiro. Há a celebração de um contrato de mútuo, em que a Administração Pública nacional em regra é obrigada a prestar algumas garantias e ainda deverá restituir os valores emprestados, inclusive mediante o pagamento de juros ao organismo internacional.[107] Além disso, é comum a prática do *cost-sharing*, em que a contratação será financiada apenas parcialmente por um organismo internacional, sendo que o restante dos recursos provém de fontes internas (brasileiras).

Então, se a Administração Pública nacional deve restituir os valores ao organismo internacional, ou se além de recursos estrangeiros estão envolvidos recursos nacionais, exigências que frustrem a competitividade ou permitam julgamentos subjetivos são absolutamente inadmissíveis. Poderiam resultar em contratações de valores elevados, que em momento posterior deveriam ser objeto de pagamento ao organismo internacional com a utilização de recursos públicos nacionais.

Precedente anterior do STJ

> Tratando-se de recursos provenientes de contrapartida estadual e de empréstimo pelo qual se compromete também o Estado do Paraná a restituir ao BID, em prazo determinado, mediante pagamento de juros, conclui-se que, senão em seu todo, a maior parte dos recursos é de responsabilidade do Estado Brasileiro, não havendo como negar aplicação dos princípios insertos no artigo 37 da Carta Política de 1988 relativos à atuação da Administração Pública, ou tampouco de algumas das regras constantes da Lei de Licitações, Lei nº 8.666/93. (STJ – Agravo de Instrumento nº 627.913/DF, 2ª T., Rel. Min. Eliana Calmon, j. 07.10.2004, DJ, p. 221, 07 mar. 2005)

Precedente anterior do TCU

> 6. Os recursos acima referidos, entretanto, são oriundos do Orçamento da União, e ao serem repassados para as entidades internacionais mediante acordo não passam a integrar o patrimônio destas, o que excluiria, de fato, a incidência dos princípios constitucionais referentes ao controle dos recursos públicos. Essas entidades são meramente depositárias desses valores cuja aplicação está vinculada às finalidades do acordo e cuja execução cabe a instituições integrantes da Administração

[107] O descumprimento das condições do empréstimo sujeita a Administração brasileira a ser demandada pelo órgão financiador, o que comumente se faz em arbitragens internacionais. Normalmente, os contratos de empréstimo contêm cláusulas prevendo a realização de arbitragem.

> Pública Federal. 7. A imunidade de jurisdição não exclui, portanto, a incidência do disposto no art. 70 da Constituição Federal quanto à fiscalização da legalidade, legitimidade e economicidade na aplicação dos recursos da União pelos referidos Projetos e a observância pelas instituições executoras nacionais envolvidas nos acordos dos princípios da legalidade, impessoalidade, moralidade e publicidade norteadores da Administração Pública, conforme estabelece o art. 37 da Carta Magna. [...] Dessarte, pronunciando-me de acordo com as conclusões alcançadas no âmbito da SECEX/PA, Voto por que o Tribunal adote a deliberação que ora submeto ao Egrégio Colegiado. (TCU – Acórdão nº 266/1998-Plenário, Rel. Min. Lincoln Magalhães da Rocha, j. 15.05.1998, DOU, 26 maio 1998)

A questão também pode ser vista por outro ângulo. A contratação realizada com recursos internacionais poderá gerar despesas correntes à Administração. Assim, eventual inobservância dos princípios básicos da licitação ocasionará efeitos prejudiciais aos cofres públicos que se estenderão ao longo do tempo.

Um exemplo pode esclarecer o que aqui se afirma. Imagine-se a contratação de uma obra com a utilização de recursos financiados por um organismo internacional. Depois de finalizado o contrato, a obra evidentemente precisará de manutenção, o que demandará o emprego de recursos públicos nacionais. Se não houve preocupação com o princípio da eficiência (admitindo-se, por exemplo, condições que não asseguram a qualidade do objeto contratado), os gastos públicos com a manutenção da obra serão elevadíssimos, o que colocará em xeque a vantajosidade da contratação.

Em síntese, como as contratações realizadas com recursos internacionais frequentemente apresentam algum impacto sobre os cofres públicos (seja no cumprimento dos encargos assumidos para o financiamento, seja com os gastos decorrentes da própria contratação), os certames deverão sempre observar os princípios básicos das licitações.

3.4.4.3 A natureza dos recursos obtidos mediante doação e os princípios básicos das licitações

O mesmo raciocínio se aplica às licitações realizadas com recursos provenientes de *doações* de organismos internacionais. Na medida em que existe uma promessa de doação de recursos estrangeiros à Administração Pública brasileira, tais recursos passam a ser públicos a partir do momento em que forem doados. Por conseguinte, o seu emprego somente pode ocorrer mediante a realização de licitações que efetivamente observem os princípios gerais das licitações. Seria um absoluto equívoco admitir a realização de certames que resultem em contratações desastrosas somente porque os recursos empregados foram doados por um organismo internacional. Os recursos doados à Administração Pública nacional passam a ser públicos e, por conseguinte, a sua utilização deve atender aos princípios da eficiência, moralidade, probidade administrativa e impessoalidade.

Além disso, contratações públicas realizadas com recursos provenientes de doações também poderão gerar despesas correntes futuras, o que igualmente exige a observância dos princípios gerais das licitações.

3.4.4.4 A soberania nacional e a indisponibilidade dos interesses fundamentais

Em última análise, a prevalência da soberania nacional e a indisponibilidade dos interesses fundamentais são os princípios norteadores do eventual afastamento da Lei nº 14.133 em favor de regras licitatórias editadas por organismos internacionais. A possibilidade de obtenção de recursos de fonte estrangeira não autoriza que se ignore a ordem jurídica brasileira, especialmente no que se refere aos princípios fundamentais consagrados na Constituição Federal.

A atividade da Administração direcionada à realização de uma contratação com a utilização de recursos estrangeiros continua sendo uma atividade pública e, portanto, submetida aos princípios fundamentais do Estado de Direito. Se as condições impostas por um organismo internacional para a outorga de um financiamento ou doação não forem compatíveis com a ordem jurídica brasileira e a boa aplicação dos recursos, a solução cabível será a rejeição de tais condições, ainda que isso impeça a obtenção dos recursos. Do contrário, haveria grave ofensa ao princípio da República, uma vez que se estaria tratando o patrimônio público como algo plenamente disponível em função de exigências inválidas elaboradas por organismos internacionais.

Precedente anterior do TCU

> 3 Conforme bem salientado pelo Parquet em seu parecer, mesmo quando se tratar de recursos disponibilizados pelas entidades previstas no §5º, do artigo 42, da Lei nº 8.666/93, não se poderá admitir a vedação de empresas nacionais em eventuais certames licitatórios. Os normativos oriundos de entidades estrangeiras, mesmo na vigência de acordos

celebrados com a União, não prevalecem sobre certas disposições legais específicas, como no caso em comento, e menos ainda sobre princípios constitucionais pátrios que visam garantir os interesses dos integrantes da nação brasileira, haja vista a indisponibilidade do interesse público e a soberania nacional. Os acordos internacionais celebrados pela União e ratificados pelo Congresso Nacional devem ser honrados, mas não ao arrepio de nosso próprio ordenamento jurídico. (TCU – Acórdão nº 135/2003-Plenário, Rel. Min. Lincoln Magalhães da Rocha, j. 19.02.2003, DOU, 28 fev. 2003)

3.4.5 Quarto pressuposto: indicação no contrato de empréstimo ou doação

O artigo 1º, §3º, da Lei nº 14.133 ainda estabelece que as condições peculiares de contratação que serão aplicadas numa licitação derivada de doação ou empréstimo de recursos estrangeiros devem ser indicadas no respectivo contrato de empréstimo ou doação.

3.4.5.1 Indicação de modo claro, preciso e objetivo

Não basta que as condições peculiares de contratação estejam previstas no contrato de doação ou financiamento dos recursos estrangeiros. É necessário que tais condições estejam expressas de modo claro, preciso e objetivo. O estabelecimento de condições demasiadamente genéricas e imprecisas será insuficiente para o atendimento do pressuposto contido no artigo 1º, §3º, alínea 'c', da Lei nº 14.133. Equivaleria a uma não previsão das condições e, portanto, ao descumprimento total da norma.

3.4.5.2 Vedação à criação de competências discricionárias

Não será admissível que as condições peculiares de contratação instituam uma competência discricionária à Administração Pública brasileira ou ao órgão financiador ou doador a ponto de permitir que eles estabeleçam as regras que quiserem, de forma totalmente livre e em descompasso com os princípios fundamentais da Constituição Federal. O estabelecimento de condições peculiares de contratação nos casos de doação ou financiamento de fonte externa não será um "cheque em branco" que permita ao órgão financiador ou à Administração Púbica brasileira conduzirem o processo licitatório de forma subjetiva e errática, instituindo ou suprimindo regras de forma livre e desimpedida.

3.4.5.3 Possibilidade de remeter o tema ao regulamento do órgão financiador ou doador

Por outro lado, é possível que o contrato de doação ou financiamento de recursos de fonte externa faça remissão ao regulamento de licitações já estabelecido pelo organismo internacional e que será utilizado no caso concreto. Não há problema em haver essa remissão porque estará claro que serão as regras em questão (já previamente conhecidas) que regerão o certame a ser realizado.

3.4.6 Quinto pressuposto: parecer favorável do órgão jurídico do contratante do financiamento antes da celebração do contrato

O artigo 1º, §3º, alínea 'c', da Lei nº 14.133, ainda exige que as condições peculiares de seleção e contratação que envolvam financiamento internacional tenham sido objeto de parecer favorável do órgão jurídico do contratante do financiamento previamente à celebração do contrato de financiamento.

3.4.6.1 A previsão genérica de pareceres jurídicos (artigo 53)

É interessante notar que essa previsão de parecer jurídico é distinta da exigência geral de pareceres jurídicos em licitações.

O artigo 53 da Lei nº 14.133 prevê a regra geral de que, ao final da fase preparatória, o processo licitatório deve seguir ao órgão de assessoramento jurídico da Administração, que realizará controle prévio de legalidade mediante análise jurídica da contratação.

A exigência de parecer jurídico contida no artigo 1º, §3º, alínea 'c', da Lei nº 14.133, não se confunde com essa previsão genérica. Trata-se de parecer específico a respeito das condições diferenciadas de seleção e contratação que venham a ser entabuladas no contrato de doação ou empréstimo que será celebrado entre a Administração Pública brasileira e o organismo internacional. Esse parecer, portanto, é preliminar ao início dos trabalhos voltados à realização do certame. Ocorrerá previamente ao próprio contrato de doação ou empréstimo.

3.4.6.2 A questão do parecer jurídico "favorável"

Chama a atenção o fato de que o artigo 1º, §3º, alínea 'c', da Lei nº 14.133, exige a existência de um parecer jurídico "favorável".

Ou seja, a regra parece exigir que o parecer jurídico tenha concordado com as condições diferenciadas de seleção e contratação. Se o parecer jurídico for contrário a essas condições, a rigor não seria atendida a exigência legal.

No artigo 53 da Lei nº 14.133, a exigência geral de ouvida do órgão de assessoramento jurídico interno não faz menção a que o parecer seja favorável às condições que se pretende instituir ao certame.

Nem se diga que, ao mencionar a necessidade de um parecer jurídico "favorável", a intenção da lei seria apenas fazer com que a autoridade competente não possa simplesmente desconsiderar o teor da análise jurídica realizada. Haveria outras formas mais adequadas de se prever isso – estabelecendo-se, por exemplo, o dever da autoridade de justificar eventual decisão que não siga as orientações do parecer jurídico. De todo modo, isso não seria necessário. A autoridade pública responsável pela tomada de decisão, em caso de discordância do parecer jurídico, evidentemente tem o ônus de fundamentar a sua decisão, inclusive esclarecendo os motivos pelos quais discorda do parecer jurídico previamente concedido.

3.4.6.3 O objeto do parecer jurídico

O parecer jurídico exigido pelo artigo 1º, §3º, da Lei nº 14.133, terá por objeto o exame das condições peculiares de licitação e contratação impostas pelo organismo internacional financiador. Deverá examinar a compatibilidade de tais condições com os princípios constitucionais, sempre do ponto de vista essencialmente jurídico.

O parecer jurídico em questão, portanto, não examinará a conveniência e oportunidade da operação (ou seja, da utilização dos recursos do estrangeiro). O exame desses pressupostos e da sua presença no caso concreto caberá à autoridade competente para a análise da decisão.

3.4.6.4 Requisitos do parecer jurídico

O parecer jurídico que examinar as condições peculiares de seleção e contratação com financiamento internacional deverá efetivamente servir de orientação para a tomada de decisão. Isso significa que o parecer deverá ter conclusões claras e precisas, de modo a efetivamente orientar a autoridade competente para a tomada de decisão. Não é possível que o parecer jurídico deixe de examinar as questões levantadas ou que simplesmente as examine de modo superficial.

Aplica-se, portanto, a regra geral de que,

> na elaboração do parecer jurídico, o órgão de assessoramento jurídico da Administração deverá [...] redigir sua manifestação em linguagem simples e compreensível e de forma clara e objetiva, com apreciação de todos os elementos indispensáveis à contratação e com exposição dos pressupostos de fato e de direito levados em consideração na análise jurídica" (Lei nº 14.133, artigo 53, §1º, inciso II).

3.4.6.5 A questão da responsabilização do parecerista

Uma questão complexa diz respeito à existência ou não de responsabilização do parecerista em caso de erros cometidos na elaboração do parecer. O assunto já foi tema de diversos escritos bastante aprofundados. Não há espaço aqui para detalhar a questão. De todo modo, como regra geral, pode-se afirmar que poderá haver a responsabilização do parecerista em caso de dolo ou erro grosseiro, na forma do artigo 28 da LINDB. Meras divergências de interpretação ou entendimento não conduzirão à responsabilização do autor do parecer jurídico.

3.4.7 Necessidade de comprovação dos pressupostos

A presença dos pressupostos estabelecidos pelo artigo 1º §3º, da Lei nº 14.133 deve ser comprovada pela Administração Pública nacional. Para que haja o afastamento da Lei nº 14.133 de forma válida, não bastam meras afirmações de que haverá o emprego de recursos estrangeiros e de que a aplicação das regras editadas pelo organismo financiador foi prevista como condição para a concessão do financiamento, por exemplo. É imperioso que haja a comprovação de que os pressupostos estão efetivamente presentes no caso concreto.

Quanto à questão de haver a aplicação de recursos provenientes de fontes internacionais, trata-se de pressuposto facilmente constatável. Os editais das licitações indicam as fontes dos recursos e qualquer interessado deve ter a possibilidade de confirmar essa informação e possivelmente consultar o contrato de mútuo firmado entre a Administração brasileira e o organismo internacional.

No que concerne ao segundo pressuposto, se a exigência de afastamento da Lei nº 14.133 não constar de uma manifestação formal do organismo internacional (por exemplo, por meio da inclusão de uma cláusula no contrato de financiamento firmado com a Administração brasileira), deve ao menos haver a comprovação da obrigatoriedade de adoção de procedimentos ou regras diversos daqueles previstos na lei brasileira. O fato é que, em geral, as diretrizes editadas pelos organismos internacionais já preveem que a outorga de financiamento é condicionada à observância de tais regras. É o que ocorre, por exemplo, nas Políticas editadas pelo BID e pelo BIRD, em que se estabelece que as regras lá previstas aplicam-se a todos os contratos de bens e obras financiados total ou parcialmente por empréstimos desses bancos.

Os demais pressupostos também não são de difícil demonstração. Isso porque a indicação das condições peculiares de seleção e contratação constarão do contrato de empréstimo ou doação, e a ausência de conflito com os princípios constitucionais em vigor deverá ser detalhada justamente no parecer jurídico.

Qualquer licitante (e qualquer cidadão) poderá solicitar à Administração que comprove adequadamente a presença dos pressupostos que autorizam a aplicação de normas editadas pelo organismo internacional. A Administração tem o dever de demonstrar que a aplicação das regras editadas por um organismo internacional atende aos pressupostos estabelecidos pelo §3º do artigo 1º da Lei nº 14.133. Não poderá se recusar a prestar as informações que lhe forem solicitadas.

3.4.8 O controle sobre as modificações aplicadas

As regras adotadas em um certame licitatório realizado com recursos de fonte estrangeira podem ser examinadas pelos órgãos de controle e questionadas perante o Poder Judiciário.

É verdade que a decisão de aceitar as condições de um financiamento ou doação de recursos estrangeiros envolve forte carga de discricionariedade. Cabe à Administração Pública nacional examinar a conveniência e a oportunidade envolvidas na decisão de aceitar ou não as condições para a obtenção dos recursos. Entretanto, há elementos de vinculação nesse ato que podem ser controlados. Assim, o exame da compatibilidade das regras do edital com os princípios fundamentais do ordenamento jurídico brasileiro é inafastável dos órgãos de controle e poderá ser levado ao Poder Judiciário por parte do Ministério Público, de qualquer licitante e de qualquer cidadão. Como em toda licitação, inclusive sem financiamento estrangeiro, a adoção de regras subjetivas, discriminatórias e incompatíveis com o ordenamento jurídico brasileiro implicará a malversação de recursos estatais e, portanto, será ofensiva ao patrimônio público.

É possível inclusive que a invocação de condições supostamente impostas por organismos internacionais reflita mera tentativa do agente público brasileiro de legitimar regras incompatíveis com o ordenamento jurídico nacional. Se isso se verificar na prática, o defeito da atuação da Administração será ainda mais grave.

Precedente anterior do TCU

> 9.1.2. o TCU já tem incorporado, dentro de sua rotina de controle, o acompanhamento da aplicação dos recursos oriundos de operações de créditos externos, via julgamento das contas anuais da administração pública federal, conforme estabelecido na Instrução Normativa – IN TCU nº 63, de 1º de setembro de 2009, e nas Decisões Normativas editadas anualmente para regulamentar a matéria; 9.1.3. o demonstrativo do fluxo financeiro de projetos ou programas financiados com recursos externos, ocorridos no ano e acumulados até o período em exame, faz parte do relatório de gestão encaminhado anualmente a esta Corte pelos vários órgãos e entidades pertencentes à administração pública federal, na forma prevista pelos referidos normativos; (TCU – Acórdão nº 127/2011-Plenário, Rel. Min. André Luís de Carvalho, j. 26.01.2011, DOU, 02 fev. 2011)

3.4.9 Ainda a ausência de afastamento total da Lei nº 14.133

Reitere-se o que foi dito acima acerca da ausência de afastamento total da Lei nº 14.133.

Ainda que determinada licitação possa ser realizada de acordo com as regras editadas pelo organismo internacional financiador, determinadas previsões da legislação nacional jamais poderão ser simplesmente desconsideradas. Isso porque a atuação da Administração continua se submetendo ao regime jurídico administrativo, ainda que os recursos empregados provenham de fontes estrangeiras.

Assim, ainda que não haja regra específica sobre isso nas normas editadas pelo organismo internacional, os licitantes sempre terão o direito, por exemplo, de impugnar o instrumento convocatório. O mesmo ocorre no tocante à possibilidade de impugnação das decisões tomadas pela Administração. Essas duas faculdades constituem derivações do direito constitucional de petição. A Administração não poderá simplesmente deixar de examinar as pretensões do interessado. É seu dever analisar qualquer pleito formulado pelos licitantes.

3.5 O conteúdo das modificações que podem ser admitidas

Verificado que no caso concreto estão presentes os pressupostos que admitem o afastamento de normas da Lei nº 14.133, é necessário examinar o conteúdo das modificações que são admissíveis. Trata-se de um dos pontos mais problemáticos das licitações financiadas por organismos internacionais no Brasil.

3.5.1 Definição objetiva das regras que orientam a licitação

Como decorrência direta da impossibilidade de afastamento dos princípios fundamentais das licitações, todas as regras que orientam o certame no caso concreto devem ser estabelecidas objetiva e previamente.

Tal como em qualquer outra licitação, as normas aplicáveis deverão estar claramente previstas, sendo inadmissível a introdução de inovações ou modificações no curso do procedimento. Ou seja, a aplicação de regras diversas daquelas previstas na Lei nº 14.133 não pode dar ensejo a um certame arbitrário, regido pela vontade da Administração, do administrador público ou do organismo internacional.

Nesse sentido, Marçal Justen Filho destaca que a adoção de regras distintas das consagradas na lei brasileira

> não significa substituir um procedimento objetivo pela discricionariedade administrativa. Não se admite que, a pretexto de tratar-se de licitação com recursos internacionais, a Administração delibere imprimir ao procedimento um curso errático, em que a vontade do administrador substitua a disciplina legal.[108]

3.5.2 Casuística

Não é possível relacionar todas as possíveis modificações que as licitações realizadas com recursos internacionais podem em tese apresentar em comparação com as previsões da Lei nº 14.133. Entretanto, podem ser apontadas algumas modificações possíveis, a título exemplificativo.

---

[108] *Comentários à Lei de Licitações e Contratos Administrativos*, p. 677.

3.5.2.1 Critérios de julgamento diferenciados

Os critérios de avaliação nas licitações realizadas com financiamento internacional podem ser bem diferentes dos previstos na legislação brasileira. Não há nenhuma obrigação de se adotar, por exemplo, o critério do menor preço.

Precedente anterior do STJ

1. Em se tratando de concorrência pública internacional com recursos provenientes de agência estrangeira, a legislação pátria admite a inserção de exigências diversas daquelas previstas na Lei Geral de Licitações. Dessa forma, não constitui ilegalidade nem fere o princípio da isonomia entre os concorrentes a necessidade de comprovação de requisitos de capacitação técnica e financeira estabelecidos por instituição internacional como condição para a aprovação do financiamento. Inteligência do art. 42, §5º, da Lei nº 8.666/93. (STJ – RMS nº 14.579-MG, 2ª Turma, Rel. Min. João Otávio de Noronha, j. 20.09.2005, DJ, p. 265, 10 out. 2005)

Precedente do TCU

A regra do subitem que estabelece pontuação relativamente ao faturamento anterior como bem observou a Serur não guarda conformidade com as normas do BID, que estabelecem apenas um "ponto de corte" e não prevêem qualquer possibilidade de atribuição de pontuação. Registre-se que as referidas normas, quando tencionam estabelecer um critério de pontuação o fazem explicitamente, o que não é o caso. Por sua vez, a exigência de faturamento como critério de habilitação foi contestada porque infringiria o disposto no final do art. 37 do texto constitucional, que estabelece que "somente permitirá as exigências de qualificação técnica e econômica indispensáveis à garantia do cumprimento das obrigações". Seguindo esse raciocínio, as referidas exigências estariam estabelecidas unicamente na Lei nº 8.666/93. No meu entendimento, uma vez que se aplicam as normas do BID e essas normas prevêem suas exigências, somado ao fato de que o procedimento visa auferir a capacidade do licitante por intermédio de critérios proporcionais à sua capacidade econômico-financeira, a Constituição Federal não foi maculada pela referida exigência. Assim verificou-se no presente caso que as normas do BID analisadas, de per si, não afrontam o ordenamento jurídico nacional, porém a interpretação conferida pelo DNIT não está de acordo com as referidas regras, razão pela qual acolho o posicionamento da Unidade Técnica no sentido da necessidade de alteração do dispositivo. (TCU – Acórdão nº 370/2004-Plenário, Rel. Min. Humberto Guimarães Souto, j. 07.04.2004, DOU, 20 abr. 2004)

A adoção de critérios diferenciados, entretanto, não significa que se possa ignorar o princípio da eficiência. A Administração deve levar em consideração que, em se tratando de financiamento, deverá empregar recursos públicos no cumprimento das obrigações assumidas com o contrato de mútuo. Por isso, ao avaliar as condições estabelecidas pelo organismo internacional para a concessão do financiamento, inclusive no que se refere aos possíveis critérios de julgamento, a Administração deverá verificar se elas efetivamente proporcionarão um benefício efetivo.

3.5.2.2 Modificações procedimentais

As licitações realizadas de acordo com atos internacionais ou Políticas de um organismo internacional poderão apresentar um procedimento radicalmente diverso do previsto na Lei nº 14.133. Prazos e modos de publicação dos atos, por exemplo, podem ser bem diferentes dos previstos na legislação brasileira. As fases de qualificação e avaliação das propostas podem ocorrer na ordem inversa da prevista na Lei nº 14.133. Aliás, pode-se adotar um procedimento totalmente diferenciado, em que sequer haja a distinção das fases de qualificação e exame de propostas. São diversas as soluções praxísticas que podem ser adotadas, desde que os princípios básicos das licitações sejam observados.

Portanto, a simples adoção de procedimentos diversos dos previstos na Lei nº 14.133 não significa que haja ofensa à legislação. O §3º do artigo 1º da lei confere essa abertura ao estabelecer que as licitações realizadas com recursos internacionais poderão observar "as normas e procedimentos" editados pelo organismo financiador. Aliás, pode-se dizer que ao longo dos últimos anos se instalou uma forte tendência da própria legislação nacional em estabelecer regras licitatórias que contemplem as peculiaridades de cada situação.[109]

---

[109] Daí a preocupação, por exemplo, com procedimentos licitatórios mais simples para as empresas estatais. Nesse sentido, a *Petrobras – Petróleo Brasileiro S.A.*, que é uma sociedade de economia mista, vinha utilizando um "procedimento licitatório simplificado" previsto no Decreto nº 2.745, de agosto de 1998. A validade da aplicação desse procedimento foi objeto de discussões judiciais por muitos anos, mas o Poder Judiciário brasileiro de modo geral admitiu a sua aplicação, inclusive afastando decisões contrárias proferidas pelo Tribunal de Contas da União (conforme demonstra a decisão proferida pelo Supremo Tribunal Federal no Mandado de Segurança nº 28.626 – Rel. Min. Dias Toffoli, por exemplo). Mais recentemente, com a edição da lei das estatais (Lei nº 13.303), consagrou-se a possibilidade de um procedimento licitatório peculiar às empresas estatais.

Note-se que o TCU, ainda em 1996, examinou licitação realizada com recursos do BIRD em que, por exigência do órgão financiador, a abertura da documentação e das propostas deveria se dar em sessão única. Constou da análise transcrita no Acórdão nº 50/1996-Plenário[110] que houve alguma perplexidade com o fato de se adotar tal procedimento, por ser diferente do contemplado na legislação nacional.

No presente momento, contudo, não há mais lugar para dúvidas como essa. É inegável que o procedimento do certame realizado com recursos estrangeiros pode ser diferente do previsto na Lei nº 14.133, tal como já podia ser diverso daquele estabelecido pela Lei nº 8.666. Outras leis federais e estaduais editadas desde a publicação da Lei nº 8.666 preveem procedimentos diversos, como é o caso da inversão das fases de habilitação e exame das propostas. Caso se entendesse que a mera adoção de um procedimento diverso do previsto na Lei Geral de Licitações seria ofensiva aos princípios básicos da licitação, o mesmo ocorreria em relação a todas as normas legais e infralegais que preveem uma solução diversa da contemplada na Lei Geral de Licitações – como é o caso, por exemplo, da legislação do pregão e do RDC, agora "incorporadas" de certa forma pela Lei nº 14.133 – o que evidentemente seria um equívoco.

3.5.2.3 Requisitos de qualificação

O ato internacional ou as diretrizes do organismo internacional financiador podem prever requisitos de qualificação diversos dos contemplados na Lei nº 14.133. O simples fato de haver exigências diferentes não significa que haverá ofensa aos princípios básicos das licitações.

Contudo, a Administração, que é a responsável pela condução do certame, deve prever no ato convocatório os requisitos necessários a garantir a segurança na contratação, de modo a se assegurar de que o vencedor disponha das condições técnicas, econômicas e financeiras suficientes para a execução do contrato – sempre cuidando, evidentemente, para que as exigências não frustrem o caráter competitivo do certame.

---

[110] Acórdão nº 50/1996-Plenário, Rel. Min. Fernando Gonçalves, j. 17.04.1996. Constou da análise transcrita no acórdão o seguinte: "Repetimos que, admitida a hipótese de que a Empresa [...] não tenha apresentado uma DFL compatível com o exigido no Edital, a questão que se levanta é que, ao realizar as fases de habilitação e julgamento das propostas em uma única sessão por exigência do BIRD, aquela Administração tornou possível uma situação antes inviável, qual seja a de ter em julgamento uma proposta de menor preço que não atenda a todas as exigências da fase de habilitação".

Precedente anterior do TCU

8. É sobre o terceiro aspecto constitucional descrito sobre licitações, no inc. XXI, que pode repousar o direito subjetivo reclamado, relativo aos itens 3.1.1, 3.1.2, 3.1.3 e 3.1.4 desta instrução – que versam sobre as exigências mínimas de qualificação técnica e econômica. O dispositivo constitucional impõe que o processo licitatório 'somente permitirá as exigências de qualificação técnica e econômica indispensáveis à garantia das obrigações'. Em certo sentido, o comando está a criar um instituto, a saber, de exigências mínimas indispensáveis. A lei definiu essas exigências mínimas necessárias, porém suficientes, a garantir o cumprimento da obrigação. Essa tarefa é materializada no Capítulo II – Da Licitação, Seção II – Da Habilitação, arts. 27 a 33 da Lei de Licitações, Lei nº 8.666/93. 8.1. O que se questiona é se esses dispositivos da lei estão ou não protegidos pelo preceito constitucional, de tal forma que não se poderia prescindir a sua aplicação. Em outras palavras, se o conceito de exigências mínimas é absoluto. Ou, pelo outro lado, se as normas próprias do Banco Mundial neste particular atenderiam a imposição constitucional. Essa questão ganha relevo maior quando há uma substancial diferença entre os quesitos mínimos de um e outro procedimento, como resta comprovado no presente caso. As exigências do BIRD são muito mais rigorosas que a Lei pátria. 8.2. Entendemos a intenção do legislador em regulamentar o dispositivo, é de tal sorte que, devido a exigências rigorosas, não se frustre o caráter competitivo das licitações, i.e., que não se possa fazer exigências de tal ordem que somente algumas poucas empresas possam ser consideradas habilitadas. Conforme se apura da Ata da sessão de recepção dos envelopes contendo a documentação de pré-qualificação, 66 (sessenta e seis) empresas e 15 (quinze) consórcios acorreram à licitação apresentando a documentação de pré-qualificação. A princípio, tendo em vista o grande número de participantes, as exigências impostas não frustraram o caráter competitivo, estando o dispositivo em conformidade, dessa forma, com o preceito constitucional. Esse entendimento é ratificado pela quantidade de empresas e/ou consórcios considerados inabilitados. [...] Assim, acolho a instrução da unidade técnica e VOTO por que o Tribunal de Contas da União adote a DECISÃO que ora submeto ao Plenário. (TCU – Acórdão nº 169/2000-Plenário, Rel. Min. Walton Alencar, j. 22.03.2000, DOU, 07 abr. 2000)

Precedente do STJ

ADMINISTRATIVO. RECURSO ORDINÁRIO EM MANDADO DE SEGURANÇA. LICITAÇÃO INTERNACIONAL. PRINCÍPIO DA LEGALIDADE E DA ISONOMIA ENTRE OS CONCORRENTES. ART. 42, §5º DA LEI N. 8.666/1993. 1. Em se tratando de concorrência pública internacional com recursos provenientes de agência estrangeira, a legislação pátria admite a inserção de exigências diversas daquelas previstas na Lei Geral de Licitações. Dessa forma, não constitui ilegalidade nem fere o princípio da isonomia entre os concorrentes a necessidade de comprovação de requisitos de capacitação técnica e financeira estabelecidos por instituição internacional como condição para a aprovação do financiamento. Inteligência do art. 423, §5º, da Lei n. 8.666/1993. 2. Recurso ordinário não provido. (RMS 14579/MG – Min. Rel. João Otávio de Noronha – Segunda Turma – j. 20.09.2005)

Quando se trata, portanto, de licitação realizada com recursos provenientes de organismo internacional financiador, em tese são cabíveis exigências de qualificação diversas daquelas que são previstas na Lei nº 14.133, desde que prévia e tecnicamente fundamentadas. Para citar alguns exemplos, admite-se (desde que as exigências sejam fundamentadas e tenham pertinência com a complexidade do objeto licitado) que o edital do certame exija, quanto à qualificação econômico-financeira, que os licitantes apresentem (i) determinado capital de giro anual médio mínimo calculado em função do faturamento anual médio previsto para cada lote; (ii) faturamento médio anual mínimo calculado em função do valor de faturamento anual médio estimado da contratação; e (iii) critérios de capacidade financeira por um período de cinco anos, dentre outros. Em relação à qualificação técnica numa licitação com financiamento internacional, em tese o edital poderá exigir, por exemplo, que cada consorciado tenha experiência de participação como empreiteiro, subempreiteiro ou administrador de contratos em um determinado número mínimo de contratações num determinado período de tempo (por exemplo, nos últimos vinte anos). A admissão de exigências que em tese seriam vedadas numa licitação realizada integralmente com recursos nacionais deriva do fato de o §3º do artigo 1º da Lei nº 14.133 estabelecer que, para realização de contratações com financiamento internacional, poderão ser adotadas normas e procedimentos editados pelas entidades financiadoras, desde que não conflitem com os princípios constitucionais. Ainda que uma determinada exigência não esteja prevista na Lei nº 14.133, ela poderá ser feita numa licitação realizada com financiamento externo, desde que (i) prevista de modo a não ofender os princípios gerais das licitações, e (ii) não seja demasiadamente restritiva à luz da complexidade da contratação.

Precedentes anteriores do TCU

10. Peço vênias à Unidade Técnica por entender que assiste razão à Dersa para o caso em tela, uma vez que a Lei nº 8.666/1993 no alegado

dispositivo (art. 42, §5º), desde que não conflitem com o princípio do julgamento objetivo, prevê, de fato, que poderão ser admitidas na licitação as condições decorrentes de acordos, protocolos, convenções ou tratados internacionais aprovados pelo Congresso Nacional, bem como as normas e procedimentos daquelas entidades. Ademais, como mencionado, o BID informou que participou da confecção do Edital em tela, como adiante transcrito (item 16 deste Voto), fato que ratifica o posicionamento adotado pela Dersa.

[...]

13. Consoante documentação apresentada em meu Gabinete por representantes da Dersa, para o item "faturamento médio anual mínimo" o BID exigiria que fosse da ordem de "duas vezes o fluxo anual médio de faturamento estimado das Obras, podendo ser reduzido para até um mínimo de 1,5 vezes, para contratos de grande magnitude (> US$ 200 milhões)"

14. Ainda no que tange à capacidade econômico-financeira dos licitantes, a Dersa adotou como um dos parâmetros para avaliação dessa capacidade, a exigência de se ter "1,5 vezes o valor de faturamento anual médio estimado do lote" como critério de Faturamento Médio Anual Mínimo, sendo que, no caso de Consórcio, o líder deverá demonstrar um mínimo de 80% desse valor e os demais consorciados um mínimo de 60%.

15. De fato, trata-se de regra desenvolvida pela Dersa e, conforme Mensagem No. CBR-4047/11, de 14/12/11, expedida pelo BID, da qual transcrevo o seguinte trecho, fora ratificada pelo Banco: [...]

16. Como mencionei, entendo que uma vez havida a participação do BID na preparação do edital, ficam convalidados os atos praticados pela Dersa.

17. No que concerne à necessidade de se comprovar os critérios de capacidade financeira por um período de cinco anos, não nos parece descabida tal iniciativa, uma vez que, tradicionalmente o BID exige o período de cinco anos, podendo ser reduzido a um mínimo de três anos, sob circunstâncias especiais. Portanto, não estaria a restringir a competitividade do certame.

18. Para o caso brasileiro, em que pese nossa legislação fazer previsão de exigência para a qualificação econômico-financeira apenas para o último exercício social (art. 31, inciso I, Lei de Licitações), a complexidade da obra em análise requer uma garantia de capacidade financeira adicional, sem ferir os acordos multilaterais e as regras do Banco financiador, fato que deverá evitar acidentes de percurso ao longo da execução do empreendimento, muito comuns, infelizmente, em obras públicas em nosso País.

19. Importa lembrar que é comum depararmo-nos com inúmeras obras paralisadas por incúria e inépcia da Administração Pública, talvez por não exigir dos contratados a capacitação técnica e financeira adequadas para a realização de empreendimentos do porte do que ora se analisa.

20. A propósito, cumpre-me trazer à baila o que foi prolatado por meio do Acórdão nº 3239/2010-TCU-Plenário, desta Corte de Contas, no âmbito do TC 010.801/2009-9, que tratou de Pedido de Reexame interposto contra o Acórdão nº 1347/2010-TCU-Plenário, relativamente às Obras de Implantação do Sistema Adutor Alto Oeste no Rio Grande do Norte, financiada pelo BIRD, o qual, no subitem 9.4.3.3 destaca a necessidade de se observar as regras previstas nas normas do organismo financeiro multilateral.

21. Portanto, entendo razoáveis os requisitos solicitados para a participação em empreendimento de tão alta envergadura, que não pode falhar, especialmente porque estamos diante de obra fundamental para o escoamento da riqueza de nosso País, como também para atendimento a uma das maiores cidades do mundo, a qual está, como se sabe, sufocada pelo crescimento das últimas décadas. Além disso, outros eventos internacionais no Brasil estão a demandar celeridade na condução de grandes obras de infraestrutura.

[...]

30. Não obstante a análise acurada da Secob-2, há que se considerar a dimensão das obras do Trecho Norte do Rodoanel de São Paulo e o contexto no qual estão inseridas. Por ser obra que cortará uma região extremamente populosa, com diversos túneis e outras obras de arte de vulto e com interferências de toda sorte, optou a Dersa, com a anuência do BID, em selecionar licitantes com garantias técnicas que, certamente, proporcionarão a contratação de empresas de elevada capacidade técnico-profissional, técnico-operacional e, também, econômico-financeira, a fim de se atribuir celeridade na sua realização com elevada qualidade das obras e serviços a serem realizados.

31. Para o contexto no qual se inserem, as obras em tela devem ser consideradas especiais e de complexidade diferenciada, visto que serão realizadas em região densamente populosa, como já mencionado, e estarão a requerer capacidade gerencial elevada, mão de obra qualificada e capacidade operacional específica. Concluo, portanto, que para os critérios acima discutidos - 4.2 (a) e 4.2 (b) - não se afiguram, data vênia, irregularidades que possam macular o evento licitatório.

32. Outro critério adotado pela Dersa e questionado nesta oportunidade refere-se à vedação da soma de quantitativos de atestados de mais de um contrato para a comprovação de experiência específica em atividades essenciais de construção, conforme critério 4.2 (b) do Edital.

33. Esta exigência valeria tanto para empresas individuais quanto para consórcios e seria mais severa que a constante das diretrizes do BID, segundo alegações da Representante.

34. Embora a Secob-2 tenha entendido que são válidos os argumentos trazidos aos autos pela Representante, importa destacar, da mesma forma como já feito anteriormente, que, no contexto em que se inserem as obras, as exigências apresentadas no Edital não se configuram como

restritivas, mas apenas como garantia de qualidade, cumprimento de prazos e garantia de custos para o Administrador. (TCU – Acórdão nº 324/2012-Plenário, Processo TC 037.183/2011-7, Rel. Min. Raimundo Carreiro, j. 15.02.2012)

REPRESENTAÇÃO. LICITAÇÃO CUSTEADA COM RECURSOS FINANCIADOS POR INSTITUIÇÕES QUE COMPÕEM O GRUPO BANCO MUNDIAL. ENTENDIMENTO DO TCU. RESTRIÇÃO À COMPETITIVIDADE. FIXAÇÃO DE PRAZO PARA A ANULAÇÃO DO CERTAME.

1. De acordo com o art. 42, §5º, da Lei n. 8.666/1993, é possível a realização de processos licitatórios que obedeçam às condições previstas em contratos assinados com instituições financeiras multilaterais e, ainda, a adoção de procedimentos por elas exigidos.

2. Nada obstante, consoante a Decisão n. 1.640/2002 – Plenário, eventual contrato de empréstimo internacional não pode conter cláusulas conflitantes com a Constituição Federal, uma vez que os princípios constitucionais prevalecem em caso de divergência com as normas dos organismos de financiamento, sendo cabível, ainda, a aplicação subsidiária dos ditames da Lei n. 8.666/1993.

3. A exigência não justificada, do ponto de vista técnico-econômico, de experiência mínima de dez anos na prestação de serviços similar ao licitado consubstancia restrição ao caráter competitivo do certame.

4. Deve ser fixado prazo para a anulação de certame maculado do vício insanável da restrição à competitividade. (TCU – Acórdão nº 645/2014-Plenário, Processo TC 031.112/2013-7, Rel. Min. Substituto Marcos Bemquerer Costa, j. 19.3.2014)

3.5.2.4 Negociação de preços e outras condições da proposta

Algumas diretrizes editadas por organismos internacionais preveem de forma ampla a possibilidade de negociação dos termos das propostas. Assim, convém examinar se essa possibilidade é compatível com os princípios básicos das licitações.[111]

Inicialmente, é importante observar que a possibilidade de haver negociação entre o licitante vencedor e a Administração é contemplada pela legislação nacional há muito tempo.

---

[111] Sobre o tema, confira-se: HUPSEL, Edite Mesquita. Licitação nacional: realização do objeto com recursos provenientes de agências internacionais de cooperação: observância das normas de licitação do Banco Mundial: possibilidade de negociação com o licitante que ofertou o menor preço, na hipótese de rejeição de todas as propostas: obrigatoriedade, porém, da consulta prévia ao organismo financiador (parecer). *Informativo de Licitações e Contratos – ILC*, p. 714-717.

O artigo 46, §1º, inciso II, da Lei nº 8.666 previa essa possibilidade para as licitações do tipo melhor técnica. O licitante que apresentava a proposta de melhor técnica era convocado para reduzir o seu preço "tendo como referência o limite representado pela proposta de menor preço entre os licitantes que obtiverem a valorização mínima".

O artigo 4º, inciso XVII, da Lei nº 10.520, contemplava a negociação no âmbito do pregão, com o licitante que apresentou a proposta classificada em primeiro lugar.

O artigo 64, §2º, da Lei nº 8.666, previa a possibilidade de a Administração convocar os licitantes remanescentes, propondo-lhes a execução do contrato em igual prazo e nas mesmas condições propostas pelo primeiro classificado.

O artigo 26 da Lei nº 12.462 (que instituiu o RDC) estabelecia que a Administração poderia negociar condições mais vantajosas com o primeiro colocado.

Atualmente, a Lei nº 14.133 estabelece no artigo 61 a regra geral de que, definido o resultado do julgamento, a Administração poderá negociar condições mais vantajosas com o primeiro colocado.

Portanto, a possibilidade de haver negociação entre a Administração e os licitantes, por si só, não é incompatível com a legislação brasileira.[112] A negociação envolve necessariamente a possibilidade de modificação da proposta apresentada, com vistas a ampliar a vantajosidade da contratação. Mas tal modificação não necessariamente ofende os princípios da isonomia e da vinculação ao instrumento convocatório. Caso houvesse ofensa a esses princípios em toda e qualquer negociação, as hipóteses contempladas pela legislação seriam inconstitucionais.

A questão é que o modo como se dá a negociação deve ser compatível com os princípios básicos da licitação. Somente serão admissíveis as negociações que inquestionavelmente não resultem em ofensa à isonomia. Não é cabível proporcionar condições para o licitante que, se houvessem sido franqueadas aos demais, poderiam servir de base para a formulação de propostas mais vantajosas, e possivelmente gerariam um resultado diverso para o certame.

Definido que em tese é possível haver negociação entre a Administração e os licitantes, cabe examinar qual o seu conteúdo, ou seja, se ela pode envolver apenas o preço ou se pode versar sobre outras condições da proposta.

---

[112] Esse é o entendimento adotado também por Vera Monteiro (*Licitação na modalidade de pregão*, p. 178) e por Jorge Ulisses Jacoby Fernandes (*Sistema de registro de preços e pregão presencial e eletrônico*, p. 580).

Em princípio, a negociação de outras condições que não o preço pode ser compatível com os princípios básicos da licitação. Mesmo à luz da legislação que rege o pregão, parte da doutrina já entendia possível a negociação de outras condições da proposta. É o caso de Joel de Menezes Niebuhr. Segundo ele:

> O pregoeiro pode obter prazo de entrega mais reduzido, alargar o prazo de pagamento, conseguir bens com especificações mais avançadas, tudo justificadamente. Não há sentido em impedir o pregoeiro de obter condições mais vantajosas para a Administração Pública, desde que, insista-se, tudo seja devidamente motivado. A negociação pode abranger tanto o preço quanto outros aspectos da proposta, como prazo de entrega, prazo de pagamento, etc., tudo com arrimo no princípio da eficiência e visando ao atendimento pleno ao interesse público.[113]

No mesmo sentido, mas tratando do RDC, Rafael Valim sustenta que a negociação pode compreender "toda e qualquer vantagem oferecida à Administração Pública, desde que objetivamente aferível e não desnature o objeto licitado".[114]

Entretanto, há alguns riscos envolvidos na negociação.

Em primeiro lugar, pode não ser tão simples determinar se a proposta modificada é realmente mais vantajosa para o Poder Público ou não. Diferentemente do que ocorre com o preço, que pode ser comparado aritmeticamente, propostas de conteúdo diferente quanto a outras condições podem envolver alguma dificuldade de comparação.

Em segundo lugar, a alteração admitida na proposta deve observar os princípios da isonomia e da vinculação ao instrumento convocatório. Não será admissível estabelecer novas condições que foram vedadas pelo edital ou não foram permitidas aos demais interessados.

Em síntese, pode-se admitir em tese a existência de negociação entre a Administração e os licitantes nos certames que envolvam financiamento internacional, mas a negociação deve ser conduzida com cautela para que não ofenda os princípios básicos das licitações.

---

[113] *Pregão presencial e eletrônico*, p. 199.

[114] A negociação de condições mais vantajosas no Regime Diferenciado de Contratações Públicas (RDC). *In*: CAMMAROSANO; DAL POZZO; VALIM (Coord.). *Regime Diferenciado de Contratações Públicas – RDC (Lei nº 12.462/11)*: aspectos fundamentais, p. 133.

3.6 Outras regras da Lei nº 14.133 aplicáveis a licitações financiadas por organismos internacionais

A Lei nº 14.133 ainda contém outras regras específicas que devem ser observadas nas licitações realizadas com recursos de fonte estrangeira.

3.6.1 Foro competente para a resolução de controvérsias

As licitações internacionais financiadas com recursos de fontes estrangeiras apresentam uma peculiaridade no que diz respeito ao foro competente para a resolução de controvérsias entre o contratado e a Administração.

Em regra, nos contratos administrativos celebrados pela Administração, ainda que firmados com pessoas jurídicas domiciliadas no exterior, deve necessariamente haver cláusula declarando competente o foro da sede da Administração para dirimir qualquer questão contratual (artigo 92, §1º). Entretanto, tendo havido licitação internacional cujo pagamento seja feito com o produto de financiamento concedido por organismo financeiro internacional de que o Brasil faça parte ou por agência estrangeira de cooperação, não haverá obrigatoriedade de que o foro para a solução de controvérsias seja necessariamente o da Administração. Evidentemente, o foro pode até ser o da sede da Administração, mas isso não será obrigatório em tais certames, por força do disposto no inciso I do §1º do artigo 92 da Lei nº 14.133.

3.6.2 Penalidade aplicada por organismo internacional e impossibilidade de o licitante participar de novos certames

O §5º do artigo 14 da Lei nº 14.133 estabelece que, em licitações financiadas por agência oficial de cooperação estrangeira ou por organismo financeiro internacional, não poderá participar pessoa física ou jurídica "que integre o rol de pessoas sancionadas por essas entidades".

Portanto, havendo financiamento (ainda que parcial) de um organismo internacional, o interessado que estiver no rol de sancionados por essa entidade não poderá nem sequer participar da licitação.

A rigor, as próprias regras de licitação dos organismos internacionais costumam prever que não haverá financiamento de contratos que vierem a ser firmados por empresas que estejam suspensas por esses organismos. Rigorosamente, trata-se de uma opção dos organismos internacionais com vistas a assegurar a participação de licitantes efetivamente idôneos. Se o organismo internacional considera que um licitante não tem idoneidade para travar uma relação contratual com a Administração Pública, se essa condição já foi previamente estabelecida em uma sanção aplicada pelo organismo, e se essa sanção está em vigor, realmente é um direito da entidade não financiar a contratação.

A previsão do §5º do artigo 14 da Lei nº 14.133 não representa uma ofensa à soberania nacional. Não se trata de a Administração Pública brasileira curvar-se a um entendimento adotado (sem a sua participação) pelo organismo internacional. Na realidade, a previsão legal apenas confirma uma prática que já era observada antes, que era a do não financiamento de contratações estabelecidas com um licitante penalizado pelo organismo internacional financiador. Afinal, para que haja o financiamento, a identidade do contratado deverá ser aceitável não só para a Administração Pública brasileira, mas também para a entidade financiadora do projeto. Ao aderir à aplicação das regras editadas pelo organismo financiador, a Administração Pública brasileira normalmente já terá concordado com essa previsão.

A novidade agora é que a impossibilidade de participação de um licitante penalizado pelo organismo internacional financiador está prevista em lei. Assim, mesmo se não houver previsão idêntica no regulamento de licitações do organismo financiador, tal impossibilidade de participação deverá ser observada. O objetivo é claro: aumentar a confiabilidade das contratações públicas.

Por fim, sempre haverá a possibilidade de a Administração Pública brasileira realizar a mesma licitação, mas aplicando recursos integralmente nacionais. Nessa situação, a penalização pelo organismo financiador não será um obstáculo à sua contratação, mas haverá o emprego apenas de recursos nacionais, sem financiamento ou doação internacional.

3.7 A revogação e a anulação da licitação realizada com recursos internacionais

Outro assunto que merece algumas considerações diz respeito à revogação das licitações realizadas com financiamento internacional.

3.7.1 A possibilidade de revogação da licitação em virtude da perda do financiamento

Conforme já foi referido, o organismo internacional que tenha assumido o compromisso de financiar determinada contratação pode entender que a licitação não foi conduzida adequadamente e, assim, pode se recusar a conceder o financiamento. Essa situação poderá justificar a revogação do certame pela Administração em função da perda do financiamento.

Entretanto, a recusa do organismo internacional em conceder o financiamento não conduz necessariamente à revogação do certame. A Administração poderá empregar recursos de outras fontes (inclusive nacionais) para a contratação e, assim, dar sequência normal ao certame, mesmo que tenha perdido o financiamento internacional. A situação deverá ser examinada caso a caso.[115]

3.7.2 A questão do aproveitamento dos atos praticados

Outra questão que se põe é a seguinte: caso a Administração disponha de recursos próprios para a contratação e mantenha o interesse no certame, poderá dar prosseguimento a ele mesmo no caso em que se estava observando o procedimento imposto pelo organismo internacional que veio a recusar a concessão do financiamento?

A questão é relevante na medida em que, com a perda do financiamento, serão empregados recursos nacionais. Assim, em princípio, deveria ser observada a Lei nº 14.133, e não as regras editadas pelo organismo internacional.

A decisão acerca da possibilidade de se dar prosseguimento ao certame, sem a sua revogação (ou eventualmente anulação), depende da verificação de cada caso concreto.

Se a licitação vinha sendo processada de acordo com regras materialmente compatíveis com a Lei nº 14.133, poderá ser dado prosseguimento normal ao certame. O simples fato de serem aplicadas as normas de um organismo internacional não exclui a possibilidade de que se estivesse cumprindo também a Lei nº 14.133. Pode haver compatibilidade entre as regras.

---

[115] Em parecer sobre caso específico, Paolo Henrique Spilotros Costa chegou a opinar que a solução admissível era a revogação da licitação diante da recusa do BID em repassar os recursos, inclusive porque a arbitragem apresentaria dificuldades em razão da inexatidão das regras de julgamento [Licitações com financiamento pelo Banco Interamericano de Desenvolvimento (parecer). *Informativo de Licitações e Contratos – ILC*, p. 668-679].

Por outro lado, se a licitação tiver observado apenas as regras editadas pelo organismo internacional, a questão conduzirá a outros desdobramentos.

Se o certame não observou nem mesmo os princípios gerais que regem as licitações no Brasil, será inválido. Deveria ser invalidado até mesmo se o organismo internacional mantivesse o seu compromisso de financiar a contratação.

Já se, além das regras editadas pelo organismo internacional, foram observados também os princípios gerais da licitação, mas as regras aplicadas diferem das previstas na Lei nº 14.133, a questão é mais complexa. Nessa hipótese, por uma imposição dos princípios da razoabilidade e da proporcionalidade, os atos poderão ser aproveitados se não tiver havido a frustração da competitividade.

Em última análise, a questão é idêntica à da recusa do organismo internacional em conceder um financiamento retroativo, já examinada acima.

3.7.3 Necessidade de observância do contraditório prévio

Se a Administração entender que, com a perda do financiamento internacional, não há alternativa senão a revogação do certame, deverá instaurar o contraditório prévio, permitindo que todos os interessados se manifestem antes da tomada da decisão. Os licitantes podem, por exemplo, sustentar que não se trata de caso de revogação, e que a Administração dispõe de recursos de outras fontes, sendo possível o prosseguimento normal do certame.

A Administração deverá levar em conta os fundamentos expostos, ainda que seja para rejeitá-los. A decisão, seja qual for, deve ser fundamentada e admitirá a interposição de recurso administrativo.

3.7.4 Possibilidade de questionamento do ato praticado pelo organismo internacional

A Administração não é obrigada a aceitar a decisão do organismo internacional de não mais conceder o financiamento esperado. Poderá questionar diretamente o próprio organismo, bem como poderá instaurar um processo contencioso em face dele – uma arbitragem internacional, por exemplo, caso essa possibilidade tenha sido prevista no contrato de mútuo.[116]

[116] Há farta bibliografia sobre o tema da arbitragem envolvendo a Administração Pública. Por todos, confiram-se: PEREIRA; TALAMINI (Coord.) *Arbitragem e poder público*. São Paulo:

3.8 Figuras contratuais de utilização frequente em contratos com financiamento internacional

Os contratos administrativos decorrentes de licitações financiadas por organismos internacionais com certa frequência contêm mecanismos que não são muito usuais em contratações firmadas pela Administração Pública em geral – ao menos no Brasil. É natural que seja assim, considerando que as instituições financiadoras têm contato com formas contratuais variadas em todo o mundo e acabam identificando oportunidades para a utilização de figuras que geram bons resultados e que proporcionam maior segurança jurídica, inclusive ao próprio financiador.

Nesse contexto, as instituições financiadoras internacionais, com maior ênfase em grandes projetos, podem incentivar a utilização de certos mecanismos, inclusive condicionando, nos contratos de mútuo, a efetiva liberação de recursos à adoção de tais soluções.

Não é objeto desta obra aprofundar os aspectos contratuais, uma vez que o foco central do estudo está nas licitações internacionais. De todo modo, vale fazer menção a duas figuras contratuais, dada sua relevância prática e o fato de que são instrumentos já consagrados, mas ainda pouco utilizados nas contratações administrativas no Brasil: os *dispute boards* e os modelos contratuais FIDIC.

3.8.1 Os *dispute boards*

Os *dispute boards* são órgãos de governança contratual, característicos de contratos de construção de grandes infraestruturas ou de concessão, compostos em geral por três membros, escolhidos por suas *expertises*, por serem independentes e imparciais, com a função de prevenir e resolver disputas entre as partes do contrato.[117]

A ideia inicial de um *dispute board* é que exista um comitê de prevenção e resolução de disputas, comumente formado no início da relação contratual e com conhecimento adequado sobre o empreendimento concreto, com a possibilidade de emitir recomendações ou decisões qualificadas e com agilidade sempre que for acionado. Portanto, diferentemente do que ocorre na arbitragem e na mediação, o *dispute*

Saraiva, 2010; AMARAL. *Arbitragem e Administração Pública*: aspectos processuais, medidas de urgência e instrumentos de controle.

[117] CAMILO JUNIOR, Ruy Pereira; MARTINS, Geovane Mendes. *Dispute boards*. São Paulo: RT, 2024, p. 13.

board com frequência acompanha a evolução da relação contratual, evitando-se o tempo necessário à "curva de aprendizado" para emitir uma recomendação ou decisão.

Pode-se dizer que os objetivos centrais de um *dispute board* consistem em (i) resolver conflitos atinentes a contratos de execução continuada, como são os contratos de construção civil e de setores de infraestrutura; (ii) evitar intercorrências e prejuízos às partes ao longo da execução do contrato; e (iii) prevenir o acirramento de divergências e o desgaste natural da relação entre as partes quando surge algum conflito.

Tradicionalmente, afirma-se que o primeiro caso de um *dispute board* se deu no acompanhamento da obra do segundo furo do *Eisenhower Tunnel*, no Estado do Colorado, nos EUA, em 1975. Outros casos relevantes da mesma época foram os *dispute boards* relativos aos contratos do *Mount Baker Highway Tunnel* (Seattle, Washington) e do *Chambers Creek Tunnel* (Tacoma, Washington). Há ainda aqueles que apontam a construção do *Boundary Dam*, em Washington, na década de 1960, como sendo o primeiro caso de um *dispute board*.[118]

De todo modo, mais importante do que definir qual foi o primeiro caso de *dispute board* é a constatação de que houve uma disseminação de *dispute boards* em contratos públicos de grande porte e complexidade. Os *dispute boards* parecem vocacionados a contratos desse tipo, em que soluções rápidas e qualificadas são relevantes para evitar problemas maiores e permitir a continuidade adequada dos contratos.

Em relação a obras financiadas pelo Banco Mundial, a primeira experiência de utilização de um *dispute board* se deu na obra de construção da barragem e usina hidrelétrica *El Cajon*, em Honduras, em 1980. O resultado é que o *dispute board* foi bastante exitoso. Prova disso é que, após a conclusão da obra, não havia questões pendentes em âmbito arbitral nem judicial – situação pouco usual em empreendimentos complexos como aquele.[119]

Os *dispute boards* apresentam vantagens muito marcantes, como a rapidez na sua constituição e na emissão das decisões ou recomendações (com frequência tomadas por pessoas que acompanham a evolução da execução contratual), a qualidade técnica das decisões ou recomendações, o fato de que o *dispute board* é formado por pessoas escolhidas pelas partes, e a possibilidade de evitar a paralisação da

---

[118] Para um histórico dos *dispute boards*, confira-se: ROCHA NETO, Edson Francisco. *Dispute boards*: aspectos processuais. São Paulo: RT, 2024, p. 36-48.

[119] ROCHA NETO, Edson Francisco. *Dispute boards*: aspectos processuais, p. 41.

execução do contrato e o agravamento de impasses contratuais que muitas vezes impedem a continuidade do empreendimento e ainda elevam os custos para todas as partes (sem falar nos custos sociais e de outras naturezas).[120]

Muito embora a ideia dos *dispute boards* seja a de um acompanhamento da evolução contratual de modo a permitir soluções rápidas, há uma variedade de possíveis formatações desse instrumento em cada caso concreto. A flexibilidade e a consensualidade são características fundamentais dos *dispute boards*, uma vez que as partes possuem liberdade para definir como funcionarão os comitês.

Quanto ao momento de formação, há os *Standing Dispute Boards*, que são contemporâneos à formação do contrato e vigentes ao longo da execução contratual, e os *Dispute Boards "ad hoc"*, que são instituídos apenas quando surge uma controvérsia específica, geralmente se extinguindo após o término dos trabalhos para os quais foram formados.

Quanto ao grau de vinculação, há os *Dispute Review Boards (DRB)*, que aconselham as partes com recomendações sobre como resolver da melhor forma a controvérsia instaurada, os *Dispute Adjudication Boards (DAB)*, que desempenham função decisória, de modo que a solução é impositiva para as partes (embora possa ser questionada em uma arbitragem, por exemplo), e os *Combined Dispute Boards (CDB)*, que podem emitir recomendações não vinculantes ou proferir decisões vinculativas às partes, dependendo do que for requerido e acertado entre elas.

Quanto ao número de membros, normalmente os *dispute boards* possuem três integrantes, mas é possível que haja apenas um, por exemplo – situação em que se tratará mais propriamente de um *Dispute Review Expert*, e não de um comitê.

Portanto, há uma variedade de configurações possíveis dos *dispute boards* dentro do que é assegurado pela autonomia das partes.

No Brasil, já houve diversos casos de *dispute boards* em contratos administrativos, tanto de obras quanto de concessões e PPPs.[121] Dentre eles, destaca-se pela sua importância a expansão da Linha 4 do Metrô de São Paulo, que foi uma contratação financiada pelo Banco Mundial. No primeiro *Loan Agreement* do Banco Mundial com o Estado de São Paulo, houve a previsão de um *dispute board* que emitiria recomendações

---

[120] WALD, Arnoldo. A arbitragem contratual e os *dispute boards*. *Revista de Arbitragem e Mediação*. São Paulo, v. 2, n. 6, p. 9-24, jul./set. 2005, p. 14.

[121] Dentre tantos outros, podem ser citados como exemplos os contratos da PPP do Complexo Criminal de Ribeirão das Neves, em Belo Horizonte, o da PPP da Rodovia MG-050 e os contratos do trecho norte do Rodoanel de São Paulo.

quando acionado pelas partes. Na fase 1 do projeto, foi constituído um *dispute board* com três membros cerca de dez meses depois da assinatura do contrato principal. Posteriormente, em outro contrato, que tratava da fase 2 do projeto, foi constituído um comitê adjudicatório. Segundo se aponta, dezesseis conflitos foram submetidos aos *dispute boards*, e nenhuma recomendação ou decisão foi revertida em arbitragem ou perante o Judiciário.[122]

O Judiciário, aliás, tem reconhecido a relevância dos *dispute boards*. O STJ já afirmou ser "absolutamente possível que as partes (...) ajustem, no próprio contrato, a delegação da solução de tais conflitos a um terceiro ou a um comitê criado para tal escopo e, também com esteio no princípio da autonomia de vontades, disponham sobre o caráter de tal decisão, se meramente consultiva; se destinada a resolver a contenda imediatamente, sem prejuízo de a questão ser levada posteriormente à arbitragem ou à Justiça Pública, ou se vinculativa e definitiva.[123] O TJSP já decidiu que "A interferência judicial deve dar-se com moderação e em casos que fujam à normalidade, para que a resolução amigável não se torne uma fase sem sentido ou eficácia ou que a vinda a juízo não represente mais que inconformismo com uma decisão fundamentada e, ao seu modo, correta".[124]

Por se tratar de um mecanismo mundialmente consagrado de prevenção e resolução de disputas, é esperado que os *dispute boards* sejam utilizados em contratos decorrentes de financiamentos internacionais. Os organismos financiadores acabam difundindo a sua utilização, cientes dos seus bons resultados. Além disso, a legislação brasileira de licitações e contratações administrativas contempla os comitês de prevenção e resolução de disputas com especial ênfase no artigo 151 da Lei nº 14.133.[125]

Especificamente em relação ao Banco Mundial, a utilização dos *dispute boards* já é tradicional. Em 1995, a instituição já previa nas suas regras de licitações a possibilidade de resolução de controvérsias por meio de *dispute boards* – que se tornaram obrigatórios para contratos acima de US$ 50 milhões. No Anexo IX da quarta edição do *Procurement in Investment Project Financing*, intitulado *Contract Conditions in*

[122] ROCHA NETO, Edson Francisco. *Dispute boards*: aspectos processuais, p. 43-45.

[123] STJ – Resp 1.569.422/RJ, Rel. Min. Marco Aurélio Bellizze, 3ª T., DJe 20.5.2016.

[124] TJSP – AI 1096127-39.2018/8.26.0000, Rel. Des. Torres de Carvalho, j. 30.7.2018.

[125] O artigo 151 da Lei 14.133 estabelece o seguinte: "Nas contratações regidas por esta Lei, poderão ser utilizados meios alternativos de prevenção e resolução de controvérsias, notadamente a conciliação, a mediação, o comitê de resolução de disputas e a arbitragem".

International Competitive Procurement, há a previsão de que todos os contratos devem prever mecanismos apropriados de resolução de conflitos – dos quais são exemplos os *Dispute Review Boards*. As regras atuais não estabelecem uma obrigatoriedade da adoção dos *dispute boards*, mas o Banco pode exigir a sua adoção em cada caso específico.

3.8.2 Os modelos contratuais FIDIC

Merecem menção também os chamados modelos contratuais FIDIC.

A FIDIC (*Fédération Internationale des Ingénieurs-Conseils*) é uma federação global que foi constituída em 22 de julho de 1913. Ela surgiu como resultado da reunião de vários engenheiros consultores independentes, ocorrida na *World Fair Exhibitions*, em 1913. Atualmente, a FIDIC tem sua sede na Suíça e agrega bancos de investimento e profissionais de engenharia e construção.

Uma das funções da FIDIC é a edição de orientações e modelos contratuais, que são adotados em diversos lugares ao redor do mundo justamente pela sua qualidade. Em 1957, a FIDIC publicou seu primeiro modelo contratual, e outros se seguiram. A qualidade desses modelos fez com que a organização ficasse conhecida pela qualidade dos contratos.

Os modelos contratuais FIDIC são publicados em formato de livro e envolvem diversas variedades de contratos, que se distinguem, dentre outros fatores, pelas diferenças de alocação de riscos entre as partes.

O *Red Book* trata dos contratos de construção e de trabalhos de engenharia. O *Yellow Book* cuida dos contratos de construção e trabalhos de engenharia em que o projeto é elaborado pelo contratante. O *Silver Book* dispõe sobre os contratos *EPC Turnkey*. O *White Book* trata de modelos de contratos de serviços. O *Gold Book* dispõe sobre projetos de *Design-Build-Operate*. O *Green Book* contém a forma abreviada de contrato, que é recomendada para trabalhos de construção e engenharia normalmente de menor valor. O *Emerald Book* trata de contratos que envolvem obras subterrâneas. Por fim, o *Blue-Green Book* trata de contratos de obras de dragagem e recuperação.

Em 2023, a FIDIC renovou e expandiu o seu acordo com o Banco Mundial no sentido de que a instituição utilize nove modelos contratuais FIDIC pelos próximos cinco anos: *Red Book, Yellow Book, Silver Book, White Book, Gold Book, Green Book* (primeira e segunda edições),

Emerald Book e o *Blue-Green Book*. Esses modelos podem ser utilizados como parte dos documentos padrão de licitações que contam com financiamento do Banco Mundial.

A utilização dos modelos contratuais FIDIC propicia alguns benefícios, tais como a economia de tempo com transações repetitivas, a redução da litigiosidade por meio do uso frequente de modelos já consagrados e bem compreendidos, maior facilidade de sua utilização em contratos internacionais e a inclusão das melhores práticas do setor.

É plenamente possível que um contrato administrativo que conte com financiamento do Banco Mundial incorpore os modelos contratuais FIDIC. Em princípio, eles não contêm nenhuma contradição insuperável com o regime jurídico administrativo. Considerando a renovação do acordo entre o Banco Mundial e a FIDIC, é bem plausível que esses modelos passem a ser mais utilizados.

CAPÍTULO 4

A ATUAÇÃO DO ENTE FINANCIADOR E AS QUESTÕES PROCESSUAIS SUBJACENTES

4.1 Ressalva prévia

O presente capítulo, na verdade, é uma complementação do anterior. Ainda serão objeto de estudo as licitações financiadas por organismos internacionais. Entretanto, será tratado um aspecto específico desses certames, que diz respeito às questões processuais subjacentes.

A existência de financiamento internacional conduz a algumas peculiaridades no que se refere a possíveis discussões judiciais. Isso porque o ente internacional pratica atos em nome próprio ao longo do certame, o que pode conduzir à sua legitimidade para responder por atos praticados. Assim, sua presença em ações judiciais gera algumas derivações de ordem processual, que merecem ser mais bem estudadas.

4.2 A atuação do organismo internacional financiador

Para iniciar o exame do tema, é necessário tecer algumas considerações gerais acerca da participação do organismo internacional financiador nas licitações.

O organismo internacional financiador de uma contratação pública normalmente tem uma participação bastante ativa, seja no procedimento licitatório, seja no acompanhamento da execução do contrato administrativo. Ele não se limita a emprestar recursos à Administração Pública nacional ou a cobrar o cumprimento das cláusulas do contrato de mútuo. Para além disso, o organismo internacional, via de regra, pratica uma série de atos concretos ao longo do certame.

4.2.1 Aprovação dos termos do instrumento convocatório

Os organismos internacionais financiadores costumam participar ativamente do processo de elaboração do instrumento convocatório.

Ainda que a elaboração propriamente dita das minutas dos editais fique a cargo da Administração Pública nacional, os organismos financiadores costumam condicionar a concessão do empréstimo à aprovação dos termos do instrumento convocatório, exigindo que sejam observadas as normas e as minutas previstas nas diretrizes de contratação do órgão.

Ao atuar dessa forma, os organismos internacionais verificam se o instrumento convocatório realmente atende às regras por eles editadas. Caso entendam que houve alguma violação, fazem recomendações à Administração Pública. Se as recomendações não forem atendidas, o organismo internacional normalmente se recusa a conceder o financiamento.

Por decorrência direta disso, as decisões da Administração acerca de eventuais impugnações ao instrumento convocatório normalmente são examinadas pelo organismo financiador. Se ele entender que alguma alteração no edital contraria suas normas de contratação, poderá se recusar a conceder o financiamento.

4.2.2 O exame de ofício dos atos praticados ("não objeções")

Os organismos internacionais financiadores com frequência se reservam ao direito de examinar os atos praticados ao longo do certame. Para tanto, exigem que a Administração Pública mutuária, em diversos momentos, notifique-o formalmente acerca dos atos praticados, por meio de relatórios discriminados e fundamentados.

Se o organismo financiador concordar com o ato praticado pelo mutuário (por exemplo, com o exame das propostas apresentadas), emitirá a sua "não objeção". Com isso, a Administração dará normal prosseguimento ao certame. Já se o ente internacional discordar da decisão tomada, informará a Administração acerca do seu entendimento, eventualmente solicitando informações adicionais e esclarecimentos. Caso haja um impasse entre a Administração e o organismo financiador, este normalmente se recusará a conceder o financiamento.

4.2.3 Decisão de reclamações e protestos

As regras editadas pelos organismos financiadores normalmente preveem a possibilidade de os licitantes formularem protestos e reclamações diretamente a eles. Isso ocorre, por exemplo, nos casos em que os licitantes pretendem reclamar contra atos ou omissões da própria Administração Pública mutuária. É comum a possibilidade de formular reclamações diretamente ao organismo financiador também para denunciar eventuais ilícitos cometidos pela Administração ou por outros licitantes.

O organismo financiador dá o devido processamento às comunicações que lhe são apresentadas, inclusive ouvindo eventuais interessados. Ao final, proferirá decisão acerca da questão. A decisão proferida poderá ser decisiva para o prosseguimento do certame e para a concessão do financiamento. É possível que o organismo internacional entenda que houve alguma irregularidade insanável, e assim se recuse a conceder o financiamento.[126]

4.2.4 Fiscalização da aplicação dos recursos

Ao longo da execução do contrato, os organismos internacionais financiadores costumam fiscalizar a aplicação dos recursos objeto da doação ou financiamento. Normalmente, as regras de contratação por eles editadas preveem a possibilidade de solicitar documentos e informações do contratado e da própria Administração Pública, a fim de verificar se os recursos estão tendo a destinação adequada.

Verificando alguma irregularidade, o organismo internacional normalmente reserva para si o direito de suspender o financiamento. É comum também que declare a extinção da operação, vencendo-se antecipadamente os encargos e os juros devidos pela Administração.

4.2.5 Legitimidade processual dos entes financiadores

Como se verifica do exposto até aqui, os organismos internacionais, ainda que não realizem propriamente a condução das licitações, costumam ter uma significativa ingerência sobre o desenrolar dos procedimentos licitatórios em que são financiadores. Sua atuação,

[126] As diretrizes para a realização de licitações com financiamento do BID e do BIRD preveem um regramento específico sobre a apresentação de protestos e reclamações a esses organismos. Tais regras serão examinadas em capítulo específico.

evidentemente, poderá afetar a esfera jurídica dos licitantes. Disso deriva a sua legitimidade processual para figurar no polo passivo de ações judiciais eventualmente propostas por licitantes que se sintam prejudicados por atos praticados pelo financiador.

Um exemplo esclarece o que aqui se afirma. Suponha-se que determinado licitante foi considerado pela Administração como técnica e economicamente qualificado para a execução do objeto licitado. Ao receber o relatório de análise da documentação, contudo, o órgão financiador discorda do entendimento adotado e se recusa a financiar o projeto caso o licitante em questão venha a ser contratado. Tal entendimento faz com que a Administração reveja seu posicionamento e acabe por inabilitar o concorrente. Nesse caso, se o licitante pretender questionar a legalidade dos atos praticados, poderá demandar em juízo não apenas o ente público envolvido, como também o próprio organismo financiador.

É evidente que a legitimidade passiva do organismo internacional financiador deve ser examinada em cada caso concreto. É este o entendimento do STJ.

Precedentes anteriores do STJ

A complexidade das questões relativas à presença de entes estrangeiros em lides desse jaez impede que se façam generalizações para outros casos aparentemente símiles. Cada situação específica deverá ser apreciada conforme o teor da decisão de primeiro grau e o tipo de vínculo jurídico que envolva as partes. Não é o simples fato da participação de um ente estrangeiro que atrairá a competência prevista no art. 109, inciso II, CF/1988. (STJ – Agravo de instrumento nº 1.003.394/CE, 2ª T., Rel. Min. Humberto Martins, j. 02.10.2008, DJe, 29 out. 2008)

3. Sendo a competência cível da Justiça Federal definida ratione personae, consoante o art. 109, I, da Constituição Federal, a questão em exame está em definir se a presença do BID é, ou não, necessária no polo passivo da ação ordinária proposta pela empresa [...].

4. Não havendo exigência legal, a determinação da presença do BID na lide dependerá, necessariamente, da análise da natureza jurídica da relação em litígio (autor-réus), que na hipótese dos autos diz da participação/desclassificação da empresa licitante no certame.

5. Se é certo que, nos termos da "Política para aquisição de bens e contratação de obras financiadas pelo BID", Norma GN-2349-7, "o Banco revisa os procedimentos de aquisição, documentos, avaliações de propostas, recomendações de adjudicação e contratos, a fim de assegurar-se de que o processo de licitação seja efetuado de acordo

com os procedimentos acordados", não menos certo que as condições impostas pelo BID a todos os eventuais contratantes, e no caso concreto ao Estado do Ceará, para a lavratura do empréstimo, não interferiram na desclassificação da proposta do consórcio [...] do processo licitatório (LIL 01/2009/SEFAZ) por "desconformidade com o edital".

6. Não há sequer indícios de que tenha o BID interferido na decisão técnica da Comissão de licitação.

7. Nesse diapasão, forçoso inferir que, in casu, a relação jurídica de direito material demandada em juízo, envolvendo a empresa [...] em face do Estado do Ceará e do BID, não possui natureza incindível a justificar a presença do organismo internacional financiador no polo passivo da lide como litisconsorte necessário; ao contrário, distintas são as relações da empresa licitante com o Estado do Ceará (processo licitatório) e deste com o BID (contrato de financiamento).

8. Segundo LUIZ GUILHERME MARINONI: "a existência de um feixe de relações jurídicas, ainda que entrelaçadas, não dá lugar a formação de litisconsórcio necessário unitário".

9. Excluída a participação do organismo internacional da lide, resta fixada a competência da Justiça Estadual para o processamento e julgamento da ação ordinária.

10. Agravo de instrumento não provido. Decisão da tutela antecipada revogada. Agravo regimental prejudicado. (STJ – Agravo de Instrumento nº 1.371.230/CE, 1ª Turma, Rel. Min. Arnaldo Esteves Lima, j. 15.03.2011, DJe 21.03.2011)

1. É cabível impetração contra ato de organismo internacional - Banco Interamericano de Desenvolvimento -, por força do art. 105, II, 'c', da Constituição Federal que "[...] é caso raríssimo, em que o STJ funciona como tribunal de apelação em face de atos praticados por juízos de primeiro grau", como leciona Otavio Luiz Rodrigues Jr. (In: Paulo Bonavides, Jorge Miranda e Walber de Moura Agra. Comentários à Constituição Federal de 1988. Rio de Janeiro: GEN/Forense, 2009, p. 1416). [...] (STJ – Recurso Ordinário nº 139/CE, 2ª Turma, Rel. Min. Humberto Martins, j. 14.05.2013, DJe 24.05.2013)

PROCESSUAL CIVIL. AGRAVO DE INSTRUMENTO INTERPOSTO DE DECISÃO INTERLOCUTÓRIA PROFERIDA POR JUIZ FEDERAL. ART. 539, II, ALÍNEA "B", PARÁGRAFO ÚNICO, DO CPC. COMPETÊNCIA RECURSAL DO STJ. LICITAÇÃO. DISTRITO FEDERAL. PROJETO BR- 1.1018: "PROJETO DE MELHORIA DO TRANSPORTE PÚBLICO DO DISTRITO FEDERAL". FINANCIAMENTO PELO BANCO INTERAMERICANO DE DESENVOLVIMENTO - BID. ILEGITIMIDADE. INEXISTÊNCIA DE INTERFERÊNCIA NO CERTAME. COMPETÊNCIA DA JUSTIÇA DISTRITAL.

[...]

5. Pela leitura dos autos, assim como concluiu o Juízo de origem, não se verifica o poder de gerência do BID na condução do certame ou

> nas decisões administrativas tomada pela Comissão de Licitação, não podendo chegar a conclusão, na presente fase processual, que o BID poderia interferir diretamente ou por intermédio de um escritório de advocacia na decisão técnica da Comissão de Licitação, uma vez que este apenas concedeu o financiamento, verificando a regular aplicação dos recursos por ele financiados, decorrente da própria atividade financeira.
>
> 6. A relação jurídica em questão não justifica a presença do organismo financiador, sendo as relações jurídicas distintas da ora agravante com o Distrito Federal (processo licitatório) e deste com o BID (contrato de financiamento).
>
> 7. A relação do BID com o ente estatal rege-se unicamente pelo contrato de empréstimo entre eles firmado, onde qualquer problema na licitação será resolvido pelo Distrito Federal, sem que isso repercuta na relação estabelecida entre o BID e aquele ente federativo, uma vez que não há qualquer liame jurídico estabelecido entre o BID e os licitantes.
>
> 8. Assim, como a pretensão autoral visa anular os atos praticados pela Comissão de Licitação na condução do certame, não se vislumbra qualquer ato de gerência do BID no processo licitatório, sendo parte ilegítima para ocupar o polo passivo da presente demanda.
>
> 9. Agravo de instrumento não provido.
>
> (STJ – Agravo de Instrumento nº 1.432.601/DF, 2ª Turma, Rel. Min. Mauro Campbell Marques, j. 18.03.2014, DJe 21.03.2014)

Entretanto, em muitas situações, será imprescindível a participação do ente financiador em eventual processo judicial, até mesmo para que a decisão proferida possa gerar efeitos em face dele.

Nem se diga que a concessão do financiamento constituiria mera faculdade do organismo financiador e que, por isso, ele não poderia ser obrigado a financiar determinado projeto. Se o organismo financiador condiciona a concessão do financiamento à observância das regras por ele editadas, surge o dever de concessão desse financiamento se a licitação efetivamente observar tais normas. As regras da licitação vinculam não só a Administração e os licitantes, mas também o organismo financiador. Se elas foram observadas, o ente internacional deve honrar o compromisso assumido. Eventual alegação de descumprimento das normas quando elas foram efetivamente cumpridas poderá constituir mero subterfúgio, incompatível com os termos do contrato de mútuo.

Portanto, ainda que não haja uma relação contratual entre o organismo internacional e os licitantes, estes podem questionar em juízo a atuação do ente financiador. O STJ inclusive já definiu que o organismo internacional não pode alegar imunidade de jurisdição.

Precedente anterior do STJ

> 2. Demanda que envolve procedimento de concorrência pública realizado em razão de projeto de cooperação técnica entre o PROGRAMA DAS NAÇÕES UNIDAS PARA O DESENVOLVIMENTO – PNUD, integrante da ORGANIZAÇÃO DAS NAÇÕES UNIDAS – ONU.
> 3. Afastada a argumentação de imunidade de jurisdição e de execução, prevista nas Seções 2 e 3 da Convenção de Londres de 1946, por não envolver o litígio discussão em torno dos bens e haveres da agravante ou sequer a possibilidade de resultar para estes bens e haveres de propriedade da ONU violação, confisco, expropriação ou coação executiva por parte da autoridade judiciária deste País.
> 4. Tratando-se de recursos provenientes de contrapartida estadual e de empréstimo pelo qual se compromete também o Estado do Paraná a restituir ao BID, em prazo determinado, mediante pagamento de juros, conclui-se que, senão em seu todo, a maior parte dos recursos é de responsabilidade do Estado Brasileiro, não havendo como negar aplicação dos princípios insertos no art. 37 da Carta Política de 1988 relativos à atuação da Administração Pública, ou tampouco de algumas das regras constantes da Lei de Licitações, Lei nº 8.666/93.
> 5. Efeito suspensivo e mérito do agravo de instrumento julgados simultaneamente e improvidos (STJ – Ag. nº 627.913/DF, 2a T., Rel. Min. Eliana Calmon, j. 07.10.2004, DJ, 07 mar. 2005)

O organismo internacional também tem legitimidade processual para responder a eventuais questionamentos formulados pela Administração. Nesse caso, tal legitimidade é ainda mais evidente, dado existir uma relação contratual (contrato de mútuo) entre o ente público e a instituição financiadora do certame. Contudo, normalmente os litígios surgidos entre a Administração Pública mutuária e o organismo internacional financiador serão resolvidos por meio de arbitragem internacional. Isso porque os contratos de mútuo costumam conter cláusula compromissória de resolução de controvérsias por meio de arbitragem.

4.3 Questões processuais peculiares às licitações financiadas por organismos internacionais

Definido que pode estar configurada a legitimidade do organismo internacional financiador para responder em juízo perante certos atos ocorridos ao longo do certame, cabe examinar as peculiaridades de ordem processual que tais situações apresentam.

4.3.1 A competência da Justiça Federal

Sempre que o organismo internacional financiador integrar a relação processual, a competência para o julgamento do feito caberá à Justiça Federal. Aplica-se nesses casos o artigo 109, inciso II, da Constituição Federal, que atribui à Justiça Federal o processamento e julgamento de "causas entre Estado estrangeiro ou organismo internacional e Município ou pessoa domiciliada ou residente no País".

No caso de uma ação judicial proposta por licitante em face da Administração mutuária e do organismo internacional financiador, aplica-se com perfeição o artigo 109, inciso II, da Constituição Federal. Em um dos polos da relação processual figurará o organismo internacional. No outro polo, a pessoa domiciliada no Brasil, que é justamente o licitante que propôs a demanda.

Portanto, reconhecida a legitimidade passiva do organismo internacional em ação judicial que diga respeito à licitação por ele financiada, a competência para julgamento da demanda será da Justiça Federal.

4.3.2 A competência recursal do Superior Tribunal de Justiça como órgão de segundo grau de jurisdição

Outra peculiaridade relativa às ações judiciais que envolvem os organismos internacionais que financiam uma licitação diz respeito à competência recursal.

Como se sabe, a regra geral é que, em face de decisões proferidas por juízes federais singulares, cabe recurso ao Tribunal Regional Federal da região correspondente. Entretanto, a presença de um organismo internacional financiador altera essa sistemática. Nos casos em que um organismo internacional integra a relação processual, a competência para o julgamento de recursos interpostos contra decisões do juízo federal singular será do Superior Tribunal de Justiça. Trata-se de situação contemplada no artigo 105, inciso II, alínea "c", da Constituição Federal, que estabelece a competência do STJ para o julgamento de recurso ordinário interposto nas "causas em que forem partes Estado estrangeiro ou organismo internacional, de um lado, e, de outro, Município ou pessoa residente ou domiciliada no País".

No mesmo sentido é a previsão contida no artigo 1.027, inciso II, alínea "b", do Código de Processo Civil, que estabelece a competência do STJ para o julgamento de recurso ordinário interposto nos "processos em que forem partes, de um lado, Estado estrangeiro ou organismo internacional e, de outro, Município ou pessoa residente ou domiciliada no País".

Assim, por exemplo, em um mandado de segurança no qual o organismo internacional seja litisconsorte passivo necessário, o recurso cabível em face da sentença proferida pelo juiz federal singular deverá ser processado e julgado pelo STJ.

Evidentemente, as mesmas regras que atribuem ao STJ o julgamento dos recursos ordinários são aplicáveis também aos recursos de agravo. Incide o princípio geral de que é competente para o julgamento do agravo o tribunal ao qual compete o julgamento da apelação ou recurso ordinário. Justamente por isso, o §1º do artigo 1.027 do CPC estabelece o seguinte: "Nos processos referidos no inciso II, alínea "b", contra as decisões interlocutórias caberá agravo de instrumento dirigido ao Superior Tribunal de Justiça, nas hipóteses do art. 1.015".

A competência do STJ para o julgamento dos recursos ordinários e agravos de instrumento está prevista com ainda maior clareza nos artigos 36 e 37 da Lei nº 8.038, que têm a seguinte redação:

> Art. 36. Nas causas em que forem partes, de um lado, Estado estrangeiro ou organismo internacional e, de outro, município ou pessoa domiciliada ou residente no País, caberá:
>
> I – apelação da sentença;
>
> II – agravo de instrumento, das decisões interlocutórias.
>
> Art. 37. Os recursos mencionados no artigo anterior serão interpostos para o Superior Tribunal de Justiça, aplicando-se-lhes, quanto aos requisitos de admissibilidade e ao procedimento, o disposto no Código de Processo Civil.

Portanto, compete ao STJ o julgamento de recursos ordinários e de agravos interpostos em face de decisões proferidas por juiz federal singular nas ações que tenham como parte o organismo internacional financiador da licitação. Nesses casos, o STJ desempenha o papel de órgão de segundo grau de jurisdição.

A atuação do STJ como órgão de segundo grau de jurisdição é explicada por Manoel Caetano Ferreira Filho nos seguintes termos:

> As "causas em que forem partes, de um lado, Estado estrangeiro ou organismo internacional e, do outro, Município ou pessoa residente ou domiciliada no País" (art. 539, II, b, deste Código) são de competência, em primeiro grau de jurisdição, dos juízes federais (art. 109, II, da Constituição Federal). Nestas causas o Superior Tribunal de Justiça faz as vezes de órgão de segundo grau de jurisdição, tendo competência

para julgar não só o recurso interposto da sentença (ordinário), como também o recurso interposto das decisões interlocutórias (agravo). O agravo expressamente aqui previsto é o mesmo disciplinado nos arts. 522 a 529 deste Código. A única diferença é que, das decisões interlocutórias proferidas em todas as demais causas de competência dos juízes federais, o agravo (de instrumento ou retido) é julgado pelo Tribunal Regional Federal competente, enquanto no caso em apreço o seu julgamento se dá diretamente pelo Superior Tribunal de Justiça.[127]

A mesma orientação é defendida por Nelson Nery Junior e Rosa Maria de Andrade Nery,[128] bem como por Nelson Luiz Pinto.[129]

Note-se que o STJ será o competente inclusive para decidir sobre a legitimidade passiva do organismo internacional financiador, caso surja discussão quanto a isso em primeiro grau de jurisdição.

Esse entendimento já consolidado pelo STJ.

Precedentes anteriores do STJ

2. DO CABIMENTO DO AGRAVO COM FUNDAMENTO NO ART. 105, INCISO II, ALÍNEA "A", CF/1988. "Compete ao STJ o exame do agravo de instrumento interposto contra decisão interlocutória proferida por Juiz Federal de primeira instância em ação movida por pessoa jurídica domiciliada no país contra organismo internacional, com fulcro nos arts. 105, II, 'c', da CF/88; art. 539, parágrafo único, do CPC e art. 13, III, do RISTJ". (Ag 627.913/DF, Rel. Min. Eliana Calmon, Segunda Turma, DJ 7.3.2005)

2.1. A norma constitucional comete ao STJ a competência em razão da presença alternativa, em polos opostos, de organismo internacional e pessoa (jurídica) domiciliada no País. Nestes autos, encontram-se antagonicamente o BID, pessoa jurídica de direito externo; e a agravante, pessoa jurídica domiciliada no Brasil.

2.2. A Lei n. 8.038, de 28 de maio de 1990, arts. 36-37, filtra o art. 109, inciso II, alínea "c", CF/1988, conferindo-lhe a necessária densidade para alcançar o agravo de instrumento com a finalidade ora almejada. (STJ – Agravo de Instrumento nº 1.003.394/CE, 2ª Turma, Rel. Min. Humberto Martins, j. 02.10.2008, DJe, 29 out. 2008)

1. É cabível a interposição de agravo de instrumento perante o Superior Tribunal de Justiça, impugnando decisão interlocutória em causa cujas partes são organismo internacional - Banco Interamericano de Desenvolvimento (BID), na condição de litisconsorte passivo necessário

---

127 *Comentários ao Código de Processo Civil*, v. 7, p. 338.

128 *CPC comentado e legislação extravagante*, p. 932.

129 PINTO. *In*: MARCATO (Coord.). *Código de Processo Civil interpretado*, p. 1604.

- e pessoa jurídica de direito privado domiciliada no país - EBCO SYSTEMS LTDA -, em conformidade com o disposto nos arts. 105, II, c, da CF/88, 539, II, b e parágrafo único, do CPC e 36 e 37 da Lei 8.038/90. Precedentes do STJ. (STJ – Agravo de Instrumento nº 1.371.230/CE, 1ª Turma, Rel. Min. Arnaldo Esteves Lima, j. 15.03.2011, DJe 21.03.2011)

PROCESSUAL CIVIL. AGRAVO DE INSTRUMENTO INTERPOSTO DE DECISÃO INTERLOCUTÓRIA PROFERIDA POR JUIZ FEDERAL. ART. 539, II, ALÍNEA "B", PARÁGRAFO ÚNICO, DO CPC. COMPETÊNCIA RECURSAL DO STJ. LICITAÇÃO. DISTRITO FEDERAL. PROJETO BR- 1.1018: "PROJETO DE MELHORIA DO TRANSPORTE PÚBLICO DO DISTRITO FEDERAL". FINANCIAMENTO PELO BANCO INTERAMERICANO DE DESENVOLVIMENTO - BID. ILEGITIMIDADE. INEXISTÊNCIA DE INTERFERÊNCIA NO CERTAME. COMPETÊNCIA DA JUSTIÇA DISTRITAL.

1. Trata-se de agravo de instrumento interposto pela [...] com fundamento no art. 539, II, b, parágrafo único, do CPC, contra decisão do MM. Juízo Federal da 21ª Vara da Seção Judiciária do Distrito Federal que, excluindo do pólo passivo o BANCO INTERAMERICANO DE DESENVOLVIMENTO - BID, se declarou incompetente para processar e julgar a presente ação declinado de sua competência em favor da Justiça do Distrito Federal e Territórios.

2. "Compete ao STJ o exame do agravo de instrumento interposto contra decisão interlocutória proferida por Juiz Federal de primeira instância em ação movida por pessoa jurídica domiciliada no país contra organismo internacional, com fulcro nos arts. 105, II, 'c', da CF/88; art. 539, parágrafo único, do CPC e art. 13, III, do RISTJ." (Ag 627.913/DF, Rel. Min. Eliana Calmon, Segunda Turma, DJ 7.3.2005). (STJ – Agravo de Instrumento nº 1.432.601/DF, 2ª Turma, Rel. Min. Mauro Campbell Marques, j. 18.03.2014, DJe 21.03.2014)

4.3.3 A competência do presidente do Superior Tribunal de Justiça para a apreciação de pedidos de suspensão de liminar

Como compete ao STJ o julgamento de recurso interposto contra decisão do juízo federal singular, será do ministro presidente do STJ a competência para a apreciação de eventuais pedidos de suspensão de execução de provimentos liminares e sentenças proferidas em ações nas ações o organismo internacional seja parte. Aplica-se o *caput* do artigo 4º da Lei nº 8.437, que atribui ao presidente do tribunal *ao qual couber o conhecimento do respectivo recurso* a apreciação dos pedidos de suspensão de liminar.

Assim, como compete ao STJ o julgamento de recursos ordinários e agravos de instrumento interpostos no âmbito de ações judiciais em que os organismos financiadores internacionais figuram como parte, eventuais pedidos de suspensão de liminares e de sentença devem ser dirigidos ao ministro presidente do STJ.

A formulação do pedido ao presidente do Tribunal Regional Federal da região à qual se vincula o juiz federal que proferiu a decisão cuja suspensão se pleiteia será incorreta e deverá ser rejeitada de plano, em virtude da incompetência do referido tribunal para apreciar o recurso cabível contra a decisão. Como não há preclusão nem prazo certo para a formulação de pedido de suspensão de liminar ou sentença, contudo, será cabível apresentá-lo novamente, mas à Corte competente: o STJ.

4.3.4 O cabimento de reclamação para a preservação de competência do Superior Tribunal de Justiça

Caso seja interposto recurso ou apresentado pedido de suspensão de liminar ao Tribunal Regional Federal e este, por meio de decisão colegiada ou monocrática, conheça do pedido, caberá a apresentação de reclamação ao STJ. Incidirá no caso o artigo 105, inciso I, alínea "f", da Constituição Federal, que prevê a competência do STJ para o processamento e julgamento de "reclamação para a preservação de sua competência e garantia de autoridade de suas decisões".

Portanto, se um tribunal proferir decisão em caso cujo processamento e julgamento competem ao STJ, a reclamação se destinará justamente à preservação da competência constitucional da Corte Superior.

Nas palavras de Alexandre Moreira Tavares dos Santos: "A reclamação é cabível para preservar tanto a competência constitucional como a infraconstitucional do STF e do STJ, uma vez que o constituinte não fez nenhuma distinção entre esses casos".[130]

No mesmo sentido é o entendimento de José da Silva Pacheco. Para ele: "No caso do STJ, a competência vem estabelecida no art. 105 da CF, de modo tríplice: a) competência originária nos casos do art. 105, I, 'a' até 'h'; b) competência para julgar recurso ordinário nos casos especificados no art. 105, II, 'a' até 'c'; e c) competência para julgar recurso especial nas hipóteses previstas no art. 105, III, 'a' até 'c', todos da CF. Diante de usurpação dessa competência, cabe a reclamação (art. 105, I, 'f')".[131]

---

[130] SANTOS. Da reclamação. *Revista dos Tribunais*, p. 142.

[131] PACHECO. A reclamação no STF e no STJ de acordo com a nova constituição. *Revista dos Tribunais*, p. 24.

CAPÍTULO 5

LICITAÇÕES REALIZADAS COM RECURSOS DO BID E DO BIRD (BANCO MUNDIAL)

5.1 Explicação prévia

Neste capítulo, serão examinadas as licitações financiadas pelo Banco Interamericano de Desenvolvimento (BID) e pelo Banco Internacional para Reconstrução e Desenvolvimento (BIRD).[132]

Optou-se por tratar simultaneamente das licitações financiadas por essas duas entidades porque as regras instituídas pelo BID e pelo BIRD para a realização de certames têm a mesma lógica.[133] Assim, não faria sentido tratar das regras de apenas uma instituição neste capítulo e depois repetir as mesmas considerações em um capítulo em separado.

Será feita aqui uma análise sistemática das regras instituídas pelo BID e pelo BIRD, com vistas a que haja a sua melhor compreensão e aplicação, e de modo a verificar se as regras em questão são compatíveis com o ordenamento jurídico brasileiro. Entendemos que essa análise sistemática é mais útil ao aplicador do direito do que a simples repetição das normas em outras palavras. Pretende-se, portanto, sistematizar as normas e destacar os seus aspectos principais, sempre examinando a sua compatibilidade com o ordenamento jurídico nacional.

Além disso, ao longo do texto, foram feitas referências a decisões exaradas pelo *Project Procurement Committee* (*PPC*), do BID, que examina

[132] Normalmente, refere-se ao BIRD como sinônimo de Banco Mundial. Tecnicamente, não se trata da mesma instituição, conforme será exposto abaixo.

[133] As regras atuais do BID estão em vigor desde janeiro de 2020. As do BIRD entraram em vigor em novembro de 2020 (em sua quarta edição). As regras das duas instituições já foram praticamente idênticas no passado, no mínimo desde 2011. Atualmente, no entanto, não são tão similares. Verificam-se distinções relevantes, muito embora ainda haja muitas semelhanças.

protestos formulados em face de atos praticados nas licitações com financiamento da instituição. As decisões desse comitê, ainda que não sejam vinculantes, constituem um importante instrumento de orientação para licitações futuras, e sua consulta é possível por meio do *site* do BID. Para que o texto ficasse realmente fiel aos julgamentos, optou-se pela transcrição no idioma oficial (inglês).

5.2 A atuação do BID e do BIRD

Antes de examinar propriamente as licitações realizadas com financiamento do BID e do BIRD, é necessário fazer uma breve explicação sobre a atuação desses organismos.

5.2.1 O BID

O BID foi criado em 1959, inicialmente por dezenove países, com o compromisso de propiciar financiamento para o desenvolvimento dos países da América Latina e do Caribe.

Atualmente, o BID conta com quarenta e oito países-membros que são seus acionistas.[134] Vinte e oito países são do continente americano (membros regionais) e vinte países são de outros continentes (membros não regionais). De todos os membros, apenas vinte e seis são mutuários. Os demais não tomam empréstimos do BID.[135]

Desde 1999, o BID classifica os países mutuários em dois grupos, segundo o PIB *per capita* em 1997. No Grupo I, que inclui o Brasil, estão os países de maior renda *per capita*, que recebem 65% (sessenta e cinco por cento) do volume de empréstimos realizados.[136] No Grupo II, estão os países de menor renda *per capita*, que recebem 35% (trinta e cinco por cento) dos recursos emprestados pelo BID.[137]

---

[134] Os acionistas do BID são os seguintes: Alemanha, Argentina, Áustria, Bahamas, Barbados, Bélgica, Belize, Bolívia, Brasil, Canadá, Chile, República Popular da China, Colômbia, República da Coreia, Costa Rica, Croácia, Dinamarca, El Salvador, Equador, Eslovênia, Espanha, Estados Unidos, Finlândia, França, Guatemala, Guiana, Haiti, Honduras, Israel, Itália, Jamaica, Japão, México, Nicarágua, Noruega, Países Baixos, Panamá, Paraguai, Peru, Portugal, Reino Unido, República Dominicana, Suécia, Suíça, Suriname, Trinidad e Tobago, Uruguai e Venezuela.

[135] Os membros não mutuários do BID são Estados Unidos, Canadá, Japão, Israel, República da Coreia, República Popular da China e os seguintes países europeus: Alemanha, Áustria, Bélgica, Croácia, Dinamarca, Eslovênia, Espanha, Finlândia, França, Itália, Noruega, Países Baixos, Portugal, Reino Unido, Suécia e Suíça.

[136] São eles: Argentina, Bahamas, Barbados, Brasil, Chile, México, Trinidad e Tobago, Uruguai e Venezuela.

[137] Integram o Grupo II os seguintes países: Belize, Bolívia, Colômbia, Costa Rica, El Salvador, Equador, Guatemala, Guiana, Haiti, Honduras, Jamaica, Nicarágua, Panamá, Paraguai, Peru, República Dominicana e Suriname.

O BID pode se valer de empréstimos nos mercados internacionais para obter os recursos que utiliza nos financiamentos concedidos. Como a instituição goza de grande respeitabilidade e detém uma posição financeira forte, tem condições de obter taxas mais competitivas, repassando-as às Administrações ou entidades privadas que desenvolvam um projeto financiado pelo BID.

5.2.2 O BIRD

Assim como o BID, o BIRD também é uma instituição de assistência técnica e financeira aos países subdesenvolvidos e em desenvolvimento.

Para se compreender o que representa o BIRD, é necessário fazer uma breve exposição do histórico de sua constituição.

Em 1944, foi celebrada a Convenção de Bretton Woods, firmada por quarenta e quatro países (dentre os quais o Brasil), por meio da qual foram criados o Banco Mundial e o Fundo Monetário Internacional (FMI).

O BIRD é uma das instituições que integra o Banco Mundial, ao lado da Associação Internacional de Desenvolvimento (AID, ou IDA, em sua sigla na língua inglesa). Enquanto o BIRD atua nos países de renda média e nos países pobres com renda creditícia, a AID centra suas atenções nos países mais pobres do mundo.

As atividades do BIRD e da AID ainda são complementadas pela atuação da Corporação Financeira Internacional (IFC), que atua com o setor privado, da Agência Multilateral de Garantia de Investimentos (MIGA), e do Centro Internacional de Solução de Controvérsia sobre Investimentos (ICSID). As cinco organizações compõem o Grupo Banco Mundial, que atualmente reúne mais de cento e oitenta países-membros. Cada país subscreve parte do capital do BIRD.

Portanto, apesar de o BIRD ser mais comumente denominado de Banco Mundial, trata-se, rigorosamente, de apenas uma das instituições que integram o Banco Mundial.[138]

O BIRD realiza doações ou empréstimos a juros baixos aos países subdesenvolvidos ou em desenvolvimento, que muitas vezes não têm condições de obter os recursos de outra forma. Os mutuários dispõem

[138] Ao longo do texto, utilizaremos a sigla BIRD, que é tecnicamente a mais correta para designar a instituição que realiza doações e empréstimos de recursos à Administração Pública no Brasil. De todo modo, sempre que se refere ao BIRD, pode-se compreender que está se mencionando o Banco Mundial, que é a denominação mais comum, embora mais imprecisa.

ainda de um prazo mais dilatado de reembolso se comparado com o exigido normalmente por bancos comerciais. Em certos casos, chega a ser concedido o prazo de dez anos para o início do pagamento de um empréstimo. Dadas essas facilidades, as contratações públicas no Brasil com recursos do BIRD são muito frequentes e relevantes.

Os recursos emprestados pelo BIRD na realidade são tomados em empréstimo pelo próprio BIRD. O banco, por dispor de bom crédito, obtém reduzidas taxas de juros nos mercados de capital de todo o mundo e as direciona aos países em desenvolvimento.

5.3 A dualidade de regimes: obras, serviços e bens vs. seleção e contratação de consultores

O BID e o BIRD optaram por organizar as suas diretrizes de licitações em dois grandes grupos. Existem as (i) políticas para aquisição de bens e contratação de obras, e de outro lado as (ii) políticas para a seleção e contratação de consultores.

Até alguns anos atrás, cada uma dessas políticas estava concentrada em um documento específico e independente, de modo que o BID e o BIRD tinham formalmente duas políticas diversas, instrumentalizadas cada uma em um documento específico.

Mais recentemente, o BIRD adotou formatação diversa. Passou a haver um único instrumento, ainda que se mantenha a distinção entre regras para aquisição de bens e contratação de obras, de um lado, e regras para a seleção e contratação de consultores, de outro lado.

Portanto, o âmbito de aplicação das regras editadas pelo BID e pelo BIRD é delimitado pelo objeto das licitações. De um lado, há diretrizes aplicáveis a licitações para a contratação de *obras, serviços e aquisição de bens*. De outro, há regras para a contratação de serviços de consultoria, que são caracterizados pela sua natureza intelectual e de assessoramento. Diferem das demais contratações, nas quais os aspectos físicos da atividade contratada são predominantes.

Não há um critério objetivo muito claro para a distinção das atividades sujeitas a um ou outro conjunto de regras. A distinção de certa forma é intuitiva, havendo zonas de certeza (positiva ou negativa) e zonas de incerteza. Chega-se a mencionar alguns exemplos de serviços não considerados como de consultoria.[139] As diretrizes

[139] As Políticas do BID mencionam alguns exemplos de atividades em que os aspectos físicos são considerados predominantes (desconfigurando, assim, a sua qualificação como serviços

editadas também esclarecem que os "bens" incluem produtos básicos (*commodities*), matérias-primas, maquinaria, equipamento e instalações industriais, sendo que os "bens" e "obras" incluem serviços conexos, tais como transporte, seguro, instalação, colocação em funcionamento, treinamento e manutenção inicial.

No presente capítulo, serão examinados os aspectos principais das Políticas para aquisições e contratações financiadas pelo BID e pelo BIRD, anteriormente mencionadas. Conforme será demonstrado, há algumas regras que são idênticas para a contratação de consultores e para a aquisição de bens, obras e serviços. As diferenças mais significativas dizem respeito ao procedimento: o de contratação de consultores é diverso do aplicável à aquisição de bens e contratação de obras e serviços.

Ressalve-se desde logo que, por consultores, deve-se entender não apenas pessoas naturais, como também pessoas jurídicas (por exemplo, um escritório de consultoria jurídica).

5.4 Regras gerais aplicadas à contratação de consultores e à aquisição de bens, obras e serviços

Inicialmente, passa-se a tratar dos princípios e regras gerais, que se repetem nas Políticas para a contratação de consultores e nas aplicáveis à aquisição de bens, obras e serviços.

5.4.1 Âmbito de aplicação das Políticas: financiamento total ou parcial e financiamento retroativo

As Políticas (ou diretrizes) editadas pelo BID e pelo BIRD têm por objeto reger os certames destinados à realização, pelos beneficiários, de contratações que envolvam recursos doados ou financiados *total* ou *parcialmente* por empréstimos dessas duas instituições. A Administração Pública nacional, na condição de mutuária, deve realizar um certame que siga as diretrizes de contratação expedidas pelo BID e pelo BIRD. Tais instituições condicionam a doação dos recursos e a concessão de empréstimos à aplicação de suas Políticas.

A incidência das regras editadas pelo BID e pelo BIRD, portanto, não se restringe às contratações *integralmente* financiadas por tais

de consultoria): execução de obras, fabricação de bens, operação e manutenção de instalações ou de fábricas, pesquisas, perfuração exploratória, aerofotogrametria, tratamento de imagens de satélite e serviços contratados com base na execução de resultados físicos mensuráveis.

instituições. Aplicam-se também a licitações nas quais apenas *parcela* dos recursos provém de doações ou empréstimos obtidos junto a esses bancos.

Também se prevê a necessidade de observância das regras do BID e do BIRD nos casos de financiamento retroativo, ou seja, nas situações em que a Administração inicia o procedimento licitatório previamente à celebração de um contrato de empréstimo com as instituições. O BID e o BIRD revisarão os atos praticados e somente considerarão elegíveis, isto é, passíveis de financiamento, os contratos decorrentes de certames que tenham observado as suas regras. Entretanto, considera-se que não há uma obrigatoriedade de concessão de financiamento nessas hipóteses. Ainda que o BID ou o BIRD entendam que a licitação observou as suas diretrizes, não são obrigados à concessão do financiamento – a menos, é claro, que tenham assumido algum compromisso de tal natureza no caso concreto.

O financiamento retroativo pode ser operacionalizado na forma de reembolso, ou seja, a Administração, ao obter o financiamento, é reembolsada pelo BID ou pelo BIRD dos pagamentos efetuados em favor do contratado.

A respeito da problemática que envolve o financiamento retroativo e sua compatibilidade com as exigências da legislação nacional sobre a necessidade de previsão de recursos, confiram-se as considerações feitas no Capítulo 3.

5.4.2 Responsabilidade pela condução dos projetos

Tanto o BID quanto o BIRD ressalvam por diversas vezes que a responsabilidade pela condução das licitações e contratações incumbe integralmente aos mutuários, ou seja, à Administração Pública nacional que pretende obter financiamento ou doação de recursos dessas instituições.

As Políticas do BID e do BIRD para a aquisição de bens, obras e serviços preveem que compete ao mutuário a responsabilidade pela implementação do projeto e, portanto, pela adjudicação e administração dos contratos resultantes do certame. Ambas as instituições ressalvam também o seu direito de não conceder o financiamento ou doação caso entendam que a condução do projeto tenha apresentado alguma incompatibilidade com as regras aplicáveis e com as previsões do contrato firmado com a Administração.

Entretanto, é preciso interpretar essa ressalva quanto à responsabilidade das instituições com cautela. Tanto o BID quanto o BIRD praticam diretamente uma série de atos no curso do certame, e mesmo depois, ao longo da contratação. Em regra, a Administração tem o dever de obter a "não objeção" das instituições em vários momentos da licitação. O BID e o BIRD têm inclusive o papel de processar e decidir reclamações feitas por licitantes. Isso significa que ambas as instituições realizam uma atividade revisora dos atos praticados (e eventualmente das omissões verificadas), o que pode conduzir à responsabilidade delas por atos e decisões que afetem direitos da Administração e dos próprios licitantes. Assim, tanto o BID quanto o BIRD podem ser responsabilizados por certos atos, tendo inclusive legitimidade para figurar no polo passivo de ações judiciais que vierem a ser propostas por aqueles que se sentirem prejudicados.

5.4.3 Orientações gerais para a condução dos projetos

O BID e o BIRD exigem que a Administração adote determinadas orientações gerais na condução das licitações.

A primeira delas consiste na busca pela economia e eficiência na implementação dos projetos – e, portanto, na aquisição de bens e na contratação de obras e serviços, inclusive de consultoria. A busca pela proposta mais vantajosa na realidade é uma máxima em qualquer licitação, o que, evidentemente, não significa que possa haver um descuido com a qualidade da prestação contratada. No caso em que há recursos obtidos por meio de financiamento junto a organismos internacionais, a preocupação com a economia e a eficiência também deve prevalecer, uma vez que haverá o emprego de recursos públicos para cumprir os compromissos assumidos com o empréstimo perante a instituição financiadora.

A segunda orientação geral do BID e do BIRD diz respeito à preocupação em oferecer aos licitantes elegíveis as mesmas informações e igual oportunidade de competir. Trata-se de aplicação direta dos princípios da isonomia, da objetividade e da impessoalidade.

A terceira orientação que rege as licitações com financiamento do BID e do BIRD consiste no estímulo ao desenvolvimento e ao aperfeiçoamento da construção civil, da indústria e dos consultores do país mutuário. As instituições, portanto, atribuem à licitação uma *função regulatória*. Pretende-se que o certame funcione como um mecanismo de indução de determinados resultados sociais e econômicos benéficos ao país mutuário.[140]

A quarta orientação geral do BID e do BIRD consiste na transparência. Todo o procedimento licitatório deve ser conduzido de modo transparente, a fim de garantir a isonomia, a impessoalidade e a objetividade no julgamento das propostas.

Como se vê, as orientações gerais das regras editadas pelo BID e pelo BIRD são compatíveis com os princípios gerais da licitação contemplados na Lei nº 14.133, e com os princípios constitucionais, como determina o seu artigo 1º, §3º.

5.4.4 Limitação das exigências

As diretrizes editadas pelo BID e pelo BIRD estabelecem que quaisquer exigências de participação devem ser limitadas àquelas que sejam essenciais para assegurar que o licitante é dotado das qualificações necessárias ao cumprimento do objeto licitado. As exigências formuladas, portanto, devem ser as mínimas possíveis para garantir a correta execução do objeto, sem restringir demasiadamente a competitividade. Pelos mesmos motivos, não se pode negar qualificação a um interessado por razões não vinculadas à capacidade e à disponibilidade de recursos necessários à boa execução do contrato.

Essa determinação é compatível com o artigo 37, inciso XXI, da Constituição Federal (que veda a formulação de exigências de qualificação técnica e econômica que sejam dispensáveis), bem como com o artigo 9º, inciso I, alínea 'a' da Lei nº 14.133 (que proíbe a inclusão de cláusulas ou condições que comprometam, restrinjam ou frustrem o caráter competitivo do certame).

---

140 Como ensina Luciano Ferraz, a licitação pode ser utilizada "como mecanismo de indução de determinadas práticas (de mercado) que produzam resultados sociais benéficos, imediatos ou futuros, à sociedade" (Função regulatória da licitação. *Revista Eletrônica de Direito Administrativo Econômico – REDAE*). Acerca do tema, confira-se também: PEREIRA JUNIOR; DOTTI. *Políticas públicas nas licitações e contratações administrativas*, com especial ênfase nas páginas 23-144. Muitas vezes, a forma mais eficaz de se fazer com que uma pessoa adote determinada conduta consiste em incentivá-la a praticar o comportamento almejado, e não em ameaçá-la com a aplicação de uma sanção pela ausência de adoção de tal conduta. Existem diversas formas de se incentivar a adoção de uma conduta. Este é o objeto de estudo de uma corrente econômica denominada *behavioral economics*, que utiliza fatores sociais, cognitivos, emocionais e até mesmo psicológicos para compreender as decisões econômicas dos indivíduos e instituições. Representativa dessa corrente de pensamento é a obra *Nudge*: Improving Decisions About Health, Wealth and Happiness de Richard H. Thaler e Cass R. Sunstein (New Haven & London: Yale University Press, 2008).

A vedação a exigências inúteis serve de orientação à Administração Pública, tanto na formulação do edital quanto na condução do certame. Trata-se de um importante vetor interpretativo que deve orientar a elaboração de exigências e a verificação do seu cumprimento pelos licitantes.

5.4.5 Elegibilidade

Como regra geral, as diretrizes do BID somente admitem a participação de licitantes que sejam de países membros dessas instituições. Eventuais interessados de outros países são considerados "inelegíveis" para participação em contratos financiados total ou parcialmente pelos bancos.

Essa previsão pode parecer contrária ao artigo 9º, inciso I, alínea 'b', da Lei nº 14.133, que veda o estabelecimento de preferências ou distinções em razão da naturalidade, da sede ou domicílio dos licitantes. Entretanto, a questão deve ser examinada por outro ângulo, que é o do interesse do BID em desenvolver a economia dos países quotistas, que contribuem com recursos a essas instituições. Assim, há uma razão objetiva para a previsão.

Além disso, a Lei nº 14.133 não impõe que toda licitação seja de âmbito internacional. Em outras palavras, nem sempre se admite a participação de licitantes estrangeiros sem autorização para funcionamento no Brasil (como já tratado em outro capítulo deste estudo) – e nem por isso se afirma que tal situação seria incompatível com o artigo 9º da lei.

Portanto, a vedação à participação de licitantes sediados em certos países pode ser uma restrição indevida, mas nem sempre será assim.

Já no caso do BIRD, não há proibição de participação de empresas que tenham sede em países que não sejam membros.

Por outro lado, há várias outras restrições à elegibilidade previstas nas diretrizes do BID e do BIRD.

Se o Brasil houver proibido relações comerciais com determinado país, o simples fato de este integrar o BID ou o BIRD não é suficiente para permitir a participação no certame de um interessado daquele país. A proibição das relações comerciais instituída pelo Brasil prevalece, conforme previsto nas próprias Políticas do BID e do BIRD.

As diretrizes do BID e do BIRD vedam ainda a participação de pessoas e empresas que atuaram de algum modo na preparação do certame. Isso porque pode haver um conflito de interesses que deve ser evitado. A vedação tem o objetivo de assegurar a lisura do certame, impedindo que o projetista e as demais pessoas envolvidas na elaboração do certame insiram exigências que lhes provoquem uma diferenciação em relação a outros competidores.

Empresas estatais do país mutuário podem participar dos certames, desde que (i) sejam jurídica e financeiramente autônomas, (ii) operem sob a égide das leis comerciais e (iii) não sejam entidades dependentes do mutuário ou do submutuário. Pretende-se com isso uma concorrência justa entre os interessados.

Por fim, as diretrizes do BID e do BIRD vedam a participação de interessados que tenham sido declarados inelegíveis em virtude do cometimento de certas práticas proibidas. Conforme será tratado abaixo, práticas proibidas compreendem práticas corruptas, fraudulentas, coercitivas, colusivas ou obstrutivas.

> *Precedente anterior do Project Procurement Committee – PPC do BID*
>
> Impossibilidade de o licitante apresentar consultores que participaram de algum modo na preparação do certame: "The Project Procurement Committee resolved: Dismiss the protest presented by firm A regarding its disqualification since: a) Firm A included in its team of key professionals two consultants that had previously participated in the design, conceptualization and elaboration of one of the products of the program to be evaluated, as it is a conflict of interest as defined in the selection documents and in the Bank's 'Policies for the Selection and Contracting of Consultants financed by the Inter-American Development Bank (GN-2350-7)' Clause 1.9 (b). b) The inclusion in the team of key professionals of two consultants that previously had provided consulting services in the design of the products to be evaluated, compromise the objectivity and impartiality of the results and the possibility of contracting the best services available in the market". (Protest nº 1/2009).

5.4.6 Participação de consórcios

As diretrizes do BID e do BIRD admitem a formação de consórcios tanto nas licitações para a aquisição de bens e contratação de obras quanto nas de contratação de serviços de consultoria. No caso dos consultores, a associação entre eles pode se dar ainda por meio de acordos de subconsultoria (também denominados de acordos de subcontratação de consultoria).

A formação de consórcios e a associação de consultores destinam-se a complementar as experiências dos interessados, ampliando a competitividade do certame. Entretanto, as diretrizes não admitem que se preveja uma obrigatoriedade de formação de consórcios.

5.4.7 Práticas proibidas e os efeitos das sanções aplicadas pelo ente financiador

As Políticas do BID e do BIRD exigem expressamente que todos os envolvidos na licitação – mutuários (inclusive beneficiários de doações), órgãos executores, contratantes, licitantes, contratados, subcontratados, funcionários, empregados, representantes entre outros – observem os mais elevados padrões éticos e denunciem ao financiador todos os atos que reputem suspeitos.

As práticas proibidas são classificadas em práticas (i) corruptas, (ii) fraudulentas, (iii) coercitivas, (iv) colusivas, (v) obstrutivas e de (vi) apropriação indébita.

As denúncias poderão ser feitas diretamente ao Banco financiador, de acordo com as regras de cada instituição, a fim de viabilizar as devidas investigações. No caso do BID, a denúncia deverá ser apresentada ao Escritório de Integridade Institucional (EII) do banco.

Se o banco constatar que houve o cometimento de uma prática proibida, poderá deixar de financiar o projeto ou suspender os desembolsos que estavam previstos. É possível inclusive que o banco declare vencido antecipadamente o pagamento de parte do empréstimo, o que lhe permitirá a cobrança antecipada dos valores devidos pelo mutuário, nos termos do contrato de mútuo. Pode ainda haver a cobrança de multas ou outros valores destinados a reparar os prejuízos sofridos pelos bancos, bem como a emissão de advertência e a declaração de que o licitante envolvido será considerado inelegível. Evidentemente, o licitante que se sentir prejudicado pelo ato praticado pelo BID ou pelo BIRD poderá questionar a sanção.

A fim de permitir eventuais investigações que venham a ser necessárias, as regras editadas pelo BID e pelo BIRD preveem que se exija de todos os interessados na licitação o compromisso de se submeterem a auditoria por auditores indicados pelos bancos. Exige-se também que os interessados conservem os documentos pertinentes por um prazo determinado após a conclusão do trabalho licitado, bem como que forneçam qualquer documento necessário à investigação de denúncias de práticas proibidas.

Uma questão relevante diz respeito aos efeitos de eventual sanção do banco financiador sobre licitações que não contem com recursos do BID e do BIRD. A questão que se põe é a seguinte: caso o BID ou o BIRD tenham declarado que determinado licitante é inelegível em virtude de ter cometido práticas proibidas, ele ficará proibido de participar de certames não financiados por essas instituições pelo prazo que durar a inelegibilidade?

Deve-se responder negativamente a esse questionamento. Uma sanção aplicada pelo BID ou pelo BIRD não impede que o licitante sancionado participe de certames que envolvam recursos exclusivamente nacionais. A declaração de inelegibilidade por esses organismos financiadores não se confunde com a suspensão temporária de licitar e contratar com a Administração Pública, nem com a declaração de inidoneidade previstas no artigo 156 da Lei nº 14.133. Somente sanções estatais, isto é, aplicadas pela Administração Pública – tal como prevê o *caput* do artigo 87 – têm o condão de impedir que o interessado participe de licitações realizadas com recursos exclusivamente nacionais. Sanções aplicadas pelo BID e pelo BIRD não gozam da presunção de legitimidade que caracteriza a generalidade dos atos administrativos – inclusive porque as investigações conduzidas por essas instituições podem não observar concretamente o que se considera como devido processo legal à luz do direito pátrio. Ademais, uma conduta que tenha conduzido à declaração de inelegibilidade pelo BID ou pelo BIRD pode ser objeto de sanções menos severas à luz do ordenamento jurídico brasileiro, dependendo do caso concreto.

Contudo, especificamente para licitações financiadas por organismos internacionais, o artigo 14, §5º, da Lei nº 14.133, estabelece que os interessados que estejam no rol de pessoas sancionadas pela entidade não poderão participar do certame.

Outro fator relevante é que o BID e o BIRD podem declarar que determinado licitante será permanentemente inelegível, e não apenas por um período determinado. Se esse tipo de sanção proibisse o licitante de participar de licitações realizadas com recursos exclusivamente nacionais, seria até mesmo mais grave do que as penalidades previstas no ordenamento jurídico brasileiro, bem como ofenderia o princípio da temporariedade na fixação das penas. Equivaleria a uma "sentença de morte" do licitante, o que não é compatível com o ordenamento jurídico brasileiro.

Por outro lado, é possível que outros organismos financiadores internacionais prevejam em suas regras que a declaração de inelegibilidade pelo BID ou pelo BIRD impede a participação do sancionado nos certames realizados com seus recursos. Não há nada que impeça essa possibilidade. Mesmo assim, o licitante que se sentir prejudicado pode questionar a sanção aplicada.

Além disso, deve-se observar que, além de sofrer uma sanção pelo BID ou pelo BIRD, o licitante que incorreu em alguma prática proibida pode ser penalizado também pela Administração – evidentemente, após um processo administrativo regular, com contraditório e ampla defesa. Nesse caso, a penalidade aplicada pela Administração, dependendo de qual for, poderá impedir o licitante de participar de outros certames. Mas esse é um efeito da sanção aplicada pela Administração, e não pelo BID ou pelo BIRD.

5.4.8 O plano de aquisições

Tanto nos projetos que envolvam a contratação de consultores quanto nos destinados à aquisição de bens e execução de obras exige-se que a Administração elabore, antes das negociações do empréstimo, um plano de aquisições a ser aprovado pelo BID ou pelo BIRD.

O plano de aquisições deve ser atualizado anualmente ou conforme necessário ao longo do desenvolvimento do projeto. É importante que a Administração elabore um plano adequado, que orientará toda a execução do projeto.

5.4.9 A revisão pelo BID e pelo BIRD

O BID e o BIRD revisam os contratos, bem como os procedimentos licitatórios, inclusive no que se refere à avaliação das propostas. Em regra, o mutuário deve obter a "não objeção" do banco financiador em diversos momentos da licitação. Portanto, o BID e o BIRD não têm um papel passivo, de mero financiador do contrato a ser celebrado pela Administração. Ambas as instituições adotam uma postura ativa durante o certame, inclusive processando e decidindo reclamações que lhes forem diretamente apresentadas pelos licitantes.

O procedimento de formulação de reclamações ao BID e ao BIRD será examinado abaixo, após se tratar das modalidades licitatórias. Neste ponto, é importante destacar que o Plano de Aquisições deve especificar a aplicabilidade dos procedimentos de revisão pelos bancos.

5.4.10 A previsão de preferências nacionais

As licitações realizadas com financiamento do BID e do BIRD poderão prever uma margem de preferência a bens de produção nacional ou por empreiteiros do país do mutuário. Nesse caso, os instrumentos que regem o certame deverão prever com clareza os métodos e procedimentos para avaliação e comparação das propostas, a fim de que haja perfeita compreensão das condições de exigibilidade para a preferência estabelecida.

Em regra, a previsão de preferências nacionais não se aplica aos métodos de contratação diversos da Concorrência (ou Licitação) Pública Internacional.

O desenvolvimento da construção civil e da indústria do país mutuário é uma diretriz das Políticas do BID e do BIRD. Trata-se de postulado plenamente compatível com o ordenamento jurídico brasileiro, ainda mais depois da edição da Lei nº 12.349, e que foi mantido pela Lei nº 14.133. Na realidade, o desenvolvimento nacional sempre foi um objetivo possível de ser buscado por meio das contratações públicas, mesmo antes da edição da Lei nº 12.349 Não se trata de afronta ao princípio da isonomia, mas apenas da constatação de que as contratações públicas podem constituir um importante instrumento de promoção do desenvolvimento nacional.

5.5 As modalidades licitatórias e os tipos contratuais aplicáveis à aquisição de bens e à contratação de obras

Neste item, passa-se a tratar das modalidades licitatórias e aos tipos contratuais que se aplicam exclusivamente à aquisição de bens e contratação de obras.

Para essas situações, as diretrizes editadas pelo BID e pelo BIRD preveem como modalidade ordinária de licitação a Licitação Pública Internacional. Trata-se do "rito ordinário", por assim dizer, dos certames realizados com recursos do BID ou do BIRD.

As diretrizes do BID e do BIRD preveem ainda algumas variações procedimentais, que são aplicáveis a hipóteses específicas (por exemplo, licitações de menor complexidade).

A relação dos procedimentos e métodos de abordagem existentes nas diretrizes do BID pode ser sintetizada no seguinte quadro:

PROCEDIMENTOS E MÉTODOS DE ABORDAGEM PREVISTOS NAS DIRETRIZES DO BID

(continua)

Procedimento ou método de abordagem	Síntese
Licitação Pública Internacional (LPI)	É o procedimento-base, aplicável à generalidade dos certames.
Uso dos Sistemas Nacionais	A pedido do Mutuário, o Banco poderá utilizar e aplicar no âmbito nacional e subnacional as normas, procedimentos e sistemas de aquisições do Mutuário ou de uma entidade do Mutuário se estes se ajustarem aos Princípios Básicos de Aquisições e se o Banco os tiver avaliado de forma satisfatória e os considerar aceitáveis.
Licitação Limitada	É o procedimento-base, mas aplicado mediante convite quando há um número de fornecedores limitado ou nos casos em que estão presentes outras razões que justificam excepcionar o procedimento ordinário.
Licitação Pública Nacional (LPN)	É o procedimento normalmente utilizado para licitações no país do mutuário, aplicável aos casos que provavelmente não atraiam o interesse de licitantes estrangeiros devido às suas peculiaridades (por exemplo, baixo valor de contratação ou probabilidade de haver contratação mais econômica com bens produzidos localmente).
Comparação de Preços	É o procedimento aplicável à aquisição de bens disponíveis para entrega imediata, "de prateleira", produtos padronizados de pequeno valor, ou obras civis simples e de pequeno valor.
Contratação Direta	Exceção ao procedimento licitatório, é o procedimento aplicável em hipóteses excepcionais e justificadas: (i) inclusão de bens ou obras adicionais em relação a um contrato existente, (ii) situações em que há a necessidade de padronização, (iii) casos nos quais o equipamento é patenteado e só pode ser obtido de uma única fonte, (iv) hipóteses em que a contratação é condição de garantia de desempenho e (v) em circunstâncias excepcionais, tais como as decorrentes de desastres naturais.
Administração Direta	Construção e instalação de equipamentos e serviços que não sejam de consultoria realizadas por uma entidade governamental do país do Mutuário mediante o emprego de seu próprio pessoal e equipamentos, cabível em hipóteses muito específicas e depois da "não objeção" do BID.

(continua)

Procedimento ou método de abordagem	Síntese
Aquisições Diretas junto a Agências Especializadas	Aquisição diretamente junto a uma agência especializada que atue como fornecedor de bens, seguindo seus próprios procedimentos, aplicável caso este seja o meio mais econômico e eficiente para adquirir (i) pequenas quantidades de bens em estoque, principalmente nos setores de educação e saúde, e (ii) produtos especializados em que o número de fornecedores de bens seja limitado, como no caso de vacinas e medicamentos.
Agências de Contratações	Nas situações em que o Mutuário não dispuser da organização, recursos e experiência necessários, pode considerar (ou o Banco pode exigir que assim o faça) a possibilidade de empregar, como seu agente, uma empresa especializada em contratações – hipótese em que o agente deverá observar estritamente todos os procedimentos de contratações estabelecidos no Contrato de Empréstimo e detalhados no Plano de Aquisições aprovado pelo Banco em nome do Mutuário, inclusive a utilização dos documentos padrão de licitação, procedimentos de revisão e a documentação do Banco.
Agências de Inspeção	É possível que haja a inspeção antes do embarque e da certificação das importações, como uma medida de proteção de que pode dispor o Mutuário, em particular se o país tiver um programa de importações de grande envergadura. A inspeção e a certificação normalmente compreendem a verificação de que a qualidade é satisfatória, a quantidade é correta e os preços são razoáveis.
Aquisições em Empréstimos a Intermediários Financeiros	Nas situações em que os recursos do Banco são intermediados por uma instituição (como por exemplo um organismo de crédito agrícola ou uma instituição de financiamento de desenvolvimento) antes de chegar aos seus beneficiários, estes deverão realizar as aquisições segundo práticas correntes do setor privado ou comerciais, aceitáveis para o Banco. Já se o repasse for feito a um beneficiário de nível subnacional (como um município), a aquisição deverá ser realizada em conformidade com os Princípios Básicos de Aquisições, de maneira satisfatória para o Banco.

(continua)

Procedimento ou método de abordagem	Síntese
Parcerias Público-Privadas	O Banco poderá financiar a contratação de parcerias público-privadas, que são contratos de longo prazo entre uma parte privada e uma entidade do governo para fornecer um bem ou serviço público, no qual a parte privada assume um risco considerável e as responsabilidades de administração e de remuneração estão vinculadas ao desempenho.
Contratação Baseada no Desempenho	A aquisição baseada no desempenho, também chamada de aquisição baseada no produto, refere-se a processos competitivos de aquisição que resultam numa relação contratual em que os pagamentos são feitos por produtos mensuráveis em vez do método tradicional em que os insumos são medidos. As especificações técnicas definem o resultado desejado e os produtos a serem medidos, inclusive a forma como serão medidos.
Aquisições com Empréstimos Garantidos pelo Banco	Se o Banco garante os pagamentos de um empréstimo concedido por outra instituição creditícia, os bens e obras financiados por esse empréstimo devem ser adquiridos seguindo os Princípios Básicos de Aquisições do Banco e de acordo com procedimentos que preencham os requisitos demais requisitos das suas diretrizes.
Participação da Comunidade nas Aquisições	Dependendo dos interesses sociais envolvidos, haverá uma participação maior da comunidade (comunidades locais, ONGs etc.) nas aquisições. Nessa hipótese, os procedimentos de aquisição, especificações e os documentos do contrato devem ser adaptados para refletir essas considerações, desde que sejam eficientes e aceitáveis para o Banco. Os procedimentos propostos deverão ser incluídos no Contrato de Empréstimo e especificados no Plano de Aquisições ou no documento de execução do projeto aprovado pelo Banco.
Sistemas Eletrônicos de Aquisições	O Banco incentiva os Mutuários a modernizarem continuamente seu sistema de aquisições, inclusive incorporando a aquisição eletrônica para assegurar o cumprimento dos Princípios Básicos de Aquisições.

(conclusão)

Procedimento ou método de abordagem	**Síntese**
Pregão Eletrônico	As diretrizes do BID definem o pregão eletrônico como um evento *on-line* no qual empresas pré-qualificadas ou registradas cumpriram os critérios mínimos de qualificação e concorrem entre si com base no preço. As empresas recebem informação sobre o método de avaliação automática que será usado para classificar os licitantes durante o leilão eletrônico reverso e outras informações relevantes sobre a realização do leilão, inclusive instruções claras sobre acesso e participação no leilão. As empresas apresentam ofertas para fornecer bens ou serviços e no final do leilão a empresa com o preço mais baixo é escolhida para adjudicação.
Arrendamento de Bens	O arrendamento de ativos, previamente acordado com o Banco, pode ser apropriado quando há benefícios econômicos ou operacionais para o Mutuário (por exemplo, custos mais baixos de financiamento, benefícios fiscais, bens usados temporariamente, redução dos riscos de obsolescência, maior segurança cibernética).
Aquisição de Bens de Segunda Mão	Se for aceite pelo Banco e especificado no Plano de Aquisições, o Mutuário poderá adquirir bens de segunda mão, se isso constituir um meio econômico e eficiente para atingir os objetivos de desenvolvimento do projeto. Deverão ser cumpridos os requisitos detalhados nas políticas do BID.

Já as seleções realizadas de acordo com as diretrizes do BIRD são organizadas de modo diverso. O BIRD organiza o assunto em (i) Métodos de Seleção, (ii) Opções de Abordagens de Mercado, (iii) Formatos de Seleção e (iv) Tipos de Arranjos Contratuais.

Os Métodos de Seleção são os seguintes:

MÉTODOS DE SELEÇÃO DO BIRD

Método de Seleção	Síntese
Solicitação de Proposta (SDP)	Método competitivo utilizado para obter propostas, ou seja, quando as demandas do Mutuário, pela natureza e complexidade dos bens, obras ou serviços técnicos a serem adquiridos, puderem ser mais bem atendidas se for permitido aos interessados oferecer soluções ou propostas personalizadas que variem na forma como atendem ou superam as especificações contidas na solicitação de propostas. O processo da SDP normalmente apresenta múltiplas etapas.
Solicitação de Oferta (SDO)	Método competitivo usado para obter ofertas, ou seja, quando o Mutuário, pela natureza dos bens, obras ou serviços técnicos que pretende contratar, puder descrever em detalhes os requisitos que os ofertantes têm que atender com suas ofertas. Na SDO, o processo de aquisição é conduzido em uma única etapa e utilizando critérios de qualificação (cujos requisitos mínimos são normalmente julgados no formato aprovação/reprovação).
Solicitação de Cotação (SDC)	Método baseado na comparação dos preços apresentados pelas empresas cotadas. Pode ser mais eficiente que métodos mais complexos quando se trata da aquisição no varejo de quantidades limitadas de Bens prontamente disponíveis ou de serviços técnicos, mercadorias com especificações padronizadas ou obras simples de pequeno valor.
Contratação Direta (CD)	Consiste em tratar e negociar com uma única empresa, quando a proporcionalidade, a adequação, a finalidade e o Value for Money, recomendarem esse método em vez de uma licitação. Na hipótese de uma única empresa atender ao objeto da contratação ou de a preferência por determinada firma se justificar, este método pode ser apropriado.

As diretrizes do BIRD ainda preveem algumas opções de abordagens de mercado, conforme se passa a expor:

ABORDAGENS DE MERCADO DO BIRD

Abordagens de mercado	Síntese
Licitação Pública	A licitação pública é a forma de abordagem preferida pelo BIRD porque permite a todos os possíveis interessados que preencham os requisitos de elegibilidade tomar conhecimento das necessidades do Mutuário de forma oportuna e adequada e dá a todos indistintamente a oportunidade de apresentar Oferta/Proposta para a aquisição dos Bens, Obras ou Serviços Técnicos necessários. Qualquer outra abordagem que não a licitação pública deverá ser justificada pelo Mutuário e constar do Plano de Aquisições.
Licitação Limitada	Nesta abordagem, não há divulgação do processo de aquisição e sempre que a participação se de por meio de convite. Pode ser o método de seleção adequado diante de um número reduzido de empresas ou quando outras razões excepcionais justifiquem a não adoção da abordagem de licitação pública.

As normas do BIRD preveem diversos formatos diferentes de seleção aprovados:

FORMATOS DE SELEÇÃO DO BIRD

(continua)

Formato de Seleção	Síntese
Diálogo Competitivo	Processo de seleção interativo que se compõe de múltiplas etapas e permite uma interação dinâmica com os Proponentes. A adoção do Diálogo Competitivo deverá ser justificada pelo Mutuário na Estratégia de Aquisições do Projeto para o Desenvolvimento. O Diálogo Competitivo somente poderá ser usado para aquisições complexas ou inovadoras.
Parcerias Público-Privadas	Parceria Público-Privada é um contrato de longo prazo entre um agente privado e o Poder Público que tem por objeto a provisão de um bem ou serviço público. Nas PPPs, o agente privado assume parcela significativa do risco e da responsabilidade pela gestão, sendo remunerado de acordo com seu desempenho.

(conclusão)

Agências da ONU	Com a concordância do Banco, os Mutuários poderão selecionar Agências da ONU diretamente para aquelas situações em que sua expertise ou sua capacidade de rápida mobilização em campo tiver um papel crucial, particularmente em caso de necessidade de assistência urgente ou de comprometimento da capacidade de atuação.
Práticas Comerciais	Práticas comerciais referem-se ao uso de abordagens consagradas no setor privado (em geral entidades não sujeitas à legislação do Mutuário referente a compras públicas) para a aquisição de Bens, Obras ou Serviços Técnicos. Também podem ser usadas em programas de importação realizados por entidades do setor privado. Os Princípios Básicos para Aquisições do Banco são a norma usada para determinar quais Práticas Comerciais são aceitas.
Pregões Eletrônicos	Pregões eletrônicos são eventos pela internet nos quais empresas pré-qualificadas/registradas concorrem entre si por meio de lances.
Programa de Importação	Método adotado quando a operação contempla recursos para programas de importação (ou seja, programas por meio dos quais entidades dos setores público ou privado importam Bens essenciais elegíveis com base em lista acordada entre Mutuário e Banco).
Commodities	Aquisição de *commodities* refere-se à aquisição de artigos como grãos, ração animal, óleo de cozinha, fertilizantes ou metais. A aquisição de *commodities* com frequência envolve múltiplos contratos de quantidades fracionadas, para garantir seu abastecimento, e várias compras ao longo de um período de tempo, para aproveitar as condições favoráveis do mercado e manter baixo o volume em estoque.
Participação Comunitária	Trata-se de convocar ONGs, ampliar o uso do *know how*, e empregar tecnologias que assegurem a sustentabilidade do projeto ou alcançar determinados objetivos sociais almejados.
Execução Direta	Refere-se a obras e serviços técnicos executados por órgão estatal do país do Mutuário com pessoal e equipamento próprios. Para algumas situações, este pode ser o único método de contratação praticável. Neste método, o Mutuário tem a obrigação de aplicar, com o mesmo rigor, os controles de qualidade e de inspeção que adota para os contratos celebrados com terceiros.

Por fim, as diretrizes do BIRD ainda preveem os tipos possíveis de contratos:

TIPOS DE CONTRATO DO BIRD

Tipo de contrato	Síntese
Contratos de empreitada por preço global	Contratos em que o prestador se compromete a executar os serviços definidos no objeto do contrato por um valor fixo. O pagamento de percentuais ou parcelas poderá estar vinculado à conclusão de etapas do contrato ou ser determinado como porcentagem do valor do trabalho a ser executado.
Contratos baseados em desempenho	Trata-se de contratos em que a remuneração do contratado se dá não em função dos insumos utilizados, e sim por produtos mensurados que objetivam satisfazer demandas funcionais em termos de qualidade, quantidade e confiabilidade.
Contratos baseados em preço unitário	Baseiam-se no quantitativo estimado de itens e nos preços unitários constantes do contrato. O pagamento é feito de acordo com a quantidade efetivamente utilizada pelo preço pactuado. São contratos apropriados, por exemplo, para obras em que a natureza do trabalho está bem definida, mas as quantidades não podem ser determinadas com razoável precisão antes da execução.
Contratos por tempo	Nos contratos por tempo, o cálculo do pagamento se baseia nas tarifas acordadas e no tempo despendido, acrescido das despesas reembolsáveis de praxe. É uma fórmula adotada, por exemplo, para serviços de consultoria em que é difícil delimitar ou fixar o escopo e a duração dos serviços.
Contratos mediante reembolso de custos	O pagamento cobre todos os custos incorridos, acrescidos de taxa para cobrir despesas de administração e de comissão a título de lucro. Para minimizar o risco para o Mutuário, a parte contratada colocará todos os registros e contas à disposição do Mutuário ou de terceiro neutro, para inspeção; e o contrato inclui incentivos apropriados para limitar os custos.
Acordos-marco	Tipo de instrumento contratual usado para aquisição de volumes fixos ou variáveis de produtos ou serviços por tempo determinado.
Parcerias público-privadas	São contratos de longo prazo que envolvem a exploração de certos serviços. Há diversas modalidades contratuais possíveis, tais como BOT (Build-Operate-Transfer) e BOOT (Build-Own-Operate-Transfer).

5.6 O procedimento geral das licitações

5.6.1 A publicidade das licitações

Para o início da licitação, a Administração deve elaborar uma minuta de Aviso Geral de Licitação, que, após aprovado pelo banco financiador, será publicado conforme determinam as diretrizes do BID e do BIRD. O aviso deverá conter as informações básicas do certame.

5.6.2 A pré-qualificação

Para contratações complexas (assim consideradas as obras de grande vulto e complexidade e os casos em que o alto custo envolvido na elaboração de propostas pormenorizadas possa desestimular a participação de interessados), deve-se realizar uma pré-qualificação. Neste procedimento, serão avaliadas (i) a experiência e o desempenho anterior dos interessados em contratos similares, (ii) sua capacidade em termos de pessoal, equipamento e instalações necessárias à execução do objeto contratual, e (iii) a situação financeira dos licitantes. Nesse caso, após a pré-qualificação, haverá a publicação de um novo edital, sendo que somente os pré-qualificados poderão apresentar as suas propostas.

Os licitantes que discordarem da decisão de pré-qualificação poderão impugná-la, inclusive mediante protesto ao organismo financiador.

Precedente do Public Procurement Committee – PPC do BID

Necessidade de cumprir os requisitos de pré-qualificação: "Protest: Bidder C protested the prequalification of bidders A and D as they did not comply with the financial requirements of the prequalification documents. Bidder D as their profitability ratio was negative when the requirement was that it be positive and Bidder A for having a construction turnover capacity lower than the value of the contract for which they were competing as required by the prequalification documents. [...] Resolution: The Project Procurement Committee resolved: Accept the protest presented by bidder C against the adjudication of the contract to either bidder A or bidder D, as neither bidder complied with the financial requirements of the prequalification documents". (Protest nº 3/2007)

5.6.3 O edital da licitação

O edital da licitação deve fornecer as informações necessárias para que os interessados elaborem suas propostas.

Em regra, o edital deverá ser composto de aviso, instruções aos licitantes, formulário de proposta, formulário do contrato, condições gerais e especiais do contrato, especificações e desenhos, informações técnicas relevantes, relação dos bens a serem adquiridos ou planilha de quantidades, prazo de entrega ou cronograma de execução, e apêndices necessários, tais como modelos para garantias diversas.

A Administração, ao elaborar o edital, deverá utilizar os Documentos Padrão para Licitações elaborados pelo BID ou pelo BIRD. As instituições exigem que eventuais alterações introduzidas pelo mutuário sejam previamente autorizadas pelo banco. Além disso, elas devem ser mínimas, ou seja, devem corresponder ao estritamente necessário para adequar os documentos às condições específicas do projeto.

Como não poderia deixar de ser, exige-se que as previsões do edital sejam claras e precisas, o que é fundamental para o normal desenvolvimento do certame. De todo modo, será assegurada aos licitantes a possibilidade de formular pedidos de esclarecimentos em determinado prazo. Em certos casos, haverá também a possibilidade de realização de visitas aos locais de execução do projeto.

Quando o contrato estiver sujeito a revisão prévia (*ex ante*), o banco financiador deverá receber uma cópia dos esclarecimentos e será consultado para a emissão de sua "não objeção".

O BID e o BIRD ainda incentivam que se preveja a solução de controvérsias por meio de arbitragem. Os bancos, contudo, estabelecem que não poderão ser solicitados a atuar como árbitros nem a indicar árbitros.

5.6.4 As propostas

Publicado o edital, e realizada a pré-qualificação se for necessária, os interessados serão convidados a apresentar suas propostas no prazo estabelecido.

O prazo para apresentação das propostas deve ser compatível com a complexidade do certame. No caso de obras maiores, ou quando equipamentos complexos forem necessários, o prazo poderá ser bem maior do que a média.

As propostas devem ser válidas pelo prazo especificado no instrumento convocatório, que normalmente será o necessário para a finalização do procedimento, levando-se em consideração inclusive o tempo necessário para a revisão pelo organismo financiador. Poderá ser exigida uma garantia de proposta, ou ao menos uma declaração dos licitantes de que deixarão de ser elegíveis por determinado tempo caso retirem ou modifiquem sua proposta durante o seu prazo de validade.

Como regra geral, as propostas deverão contemplar todos os custos para sua execução, inclusive de instalação, transporte, seguros, tributos, entre outros encargos.

Além disso, os licitantes deverão observar os critérios de reajuste de preços previstos no edital. É comum que certos itens devam ser cotados em valores fixos. Além disso, normalmente não haverá previsão de reajuste para contratos a serem executados em até dezoito meses. Entretanto, mesmo nesses casos poderá haver a previsão de reajustes se a inflação for estimada em patamares elevados. Existindo previsão de reajuste, as fórmulas e a data-base para sua aplicação serão estabelecidas no edital.

As diretrizes do BID e do BIRD admitem que o edital indique uma ou mais moedas que serão utilizadas pelos licitantes na cotação de seus preços. Nesse caso, deverá ser estabelecido um procedimento de conversão de preços para uma única moeda (local ou estrangeira livremente conversível), indicada no edital, a fim de possibilitar a comparação das propostas. A conversão deverá utilizar as taxas de câmbio para venda dessas moedas cotadas para transações semelhantes por uma fonte oficial ou alguma outra fonte segura. A fonte e a data escolhida para a conversão deverão ser escolhidas previamente e declaradas no próprio edital.

É possível até mesmo que os licitantes cotem seus preços se utilizando de mais de uma moeda.

As regras do BID e do BIRD admitem que o pagamento seja feito na moeda prevista na proposta, mas o edital deverá especificar as condições para o caso concreto. É fundamental que o instrumento convocatório esgote o tema, a fim de se prevenir litígios quanto aos valores devidos no momento dos pagamentos.

Os pagamentos serão efetuados ao longo da execução do contrato. É fundamental que o edital também cuide especificamente desse assunto. As regras do BID e do BIRD admitem ainda que haja pagamentos adiantados pelo mutuário – por exemplo, quando são necessários deslocamentos e compra de equipamentos e materiais. Os adiantamentos serão vinculados ao montante estimado para tais gatos e serão previstos no edital da licitação.

Ainda com relação aos pagamentos, o edital deverá especificar a sua forma e condições de realização, indicando inclusive se serão permitidas outras modalidades e condições alternativas – e, neste caso, como tais condições afetarão a avaliação das propostas.

5.6.5 A abertura e o exame das propostas

As propostas serão abertas tão logo termine o prazo de entrega, no momento e no local estipulados no contrato, sempre em sessão pública.

A Administração poderá pedir aos licitantes esclarecimentos que sejam necessários à avaliação das propostas, sendo vedado solicitar ou permitir alterações de substância ou de preço após a abertura. Os esclarecimentos e as respostas serão comunicados por escrito.

Prestados eventuais esclarecimentos, a Administração decidirá se as propostas satisfazem os requisitos de elegibilidade exigidos pelo BID ou pelo BIRD e se atendem às exigências formuladas. Serão desconsideradas as propostas que contiverem desvios materiais ou restrições em relação aos termos, condições e especificações contidos no edital.

> *Precedente do Project Procurement Committee – PPC do BID*
>
> Necessidade de atendimento às especificações do edital: "Protest: Bidder A protested the disqualification of its bid indicating that its bid did comply with the requirements of the bidding documents. It also responded to all the requests for bid clarification made by the Evaluation Committee. [...] Considerations: 1. The Committee of Experts considered the technical matters mentioned in the protest and determined that the bid of bidder A did not comply with the technical specifications of the bidding documents. Resolution: The Project Procurement Committee resolved: Dismiss the protest presented by bidder A on the disqualification of its bid, considering that the Executing Agency properly evaluated the bid in strict compliance with the bidding documents, and that bidder´s A bid did not comply with the technical requirements specified". (Protest nº 2/2007)

As regras do BID e do BIRD vedam a correção de desvios materiais e de eventuais restrições às exigências formuladas, mas permitem o ajuste do preço para a correção de erros aritméticos, bem como a correção de desvios ou restrições não materiais.

Ao final da avaliação das propostas, a Administração deverá formular um relatório pormenorizado de avaliação e comparação, explicitando as razões que a levaram a decidir pela proposta considerada vencedora, e remetendo-o ao banco financiador.

É possível que nenhuma das propostas seja considerada aceitável. Nesse caso, a Administração deverá examinar os motivos que justificaram a rejeição e considerar a necessidade de revisar as condições estabelecidas para o certame.

5.6.6 A pós-qualificação

Nos casos em que não houve pré-qualificação, a Administração decidirá se o licitante que apresentou a melhor proposta possui a qualificação necessária para a execução satisfatória do contrato. Na realidade, portanto, as regras do BID e do BIRD contemplam a possibilidade de *inversão de fases*, examinando-se os requisitos de qualificação apenas do licitante que houver apresentado a proposta considerada mais vantajosa. A inversão de fases pode ser adotada nas licitações realizadas com financiamento do BID e do BIRD. Afinal, trata-se apenas de uma modificação de ordem procedimental, que não ofende os princípios básicos das licitações – tanto é que sua utilização vem sendo prevista em uma série de leis nacionais. Se a inversão de fases fosse incompatível com os princípios reitores das licitações, sua previsão em leis específicas seria inconstitucional, o que evidentemente não se pode afirmar.

Se o licitante que apresentou a melhor proposta não atender à qualificação exigida, a Administração passará ao exame do segundo melhor classificado, e assim sucessivamente até que um interessado que tenha apresentado proposta regular atenda a todos os requisitos exigidos pelo edital para sua qualificação.

Precedente do Project Procurement Committee – PPC do BID

Impossibilidade de o licitante se valer de experiência técnica de empresa consorciada em outra ocasião: "The Executing Agency disqualifies firm A's bid as it did not meet the experience requirements specified in the Bidding Documents, as the specific experience presented to qualify corresponds to firm B. [...] Considerations: 1. That section I, clause 21.2 of the Bidding Documents clearly specified the documents that had to be submitted with the bid if the bidder was a joint venture. [...] 3. That during the examination of the technical bid of firm A, it was evident that the experience presented on digitalization belonged to firm B, for which firm A is an authorized distributor in the borrower's country. [...] 5. That the technical proposal of firm A did not comply with the requirements of the bidding documents with respect to experience and it was not appropriate to add the experience of firm B, and therefore the bid was disqualified. [...] Resolution: The Project Procurement Committee resolved: Dismiss firm A's protest related to the disqualification of its bid as the Evaluation Committee properly evaluated the bid in strict accordance with the requirements of the Bidding Documents, requirements that were not complied by firm A's bid". (Protest nº 1/2007)

5.6.7 A decisão acerca das propostas, a "não objeção" e a adjudicação

Quando a Administração decidir pela melhor proposta, deverá encaminhar sua recomendação de adjudicação ao banco financiador, que emitirá a sua "não objeção" se entender pela regularidade da decisão. Mais uma vez, portanto, o BID e o BIRD têm uma atuação ativa, examinando a decisão tomada pelo mutuário e possivelmente se opondo a ela.

Após a "não objeção", haverá a adjudicação e a publicação do resultado pela Administração.

5.6.8 A possibilidade de impugnação da decisão

As regras do BID e do BIRD não preveem a possibilidade de impugnar a decisão acerca das propostas (por exemplo, por meio de recurso). Estabelecem apenas que, após a publicação da decisão de adjudicação, o licitante poderá pedir explicações à Administração sobre os motivos pelos quais sua proposta não foi a selecionada. A Administração, então, prestaria seus esclarecimentos por escrito ou em uma reunião específica.

Entretanto, a aplicação das regras do BID e do BIRD não afasta a possibilidade de os licitantes exercerem seu direito de petição e, assim, apresentarem impugnação à decisão junto à Administração Pública mutuária. Além disso, é facultado aos licitantes formular reclamações ao organismo financiador, que poderá entender que a decisão tomada não foi adequada. Nesse caso, o banco não apresentará sua "não objeção" e, assim, a Administração acabará não obtendo o financiamento pretendido.

Assim, é necessário reconhecer que há algumas oportunidades para os licitantes impugnarem as decisões tomadas ao longo da licitação.

A sistemática de formulação de protestos será examinada mais detidamente em tópico apartado, ainda neste capítulo.

5.6.9 Os demais procedimentos licitatórios e o de contratação direta

Os diversos procedimentos licitatórios diferentes do procedimento geral são explicitados nas diretrizes do BID e do BIRD. Não cabe aqui detalhar todos eles. Basicamente, são variações procedimentais.

Da mesma forma, há um procedimento específico para contratações diretas, que também é detalhado nas diretrizes das instituições.

5.7 As modalidades licitatórias aplicáveis à seleção e contratação de consultores

As Políticas do BID e do BIRD ainda preveem procedimentos específicos para a seleção e contratação de consultores, que são diferentes daqueles aplicáveis à aquisição de bens e à contratação de obras.

O procedimento-base para a seleção e contratação de consultores com recursos do BID e do BIRD é o da Seleção Baseada na Qualidade e no Custo (SBQC). As diretrizes dos bancos, no entanto, preveem algumas variações procedimentais, que são as seguintes: (i) Seleção Baseada na Qualidade (SBQ), (ii) Seleção com Orçamento Fixo (SOF), (iii) Seleção Baseada no Menor Custo (SMC), (iv) Seleção Baseada nas Qualificações do Consultor e (v) Contratação Direta ou Seleção Direta.

Tal como ocorre nas regras para contratação de fornecimentos e obras, há algumas diferenças de denominação dos diversos procedimentos entre as regras do BID e do BIRD, muito embora as normas sejam substancialmente as mesmas.

A relação dos procedimentos existentes pode ser sintetizada no seguinte quadro:

LICITAÇÕES PARA SELEÇÃO E CONTRATAÇÃO DE CONSULTORES FINANCIADAS PELO BID E PELO BIRD

(continua)

Procedimentos previstos nas Políticas do BID	**Procedimentos previstos nas Políticas do BIRD**	**Aplicabilidade do procedimento**
Seleção Baseada na Qualidade e Custo (SBQC)	Seleção Baseada na Qualidade e no Custo (SBQC)	É o procedimento-base para a contratação de consultores a partir de uma lista curta, no qual há a atribuição de pesos à qualidade e ao custo.
Seleção Baseada na Qualidade (SBQ)	Seleção Baseada na Qualidade (SBQ)	É o procedimento aplicável a (i) serviços complexos ou altamente especializados, (ii) serviços que tenham grande impacto em longo prazo, e (iii) serviços que possam ser realizados de formas substancialmente diferentes de modo que as propostas não possam ser comparadas.

(conclusão)

Seleção com Orçamento Fixo (SOF)	Seleção com Orçamento Fixo (SOF)	É o procedimento apropriado para a contratação de serviços simples de consultoria, que possam ser definidos com precisão e cujo orçamento seja fixo.
Seleção Baseada no Menor Custo (SMC)	Seleção pelo Menor Custo (SMC)	É o procedimento aplicável para a seleção de consultores nos casos em que os serviços são de natureza padronizada ou rotineira e já existem práticas e padrões bem definidos.
Seleção Baseada nas Qualificações do Consultor (SQC)	Seleção Baseada nas Qualificações do Consultor (SQC)	É o procedimento previsto para a contratação de serviços pequenos de consultoria, para os quais não se justifica a elaboração e a avaliação de propostas competitivas.
Seleção Direta	Contratação Direta CD	Exceção ao procedimento licitatório, é o procedimento aplicável a hipóteses excepcionais e justificadas: (i) serviços que envolvam continuação decorrente de trabalhos anteriores já executados pelo mesmo consultor, (ii) situações emergenciais, (iii) serviços muito pequenos, ou (iv) quando apenas um consultor mostrar-se qualificado ou com experiência de valor excepcional para a execução do serviço

Inicialmente, será exposto o procedimento da Seleção Baseada na Qualidade e Custo (SBQC). Na sequência, serão examinadas as variações procedimentais.

5.7.1 A Seleção Baseada na Qualidade e Custo

A Seleção Baseada na Qualidade e Custo é o procedimento padrão a ser adotado nas licitações realizadas com recursos do BID e do BIRD para a contratação de consultores. Nesse procedimento, há uma disputa entre consultores constantes de uma lista curta, no qual são considerados a qualidade das propostas e os custos dos serviços a fim de se definir o licitante vencedor. Trata-se de modalidade comparável à licitação do tipo "técnica e preço", já que em cada caso deve haver a atribuição de pesos à qualidade das propostas e ao custo, de acordo com a natureza do serviço que se pretende contratar.

A Seleção Baseada na Qualidade e no Custo apresenta uma série de etapas, que são as seguintes: (i) elaboração dos Termos de Referência (TDR); (ii) preparação da estimativa de custo e orçamento; (iii) publicidade; (iv) elaboração da lista curta de consultores; (v) elaboração e envio da Solicitação de Propostas (SDP); (vi) recebimento das propostas; (vii) avaliação das propostas técnicas; (viii) abertura pública das propostas financeiras; (ix) avaliação das propostas financeiras; (x) avaliação final da qualidade e custo; e (xi) negociações e adjudicação do contrato ao consultor selecionado.

5.7.1.1 Elaboração dos Termos de Referência (TDR)

A primeira etapa da licitação consiste na formulação dos Termos de Referência, que devem ser providenciados pela Administração.

Os Termos de Referência deverão definir com clareza as responsabilidades do mutuário e do contratado, os objetivos, as metas e o escopo do serviço pretendido, além de fornecer as informações disponíveis para que os interessados tenham condições de formular as suas propostas. Se a contratação envolver também a transferência de conhecimento ou o treinamento de servidores, isso deverá constar dos Termos de Referência a fim de que tais atividades possam ter seu preço estimado pelos interessados.

As regras do BID e do BIRD estabelecem que, apesar de ser detalhado o suficiente para permitir a elaboração das propostas, o Termo de Referência não deve ser inflexível a ponto de impossibilitar que os interessados apresentem sua própria metodologia e pessoal. Na contratação de consultores pelo método da Seleção Baseada na Qualidade e Custo, portanto, pretende-se que a Administração se valha da experiência e do conhecimento técnico dos interessados como forma de se obter uma metodologia de execução mais adequada.

5.7.1.2 Estimativa de custo (orçamento)

A Administração ainda deve elaborar uma estimativa de custo, que precisa abranger tudo o que for necessário para a execução dos serviços. As regras mencionam tempo de pessoal, apoio logístico e insumos físicos (por exemplo, veículos e equipamento de laboratório), mas se houver outros custos, estes também devem ser estimados.

Na realidade, a estimativa de custos pela Administração constitui uma obrigação derivada da responsabilidade fiscal na utilização dos recursos. Existiria mesmo no silêncio das diretrizes do BID e do BIRD.

De todo modo, as Políticas do BID e do BIRD preveem algumas peculiaridades na classificação dos custos. Eles devem ser classificados em duas categorias amplas: (i) honorários ou remuneração, que é a remuneração propriamente dita a ser recebida pelos consultores, e (ii) despesas reembolsáveis, que são as despesas incorridas para a execução do contrato e que deverão ser objeto de reembolso. As despesas reembolsáveis são subdivididas em despesas (i) locais e (ii) no exterior, ou seja, despesas realizadas no Brasil e fora do país, para o caso de contratações realizadas no país.

As estimativas de custo feitas pela Administração, evidentemente, devem ser realistas.

5.7.1.3 Publicidade

A Administração também deve encaminhar ao banco financiador uma minuta de Aviso Geral de Aquisições (também denominado de Aviso Geral de Licitação).

O Aviso Geral deve conter a relação dos serviços de consultoria esperados.

Deve ser observado um prazo mínimo a contar da data de publicação para que os interessados apresentem suas respostas, antes da elaboração da lista curta. Note-se que essas respostas ainda não correspondem às propostas dos interessados. Trata-se apenas do envio das informações exigidas pelo Aviso Geral de Aquisições e pela solicitação de manifestação de interesse – que normalmente dirão respeito apenas à qualificação dos interessados e à indicação de possíveis conflitos de interesse. As propostas serão apresentadas somente após a elaboração da lista curta.

5.7.1.4 A lista curta de consultores

Apresentadas as manifestações de interesse, a Administração deverá elaborar uma lista curta dos interessados que tenham apresentado a qualificação necessária, de acordo com os critérios previamente estabelecidos e divulgados na solicitação.

Elaborada a lista curta, a Administração deverá remetê-la ao banco para que ele emita a sua "não objeção". A partir daí, a lista não poderá mais ser alterada, e o resultado deverá ser comunicado a todos os que manifestaram seu interesse.

As regras do BID e do BIRD não preveem expressamente a possibilidade de interposição de recurso contra a decisão de elaboração da lista curta, mas entende-se que pode haver o exercício do direito de petição, bem como a elaboração de uma reclamação diretamente ao banco financiador.

5.7.1.5 A solicitação de propostas

A solicitação de propostas deverá ser encaminhada aos licitantes constantes da lista curta. Poderá também ser enviada por um meio eletrônico considerado seguro.

As regras do BID e do BIRD estabelecem que a Administração deverá utilizar as Solicitações de Propostas padronizadas emitidas pelos bancos. Eventuais modificações deverão ser previamente aprovadas pelo organismo financiador e deverão se restringir ao necessário para atender às peculiaridades do projeto.

A Solicitação de Propostas deverá conter (i) uma Carta de Solicitação de Propostas (ou Carta Convite), (ii) as Instruções aos Consultores, (iii) o Termo de Referência e (iv) a minuta de contrato a ser firmado com a Administração.

A Carta de Solicitação de Propostas (ou Carta Convite) é o documento que anuncia a intenção da Administração de contratar o serviço de consultoria. Além disso, o documento deve mencionar a fonte dos recursos, a data, hora e local de entrega das propostas.

As Instruções aos Consultores devem conter as informações necessárias para a elaboração das propostas. É um imperativo de transparência e objetividade o julgamento que as Instruções sejam claras e completas. Elas devem indicar os critérios e fatores de avaliação, inclusive os respectivos pesos, bem como de definição da nota mínima para aprovação. Devem mencionar também uma estimativa da quantidade dos serviços essenciais exigidos dos consultores ou o orçamento total, mas não ambas as informações. Entretanto, as diretrizes do BID e do BIRD mencionam que caberá aos consultores estimar as suas próprias estimativas do tempo de trabalho necessário para a execução do serviço e apresentar o custo correspondente em suas propostas. As Instruções aos Consultores deverão fixar também o prazo de validade das propostas, que deve ser necessário para a finalização de todo o procedimento, inclusive com a aprovação do banco financiador.

A minuta de contrato, por sua vez, deverá seguir a minuta padrão expedida pelo BID ou pelo BIRD, conforme o caso, com as alterações mínimas necessárias e aprovadas pelo banco. As alterações são feitas por meio de Condições Especiais do Contrato. As denominadas Condições Gerais do Contrato não devem ser alteradas.

São cláusulas essenciais do contrato as que dispõem sobre a moeda a ser utilizada, os critérios de reajuste dos preços, as condições de pagamento, as garantias prestadas pelo contratado, a contribuição da Administração (por exemplo, com a cessão de pessoal e de materiais), os casos em que há conflito de interesse, a responsabilidade profissional do contratado, a substituição de pessoal, a lei aplicável e a resolução de conflitos – que pode ocorrer inclusive por meio de arbitragem.

Se nenhuma das minutas padrões servir às peculiaridades do caso, a Administração poderá elaborar uma minuta própria, que deverá ser aceita pelo financiador para que este efetivamente conceda o financiamento pretendido.

5.7.1.6 Recebimento das propostas

As diretrizes do BID e do BIRD estabelecem que o prazo para a elaboração das propostas deverá ser razoável e proporcional à complexidade da contratação pretendida.

Ao longo do prazo de apresentação das propostas, os licitantes poderão solicitar esclarecimentos à Administração, que deverá prestá-los por escrito a todos os concorrentes. Dependendo do teor dos esclarecimentos, poderá ser necessário prorrogar o prazo – por exemplo, se eles influírem na elaboração das propostas.

As propostas técnicas e de preço serão apresentadas simultaneamente, em envelopes separados e lacrados, na data, hora e local designados para a entrega. De imediato, haverá a abertura das propostas técnicas ainda na sessão pública. Os envelopes com as propostas financeiras permanecerão lacrados até o momento apropriado para a sua abertura, que ocorrerá após o exame das propostas técnicas e a "não objeção" do organismo financiador.

Precedentes do Project Procurement Committee – PPC do BID

Necessidade de abertura das propostas imediatamente após a sua apresentação: "The delay on behalf of the Representation, which in this case was acting as the executing agency, of more than two weeks between the due date to present proposals and the opening act is not aligned with the Procurement Policy that states that 'The technical envelopes shall be opened immediately by a committee of officials drawn from the relevant departments (technical, finance, legal, as appropriate), after the closing time for submission of proposals". (Protest nº 001/2010)

Descabimento de alegação de problemas técnicos como justificativa para submissão de proposta via sistema informatizado: "No other firm encountered problems uploading their proposals to the eSourcing systems (two of them uploaded their proposals two hours before the time limit) and there was no report on behalf of the Bank's Information Technicians stating that the system was not working.

- Firm A did not protest that it was having trouble with the system when they started having problems. It only pronounced itself on the issue after the due date and time.

[...]

- There were other available ways of submitting a proposal, including the physical delivery of the proposal.

- All firms had the same amount of time to submit their proposals (51 days). No other firm beside Firm A requested additional time, but when Firm A did request an extension of time, other firms had already submitted their proposals.

- The Standard Bidding document clearly specifies that the proposal should consist of a technical proposal and a price proposal. The technical proposal by itself is not sufficient to be considered for evaluation.

- Even if only 8 minutes had passed from the due time for submitting proposal and the time they were able to submit their proposal, it happened after the specified time frame and it is necessary to respect the Procurement Policy on this point." (Protest nº 003/2010)

5.7.1.7 Avaliação das propostas técnicas

Para a avaliação das propostas técnicas, as regras do BID preveem a observância dos seguintes critérios: (i) experiência do consultor, (ii) qualidade da metodologia proposta, (iii) qualificação do pessoal-chave proposto, (iv) transferência de conhecimento, se exigida no caso, e (v) grau de participação de pessoal nacional no pessoal-chave proposto para a execução do serviço.

A cada critério será atribuída pontuação dentro dos pesos previstos nas regras do BID. Os critérios (e subcritérios) de atribuição das notas técnicas deverão ser previamente esclarecidos, de modo que o julgamento seja objetivo. Não basta apenas mencionar os critérios e estabelecer as pontuações máximas de cada qual. É imprescindível que os documentos que regem a licitação indiquem exatamente o que significa cada critério e de que forma ele será avaliado. Do contrário, haverá subjetividade no julgamento, o que poderá acarretar a própria nulidade do certame. É verdade que tanto o BID quanto o BIRD recomendam que a divisão dos critérios em subcritérios não seja excessivamente pormenorizada, a fim de não tornar a avaliação um ato meramente mecânico. Mesmo assim, é imprescindível que haja uma preocupação com a objetividade do julgamento. Do contrário, haverá ofensa aos princípios gerais da licitação, em contrariedade ao que prevê o artigo 1º, §3º, da Lei nº 14.133.

O julgamento deverá ser realizado de acordo com as condições previstas no Termo de Referência. Será declarada inadequada a proposta que não atenda às condições exigidas ou deixe de atender a nota técnica mínima especificada previamente na Solicitação de Propostas.

Ao final da avaliação, a Administração elaborará um Relatório de Avaliação Técnica das propostas técnicas e, no caso de contratos sujeitos a revisão prévia, enviá-lo-á ao BID ou ao BIRD, conforme o caso, para a sua "não objeção". O relatório deverá justificar os resultados da avaliação e descrever os pontos fortes e deficientes das propostas.

Concluída a avaliação das propostas técnicas e emitida a "não objeção" pelo banco financiador, a Administração deve comunicar a pontuação técnica aos consultores que apresentaram propostas, advertindo-os da data da realização da sessão de abertura das propostas financeiras.

Não há previsão de interposição de recurso contra a decisão de exame e classificação das propostas técnicas, mas é possível o exercício do direito de petição, bem como a formulação de representação ao banco financiador (BID ou BIRD, conforme o caso).

Precedentes do Project Procurement Committee – PPC do BID

> Possibilidade de sanar defeitos formais: "Considerations: The EA[141] did not inform the Bank in complete and timely manner the reasons for Firm 'A' disqualification. EA accepted implicitly that the referred omissions were reparable errors when it requested additional information to Firm 'A'. Firm 'A' complied with the request from EA, within the timeframe which was not under its own control. The missing documents were of historic character and their delivery slightly after the deadline date, do not affect Firm 'A''s bid or the right of other bidders. Decision: The Procurement Committee decided to: (a) ACCEPT Firm 'A''s protest for the reason that the missing documents are of historic nature which are reparable errors, and Firm 'A' did submit them as requested by EA, within a prudential timeframe; and (b) INFORM EA of the need to prepare a new evaluation report, including Firm 'A''s bid." (Case-PC 06/06)
>
> Possibilidade de sanar defeitos formais: "Decision: The Procurement Committee resolved to recommend: DISMISS the protest against the

[141] *EA* é o órgão executor (*Executive Agency*).

awarding of item #3 of the contract, because the presentation of the video in a language different to Spanish is an error that can be fixed. All the presented proposals fulfilled the technical requirements and the award went to the best offer." (Case PPC-07/2006)

5.7.1.8 Avaliação das propostas financeiras

A abertura das propostas financeiras deve ocorrer em sessão pública, convocada com antecedência necessária a possibilitar a participação dos licitantes.

Para que haja a correta comparação das propostas, os valores devem ser convertidos para uma única moeda. A conversão se dará utilizando as taxas de câmbio para venda em transações similares, fixadas por fonte oficial, por banco comercial ou por jornal de circulação internacional, em determinada data, tudo da forma como houver sido previsto na Solicitação de Propostas. A comparação também deverá levar em consideração os custos diferenciados de imposto de renda e de impostos diretos locais identificáveis, de modo que seja feita de forma justa.

O preço ofertado deverá contemplar toda a remuneração dos consultores e demais gastos para a execução do contrato.

5.7.1.9 Definição da proposta vencedora e negociação

As notas finais dos licitantes serão obtidas somando-se as notas ponderadas atribuídas às propostas técnicas e financeiras, de acordo com os pesos previamente estabelecidos nas Solicitações de Propostas.

Novamente, as regras do BID e do BIRD não preveem a possibilidade de interposição de recurso, o que não impede os licitantes de questionar a avaliação realizada.

O licitante que obtiver a melhor nota final será convidado à negociação.

De acordo com as diretrizes, as negociações não precisam se limitar exclusivamente ao preço. Podem compreender condições relativas à execução do contrato, mas não podem resultar em alterações substanciais do contrato, seja para não afetar a qualidade da prestação pretendida, seja para não resultar até mesmo em ofensa aos princípios da impessoalidade e da objetividade do julgamento. Afinal, sob condições diversas, outros licitantes poderiam ter ofertado propostas financeiras mais vantajosas, com um resultado potencialmente diverso do certame.

As negociações financeiras, de modo geral, compreenderão a solicitação de esclarecimentos acerca da proposta – por exemplo, sobre a responsabilidade do consultor pelo recolhimento de tributos. As regras do BID e do BIRD estabelecem que, em geral, os preços não são negociáveis, salvo situações excepcionais, como, por exemplo, se os honorários propostos forem muito superiores à remuneração normalmente cobrada por consultores para contratos similares. Entretanto, essa exceção deve ser interpretada com cautela. Não se pode expor o licitante a uma negociação desproporcional, que o obrigue a reduzir os seus honorários de modo vexatório. Além disso, nessa fase do certame, a proposta do consultor já se revelou como a mais vantajosa em comparação com as dos demais interessados – o que, por si só, já conduz à presunção de que os preços propostos são compatíveis com os de mercado.

Como regra geral, o licitante vencedor não poderá substituir os profissionais integrantes do pessoal-chave, a menos que se reconheça que, em virtude de atrasos na condução do certame, tal substituição tenha se tornado inevitável, ou que a alteração passou a ser indispensável para se atingir os objetivos propostos. Fora dessas hipóteses, o licitante poderá ser desqualificado caso se verifique que ele incluiu no pessoal-chave profissionais sem a necessária confirmação de disponibilidade. Além disso, as regras preveem que o profissional proposto para substituição deverá ter qualificação igual ou superior à do substituído.

Caso, ao final da negociação com o primeiro colocado, não se chegar a condições aceitáveis, a Administração deverá encerrar as negociações com ele, expondo ao licitante as suas razões e consultando o banco financiador acerca dessa providência. Em seguida, deve-se convidar o segundo colocado para negociar, e assim sucessivamente até que se obtenham condições satisfatórias.

Precedente do Project Procurement Committee – PPC do BID

Necessidade de se observar a isonomia nas negociações com os licitantes: "Protest: Consultant A protested the decision of the Executing Agency of terminating the negotiations, that they did not receive a copy of the minutes of the negotiating meeting and that they want to continue with the negotiations. Considerations: 1. That the Executing Agency communication to the Bank regarding ending the negotiations with consultant A, the best evaluated consultant, was not very explicit and therefore considers that said negotiations have not terminated. 2. That the principal arguments given to end negotiations with consultant A was that they did not want to sign a contract without clarifying an undetermined ending date and that in the subsequent negotiations with consultant B this issue was clarified. [...]4. That there are discrepancies in the manner of the negotiations with consultant A and those with consultant B, given that consultant A's proposal regarding clarification of the ending time of the contract was refused but a similar proposal by consultant B was accepted. Resolution: The Project Procurement Committee resolved: Accept the protest of consultant A, annul the negotiations with consultant B and reinitiate the negotiations with consultant A in the same manner that the negotiations were conducted with consultant B." (Protest nº 1/2008)

5.7.1.10 Negociação frustrada e propostas inaceitáveis

É possível que, ao final das negociações, nenhuma proposta seja considerada aceitável. Trata-se de entendimento grave, que deve ser tomado com cautela. Afinal, haverá a completa frustração do certame, especialmente levando-se em consideração que as propostas técnicas e financeiras foram previamente examinadas, pontuadas e classificadas. De todo modo, se nenhuma proposta for aceitável, a Administração, antes de decidir por rejeitá-las e solicitar novas propostas, deverá comunicar o banco, indicando as razões que conduziram ao seu entendimento, a fim de obter a "não objeção". Eventual novo processo deverá levar em consideração eventual necessidade de revisão da Solicitação de Propostas e do orçamento, o que também deverá ser examinado e aprovado pelo banco.

Note-se, contudo, que eventual discordância do banco com os motivos expostos pela Administração para a rejeição de todas as propostas não significa que a contratação será obrigatória. O BID e o BIRD não têm a possibilidade de obrigar a Administração a contratar uma proposta que tenha sido considerada inaceitável pelo Poder Público. No máximo, os organismos financiadores poderão se recusar a financiar a nova licitação e poderão cobrar encargos e outras penalidades eventualmente previstas no contrato de mútuo. A escolha por contratar ou não constitui ato de competência da Administração. Ainda que possa ser questionada – até mesmo judicialmente, inclusive por licitantes que se sintam prejudicados –, não se trata de uma decisão que possa ser revista pelo financiador e imposta unilateralmente pela Administração.

5.7.1.11 Adjudicação e publicidade do resultado final

Ao final, a Administração deverá obter a "não objeção" do BID ou do BIRD, conforme o caso, notificando todos os interessados do resultado.

Após a adjudicação, deverá ser publicado o resultado do certame, indicando-se os nomes de todos os consultores, as notas técnicas atribuídas a cada um deles, os preços respectivos, a classificação final e o nome do vencedor, com a menção ao preço, prazo e resumo do objeto do contrato.

As regras do BID e do BIRD não preveem a possibilidade de interposição de recurso. Estabelecem apenas que o licitante que deseje conhecer os motivos da não seleção da sua proposta poderá solicitar esclarecimentos à Administração, a qual deverá fornecer as explicações por escrito ou em reunião de esclarecimentos, à escolha do consultor. Apesar disso, os interessados têm à sua disposição a possibilidade de impugnar as decisões por meio do exercício do direito de petição, bem como podem formular protestos diretamente ao organismo financiador.

5.7.2 As variações procedimentais

As regras do BID e do BIRD preveem outros procedimentos licitatórios, diferentes da Seleção Baseada na Qualidade e Custo. Esses outros métodos deverão ser utilizados nas situações em que a Seleção Baseada na Qualidade e Custo não for o método mais recomendável.

5.7.2.1 Seleção Baseada na Qualidade

A Seleção Baseada na Qualidade é o procedimento aplicável basicamente a três hipóteses.

A primeira delas consiste na contratação de serviços complexos ou altamente especializados de consultoria, para os quais houver dificuldade na definição precisa dos Termos de Referência e dos insumos necessários aos consultores, e para os quais a Administração espera que os interessados imprimam um caráter inovador às propostas.

A segunda hipótese é a da contratação de serviços de consultoria que tenham grande impacto em longo prazo e cujo objetivo seja obter os melhores especialistas. São exemplos dessa hipótese a contratação de projetos de viabilidade e engenharia estrutural de grandes obras de infraestrutura, tais como grandes represas, estudos de políticas de alcance nacional, e estudos gerenciais de importantes órgãos governamentais.

A terceira hipótese de cabimento da Seleção Baseada na Qualidade consiste na contratação de serviços que possam ser realizados de modos substancialmente diferentes, o que dificulta a comparação das propostas. As diretrizes dão como exemplos os serviços de assessoria de gestão e estudos setoriais e de políticas cujo valor dependa da qualidade da análise.

As diretrizes do BID e do BIRD preveem duas sistemáticas possíveis para a Seleção Baseada na Qualidade. É possível que a Solicitação de Propostas preveja a apresentação apenas da proposta técnica (sistema de um envelope), ou preveja a apresentação simultânea das propostas técnica e financeira (sistema de dois envelopes). A diferença é que, no sistema de um envelope, apenas o licitante que houver apresentado a melhor classificação técnica apresentará sua proposta financeira. No sistema de dois envelopes, as duas propostas são apresentadas simultaneamente por todos os licitantes, sendo que as propostas financeiras permanecerão lacradas até que ocorra a classificação das propostas técnicas. Nos dois casos, entretanto, a Solicitação de Propostas deverá conter o orçamento estimado pela Administração ou a estimativa de quantidade de tempo a ser alocado pelo pessoal-chave – muito embora os interessados disponham de liberdade para apresentar suas próprias estimativas.

Nos dois sistemas, a avaliação das propostas técnicas se dará tal como ocorre na Seleção Baseada na Qualidade e Custo. Após a abertura da proposta financeira do melhor classificado tecnicamente, haverá a negociação (também da mesma forma que ocorre no procedimento-base).

Na realidade, o procedimento de Seleção Baseada na Qualidade também leva em conta as propostas financeiras. A diferença essencial em relação ao procedimento-base é que não há uma avaliação simultânea das propostas técnicas e de preço mediante a aplicação de pesos.

5.7.2.2 Seleção com Orçamento Fixo

A Seleção com Orçamento Fixo é o procedimento aplicável à contratação de serviços mais simples de consultoria, que possam ser definidos com precisão e cujo orçamento seja fixo.

A Solicitação de Propostas indicará o orçamento disponível, convidando os consultores a apresentar propostas técnicas e financeiras, dentro dos limites do orçamento e em envelopes separados. O Termo de Referência deve ser detalhado a fim de garantir que o orçamento seja suficiente para a execução do objeto pretendido.

Primeiramente, serão avaliadas e classificadas as propostas técnicas, exatamente do modo que ocorre na Seleção Baseada na Qualidade e Custo. Em seguida, serão abertas as propostas financeiras. Aquelas que ultrapassarem o orçamento estabelecido pela Administração serão rejeitadas. O licitante que houver apresentado a melhor proposta técnica e cuja proposta financeira estiver no limite do valor orçado pela Administração será selecionado e convidado a negociar o contrato.

A Seleção com Orçamento Fixo, portanto, não leva em consideração as propostas financeiras na classificação dos licitantes, ao contrário do que ocorre na Seleção Baseada na Qualidade e Custo. Não se atribui um peso à proposta financeira. O critério decisivo é o conteúdo da proposta técnica. A proposta financeira que se mantiver nos limites do orçamento, e evidentemente for completa e correta, será aceita, mas sem que isso influencie na classificação dos licitantes.

Não se pretende aqui defender a invalidade do procedimento de Seleção com Orçamento Fixo, mas, examinando-o de modo crítico, ele chega a ser contraditório sob um certo ângulo, uma vez que a proposta técnica é a decisiva, mesmo em se tratando da contratação de serviços simples de consultoria.

5.7.2.3 Seleção Baseada no Menor Custo

A Seleção Baseada no Menor Custo é o procedimento apropriado para a contratação de serviços de consultoria que sejam de natureza padronizada ou rotineira (tais como projetos de engenharia de obras sem complexidade, entre outros), para os quais já existem práticas e padrões bem estabelecidos.

Nesse procedimento, haverá inicialmente uma nota mínima de qualificação, para que haja a formação de uma lista curta. Em seguida, os selecionados apresentarão suas propostas técnicas e financeiras. Primeiramente, serão abertas e avaliadas as propostas técnicas, rejeitando-se aquelas que obtiverem nota técnica inferior à mínima prefixada na Solicitação de Propostas. Em seguida, serão abertas as propostas financeiras dos licitantes cujas propostas técnicas foram aceitas. O vencedor será aquele que houver apresentado a menor proposta financeira dentre aqueles cujas propostas técnicas foram aceitas.

Portanto, na Seleção Baseada no Menor Custo, o critério determinante será a proposta financeira, desde que a proposta técnica tenha atingido uma nota igual ou superior à mínima estabelecida na Seleção de Propostas.

5.7.2.4 Seleção Baseada nas Qualificações do Consultor

A Seleção Baseada nas Qualificações do Consultor é o método aplicável para a contratação de serviços pequenos.

A Administração elaborará o Termo de Referência, solicitando manifestações de interesse, bem como informações relativas à experiência e à competência dos consultores. Em seguida, será elaborada uma lista curta e selecionado o licitante que apresentar a qualificação e as referências mais adequadas. O selecionado será convidado a apresentar uma proposta combinada de técnica e preço, e a seguir a negociar o contrato.

Os limites do que se compreende como um contrato "pequeno" serão especificados caso a caso. De acordo com as diretrizes do BID, para que um contrato seja "pequeno", jamais deverá ultrapassar o montante de duzentos mil dólares norte-americanos.

Para que a Seleção Baseada nas Qualificações do Consultor atenda aos princípios gerais das licitações, é necessário que o instrumento convocatório preveja de modo objetivo e completo os critérios a serem avaliados no tocante à experiência e competência dos consultores, bem como no que se refere às propostas. A seleção não pode se dar de modo subjetivo e impreciso, sob pena de haver ofensa aos princípios da impessoalidade e da objetividade do julgamento. Neste ponto, é importante reiterar que os recursos devem ser aplicados com eficiência. Além disso, em caso de financiamento pelo BID ou pelo BIRD, haverá o emprego de recursos públicos para cumprir as obrigações do mútuo contraído. Nada justifica, portanto, a desclassificação de um licitante mediante critérios descabidos (ou mediante a própria ausência de critérios). Tal situação poderia conduzir a um dispêndio desnecessário de recursos, o que é inaceitável.

5.7.2.5 Contratação direta

É possível a contratação direta de consultores, sem, portanto, a realização de uma licitação prévia, ainda que estejam envolvidos recursos doados ou financiados pelo BID ou pelo BIRD. Entretanto, as contratações diretas se restringem a circunstâncias excepcionais.

A contratação direta é considerada adequada, pelas regras do BID e do BIRD, apenas se representar uma vantagem em relação à competição, o que se presume ocorrer em algumas hipóteses.

A primeira delas é a da contratação de serviços que envolvam continuação decorrente de trabalhos anteriores já executados pelo mesmo consultor. Nesse caso, a continuidade na abordagem técnica, a experiência adquirida e a continuidade da responsabilidade profissional do mesmo consultor podem tornar preferível a sua contratação direta à instauração de um novo procedimento licitatório. Para tanto, exige-se que o consultor tenha desempenhado adequadamente o objeto contratual.

Para que haja a contratação direta, a Administração deverá justificar tecnicamente a opção adotada. Mesmo havendo a disponibilidade do consultor já contratado, a instauração de um procedimento licitatório poderá ser a opção mais adequada, especialmente se não houver prejuízo à continuidade do serviço por outro consultor.

A justificativa apresentada para a contratação direta será relevante para que o BID e o BIRD ampliem os recursos disponíveis para a contratação.

A segunda hipótese de contratação direta ocorre em situações de emergência, tais como o atendimento de ocorrências decorrentes de desastres e para serviços de consultoria necessários durante o período imediatamente posterior à emergência. Deve-se levar em conta que os serviços em questão são de consultoria, e não de realização de obras ou fornecimento de equipamentos. Normalmente, a contratação de serviços de consultoria não envolverá uma urgência tão evidente, embora ela possa ser justificável.

A terceira hipótese de contratação direta prevista nas diretrizes do BID e do BIRD consiste na contratação de serviços de consultoria de pequena monta (no máximo cem mil dólares norte-americanos para o BID e 300 mil dólares norte-americanos para o BIRD).

A quarta hipótese de contratação direta consiste na situação em que apenas um consultor for qualificado para a execução do serviço. A contratação direta de agências da ONU, por exemplo, pode ser enquadrada nessa hipótese se a agência apresentar qualificação única para o desempenho de determinada atividade.

Em qualquer caso de contratação direta, a Administração deverá dar publicidade ao ato praticado e, para que haja o financiamento, o banco deverá reconhecer os motivos que levaram à opção pela contratação direta.

5.8 A revisão do procedimento licitatório pelo BID e pelo BIRD e a formulação de protestos pelos licitantes

As diretrizes do BID e do BIRD preveem que os bancos, em diversos momentos do certame, devem revisar as decisões e procedimentos adotados. Isso se aplica às aquisições de bens e à contratação de obras e de serviços de consultoria. Portanto, a atuação das duas instituições não se resume à doação ou empréstimo de recursos para que a Administração possa realizar uma contratação. O BID e o BIRD têm uma atuação muito mais ativa. Devem verificar diversos atos praticados pelo mutuário e inclusive podem receber reclamações e protestos formulados por licitantes que se sintam eventualmente prejudicados. Essa atuação ativa do BID e do BIRD inclusive reforça sua legitimidade passiva em certos casos para responder a ações judiciais propostas por licitantes em virtude da prática de atos considerados inadequados, como já foi tratado no Capítulo 4.

5.8.1 Revisão do planejamento da contratação

O BID e o BIRD fazem uma revisão do Plano de Aquisições e suas alterações e atualizações, a fim de que ele atenda a todas as exigências das diretrizes editadas pelos bancos. A atuação do BID e do BIRD, portanto, já ocorre antes mesmo da licitação propriamente dita.

5.8.2 Revisão do certame e do contrato

A revisão do procedimento licitatório pelos bancos pode ocorrer de duas formas: revisão *ex ante* (ou revisão prévia), que ocorre ao longo de todo o certame, nos momentos estabelecidos pelas diretrizes editadas pelas duas instituições, e revisão *ex post* (ou revisão posterior), que pode ser realizada após a contratação.

5.8.2.1 Revisão *ex ante* (ou revisão prévia)

Em diversos momentos da licitação, inclusive na sua fase interna, o BID e o BIRD podem praticar uma série de atos de revisão.

Nos casos em que houver pré-qualificação (para aquisição de bens ou contratação de obras), a Administração, antes do lançamento do edital de pré-qualificação, deve fornecer ao banco financiador a minuta dos documentos que serão utilizados, inclusive do edital e da metodologia de avaliação. Os bancos poderão solicitar ajustes na documentação.

Além disso, ainda na pré-qualificação, a Administração deverá submeter ao banco o relatório de avaliação das propostas, com a lista dos interessados que entende como pré-qualificados e as justificativas que conduziram ao entendimento adotado. O banco financiador novamente poderá apresentar eventuais discordâncias, o que poderá levar a Administração a introduzir alterações no relatório. Tudo isso ocorre antes mesmo de os interessados serem notificados do resultado da análise das propostas.

Situação idêntica ocorre nas licitações para a contratação de consultores em que há a elaboração de uma lista curta. O custo estimado e a Solicitação de Propostas, incluindo a lista curta, deverão ser submetidos ao banco para a emissão da sua "não objeção".

Não havendo pré-qualificação, bem como nas licitações destinadas à contratação de serviços de consultoria, a Administração deverá submeter todos os instrumentos que dão início ao certame (minuta dos editais, instruções aos licitantes, critérios de avaliação das propostas e de adjudicação do contrato, condições do contrato, especificações a serem exigidas, entre outros, conforme o caso) à análise do banco, que poderá requerer algumas alterações.

Eventuais alterações que a Administração pretenda introduzir nos instrumentos convocatórios também deverão ser submetidas previamente ao organismo financiador, antes da divulgação aos licitantes.

Após recebidas as propostas, a Administração também deverá enviar ao banco o relatório pormenorizado de sua análise, com as recomendações de adjudicação e outras informações que o financiador razoavelmente exija. Concordando com o relatório, o banco emitirá a sua "não objeção". Discordando do seu teor, o banco notificará a Administração acerca dos motivos de sua discordância. A Administração poderá, então, acatar as observações do banco, ou discordar delas – o que eventualmente levará o banco a não mais financiar o empreendimento.

Nas licitações para a contratação de consultores, a revisão das propostas pelo banco é ainda mais intensa. A avaliação das propostas técnicas deve ser submetida à "não objeção", e somente então poderá haver a abertura das propostas financeiras – devendo o relatório final, com a recomendação sobre o vencedor, também ser submetido à "não objeção". Além disso, após as negociações entre a Administração e o consultor, se houver ocorrido alterações relevantes (por exemplo, substituição de pessoal-chave), o banco deverá receber uma explicação sobre a adequação e a necessidade delas, para sua avaliação e eventual objeção.

A efetiva adjudicação do contrato em qualquer licitação somente ocorrerá após o recebimento da "não objeção" do banco ao relatório da análise das propostas. Caso seja necessário solicitar aos interessados uma prorrogação do prazo de validade das propostas para ultimar o processo de avaliação, a solicitação também deverá ser aprovada previamente pelo banco se a prorrogação pretendida for de mais de quatro semanas. Eventuais prorrogações subsequentes, independentemente do prazo, também deverão ser previamente examinadas pelo banco.

Imediatamente após a assinatura do contrato e antes do primeiro pedido de desembolso, uma cópia do instrumento deverá ser encaminhada ao banco para sua ciência e revisão.

Ao longo da contratação, caso seja necessária alguma alteração no instrumento (por exemplo, em relação ao prazo de execução, modificações ou dispensa de condições), a regra geral é que a Administração deverá obter a concordância do banco. Isso ocorrerá mesmo nos casos de revisão *ex ante*. Concordando com a proposta de alteração dos termos contratuais, o banco financiador emitirá a sua "não objeção" e, assim, assumirá o dever de disponibilizar os recursos financeiros pertinentes à alteração. Já se o banco entender pela inadequação da proposta com as disposições do contrato de mútuo ou do Plano de Aquisições, notificará a Administração expondo os seus motivos, o que poderá comprometer o financiamento, conforme as previsões do contrato de empréstimo.

Cópias de todos os aditivos ao contrato firmado entre a Administração e o contratado deverão ser encaminhadas ao banco financiador para seu conhecimento e eventual discordância.

Como se vê, nas licitações realizadas com financiamento do BID e do BIRD, essas instituições têm uma atuação bastante ativa ao longo da licitação. Ambas têm a possibilidade de discordar das decisões tomadas pela Administração e de solicitar alterações, sob pena de eventual comprometimento da disponibilização dos recursos, nos termos do que dispuser o contrato de mútuo.

5.8.2.2 Revisão *ex post* (ou revisão posterior)

A revisão *ex post* é aquela realizada pelo banco financiador depois da licitação, nos casos não submetidos à revisão *ex ante*.

Para os casos de revisão *ex post*, os bancos exigem que a Administração conserve toda a documentação respectiva durante a implementação do projeto e pelo prazo de três anos após a data do último desembolso do empréstimo. A documentação inclui não só o contrato como também a análise das propostas e as recomendações de adjudicação, e poderá ser examinada pelo banco ou seus consultores.

Se o banco financiador entender que a licitação não seguiu os procedimentos acordados, conforme previsto no contrato de mútuo e no Plano de Aquisições aprovado pela instituição, ou que o contrato não está em conformidade com os procedimentos, poderá entender que a aquisição é "viciada", informando a Administração acerca das razões de tal decisão.

O fato de o banco financiador entender que a aquisição é "viciada" não significa necessariamente que ela seja nula para todos os efeitos. A decisão do banco poderá comprometer o financiamento e eventualmente gerar um litígio entre a Administração e o financiador. Mas o contratado de boa-fé, que simplesmente seguiu os procedimentos estabelecidos pela Administração (cujos atos gozam de presunção de legalidade), não poderá ser prejudicado. Caso a contratação seja extinta prematuramente em razão da perda do financiamento, o particular terá o direito de receber os valores devidos pelas prestações que executou, bem como deverá ser indenizado por todos os prejuízos sofridos, inclusive lucros cessantes e danos emergentes.

5.8.3 A apresentação de protestos e reclamações pelos licitantes

Até este ponto, tratou-se das hipóteses em que os bancos financiadores praticam atos regulares de revisão do certame, sem a provocação propriamente dita de nenhum interessado.

Contudo, ao lado dessa revisão ordinária, há também a faculdade de os licitantes apresentarem protestos e reclamações no curso do certame, seja perante a Administração, seja diretamente ao banco financiador. As diretrizes do BID e do BIRD contemplam expressamente essa possibilidade.

Primeiramente, os licitantes podem impugnar os instrumentos convocatórios, caso entendam que há alguma irregularidade ou que as exigências formuladas não estão condizentes com o objeto do contrato. Essa impugnação pode ser apresentada durante o prazo de apresentação da documentação e das propostas exigidas.

Os licitantes também podem formular protestos ou reclamações em face da Administração a fim de questionar a avaliação da documentação e das propostas. Não há nenhuma previsão de prazo para a formulação de protestos ou reclamações. Nesse caso, a Administração deverá enviar uma cópia da reclamação e uma cópia da sua decisão ao banco financiador, a título de informação. O banco eventualmente poderá discordar da decisão tomada e questionar o mutuário acerca do ato praticado. Já se a Administração, como resultado da análise de algum protesto, alterar a sua recomendação de adjudicação do contrato, deverá submeter suas razões ao banco para sua "não objeção". O banco poderá discordar da decisão e exigir maiores informações do mutuário.

Note-se que as diretrizes do BID e do BIRD nem precisariam prever a possibilidade de apresentação de protestos perante a Administração. O mero direito de petição, assegurado constitucionalmente, obriga a Administração a receber as reclamações, processando-as e proferindo decisões fundamentadas.

Os licitantes também poderão formular protestos e reclamações diretamente ao banco financiador, inclusive se a comunicação envolver reclamação contra o próprio mutuário – por exemplo, se este não fornecer pronta resposta a algum pedido. Da mesma forma, é facultado aos licitantes o envio de cópia de suas reclamações ao banco. Se a comunicação do licitante for recebida pelo banco antes do final do prazo para a apresentação das propostas, o banco, caso considere necessário, poderá encaminhá-la ao mutuário, acompanhada dos seus comentários acerca da questão e de eventuais sugestões, para as necessárias providências ou resposta por parte da Administração. O banco pode inclusive solicitar que a Administração suspenda o procedimento se considerar que alguma irregularidade apontada prejudicará a validade do certame.

Precedente da Project Procurement Committee – PPC do BID

Necessidade de suspender a licitação: "(k) The Executing Agency did not follow the Bank's procedures regarding the suspension of the process; [...] Decision: The Procurement Committee decided: [...] d) OBJECT the continuation of the process because the Executing Agency has not followed the Bank's procedures regarding the opening of the Price Proposal and the suspension of the process, therefore the process should be declared NULL and VOID." (Case PC-02/2006)

Se o banco receber reclamações de licitantes após a abertura das propostas, o procedimento a ser adotado dependerá do modo de revisão aplicável ao caso.

Nos casos sujeitos ao processo de revisão *ex ante*, a reclamação será examinada pelo banco em consulta com a Administração. O banco poderá solicitar informações adicionais do mutuário, bem como poderá solicitar que este obtenha informações adicionais junto ao licitante, incorporando-as ao relatório de avaliação. A revisão do banco somente poderá ser concluída após o devido exame de todos os pontos levantados pelo licitante em seu protesto.

Nos casos sujeitos ao processo de revisão *ex post*, a reclamação será encaminhada ao mutuário para as devidas providências e considerações. Se for o caso, serão subsequentemente revistas pelo banco durante a supervisão do projeto. Excepcionalmente, contudo, se o banco considerar que a reclamação for de natureza particularmente grave, antes de iniciar o seu processo de supervisão, poderá solicitar ao mutuário o envio de toda a documentação pertinente para a revisão *a priori*, promovendo uma verdadeira revisão *ex ante* no que for cabível.

As diretrizes do BID e do BIRD preveem também que o licitante que não ficar satisfeito com as razões que conduziram à rejeição da sua proposta poderá solicitar a realização de uma reunião diretamente com o banco financiador, entrando em contato direto com o banco.

Por fim, há a possibilidade de formalização de denúncia diretamente ao BID ou ao BIRD por parte de qualquer pessoa que houver tomado conhecimento de alguma prática proibida durante a licitação, a negociação ou a própria execução do contrato. Não há restrição quanto ao momento para a apresentação de denúncia. Caso uma pessoa tome conhecimento de alguma prática proibida, poderá denunciá-la ao banco a qualquer momento. O banco, então, deverá processar a denúncia, realizar as suas investigações e tomar as medidas cabíveis.

Como se verifica, os licitantes têm amplas possibilidades de apresentar protestos e reclamações não só perante a Administração, mas também de modo direto ao banco financiador do projeto. O banco, por sua vez, assume um papel ativo, seja examinando a decisão da Administração e eventualmente discordando dela, seja processando os protestos e emitindo recomendações ao mutuário – as quais, se não atendidas, poderão comprometer a concessão do financiamento. Isso significa que o organismo internacional financiador tem um papel ativo e poderá deter legitimidade passiva para responder perante o Poder Judiciário pelos atos praticados.

LICITAÇÕES REALIZADAS COM PARTICIPAÇÃO DO PNUD

6.1 Explicação prévia

No presente capítulo, serão examinadas as licitações realizadas por entes administrativos brasileiros com recursos intermediados pelo PNUD – Programa das Nações Unidas para o Desenvolvimento (em inglês, *United Nations Development Programme – UNDP*).

Primeiramente, para melhor situar o contexto dessas licitações, será feita uma breve explicação sobre a configuração do PNUD no âmbito da ONU e os objetivos buscados pelo referido programa.

Em seguida, será examinada a configuração das parcerias entre o PNUD e os diversos entes administrativos brasileiros. A formação dessas parcerias é disciplinada em sua maior parte pelo Manual de Execução Nacional, elaborado pelo PNUD, bem como pelo Decreto nº 5.151, de 22 de julho de 2004 e pela Portaria nº 717, de 9 de dezembro de 2006, do Ministério das Relações Exteriores. É importante compreender a formação dessas parcerias porque nelas se produzem documentos que têm relevância para o processamento das licitações propriamente ditas.

Na sequência, será analisada a disciplina das licitações em que são empregados recursos intermediados pelo PNUD. Esses procedimentos são regidos pelo Manual de Convergência de Normas Licitatórias, elaborado pelo PNUD, cujo contexto de elaboração foi mencionado no capítulo em que tratamos de modo geral das licitações financiadas por organismos internacionais.

A principal característica das licitações realizadas com recursos do PNUD é a sua detalhada disciplina, seja no tocante à formação das parcerias do programa com o ente licitante nacional, seja quanto à condução das licitações propriamente ditas.

Conforme exposto em capítulo anterior, a atual disciplina dessas licitações originou-se de decisões do Tribunal de Contas da União que determinaram a aplicação da Lei nº 8.666 aos procedimentos licitatórios em que se utilizam recursos nacionais intermediados pelo PNUD. Essa determinação decorreu da constatação de que os recursos empregados nos respectivos contratos são provenientes da própria Administração Pública nacional que firmou previamente um instrumento de parceria com o PNUD. O PNUD, via de regra, não realiza propriamente o empréstimo ou a doação dos recursos empregados, e sim a intermediação desses recursos, bem como presta assistência aos entes brasileiros que realizam tais licitações. Assim, os certames realizados com a participação do PNUD não se enquadram com perfeição.

Entretanto, eram várias as dificuldades de se aplicar integralmente a Lei nº 8.666 às licitações realizadas com a participação do Programa. Diante disso, o PNUD elaborou o Manual de Convergência de Normas Licitatórias, que segue basicamente a normativa da Lei nº 8.666, mas com algumas disposições mais específicas. O TCU, após uma acurada análise realizada por seus órgãos técnicos, que inclusive apontaram a necessidade de revisão de alguns dispositivos do documento, reconheceu que a versão final do Manual de Convergência contém um regramento compatível com a Lei nº 8.666 e, assim, entendeu pela possibilidade de sua utilização nas licitações financiadas com recursos intermediados pelo PNUD.

O teor dessa normativa será objeto de análise neste capítulo.

6.2 O contexto institucional e legal do PNUD

6.2.1 Criação e objetivos do PNUD

O Programa das Nações Unidas para o Desenvolvimento (PNUD) é um órgão da Organização das Nações Unidas (ONU), criado em 1965, nos termos da Resolução nº 2.029 da Assembleia Geral da ONU. É resultado da fusão do Programa Ampliado de Assistência Técnica e do Fundo Especial das Nações Unidas.

O PNUD tornou-se operacional em 1º de janeiro de 1966. Ainda na década de 1960, iniciou suas atividades no Brasil, sendo que, na atualidade, está presente em mais de cento e setenta países.

A missão central do PNUD é a promoção do desenvolvimento humano sustentável. Para tanto, preocupa-se com a erradicação da pobreza, a redução das desigualdades e a sustentabilidade do desenvolvimento.

Em 1990, o PNUD introduziu em todo o mundo o conceito de desenvolvimento humano sustentável, que promove a adoção de políticas públicas que consideram as pessoas, e não a acumulação de riquezas, como propósito de desenvolvimento.

Para se aferir o nível de desenvolvimento humano de uma sociedade, o PNUD utiliza o Índice de Desenvolvimento Humano (IDH), criado por Amartya Sen. Desde 1990, o PNUD promove debates sobre o desenvolvimento humano e produz um *ranking* de IDH de mais de cento e quarenta países e territórios.

O PNUD faz o mesmo trabalho dentro de vários países. No Brasil, por exemplo, o PNUD, em parceria com outras entidades, elaborou em 1998 o primeiro Atlas de Desenvolvimento Humano nacional, com o IDH de todos os municípios brasileiros. Tais estudos têm por objetivo permitir diagnósticos para criação, execução e avaliação de políticas públicas.

Em 2000, líderes mundiais assumiram o compromisso de alcançar os Objetivos de Desenvolvimento do Milênio (ODM), que incluem a redução da pobreza extrema pela metade até o ano 2015.[142] Em resposta a esse compromisso, o PNUD foi o programa designado pelo Secretário Geral da ONU para coordenar em todo o mundo as atividades do Sistema das Nações Unidas em relação aos ODM.

Portanto, o principal enfoque da atuação do PNUD é o desenvolvimento humano. Trata-se de um objetivo bastante complexo e de numerosos desdobramentos, que se reflete na realização de licitações e contratos administrativos pelos parceiros nacionais com os mais variados objetos.

6.2.2 O PNUD no contexto da ONU

As políticas do PNUD são estabelecidas pela Assembleia Geral e pelo Conselho Econômico e Social das Nações Unidas, os quais monitoram suas atividades por meio do Conselho Executivo (*Executive Board*).

O PNUD tem sede em Nova Iorque e seu Administrador é o responsável por comandar a rede de mais de 160 agências ao redor do

[142] Conforme consta do próprio Manual de Execução Nacional do PNUD (item 2.5), as estratégias de atuação para o alcance dos Objetivos do Milênio são as seguintes: (a) combate à pobreza e à desigualdade; (b) promoção da governança democrática; (c) apoio à implantação de políticas públicas e ao desenvolvimento local integrado, prevenção de crises e recuperação de países devastados; (d) desenvolvimento sustentável de energia e meio ambiente; (e) prevenção e desenvolvimento de áreas em conflito; (f) disseminação da tecnologia da informação e comunicação em prol da inclusão digital; (g) prevenção e controle da AIDS; e (h) defesa e promoção dos direitos humanos.

mundo, bem como por prestar contas ao Conselho Executivo acerca das operações do PNUD em nível mundial, regional e nacional. O mandato do Administrador é de cinco anos.

Os escritórios nacionais do PNUD são geridos por um Representante Residente, designado pelo Administrador, e que normalmente acumula sua função com o cargo de coordenador-residente da ONU no país. Além de representar a ONU no país, o Representante Residente coordena todas as atividades da ONU relacionadas ao desenvolvimento no país, por meio da Equipe da ONU no País (*UN Country Team*).

6.2.3 Instrumentos de definição da atuação do PNUD

Para definir sua atuação em cada país, o PNUD se baseia em uma série de estudos produzidos pela ONU.

O mais abrangente deles é a Avaliação Conjunta do País (*Common Country Assessment* – CCA), que é o instrumento comum ao Sistema das Nações Unidas para analisar a situação de desenvolvimento de cada país em que a ONU atua e identificar os problemas principais em termos de desenvolvimento humano.

A partir do CCA, é elaborado o Marco de Assistência das Nações Unidas para o Desenvolvimento (*United Nations Development Assistance Framework* – UNDAF), que prevê o marco estratégico para as atividades operacionais da ONU no país. O UNDAF normalmente é preparado com a participação do governo do país e norteia as ações da ONU por um período de cinco anos.

Levando-se em consideração o contido no CCA e no UNDAF, elabora-se o Documento de País (*Country Programme Document* – CPD). No Brasil, o CPD é preparado em colaboração com a Agência Brasileira de Cooperação (ABC), vinculada ao Ministério das Relações Exteriores, e também compreende períodos de cinco anos.

Ao CPD ainda se agrega o Programa de Ação para o País (*Country Programme Action Plan* – CPAP), que constitui um acordo entre o país e o PNUD para execução do CPD. O CPAP também estabelece diretrizes para um período de cinco anos.

A partir do CPAP, o PNUD elabora o Plano Anual de Trabalho (*Annual Work Plan* – AWP), que estabelece atuações mais concretas e específicas para o período de um ano.

Portanto, há uma série de documentos sucessivos de concretização das ações do PNUD – algo análogo à relação existente no direito brasileiro entre Plano Plurianual, Lei de Diretrizes Orçamentárias e Lei Orçamentária Anual.

Todas as contratações realizadas por entes nacionais com a assistência do PNUD ou sua participação de algum modo devem encontrar fundamento nesses documentos.

6.2.4 Atuação do PNUD no Brasil

O PNUD tem por objetivo promover a cooperação e a assistência técnica na implementação de projetos e programas voltados ao desenvolvimento. Realiza parcerias não só com entes administrativos federais, como também com entes estaduais e municipais.

A atuação do PNUD no Brasil é legitimada pelo Acordo Básico de Assistência Técnica, firmado em 29 de dezembro de 1964 entre o Brasil, de um lado, e a ONU e suas agências especializadas, de outro.[143] Esse Acordo foi aprovado pelo Decreto Legislativo nº 11, de 1966, e promulgado pelo Decreto nº 59.308, de 23 de setembro do mesmo ano.

Referido acordo, em seus seis artigos, não desce a minúcias acerca da atuação da ONU no país. Em termos gerais, apenas estabelece que os organismos nele citados prestarão assistência técnica ao Governo brasileiro no quadro do Programa Ampliado de Assistência Técnica para o Desenvolvimento Econômico dos Países Subdesenvolvidos.

Essa assistência técnica pode se traduzir em uma série de atividades, tais como proporcionar serviços de peritos, organizar e dirigir seminários e programas de treinamento, conceder bolsas de estudo, entre outras, com obrigações financeiras a cargo tanto dos organismos como do Estado.

Logicamente que a atuação do PNUD se aperfeiçoou e se ampliou bastante ao longo dos anos, em grande parte por conta da concepção de desenvolvimento humano sustentável. Portanto, a atuação do PNUD adquire contornos que vão muito além das previsões contidas no Acordo Básico de Assistência Técnica.

As Assistências Preparatórias (AP), Documentos de Projetos (PRODOC) e outros instrumentos congêneres, que serão examinados abaixo, constituem atos complementares ao Acordo Básico. Definem de modo mais concreto a atuação do PNUD em situações específicas e por períodos determinados.

---

[143] Organização Internacional do Trabalho, Organização das Nações Unidas para a Alimentação e a Agricultura, Organização das Nações Unidas para a Educação, a Ciência e a Cultura, Organização de Aviação Civil Internacional, Organização Mundial de Saúde, União Internacional de Telecomunicações, Organização Meteorológica Mundial, Agência Internacional de Energia Atômica e União Postal Universal.

6.3 As parcerias entre o Estado Brasileiro e o PNUD

6.3.1 As fontes de recursos do PNUD

O sistema de parceria mais utilizado entre o PNUD e os entes públicos brasileiros é o do cofinanciamento de recursos (*cost-sharing*).

Nesse sistema, que é o mais usado em toda a América Latina, a Administração Pública (federal, estadual ou municipal) contribui com recursos próprios, que são integrados ao orçamento do PNUD. O PNUD, portanto, é normalmente um intermediário na utilização desses recursos – e não um doador ou um mutuante.

Essa posição do PNUD como intermediário na utilização de recursos (que, portanto, são nacionais) foi o fator decisivo que levou o TCU a determinar, em um primeiro momento, a utilização da Lei nº 8.666 nas licitações realizadas com participação do PNUD e, posteriormente, a permitir que se seguisse o Manual de Convergência de Normas Licitatórias (revisado por aquele tribunal).

Os recursos do PNUD, entretanto, não são provenientes apenas dos governos locais. O programa também recebe fundos de doadores internacionais e faz uso de financiamentos obtidos junto a instituições financeiras internacionais ou entidades privadas. Esses outros entes, contudo, respondem por uma parcela de recursos bem menor do que as fontes nacionais.

Essa é uma grande peculiaridade das licitações realizadas com a participação do PNUD em comparação com outros organismos internacionais. Como, via de regra, não há propriamente uma doação de recursos nem a concessão de um financiamento, impõe-se uma sistemática diferenciada de condução desses procedimentos em comparação com aqueles que se enquadram na hipótese do artigo 1º, §3º, da Lei nº 14.133. Em certos casos, entretanto, haverá verdadeiro financiamento internacional, o que permitirá a aplicação de regras de licitação dos organismos financeiros internacionais em vez do Manual de Convergência, conforme será exposto abaixo.

6.3.2 Modalidades de execução de projetos

Os projetos realizados com a participação do PNUD dividem-se em duas modalidades: a execução direta e a execução nacional.

6.3.2.1 A execução direta

Na modalidade de execução direta, o PNUD realiza a administração e a execução de todo o projeto. Responsabiliza-se por alcançar os objetivos buscados, monitorar e avaliar os resultados obtidos.

Essa modalidade de execução de projetos, entretanto, é bem menos utilizada.

6.3.2.2 A execução nacional

Na modalidade de execução nacional, a Administração Pública nacional é que fica responsável por formular, administrar e cumprir os objetivos e resultados dos projetos e programas.[144] Deve ainda fornecer informações confiáveis ao PNUD sobre os avanços na implementação do projeto. O PNUD, por sua vez, pode auxiliar a Administração de algumas formas (prestando assistência técnica, por exemplo), mas não fica responsável por executar diretamente as ações previstas no projeto.

A modalidade de execução nacional é a adotada como a regra geral para a execução dos projetos.

6.3.3 Formação, condução e monitoramento das parcerias na modalidade de execução nacional

A execução nacional é realizada mediante prévio acordo operacional firmado entre o PNUD e o ente governamental.

Por ser a modalidade de parceria que constitui a regra geral, a execução nacional merece ser analisada com maior detalhamento.

6.3.3.1 A formação da parceria para execução nacional

A formação e condução dos acordos para execução nacional são disciplinadas pelo Decreto nº 5.151, de 22 de julho de 2004, pela Portaria nº 717/2006, do Ministério das Relações Exteriores, e pelo Manual de Execução Nacional, elaborado pelo PNUD.

---

[144] De acordo com o §1º do artigo 2º do Decreto nº 5.151: "A Execução Nacional define-se como a modalidade de gestão de projetos de cooperação técnica internacional acordados com organismos ou agências multilaterais pela qual a condução e direção de suas atividades estão a cargo de instituições brasileiras ainda que a parcela de recursos orçamentários de contrapartida da União esteja sob a guarda de organismo ou agência internacional cooperante".

Os acordos normalmente são iniciados a pedido de um ente público nacional, que deve encaminhar solicitação formal à Agência Brasileira de Cooperação (ABC) manifestando seu interesse em realizar projeto a ser implementado em parceria com o PNUD. Nessa solicitação, o ente requisitante também deve justificar fundamentadamente o motivo de sua solicitação.

Formalizada a solicitação junto à ABC, realizam-se encontros técnicos preliminares entre equipes da agência, do PNUD e do ente requisitante (denominado de "agência executora" ou "entidade executora nacional"). Nessas reuniões, elabora-se a estratégia de resolução do problema identificado pelo ente executor e discute-se o tipo de assistência a ser prestada pelo PNUD. Nesse momento, deve-se verificar se as ações necessárias se enquadram nos objetivos institucionais do PNUD (de promoção do desenvolvimento humano).

Em caso de haver o emprego de recursos de uma entidade financiadora, a "não objeção" de tal entidade deve ser dada por ela precisamente nesse momento, por solicitação da entidade executora nacional. O ente financiador, portanto, deve formalizar a sua concordância com os objetivos do projeto e com a participação do PNUD na sua implementação.

A avaliação da proposta de projeto é feita pelo Comitê de Avaliação de Projetos (*Project Appraisal Committee – PAC*), que é composto pelas partes diretamente envolvidas: ABC, órgão executor nacional e PNUD. Pode ser composto também por outros parceiros ou agências do Sistema ONU, dependendo do assunto e das finalidades da parceria. O comitê é presidido pelo PNUD.

As parcerias entre a Administração Pública nacional e o PNUD baseiam-se normalmente em dois documentos: a Assistência Preparatória (AP) e o Documento de Projeto (PRODOC). Ainda pode haver, em certos casos, a necessidade de que seja formada uma Autorização de Adiantamento (AA).

6.3.3.1.1 A Assistência Preparatória (AP)

A Assistência Preparatória (AP) é utilizada quando já existe um entendimento entre os parceiros sobre o objeto e as áreas de cooperação. É firmado pelo PNUD, pela entidade executora nacional e pela Agência Brasileira de Cooperação.[145]

---

[145] Item 2.7, i, do Manual de Execução Nacional de Projetos do PNUD.

Um dos produtos da Assistência Preparatória é justamente a elaboração de um Documento de Projeto (PRODOC).

6.3.3.1.2 O Documento de Projeto (PRODOC)

O Documento de Projeto (PRODOC) é o instrumento utilizado para a fase de efetiva implantação do projeto. Contempla uma série de informações, tais como: (i) a análise da situação a ser equacionada, a situação prevista no final do projeto e os beneficiários previstos; (ii) a estratégia de resolução do problema identificado, com as formas de cooperação do PNUD; (iii) os resultados esperados, os insumos e recursos orçamentários que serão utilizados e as metas e plano anual de trabalho; (iv) os arranjos entre as partes, com a definição concreta de responsabilidades e obrigações de cada parceiro; (v) os arranjos de monitoramento e avaliação das medidas tomadas, entre outras informações.[146]

6.3.3.1.3 A Autorização de Adiantamento (AA)

A Autorização de Adiantamento (AA) é um instrumento utilizado em casos excepcionais, para se dar início a atividades urgentes de um projeto já aprovado e pendente apenas da finalização dos trâmites burocráticos para entrar em vigor. Trata-se de documento firmado apenas pelo PNUD, com duração de sessenta dias.[147]

6.3.3.1.4 Duração dos projetos

Os projetos entram em vigor na data da assinatura do primeiro instrumento, seja uma Assistência Preparatória, um Documento de Projeto ou uma Autorização de Adiantamento. Sua duração é de no máximo sete anos, no que devem ser computados os períodos da Assistência Preparatória, da Autorização de Adiantamento e de eventuais revisões e prorrogações.

A fixação de períodos máximos reflete uma preocupação com a busca de resultados efetivos. Não se pretende que as parcerias tenham duração indefinida. Ao contrário, pretende-se que elas tenham um fim, alcançando-se os objetivos estabelecidos pelos parceiros.

---

[146] Item 2.7, ii, do Manual de Execução Nacional de Projetos do PNUD.

[147] Item 2.8 do Manual de Execução Nacional de Projetos do PNUD.

6.3.3.1.5 Modificações dos documentos de parceria

Por se tratar de projetos de longa duração (até sete anos), é comum que surjam novas demandas relacionadas às originalmente previstas, ou ainda que se verifique a necessidade de alterações das ações concretas. Pode-se verificar, por exemplo, que determinadas medidas não estão sendo suficientemente alcançadas, e que outras seriam mais eficazes na concretização dos objetivos buscados. Também a quantidade de recursos prevista ou a sua alocação podem se revelar ineficazes.

Nessas situações, as partes, a qualquer tempo, podem introduzir modificações no Documento de Projeto e no seu orçamento. Essas modificações são denominadas de Revisões de Documento de Projeto.

O Manual de Execução Nacional não esclarece se as Revisões do PRODOC devem passar pelo mesmo procedimento de formação dos documentos originais. Parece-nos, entretanto, que o mesmo procedimento deva ser seguido, ainda que com algumas simplificações para não atrasar a execução da parceria e a implementação de seus objetivos. O fato é que algum procedimento prévio com a participação das partes é indispensável. Afinal, deve-se verificar se as modificações não extrapolam os objetivos do PNUD, se não desvirtuam a parceria, e se há recursos orçamentários suficientes à sua condução.

6.3.3.2 A execução do projeto

A execução do projeto de parceria envolve uma série de atividades por parte do PNUD e da entidade executora nacional.

6.3.3.2.1 A atuação do PNUD

O PNUD monitora e avalia os projetos e analisa os relatórios financeiros e aquisições de bens e serviços. Apresenta uma atuação ativa, portanto, em relação direta com a entidade executora nacional.

Além disso, o PNUD provê treinamento e apoio técnico para o uso de sistemas de gerenciamento, com acompanhamento das contratações, operações administrativo-financeiras, controle orçamentário e elaboração de relatórios gerenciais.

6.3.3.2.2 A atuação da entidade executora nacional

O exercente da função de Direção Nacional do Projeto é designado pela entidade executora nacional e deve ser integrante de quadro de pessoal efetivo ou ocupante de cargo em comissão. Compete à Direção Nacional de Projeto definir a programação orçamentária e financeira, por exercício, responder pela execução do projeto e indicar os responsáveis pela implementação do projeto dentro da entidade executora nacional.[148]

Note-se que cabe à entidade executora nacional zelar para que as ações financiadas com recursos do projeto sejam realizadas dentro dos objetivos da parceria definidos no PRODOC e em conformidade com as normas e regulamentos aplicáveis. O mau exercício dessa competência pode caracterizar ato de improbidade administrativa e será passível de controle não só pelos órgãos internos, como também pelo Tribunal de Contas competente.

6.3.3.2.3 A participação de outras entidades (agências implementadoras)

Desde que acordado pelas partes, pode-se prever que a entidade executora nacional solicite o apoio de outras entidades para implementar algumas ações específicas do projeto.

Essas entidades são denominadas de agências implementadoras, e devem ser selecionadas pelo Comitê de Avaliação de Projetos (PAC) de acordo com as normas do Manual de Programação do PNUD.[149] A seleção dessas agências deve ser feita motivadamente e mediante registro em ata do Comitê, assinada por todos os membros. Selecionada a agência implementadora, firma-se um documento denominado de Carta de Acordo, que rege a relação com tais entidades.

6.3.3.3 O monitoramento dos projetos

O monitoramento dos projetos é uma atividade contínua que visa a identificar o progresso da parceria rumo aos objetivos buscados e identificar os eventuais obstáculos e dificuldades que surjam durante a execução. Trata-se de atividade de suma importância, que deve estar prevista no PRODOC e realizada em todas as parcerias.

É importante destacar que a execução dos projetos é realizada segundo uma metodologia de gestão por resultados definidos principalmente em três instrumentos: o Marco de Assistência das Nações

---

[148] Item 2.30 do Manual de Execução Nacional de Projetos do PNUD.

[149] Item 2.18, i, do Manual de Execução Nacional de Projetos do PNUD.

Unidas para o Desenvolvimento, o Programa de Cooperação com o País e o Marco Plurianual de Resultados e Recursos. O PNUD deve, assim, enviar relatórios anuais para sua sede central consolidando as contribuições dos projetos ao desenvolvimento do país.

Sendo o monitoramento pautado por uma metodologia de gestão por resultados, não basta que os projetos sigam os planos originalmente definidos e as normas aplicáveis. De nada adiantará a correta execução dos projetos se os objetivos não estão sendo alcançados. Daí a importância da constante avaliação dos projetos, inclusive com Revisões do PRODOC, sempre com vistas a que as finalidades das parcerias sejam efetivamente alcançadas.

O monitoramento e a avaliação dos projetos são realizados em conjunto pelo PNUD e pela entidade executora nacional, podendo inclusive haver a participação de terceiros, como consultores independentes. No caso de contratação de consultores independentes, devem-se seguir as normas aplicáveis de contratação de pessoal e de serviços do PNUD.

Note-se que o monitoramento com foco nos resultados não afasta a preocupação também com o procedimento da execução. Todo o progresso do projeto é acompanhado pelos entes envolvidos, com a produção de relatórios de provisão de insumos, relatórios financeiros, acompanhamento de processos de contratação, entre outros. Disso são extraídas inclusive recomendações para o futuro, além da identificação e disseminação de boas práticas.

Várias atividades de monitoramento são exercidas, tais como reuniões técnicas, visitas de campo, missões, reuniões tripartites, entre outras.

6.4 As licitações realizadas com participação do PNUD

6.4.1 Definição das normas aplicáveis

Conforme referido anteriormente, o PNUD elaborou o Manual de Convergência de Normas Licitatórias para regular as licitações realizadas com recursos intermediados pelo Programa. Após o exame e aprovação pelo TCU, o manual passou a regular os certames em questão.

Entretanto, antes de prosseguir, é necessário esclarecer que nem todas as licitações realizadas com recursos intermediados pelo PNUD são reguladas pelo Manual de Convergência de Normas Licitatórias. Podem ser aplicados outros instrumentos, dependendo da origem dos recursos empregados. O critério para a definição das regras aplicáveis em licitações com a participação do PNUD é, portanto, o da *origem dos recursos empregados*.

A aplicação do Manual de Convergência de Normas Licitatórias é obrigatória apenas nas licitações em que os contratos serão financiados *exclusivamente com recursos próprios nacionais*. Isso decorre dos termos do exame do TCU acerca do referido manual. O tribunal entendeu que as licitações realizadas com a participação do PNUD, por utilizarem recursos que são na realidade de origem nacional (leia-se, provenientes em última instância dos contribuintes brasileiros), não podem se afastar das regras previstas na Lei nº 8.666, que é compreendida como norma do sistema brasileiro que contém as cautelas necessárias para a aplicação de tais recursos. Especificamente para essas licitações, em que são empregados recursos exclusivamente nacionais intermediados pelo PNUD, é que o programa elaborou *o* Manual de Convergência, o qual segue basicamente a normativa da lei brasileira de licitações e foi aprovado pelo Tribunal de Contas da União.

Não se pode esquecer que certas licitações que contam com a participação do PNUD na sua realização não empregam recursos nacionais (ou ao menos não integralmente nacionais). Nesse contexto, podem existir duas situações: licitações realizadas com recursos provenientes de organismos internacionais, e licitações realizadas com recursos advindos de outras fontes (como o próprio PNUD, por exemplo).

Nas licitações realizadas com a participação do PNUD, mas com o emprego de recursos provenientes de doação ou empréstimo de organismos internacionais, deverão ser seguidas as regras e os procedimentos desses organismos internacionais caso assim condicionado por tais entidades. Afinal, essa situação se enquadra justamente na previsão do §3º do artigo 1º da Lei nº 14.133. Nesses casos, entretanto, as normas dos organismos internacionais só poderão ser seguidas se estiverem presentes todos os requisitos previstos no §3º do artigo 1º da Lei nº 14.133, ou seja: (i) os recursos empregados (ou ao menos parte deles) devem ser oriundos de agência oficial de cooperação estrangeira ou organismo financeiro multilateral de que o Brasil seja parte; (ii) a aplicação das regras de tais instituições deverá ser uma exigência delas para a concessão do empréstimo ou doação; (iii) tais regras não podem conflitar com os princípios gerais das licitações (tal como o do julgamento objetivo); e (iv) a aplicação de tais regras deverá ser objeto de despacho motivado do órgão executor do contrato e ratificado pela autoridade imediatamente superior.

Assim, imagine-se uma situação em que o PNUD realizou a intermediação de recursos do Banco Interamericano de Desenvolvimento para a realização de licitação em benefício de algum órgão administrativo brasileiro. Nesse caso, não são aplicados recursos nacionais, e sim provenientes do BID, que os doa ou empresta ao ente nacional beneficiário. Nesse caso, não se aplica o Manual de Convergência de Normas Licitatórias do PNUD, e sim as regras do BID, ainda que tenha havido intermediação por parte do PNUD.

Além disso, mesmo se apenas parte dos recursos é proveniente do organismo internacional, constituindo-se o restante em recursos nacionais (do próprio órgão beneficiário ou provenientes de repasse de outros órgãos nacionais), aplicam-se as regras do organismo internacional, desde que, evidentemente, sejam atendidos os requisitos do §3º do artigo 1º da Lei nº 14.133. Essa, aliás, será a situação mais comum, uma vez que a maioria dos entes financiadores internacionais (como BID e BIRD) costuma utilizar a sistemática do *cost-sharing*.

Situação diversa ocorre nas situações em que os recursos empregados não são provenientes de organismos internacionais nem de fontes nacionais. Quando os recursos empregados forem provenientes exclusivamente do PNUD, e não de qualquer fonte nacional, deve ser aplicado o Manual de Compras do PNUD. Trata-se de regramento mais simplificado e que se aplica a situações mais restritas, portanto.

Note-se que a exigência pelo PNUD de aplicação do seu Manual de Compras consiste justamente na situação prevista no §3º do artigo 1º da Lei nº 14.133. Ou seja, trata-se de licitação realizada em benefício de uma entidade pública nacional com recursos exclusivos do PNUD. Assim, devem ser aplicadas as regras exigidas pelo programa. A exigência do PNUD de aplicação do seu Manual de Compras nessas situações consta expressamente do item 4.2, número *iii*, do Manual de Execução Nacional.

Em síntese, pode-se afirmar que:

i) quando os recursos empregados na aquisição de bens ou serviços ou execução de obras consistem em recursos exclusivamente nacionais, mas intermediados pelo PNUD, a licitação deve ser conduzida de acordo com o Manual de Convergência de Normas Licitatórias elaborado pelo PNUD;
ii) quando os recursos são provenientes de doações ou empréstimos concedidos por organismos internacionais (como BID, BIRD, entre outros), ainda que com intermediação do PNUD, devem ser aplicadas as regras e procedimentos daquelas instituições, desde que observados todos os requisitos da lei brasileira;
iii) quando os recursos empregados são recursos próprios do PNUD (ou seja, há doação ou empréstimo concedido pelo próprio PNUD, e não mera intermediação de recursos

nacionais), deve ser empregado o Manual de Compras do PNUD, respeitando-se ainda o disposto em relação às licitações com financiamento internacional.

6.4.2 As licitações realizadas segundo o Manual de Convergência de Normas Licitatórias

A maioria das licitações realizadas com participação do PNUD será desenvolvida segundo as regras do Manual de Convergência de Normas Licitatórias. Isso porque, conforme exposto anteriormente, o PNUD adota como regra geral a sistemática em que a Administração Pública (federal, estadual ou municipal) contribui com recursos próprios, que são integrados ao orçamento do PNUD, o qual atua como intermediário na utilização dessas verbas.

Passemos a tratar, então, das licitações realizadas segundo as regras do Manual de Convergência. Essas regras, em sua maior parte, são muito parecidas com as da Lei nº 8.666. Entretanto, há dessemelhanças importantes, que constituirão os pontos de exame mais aprofundados.

6.4.2.1 As modalidades licitatórias

Uma das peculiaridades mais importantes do Manual de Convergência de Normas Licitatórias diz respeito às modalidades de licitação. O manual não utiliza as modalidades da legislação brasileira (concorrência, tomada de preços, convite, concurso, leilão e pregão). Refere-se, em seu Capítulo 8, apenas a três modalidades licitatórias, que são a "solicitação de cotação", a "solicitação de proposta" e a "concorrência" (esta última diversa da concorrência da lei brasileira).

O critério utilizado para definição da modalidade cabível é o do valor estimado da contratação.

Posteriormente, foi elaborado um Adendo ao Manual de Convergência, que passou a prever a adoção de outras duas modalidades licitatórias: o pregão e o registro de preços.

Portanto, nas licitações realizadas com recursos nacionais intermediados pelo PNUD, podem ser adotadas três modalidades "comuns" (solicitação de cotação, solicitação de propostas e concorrência) e outras duas modalidades (pregão e registro de preços).

6.4.2.1.1 Solicitação de cotação

a) Cabimento

A modalidade licitatória denominada de solicitação de cotação[150] se aplica aos certames que têm por objeto a contratação de (1) obras e serviços de engenharia com valor estimado de até 50 mil dólares norte-americanos; (2) serviços técnicos profissionais especializados com valor estimado de até 50 mil dólares norte-americanos; e (3) outros bens ou serviços, diversos dos mencionados, com valor estimado de até 30 mil dólares norte-americanos. É o que dispõe o item 8.2.2 do Manual de Convergência.

A solicitação de cotação é a modalidade licitatória mais simples entre todas as previstas no Manual de Convergência. Destina-se à contratação de objeto que apresente "especificação e cognição simples e direta" (conforme item 8.2.1, alínea "f", do Manual de Convergência).

A situação é semelhante à que ocorre com o pregão da lei brasileira, que se destina à contratação de bens e serviços comuns. No entanto, os conceitos de "bens e serviços comuns", previstos para o pregão, e de "objeto de especificação e cognição simples e direta", referente à solicitação de cotação, não são integralmente coincidentes. É possível que um bem considerado pelo PNUD como de cognição simples e direta apresente uma complexidade tal que impeça o seu enquadramento no conceito de bem ou serviço comum. Basta verificar que a solicitação de cotação pode ser utilizada para a contratação até mesmo de obras de engenharia (ainda que de valor modesto), o que dificilmente admite a realização de licitação na modalidade de pregão.

b) Procedimento

Na solicitação de cotação, o ente executor deve enviar um documento (a "solicitação de cotação") a no mínimo três empresas do ramo pertinente ao do objeto do certame, pedindo a elas que apresentem suas propostas e a documentação solicitada. O envio da solicitação deve ocorrer pelo menos cinco dias úteis antes da realização do certame. Além disso, deve haver a divulgação da licitação no *site* de compras do PNUD na internet, também sob pena de invalidação do certame.

O ideal é que o ente executor envie solicitações de cotação ao maior número possível de empresas, sem se limitar à exigência mínima de três. Busca-se, desse modo, ampliar a competitividade e evitar o direcionamento do certame a determinada empresa.

---

150 Item 8.2 do Manual de Convergência de Normas Licitatórias.

O Manual de Convergência não estabelece como devem ser selecionadas as empresas que receberão a solicitação da Administração. Essa ausência de normas mais específicas poderia permitir o direcionamento do certame, possibilitando que a Administração enviasse solicitações sempre aos mesmos interessados, ou ainda as enviasse sempre a determinada empresa efetivamente interessada e a outras que apenas serviriam para se atingir o número mínimo exigido.[151]

É óbvio que tais condutas são inadmissíveis por serem ofensivas aos princípios da moralidade e da isonomia. Poderiam ser objeto de reprimenda inclusive do próprio PNUD. A faculdade de escolha dos destinatários, conquanto discricionária e feita no interesse da Administração, deve ser realizada com cautela e em respeito aos princípios gerais das licitações, especialmente os da isonomia e da moralidade. Assim, é altamente recomendável (e até mesmo um dever) que as solicitações de cotação sejam enviadas a um número expressivo de interessados. Desse modo, amplia-se a competitividade e não se permitem privilégios a nenhuma empresa.

O envio da solicitação de cotação deve se dar com prazo razoável. O prazo mínimo de cinco dias previsto no Manual de Convergência em regra será suficiente por se tratar de certames caracterizados pela simplicidade do objeto. Em certas situações, contudo, o prazo para a elaboração das propostas e obtenção dos documentos necessários precisará ser maior, sob pena de não haver efetiva disputa. A questão reside na observância do princípio da razoabilidade na fixação do prazo. A Administração deverá fixar prazos suficientes para a efetiva competitividade. Caso o licitante considere que o prazo fixado é insuficiente, poderá impugnar o edital. Afinal, a suficiência do prazo constitui verdadeiro requisito de validade do certame.

Outro problema deriva da demora que pode haver entre o envio da solicitação e o seu efetivo recebimento pelo destinatário. Também por isso deverá haver a fixação de prazo razoável, a fim de não se criar

---

[151] Pense-se na hipótese em que a Administração sempre envia solicitações de cotação a uma empresa local e a outras duas empresas cujas sedes ficam distantes e que jamais atendem às convocações. A rigor, essa hipótese deveria gerar a reabertura do certame porque, para a regularidade do procedimento de solicitação de cotação, devem ser recebidas pelo menos três propostas válidas (de acordo com o item 8.2.1, alínea "d", do Manual de Convergência de Normas Licitatórias). Entretanto, a não apresentação de propostas poderá conduzir a uma situação em que será cabível a dispensa de licitação. Uma das hipóteses ocorre "quando não acudirem interessados à licitação anterior e esta, justificadamente, não puder ser repetida sem prejuízo para o beneficiário, mantidas, neste caso, todas as condições preestabelecidas" (item 5.2, alínea "e", do Manual de Convergência).

uma irregularidade que poderá conduzir até mesmo à invalidade de todo o procedimento. O mero envio das solicitações a três empresas não será suficiente ao prosseguimento e à regularidade da licitação se não se conseguir comprovar que elas efetivamente receberam as solicitações com tempo hábil para elaborar propostas e obter os documentos eventualmente solicitados. Na dúvida, o prazo deverá ser reaberto.

Note-se que também podem participar da solicitação de cotação todas as empresas previamente cadastradas perante o PNUD na correspondente especialidade. Basta que apresentem suas propostas e eventual documentação solicitada na data e hora designadas para a realização do certame. Com isso, amplia-se a competitividade e reduzem-se as chances de haver o direcionamento do certame. Nesse caso, tais empresas não precisam manifestar com qualquer antecedência seu interesse em participar do certame. Isso porque o Manual de Convergência não faz tal exigência. A participação desses interessados adicionais não causa qualquer transtorno ao andamento do certame, uma vez que inclusive suas condições pessoais já foram analisadas previamente quando de seu cadastramento.[152]

É recomendável que a Administração se valha de mecanismos adicionais para ampliar a competitividade. Pode, por exemplo, utilizar outros meios de comunicação para avisar os interessados previamente cadastrados acerca da abertura da licitação. Essas comunicações não substituem as formas tradicionais de publicidade, mas as reforçam – e muitas vezes serão até mais eficientes.

A alínea "d" do item 8.2.1 do Manual de Convergência determina que, nas solicitações de cotação, devem ser recebidas pelo menos três propostas válidas. Do contrário, o certame deverá ser reaberto. Esse é certamente mais um motivo para que a Administração envie sua solicitação ao maior número possível de empresas.

Entendemos, contudo, que em certas situações não será possível anular o certame em virtude do não recebimento do número mínimo de propostas válidas. É o que ocorrerá, por exemplo, nos casos em que há um número menor de licitantes que atuam na área afeita ao certame. Existindo poucos interessados e sendo impossível a sua ampliação, não

[152] Esclareça-se, contudo, que o fato de um licitante ter recebido a solicitação de cotação igualmente não exclui a necessidade de verificação efetiva de sua capacidade para desempenhar o objeto licitado. É verdade que a Administração deve enviar as solicitações a empresas que presume serem capazes de executar o objeto, mas tal presunção é relativa, vale dizer, deverá ser objeto de perquirição pelo ente licitante. Muitas vezes, o cadastramento prévio não verifica todas as características necessárias à execução de determinado objeto.

haverá necessariamente uma invalidade no prosseguimento do certame com um número de licitantes inferior a três.[153]

Na realidade, exigir um número mínimo de propostas válidas para a realização da licitação não é uma solução adequada, uma vez que acaba por subordinar a validade do certame à vontade dos particulares de participarem ou não do procedimento. Se menos de três particulares manifestarem interesse em participar da licitação ou se um pequeno número de licitantes elaborar propostas adequadas, não deveria haver a simples invalidação da licitação. A solução mais adequada seria aceitar as propostas válidas (desde que exequíveis e compatíveis com os valores de mercado). De todo modo, a regra adotada pelo Manual de Convergência, de exigir ao menos três propostas válidas, é compatível com o firme entendimento do TCU a propósito da modalidade de convite, retratado em sua Súmula nº 248, que apresenta a seguinte redação: "Não se obtendo o número legal mínimo de três propostas aptas à seleção, na licitação sob a modalidade de Convite, impõe-se a repetição do ato, com a convocação de outros possíveis interessados, ressalvadas as hipóteses previstas no parágrafo 7º, do art. 22, da Lei nº 8.666/1993".

Recebidas e abertas em sessão pública as propostas e a documentação eventualmente solicitada, a Administração deverá decidir qual o licitante vencedor. O único critério de classificação aplicável às solicitações de cotação é o do menor preço (conforme dispõe o item 8.2.1, alínea "d", do Manual de Convergência). Isso deriva em grande parte da simplicidade do objeto dessa modalidade de licitação.

6.4.2.1.2 Solicitação de propostas

a) Cabimento

A solicitação de propostas se aplica às contratações de (1) obras e serviços de engenharia com valor estimado de até 500 mil dólares norte-americanos; de (2) serviços técnicos profissionais especializados com valor estimado de até 500 mil dólares norte-americanos; e de (3) outros bens e serviços com valor estimado de até 200 mil dólares norte-americanos.[154]

---

[153] Destaque-se que o envio da solicitação de cotação a menos de três empresas deverá ser objeto de fundamentação por parte da Administração. Deverá ela expor o desconhecimento da existência de três empresas com aptidão para executar o objeto licitado.

[154] Item 8.3 do Manual de Convergência de Normas Licitatórias do PNUD.

O Manual de Convergência não estabelece requisitos relativos à complexidade do objeto na solicitação de propostas, diversamente do que ocorre na solicitação de cotação. Poderão ser objetos simples ou mais complexos, desde que se enquadrem nos valores previstos no manual.

b) Procedimento

Na solicitação de propostas, a Administração não envia solicitações às empresas do setor. A divulgação do certame se dá pela publicação do aviso da licitação com antecedência mínima de trinta dias em relação à data designada para a entrega e abertura das propostas.

Também aqui o prazo fixado deverá ser razoável. É possível que o prazo mínimo de trinta dias entre a publicação do edital e a entrega das propostas seja insuficiente. Assim, a Administração sempre deverá observar a razoabilidade na fixação concreta do prazo, sob pena de invalidação do certame. Tudo o que se afirmou acerca da razoabilidade do prazo na solicitação de cotação se aplica também à solicitação de propostas.

Segundo o item 8.3 do Manual de Convergência, poderão participar da solicitação de propostas os interessados devidamente cadastrados na correspondente área de concentração. Não se permite, portanto, a participação de interessados que não estejam previamente cadastrados. A intenção aqui é de facilitar o exame dos requisitos de participação, pois, uma vez cadastrados, presume-se que houve a prévia verificação de critérios mínimos.

O Manual de Convergência não prevê a existência de uma fase de habilitação nos procedimentos de solicitação de propostas. Por restringir a participação a empresas previamente cadastradas na correspondente área de concentração, parece dispensar a verificação dos requisitos de habilitação. Tal verificação já teria ocorrido previamente, por ocasião do cadastramento.

Dependendo do objeto da licitação, contudo, poderá ser necessário verificar o atendimento de determinados requisitos que não são examinados quando do prévio cadastramento. Nesse caso, o procedimento a ser adotado será, na realidade, o da concorrência prevista no item 8.4 do Manual de Convergência.

Assim, nos casos em que o cadastramento prévio de interessados examina todos os requisitos de qualificação suficientes, sem haver necessidade de verificar requisitos adicionais, adota-se a modalidade de solicitação de propostas, desde que o valor do contrato se enquadre nos patamares previstos no Manual de Convergência. Já se for necessário verificar requisitos de qualificação adicionais, deve-se adotar a modalidade de concorrência, em que haverá uma fase de habilitação, ainda que o valor do contrato isoladamente considerado admita a adoção da solicitação de propostas.

O Manual de Convergência não define os critérios de julgamento aplicáveis à solicitação de propostas. Assim, nessa modalidade licitatória, poderão ser adotados os critérios de menor preço, melhor técnica ou ainda o de técnica e preço no julgamento das propostas apresentadas.

6.4.2.1.3 Concorrência

a) Cabimento

A concorrência é a modalidade de licitação cabível para a contratação de (1) obras e serviços de engenharia com valor estimado superior a 500 mil dólares norte-americanos, de (2) serviços técnicos profissionais especializados com valor estimado em mais de 500 mil dólares, e de (3) outros bens e serviços com valor estimado em mais de 200 mil dólares norte-americanos.[155]

O Manual de Convergência não prevê outros requisitos mínimos quanto ao objeto das concorrências. Entretanto, destaca que podem dela participar quaisquer interessados, sem necessidade de prévio cadastramento.

b) Procedimento

A divulgação da concorrência deverá ocorrer mediante a publicação do Aviso de Licitação com antecedência mínima de trinta dias até a data designada para a entrega das propostas. Tal prazo deverá ser maior caso se entenda que o período mínimo previsto no Manual de Convergência é insuficiente.

Poderá participar da concorrência todo e qualquer interessado, ainda que não tenha sido previamente cadastrado na correspondente área de concentração. Aliás, dependendo do objeto da licitação, pode não ser possível enquadrá-lo em uma determinada área de concentração. Nesse ponto, portanto, a concorrência diferencia-se da solicitação de cotação e da solicitação de proposta.

---

[155] Item 8.4 do Manual de Convergência de Normas Licitatórias do PNUD.

Apresentada a documentação na data e hora designadas para a abertura da concorrência, deverá haver uma fase inicial de habilitação preliminar, na qual os licitantes deverão comprovar possuírem os requisitos mínimos de qualificação para a execução do contrato. Somente os licitantes reputados como habilitados à execução do objeto do certame poderão ter suas propostas comerciais abertas e cotejadas com as dos demais.

O Manual de Convergência também não aponta os tipos de licitação cabíveis no caso de concorrência. A ausência dessa previsão, somada ao fato de ser possível que o objeto englobe prestações dotadas de certa complexidade técnica, permite que se adotem os critérios de menor preço, melhor técnica ou técnica e preço.

6.4.2.1.4 A inclusão do pregão e do registro de preços em Adendo ao Manual de Convergência

As licitações realizadas com intermediação de recursos pelo PNUD ainda podem ser realizadas na forma de pregão ou registro de preços.

a) Adoção de pregão e registro de preços sem previsão no Manual de Convergência

Na realidade, se o pregão e o registro de preços estão previstos em lei como modalidades licitatórias cabíveis para o emprego de recursos nacionais, podem ser adotados nas licitações em que há intermediação de recursos pelo PNUD, ainda que não contem com previsão expressa no Manual de Convergência de Normas Licitatórias. Afinal, nessas licitações são empregados recursos de origem nacional. Mesmo licitações que empregam recursos oriundos de doações ou financiamentos obtidos junto a organismos internacionais admitiriam a adoção das normas brasileiras, como prevê o §3º do artigo 1º da Lei nº 14.133.

De todo modo, para adaptar os procedimentos do pregão e do registro de preços ao PNUD, elaborou-se um Adendo ao Manual de Convergência de Normas Licitatórias. Esse adendo demonstra a disposição do PNUD em harmonizar seus procedimentos licitatórios com a legislação brasileira, de forma a aplicar procedimentos válidos no âmbito de seus projetos de cooperação técnica internacional custeados com recursos nacionais.

b) Observações iniciais sobre o Adendo ao Manual de Convergência de Normas Licitatórias

De modo geral, o adendo segue de modo fiel as normas brasileiras que regem tanto o pregão quanto o registro de preços.[156] Muitas previsões constituem transcrição literal desses procedimentos licitatórios.

Além disso, as funções que a legislação nacional atribui à Administração foram incumbidas também ao PNUD no adendo. Por exemplo, em lugar da previsão contida no artigo 5º, parágrafo único, do Decreto nº 5.450/2005 de que "As normas disciplinadoras da licitação serão sempre interpretadas em favor da ampliação da disputa entre os interessados, desde que não comprometam o interesse da Administração", o Adendo ao Manual de Convergência estabelece, no item 1.1, alínea "f", que "As normas disciplinadoras da licitação serão sempre interpretadas em favor da ampliação da disputa entre os interessados, desde que não comprometam o interesse do PNUD e do Beneficiário".

Portanto, o adendo não estabelece condições ou procedimentos inovadores em relação ao pregão ou ao registro de preços previstos na legislação brasileira vigente na época de edição do adendo. Optou-se por seguir a normativa já existente que rege essas duas modalidades.

c) As adaptações determinadas pelo Tribunal de Contas da União

Após a elaboração do adendo, o PNUD o submeteu ao crivo do Tribunal de Contas da União, no âmbito do Processo nº 2.089/2006.

Após análise da Secretaria de Controle Externo, o Plenário do TCU proferiu o Acórdão nº 114/2006, relatado pelo Ministro Augusto Nardes. Considerou-se que o adendo poderá ser aplicado pelo PNUD no âmbito dos acordos ou projetos de cooperação técnica firmados com a União em que haja repasse de recursos nacionais, mas desde que efetuados dois ajustes relativos às revisões contratuais.

O primeiro deles diz respeito à iniciativa para a revisão dos contratos firmados. O adendo, no capítulo que trata do tema, deixou de prever a distinção que existe na lei de que as revisões podem se dar "unilateralmente pela Administração" ou "por acordo entre as partes".

O segundo ponto refere-se à ausência de previsão dos limites para os acréscimos ou supressões de valor decorrentes de aumento ou redução de quantitativos previstos inicialmente, ou de alteração nas

---

[156] Com a ressalva de que, quando foi editado o Adendo, ainda estava em vigor o Decreto nº 3.931. Esse decreto, contudo, foi revogado pelo Decreto nº 7.892, de 23 de janeiro de 2013, que trata do registro de preços.

especificações para melhor adequação técnica aos objetivos visados. O adendo, ao contrário do que ocorre na lei brasileira, não previu o estabelecimento de um limite de valor às revisões contratuais.

O TCU determinou que fossem feitos os ajustes nesses dois pontos específicos, de modo a se criar um limite de valor às revisões contratuais, bem como para se prever que elas podem ocorrer por determinação unilateral da Administração ou por acordo entre as partes.

d) Pregão

A primeira parte do Adendo ao Manual de Convergência de Normas Licitatórias trata do pregão.

O pregão realizado em licitações com recursos intermediados pelo PNUD segue de modo bastante fiel a normativa brasileira. Trata-se de modalidade licitatória realizada para a aquisição de bens e serviços comuns, destinada à participação de todo e qualquer interessado, sem necessidade de prévio cadastramento (como ocorre nas solicitações de cotação e nas solicitações de propostas) e sem que haja limitação nos valores dos contratos (como também ocorre naquelas modalidades).

A adoção do pregão permite a realização de certames mais céleres e com ampla participação. Pode ser adotado com vantagens significativas nas situações em que se trata da aquisição de bens e serviços de reduzida complexidade, mas que, de acordo com o Manual de Convergência, só poderia ser adotada a modalidade de concorrência em razão do valor do contrato. O pregão também pode ser utilizado nas situações em que caberiam as solicitações de cotação ou as solicitações de propostas. Tudo depende de se estar diante de um objeto que seja comum.

Uma das diferenças do pregão previsto no Adendo ao Manual de Convergência diz respeito ao modo de divulgação do certame. O artigo 17 do Decreto nº 5.450 estabelece três faixas de valores que contam com meios de divulgação diferenciados (até 650 mil reais, de 650 mil até um milhão e 300 mil reais, e pregões superiores a um milhão e 300 mil reais). Já o Adendo ao Manual de Convergência prevê apenas duas faixas: pregões de até 250 mil dólares, e pregões acima desse valor.

Nos pregões de até 250 mil dólares, o edital deverá ser divulgado por três meios: o *Development Business*[157] das Nações Unidas, o Diário

[157] De acordo com o item 9.1 do Manual de Convergência, o *Development Business* é publicado pelas Nações Unidas e contempla os avisos de licitações do Sistema das Nações Unidas e das instituições financeiras internacionais. Pode ser acessado pela internet no seguinte endereço: www.devbusiness.com.

Oficial do país beneficiário, e o *site* do PNUD na internet. Já nos pregões de valor superior a 250 mil dólares, o edital deve ser publicado também em jornal de grande circulação regional ou nacional.

Em virtude da variação de cotação do dólar em relação à moeda brasileira, não se pode dizer que o adendo tenha sido mais ou menos rigoroso do que a legislação nacional.

Quanto à forma, o adendo prevê a adoção tanto do pregão presencial quanto do pregão eletrônico, exatamente como a normativa nacional. Não há peculiaridades em relação a isso.

O adendo estabelece que, se for acolhida impugnação ao edital do pregão, pode-se prever nova data para a realização do certame. Já o artigo 18 do Decreto nº 5.450 prevê que "será definida nova data", de forma impositiva. Entendemos, contudo, que a faculdade prevista no adendo é, na realidade, uma obrigação. Se o edital for alterado, deve-se reabrir o prazo, salvo se a alteração não tiver nenhuma influência na elaboração das propostas e na obtenção de documentos pelos licitantes. Na dúvida, deve-se optar pela reabertura do prazo.

Os requisitos de habilitação previstos no Adendo ao Manual de Convergência são os mesmos daqueles previstos no Decreto nº 5.450. Prevê-se ainda possibilidade de a documentação exigida para a habilitação ser substituída pelo registro cadastral no SICAF e também por registro cadastral do próprio PNUD.

É admitida a participação de consórcios, nos mesmos moldes do que prevê o artigo 16 do Decreto nº 5.450.

As normas relativas aos recursos, os efeitos de sua interposição e as decorrências de seu acolhimento são idênticos aos dos artigos 26, *caput* e §§1º e 2º, e 27, *caput*, do Decreto nº 5.450. Tampouco há novidades com relação às penalidades e à instrução.

O adendo, exatamente como a legislação nacional, admite expressamente a utilização do pregão para fins de registro de preços, e, por fim, estabelece a possibilidade de o PNUD revogar a licitação em face de razões de interesse público devidamente comprovadas.

Aplicam-se subsidiariamente ao pregão as normas do Manual de Convergência de Normas Licitatórias.

O pregão previsto pelo PNUD, portanto, não apresenta maiores novidades em relação às previsões da legislação nacional.

e) Sistema de registro de preços

A segunda parte do adendo trata do sistema de registro de preços. De modo geral, o adendo segue o disposto no Decreto nº 3.931, utilizando-se também do artigo 15 da Lei nº 8.666 e das alterações introduzidas pelo Decreto nº 4.342, de 2002. Entretanto, é necessário observar que o Decreto nº 3.931 foi revogado integralmente pelo Decreto nº 7.892, de 23 de janeiro de 2013, que introduziu algumas alterações.

Conforme exposto, o registro de preços pode ser feito na forma de pregão. A ele se aplicam também de forma subsidiária os dispositivos do Manual de Convergência de Normas Licitatórias do PNUD.

6.4.2.2 A fase interna das licitações

O Manual de Convergência dispõe sobre a fase interna das licitações. Contém algumas disposições específicas, mas que pouco se diferenciam em relação às licitações regidas pela lei brasileira.

6.4.2.2.1 O planejamento das aquisições

O item 6.1 do manual dispõe expressamente que o planejamento das aquisições é essencial para a eficiência do processo de seleção de propostas, adjudicação de contratos e entrega dos bens e serviços requisitados.

Na fase interna, várias questões precisam ser definidas.

Inicialmente, deve-se fazer um levantamento do potencial de fornecimento do mercado. Dessa forma, verifica-se se existe em tese a possibilidade de haver competição entre interessados que disponham da qualificação necessária para desempenho do objeto a ser licitado. Dessa análise, pode-se concluir, por exemplo, que não será viável fazer uma licitação e, então, decidir-se-á por uma dispensa ou inexigibilidade.

Verificada a possibilidade de competição, o beneficiário e o PNUD devem estimar o valor da aquisição. Isso é importante para se verificar, em primeiro lugar, se há recursos disponíveis para contratação. Só há sentido em abrir um procedimento licitatório se houver recursos suficientes para pagar o licitante vencedor. Além disso, a estimativa do valor da contratação é relevante para se definir a modalidade licitatória cabível. Como explicitado acima, as modalidades licitatórias comuns são definidas em função do valor esperado da contratação.

Havendo uma estimativa de valor que esteja no limiar entre uma e outra modalidade licitatória, deve-se optar pela modalidade aplicável à contratação de maior valor.

Outras questões ainda devem ser definidas na fase interna, tais como o prazo de entrega ou execução do objeto licitado, os critérios de avaliação das propostas e os requisitos de habilitação.

6.4.2.2.2 Postulados para a otimização dos recursos

O item 6.2 do Manual de Convergência prevê como objetivo das licitações a otimização dos recursos financeiros empregados. Para tanto, prevê quatro postulados essenciais.

O primeiro deles consiste na maximização da concorrência. Isso significa que todas as disposições do edital e todo o processamento da licitação devem tentar ampliar ao máximo a competitividade. Devem ser instituídos requisitos mínimos a serem atendidos, escoimando-se exigências inúteis e desnecessárias. Além disso, defeitos irrelevantes e formalidades sem utilidade nenhuma devem ser relevados.

Obviamente que uma licitação é um procedimento formal, detalhadamente regulado pelo Manual de Convergência. No entanto, não se deve transformar o procedimento em um jogo de habilidades ou uma espécie de "gincana" para se premiar o licitante mais habilidoso em cumprir rigorismos desnecessários. Não é essa a função de uma licitação nem é para isso que são empregados recursos públicos. Daí a importância de se prever somente requisitos que sejam verdadeiramente necessários e imprescindíveis.

Em consonância com isso está o segundo postulado previsto no Manual de Convergência, que consiste na minimização da complexidade da solicitação, avaliação e decisão final. As exigências devem ser, tanto quanto possível, simples e diretas. Desse modo, não haverá grandes dúvidas no seu atendimento e na avaliação do cumprimento dos requisitos.

A formulação de exigências de modo truncado acaba por suscitar dúvidas que poderão conduzir até mesmo à invalidação de todo o procedimento. A clareza das exigências é um requisito de validade da licitação.

O terceiro postulado para a otimização da utilização dos recursos consiste em garantir uma avaliação das propostas imparcial, completa, objetiva e vinculada ao instrumento convocatório. Não se admitem avaliações parciais, subjetivas e que ofendam a isonomia ou se afastem do edital. Os requisitos devem constar claramente do instrumento convocatório e devem ser observados em todas as fases do procedimento.

As licitações realizadas com intermediação de recursos pelo PNUD devem obedecer a todos os princípios licitatórios. Isso porque os recursos públicos nacionais devem necessariamente ser empregados com objetividade e sem favorecimentos, ainda que sejam intermediados por organismos internacionais. Aliás, a necessidade de observância a todos os princípios licitatórios é prevista no §3º do artigo 1º da Lei nº 14.133 até mesmo para as licitações realizadas integralmente com recursos internacionais. A menção do dispositivo ao princípio do julgamento objetivo deve ser interpretada ampliativamente para abranger todos os princípios gerais das licitações.

Destaque-se, entretanto, que a vinculação ao instrumento convocatório não significa que se devam privilegiar os rigorismos formais inúteis. Daí a importância de se elaborar exigências claras e que se restrinjam apenas a aspectos realmente imprescindíveis de serem avaliados.

A previsão de exigências desnecessárias sempre gerará problemas, especialmente quando o licitante que oferecer a melhor proposta não as cumprir. Imagine-se uma licitação em que o edital exija que as folhas da proposta sejam numeradas em algarismos arábicos no canto inferior direito, mas um licitante apresentou sua proposta numerada em algarismos romanos no canto superior esquerdo. Imagine-se ainda que o edital tenha estabelecido que a não observância das exigências quanto à numeração das folhas conduziria à desclassificação do licitante. É óbvio que se trata de exigências desnecessárias, cujo descumprimento não afeta a seriedade de uma proposta. Se a finalidade da exigência foi atingida, ainda que não exatamente da forma prevista no edital, deve-se aceitar a documentação entregue. Não é possível admitir que a Administração gaste mais recursos somente porque o licitante que apresentou a proposta mais vantajosa não numerou as folhas de sua proposta exatamente da forma que exigia o edital. A solução será a classificação da proposta do licitante.

Esse exemplo, entretanto, demonstra o total descabimento de se elaborar exigências inúteis. Por isso, cumprirá ao beneficiário, orientado pelo PNUD, formular somente exigências úteis, além de fundamentá-las adequadamente – afinal, uma exigência que em princípio pode parecer inútil pode em tese ter uma razão de ser.

O quarto postulado para se otimizar a aplicação dos recursos consiste em assegurar a seleção do proponente que apresentar a oferta mais vantajosa. Afinal, um dos motivos de se promover uma licitação é justamente permitir contratações mais vantajosas proporcionadas pela disputa entre os interessados.

O conceito de vantajosidade de uma proposta é complexo. Normalmente, a proposta mais vantajosa é aquela que apresenta o valor mais baixo e, ao mesmo tempo, atende a todos os requisitos estabelecidos pelo edital. Contudo, o simples fato de uma proposta apresentar o valor mais baixo não significa que seus eventuais defeitos possam ser simplesmente desconsiderados – muito embora o não atendimento a exigências desnecessárias deva ser relevado.

Além disso, dependendo do critério de julgamento, a proposta mais vantajosa não é necessariamente a de valor mais baixo.

6.4.2.2.3 Especificações técnicas nas compras de bens

Para as compras de bens e aquisição de serviços correlatos a esses bens, o item 6.3 do Manual de Convergência estabelece que o edital deve conter as especificações técnicas.

Essas especificações devem ser formuladas de modo completo, neutro e preciso. Ou seja, devem ser suficientes para a completa elaboração das propostas, precisas para que os licitantes as compreendam claramente e as atendam com perfeição, e devem estar redigidas mediante termos que não privilegiem determinados licitantes em detrimento de outros, a fim de se evitar o direcionamento do certame.

As especificações técnicas podem ser de vários tipos.

Existem especificações funcionais, que definem as funções ou finalidades a serem cumpridas pelos bens. Muitas vezes não é necessário estabelecer características em termos de materiais ou dimensões, por exemplo, podendo-se concentrar no que o bem deve ser apto a executar.

As especificações de desempenho, por sua vez, concentram-se nos níveis de desempenho exigidos. Podem constituir-se em requisitos de eficiência, de natureza ambiental, entre outras. É admissível exigir, por exemplo, que determinada impressora seja capaz de realizar um certo número de impressões em determinado tempo, ou que determinado equipamento apresente no máximo um certo dispêndio de energia, e assim por diante. É comum (e perfeitamente admissível) que os editais façam referência a padrões nacionais ou internacionais de eficiência.

Também existem especificações técnicas relacionadas a requisitos de desenho. Pode-se exigir que os bens apresentem certas dimensões, sejam fabricados com determinados materiais, de certas cores, e assim por diante.

Como qualquer especificação técnica acarreta em certa medida uma redução da competitividade, elas devem se restringir ao mínimo necessário, bem como precisam ser devidamente justificadas. Não se admite a elaboração de especificações inúteis. Aliás, a previsão de especificações desnecessárias pode servir inclusive ao direcionamento do certame, o que consiste em uma conduta ilegal e inadmissível.

6.4.2.2.4 Os Termos de Referência (TOR) nas contratações de serviços técnicos profissionais

De acordo com o item 6.4 do Manual de Convergência, nas contratações de serviços técnicos profissionais, devem ser previstos os Termos de Referência (TOR).

Os Termos de Referência consistem no conjunto de elementos que caracterizam o objeto da licitação. Essa caracterização deve se dar com nível de precisão adequado. Além disso, é elaborada com base nas indicações de estudos técnicos preliminares. Os Termos de Referência deverão assegurar a viabilidade técnica e possibilitar a avaliação do custo e a definição dos métodos e do prazo de execução.

O Termo de Referência deve conter a descrição dos serviços com todos os seus requisitos metodológicos, tecnológicos e administrativos, a especificação dos critérios a ser adotados para aprovação dos resultados, a definição dos cronogramas de execução e prazos para análise, aprovação e pagamento, e a relação de insumos de responsabilidade do contratante.

Note-se que o Termo de Referência não representa mera formalidade. Necessitará ser seguido à risca pelo contratado e pela Administração, que deverá exigir o seu cumprimento fiel. Qualquer alteração posterior deverá ser plenamente justificada. Além disso, alterações de cronograma por conveniência da Administração ou pelo seu atraso em realizar medidas necessárias à execução do contrato obviamente não poderão resultar em aplicação de penalidade ao contratado.

6.4.2.2.5 Os projetos nas licitações de obras e serviços

O item 6.5 do Manual de Convergência estabelece a necessidade de que haja projetos básico e executivo nas contratações de obras e serviços.

a) O projeto básico

O projeto básico apresenta os elementos necessários e suficientes para caracterizar a obra ou serviço, ou o complexo de obras e serviços a serem contratados. Referido projeto deve ser baseado nos estudos técnicos preliminares que assegurem a viabilidade técnica e o adequado tratamento do impacto ambiental. Além disso, o projeto básico deve conter os elementos que balizarão o custo da obra e a definição dos métodos e prazos de execução.

O projeto básico deve conter todas as informações previstas nos quatro incisos da alínea "a" do item 6.5.1 do Manual de Convergência. Precisa indicar, portanto, o desenvolvimento da solução escolhida, as soluções técnicas globais e localizadas suficientemente detalhadas, os tipos de serviços a indicar e os materiais e equipamentos a serem empregados, bem como as informações que possibilitem a dedução dos métodos construtivos, instalações provisórias e condições organizacionais.

Portanto, é equivocada a ideia de que o projeto básico seria um documento meramente genérico e pouco detalhado. Ao contrário disso, o projeto básico é um documento técnico minucioso que pretende descrever a obra em sua integralidade, ainda que sem todas as minúcias. Com base nesse projeto, os licitantes poderão avaliar a obra ou o serviço pretendido, definir concretamente os custos envolvidos e a executividade do objeto. Trata-se de documento, portanto, que tem influência inclusive na definição da equação econômico-financeira do contrato.

É verdade, contudo, que no curso da obra algumas previsões do projeto básico poderão não se confirmar. O licitante deve estar preparado para essas incertezas, que gerarão custos futuros.

A Resolução nº 361/1991 do CONFEA trata do projeto básico. As previsões lá contidas devem ser observadas.

b) O projeto executivo

O projeto executivo é definido pelo item 6.5.2 do Manual de Convergência como sendo o conjunto de elementos necessários e suficientes à execução completa da obra de acordo com as normas técnicas aplicáveis. Devem ser observadas no que forem cabíveis em especial as normas da Associação Brasileira de Normas Técnicas (ABNT).

O projeto executivo, portanto, deve encontrar fundamento no projeto básico, expondo os métodos que serão utilizados e estabelecendo os requisitos técnicos e operacionais para sua implementação na prática.

c) Procedimentos na definição dos projetos

As obras e serviços somente podem ser licitados se já houver um projeto básico aprovado pela autoridade competente e disponível para o exame dos interessados. Portanto, a mera publicação do edital não poderá ser o marco na contagem do prazo para a abertura do certame se o projeto básico não estiver plenamente à disposição dos licitantes. Afinal, trata-se de documento que contém informações imprescindíveis para a elaboração das propostas.

As obras também não poderão ser iniciadas enquanto não existir um orçamento detalhado em planilhas que expressem a composição de todos os seus custos unitários. Esses requisitos prévios deverão ser observados inclusive nos casos de dispensa e inexigibilidade de licitação.

O projeto executivo, em princípio, também deverá ser elaborado antes da execução da obra, e após definido o projeto básico e o orçamento detalhado. Entretanto, é possível, de acordo com o item 6.5.3, alínea "b", do Manual de Convergência, que o projeto executivo seja desenvolvido concomitantemente com a execução das obras e serviços, desde que haja autorização para tanto. Na prática, o desenvolvimento do projeto executivo concomitantemente à execução da obra é bastante comum.

A alínea "d" do item 6.5.3 do Manual de Convergência veda a inclusão, no objeto da licitação, de fornecimento de materiais e serviços sem previsão de quantidades ou cujos quantitativos não correspondam às previsões reais dos projetos básico ou executivo. Pretende-se, com isso, impedir a inclusão de fornecimentos não previstos, que demandariam repactuações contratuais. Entretanto, a vedação referida deve ser interpretada com maleabilidade. Afinal, é comum que o licitante se depare com fatores que demandem fornecimentos imprevistos inicialmente. Por exemplo, determinada prospecção feita para a elaboração do projeto básico pode não ter detectado falhas do terreno ou diferenças no tipo do solo. Pode-se deparar também com interferências imprevistas, surpresas geológicas e assim por diante. Enfim, os imprevistos são diversos e o emprego de materiais e serviços por eles demandados será plenamente válido, bem como dará direito à repactuação do contrato.

6.4.2.2.6 Habilitação e registro dos licitantes

O tratamento dado pelo Manual de Convergência à habilitação dos licitantes é praticamente idêntico ao da Lei nº 8.666.

Nas licitações realizadas de acordo com o Manual de Convergência, tal como naquelas que seguem a Lei nº 8.666, exige-se a comprovação de habilitação jurídica, qualificações técnica e econômico-financeira, regularidade fiscal e de inexistência de trabalho noturno, perigoso ou insalubre a menores de dezoito anos e de qualquer trabalho a menores de dezesseis anos, salvo na condição de aprendiz, a partir dos quatorze.

As exigências relacionadas a cada uma dessas qualificações também são bastante semelhantes às da Lei nº 8.666. Entretanto, há algumas diferenças pontuais. Focaremos nossa atenção principalmente nessas diferenças.

a) Habilitação jurídica

O item 7.1.1 do Manual de Convergência trata da habilitação jurídica.

A única diferença em relação ao artigo 28 da Lei nº 8.666, então em vigor, é que não se menciona a cédula de identidade como um dos documentos admissíveis para a demonstração da habilitação jurídica. Isso porque as licitações realizadas com base no Manual de Convergência procuram a contratação de pessoas jurídicas, e não de pessoas físicas.

b) Regularidade fiscal

As exigências relacionadas à regularidade fiscal constam do item 7.1.2 do Manual de Convergência. Existem apenas duas diferenças em relação ao disposto no artigo 29 da Lei nº 8.666 então em vigor.

A primeira delas é que não se exige prova de inscrição no cadastro de pessoas físicas (CPF). Exige-se apenas a prova de inscrição no CNPJ (Cadastro Nacional da Pessoa Jurídica). Isso porque não há previsão de contratação de pessoas físicas.

A segunda diferença é que a alínea "d" do item 7.1.2 do Manual exige prova da regularidade relativa à Seguridade Social e ao FGTS, mas sem mencionar que essa comprovação se destina a demonstrar a situação regular no cumprimento dos encargos sociais instituídos por lei – como esclarecia o inciso IV do artigo 29 da Lei nº 8.666 em vigor à época. No entanto, não se trata de distinção relevante. Na prática, a exigência é a mesma daquela que era prevista na Lei nº 8.666.

Fora isso, as alíneas "a" a "d" do item 7.1.2 do Manual de Convergência correspondem aos incisos I a IV do artigo 29 da Lei nº 8.666, então em vigor.

Com a Lei nº 12.440, surgiu ainda uma terceira diferença. Essa lei incluiu o inciso V do artigo 29 da Lei nº 8.666, então em vigor, que exige a apresentação de certidão negativa de débitos trabalhistas (CNDT).[158] O Manual de Convergência de Normas Licitatórias do PNUD, editado antes dessa lei, não prevê a necessidade de apresentação dessa certidão. A existência de uma alteração na legislação brasileira não significa que

[158] Atualmente, a legislação nacional estabelece que a regularidade trabalhista é prevista como requisito para a celebração de um contrato administrativo ou termo aditivo. Segundo o §4º do artigo 91 da Lei nº 14.133: "Antes de formalizar ou prorrogar o prazo de vigência do contrato, a Administração deverá verificar a regularidade fiscal do contratado, consultar o Cadastro Nacional de Empresas Inidôneas e Suspensas (Ceis) e o Cadastro Nacional de Empresas Punidas (Cnep), emitir as certidões negativas de inidoneidade, de impedimento e de débitos trabalhistas e juntá-las ao respectivo processo".

ela deva ser transposta para o Manual de Convergência do PNUD. Logo, nos certames regidos pelo Manual de Convergência, não há a necessidade de apresentação da certidão negativa de débitos trabalhistas.[159]

c) A qualificação técnica

As exigências de qualificação técnica para licitações realizadas segundo o Manual de Convergência constam do item 7.1.3 do Manual.

Em primeiro lugar, a alínea "a" do item 7.1.3 estabelece que a documentação relativa à qualificação técnica se limitará (i) ao registro ou inscrição na entidade profissional competente, (ii) à comprovação, por meio de atestados, de aptidão para desempenho de atividades similares ao objeto da licitação; (iii) à comprovação fornecida pelo PNUD de que tomou conhecimento de todas as informações necessárias ao cumprimento das obrigações; e (iv) à prova de atendimento de requisitos específicos que venham a ser elaborados.

A primeira é que o manual exige a comprovação da qualificação "técnica e legal" de cada um dos membros da equipe técnica, enquanto o inciso II do artigo 30 da Lei nº 8.666 só exigia a comprovação da qualificação dos membros da equipe técnica, sem mencionar que a qualificação exigida é de natureza técnica e legal. No entanto, essa diferença na redação não tem efeito prático. É evidente que a lei, ao tratar da qualificação da equipe técnica, exige que seja comprovada sua qualificação técnica e legal. Ou seja, deve-se demonstrar por meio de documentação idônea que os membros da equipe têm qualificação técnica e habilitação legal para o desempenho de suas atividades. Não basta ter qualificação técnica sem haver habilitação formal, exigida pela lei para o desempenho de suas atividades, e vice-versa. Um engenheiro, por exemplo, além de ter a experiência necessária, deve estar habilitado junto ao Conselho Regional de Engenharia e Arquitetura (CREA). Assim, a previsão adicional do Manual de Convergência não representa uma novidade propriamente dita.

A segunda diferença é que, de acordo com o Manual de Convergência, a comprovação apresentada pelos licitantes de que receberam

---

[159] A obrigatoriedade de apresentação da CNDT é muito criticada pela doutrina. Marçal Justen Filho entende o seguinte: "A exigência da comprovação da regularidade trabalhista foi instituída sem qualquer finalidade de selecionar um licitante adequado e capacitado a executar o objeto contratual. Não se trata de proteger os interesses da Administração Pública. Trata-se de utilizar a oportunidade da licitação para constranger o devedor trabalhista a liquidar as suas obrigações – eventualmente, inclusive, apenas pelo fato de essa solução representar a solução mais fácil e rápida. Tanto bastaria para evidenciar o desvio de finalidade" (*Comentários à Lei de Licitações e Contratos Administrativos*, p. 488).

os documentos e tomaram conhecimento de todas as informações e condições é fornecida pelo PNUD. O inciso III do artigo 30 da Lei nº 8.666 menciona que essa comprovação é fornecida pelo órgão licitante. O Manual de Convergência, portanto, apenas realizou uma adaptação do texto legal às peculiaridades das licitações que contam com a participação do PNUD. De todo modo, entendemos que uma comprovação expedida pelo beneficiário já supriria o cumprimento da exigência, sem a necessidade de ela fosse fornecida obrigatoriamente pelo PNUD – desde que, é claro, o órgão licitante tenha condições de certificar a informação. Ou seja, em princípio, a comprovação exigida pelo Manual de Convergência deve ser expedida pelo PNUD, mas não se afasta a possibilidade de que o próprio ente licitante o faça, desde que tenha condições para tanto.

Indo adiante, a alínea "b" do item 7.1.3 do Manual de Convergência estabelece que as exigências de aptidão técnica serão limitadas às parcelas de maior relevância e valor significativo, e deverão ser comprovadas por atestados fornecidos por pessoas jurídicas de direito público ou privado. A redação do dispositivo constitui uma cumulação do disposto no inciso I e no §3º do artigo 30 da Lei nº 8.666, então em vigor.

Portanto, só se pode exigir a comprovação de experiência relacionada a prestações que ao mesmo tempo sejam tecnicamente relevantes e representem um valor significativo do futuro contrato. Para licitações regidas pela legislação brasileira, o TCU já externou o entendimento de que prestações que representam percentuais pequenos do valor total do contrato não podem ser consideradas como de valor significativo e, assim, não se pode exigir experiência na sua execução.[160] Não há motivo para se deixar de aplicar tais parâmetros às licitações que contam com a participação do PNUD.

A questão residirá, em última instância, na análise das especificidades de cada caso. A definição das exigências sempre deverá ser fundamentada pela Administração (e pelo PNUD, se participar da elaboração do edital), sob pena de invalidade.

O TCU já reconheceu que a exigência de um número mínimo de atestados nas licitações realizadas de acordo com o Manual de Convergência ofende a alínea "b" do item 7.1.3 do Manual.

---

[160] Nesse sentido, confiram-se, a título de exemplo, a Decisão nº 574/2002-Plenário (Processo nº 004.911/2002-5, Rel. Min. Ubiratan Aguiar, j. 29.05.2002, *DOU*, 11.06.2002) e o Acórdão nº 0167-28/01-Plenário (Processo TC nº 006.368/2000-0).

Precedente anterior do TCU

> Ademais, a Unesco reconhece que essa exigência contraria a alínea 'b' do item 7.1.3 do Manual de Convergência (fl. 30, v. 2), a qual veda expressamente a exigência de quantidade.
>
> Dessa forma, embora a Unesco tenha informado que observará a recomendação do TCU no sentido de não se inserir quantidade de atestados de capacidade técnica, entendo pertinente a proposta da Unidade Técnica no sentido de se determinar ao FNDE e à ABC que oriente os organismos internacionais que promovem licitações com recursos nacionais no sentido de não inserirem nos editais número mínimo de atestados que comprovem a aptidão técnica dos licitantes, em consonância com a alínea 'b' do item 7.1.3 do Manual de Convergência, bem como com o inciso I, do §1º, do art. 30, da Lei nº 8.666/1993. (TCU, Acórdão nº 330/2005-Plenário, Rel. Min. Benjamin Zymler, j. 30.03.2005)

Note-se que o Manual de Convergência não exige expressamente a comprovação da qualificação técnico-profissional. Cuida apenas da qualificação técnica do licitante, sem esclarecer se se trata da qualificação operacional ou profissional. Entretanto, deve-se entender que é possível a elaboração de exigências relacionadas tanto à qualificação operacional quanto à profissional. A alínea "d" do item 7.1.3 dá ensejo a essa interpretação, uma vez que afirma que a substituição dos profissionais indicados pelo licitante "para fins de comprovação da capacitação técnico-profissional" fica condicionada à aprovação do PNUD. Portanto, é possível fazer exigências inclusive de qualificação técnica profissional, e não apenas operacional.

A alínea "c" do item 7.1.3 do Manual de Convergência permite a exigência de apresentação de uma relação de disponibilidade de instalações, máquinas, equipamentos e pessoal técnico especializado. Não é possível exigir a comprovação de propriedade ou de localização prévia, tal como previsto no §6º do artigo 30 da Lei nº 8.666, então em vigor. A exigência, para ser válida, deve se restringir à prova da *disponibilidade* de equipamentos, máquinas, instalações e pessoal técnico.

d) A qualificação econômico-financeira

O item 7.1.4 do Manual de Convergência estabelece exigências atinentes à qualificação econômico-financeira.

A alínea "b" do item 7.1.4 estabelece que a garantia prevista, quando exigida, deverá ser obrigatoriamente apresentada, sem a possibilidade de ser suprida pelos demais documentos exigidos pela alínea "a". Essa previsão, contudo, não constitui diferença relevante. Se determinada exigência é elaborada em adição a outras, é evidente que o atendimento a essas outras não supre o atendimento daquela.

O Manual de Convergência não prevê a possibilidade de que seja exigida a relação dos compromissos assumidos pelo licitante que importem diminuição de sua capacidade operativa ou absorção de disponibilidade financeira. Em princípio, exigência nesse sentido em licitação realizada com participação do PNUD não será feita, mas, em tese, se necessária, pode ser estabelecida no edital, caso estejam sendo aplicadas subsidiariamente as disposições da lei.

e) Exigências relacionadas a consórcios

O item 7.1.5 do Manual de Convergência trata das exigências relacionadas aos consórcios.

A alínea "c" não estabelece a possibilidade de se exigir dos consórcios um acréscimo de até 30% (trinta por cento) dos valores exigidos para licitante individual no que se refere à qualificação econômico-financeira. Assim, eventuais diferenças entre exigências relacionadas a consórcios em comparação com as exigências relativas a empresas isoladas poderão ser impugnadas.

Outra característica do Manual de Convergência é a de que se deixa à discricionariedade da Administração e do PNUD a possibilidade ou não de participação de consórcios.

A decisão quanto à participação de consórcios consiste em uma avaliação que deve levar em conta a competitividade entre os licitantes e as características técnicas e econômico-financeiras do objeto licitado. Diante de um objeto complexo, que só poderia ser executado por um grupo muito restrito de empresas, a possibilidade de participação de interessados em consórcio poderá ser imprescindível para a ampliação da competitividade. Nesse caso, a soma das experiências de cada consorciado poderá resultar em um grupo de empresas que estará plenamente capacitado a executar o objeto da licitação. Desse modo, amplia-se a competitividade permitindo-se a participação de empresas que, isoladamente, não teriam condições de participar do certame.

Por outro lado, em outras situações, a participação de consórcios poderá ter o efeito inverso. Empresas que poderiam competir entre si pela contratação decidem reunir-se em consórcio e, desse modo, o certame acaba contando com um número menor de competidores.

O que se quer demonstrar aqui é que não existe uma solução pronta e inafastável. A abertura à participação de consórcios pode promover ou restringir a competitividade. Assim, é fundamental que a decisão tomada pela Administração e pelo PNUD quanto à possibilidade ou não de participação de empresas em consórcio seja fundamentada. O meio adequado para exprimir a discordância em relação às razões da Administração e do PNUD será a impugnação ao edital.

De todo modo, admitindo-se a participação de consórcios, é evidente que as experiências dos consorciados deverão ser somadas. Será descabido exigir que cada consorciado atenda isoladamente a todos os requisitos de habilitação. Exigência nesses termos não faria o menor sentido. Os requisitos de capacidade técnica e econômico-financeira devem admitir conjugação e não deverão ser avaliados em relação a cada empresa isoladamente.[161] Já as exigências de habilitação jurídica, regularidade fiscal e do cumprimento do inciso XXXIII do artigo 7º da Constituição Federal deverão ser feitas a cada um dos consorciados, uma vez que eles mantêm sua autonomia jurídica.

f) Os registros cadastrais de pré-qualificadas

O Manual de Convergência prevê que o PNUD poderá manter registros cadastrais para efeito de habilitação, válidos por no máximo um ano. Eles deverão ser permanentemente atualizados, inclusive mediante chamamento público dos interessados para atualização dos registros existentes e para o ingresso de novos interessados.

Os registros cadastrais são um importante mecanismo facilitador da verificação dos requisitos de habilitação. Sua utilização deve ser cada vez mais difundida.

Todas as previsões constantes do item 7.2 do Manual de Convergência correspondem àquelas dos artigos 34 a 37 da Lei nº 8.666, então em vigor. Assim, os entendimentos produzidos à luz daqueles dispositivos são aplicáveis aos registros cadastrais mantidos pelo PNUD.

O item 7.2 do Manual de Convergência só faz alusão aos registros cadastrais mantidos pelo PNUD. Entretanto, nas licitações realizadas com a participação do Programa, também poderão ser utilizados os registros mantidos pelo próprio beneficiário. Não há nada que vede a utilização desses outros registros.

---

[161] Nesse sentido: CITADINI. *Comentários e jurisprudência sobre a Lei de Licitações Públicas*, p. 289; FURTADO. *Curso de licitações e contratos administrativos*, p. 179; JUSTEN FILHO. *Comentários à Lei de Licitações e Contratos Administrativos*, p. 572.

g) Dispensa de habilitação na solicitação de cotação

A alínea "c" do item 7.1 do Manual de Convergência permite que, nas solicitações de cotação, sejam dispensadas, no todo ou em parte, as exigências relativas à habilitação jurídica, regularidade fiscal, qualificação técnica e qualificação econômico-financeira.

Não se pode deixar de destacar que a previsão expressa acerca da possibilidade de dispensa integral ou parcial dos requisitos de habilitação constitui uma diferença importante em relação à lei brasileira. Assim, a interpretação e a aplicação prática da alínea "c" do item 7.1 do Manual de Convergência exigem algumas cautelas.

Conforme já examinado, a solicitação de cotação é a modalidade licitatória mais simplificada prevista no Manual de Convergência. Nela, a Administração envia solicitações a pelo menos três empresas do ramo pertinente ao objeto, sendo que a solicitação é extensível a interessados previamente cadastrados na correspondente especialidade.

Por se tratar de um procedimento limitado, ou seja, restrito a interessados previamente habilitados por meio de um registro cadastral de pré-qualificadas, pode-se dizer que, na solicitação de cotação, já houve uma prévia verificação de certas qualidades pessoais do licitante. Assim, a possibilidade de dispensa de todos os requisitos de habilitação ou parte deles não significa que a Administração possa se sujeitar à contratação de empresas desqualificadas. Significa apenas que já houve uma verificação prévia, que inclusive foi reexaminada quando da seleção das empresas que receberiam a solicitação de cotação.

Pode ocorrer, entretanto, que a verificação prévia feita no cadastramento não seja suficiente para se ter certeza a respeito da capacidade do interessado de executar o objeto específico da licitação (ainda que de especificação e cognição simples e direta). Nesse caso, sempre deverão ser feitas exigências de qualificação, cujo cumprimento deverá ser demonstrado pelos licitantes no curso do procedimento, em uma fase de habilitação.

Além disso, é possível que certas qualidades verificadas quando do prévio cadastramento não tenham sido mantidas em momento futuro. Por exemplo, o interessado pode não estar em dia com suas obrigações tributárias, trabalhistas e previdenciárias, pode ter cedido parte de seu acervo técnico, pode ter alterado o seu quadro societário, e assim por diante. Por isso, é importante que se exija dos licitantes a apresentação de declaração formal, nas penas da lei, de que mantêm as qualidades verificadas quando do seu prévio cadastramento, ou de que declarem quais as alterações relevantes ocorridas.

Por fim, note-se que a alínea "c" do item 7.1 do Manual de Convergência não possibilita que se dispense a exigência de comprovação do cumprimento do disposto no artigo 7º, inciso XXXIII, da Constituição Federal. Assim, mesmo nas solicitações de cotação em que certas exigências sejam dispensadas, o cumprimento do inciso XXXIII do artigo 7º da Constituição Federal sempre deverá ser exigido.

6.4.2.2.7 Documentação e procedimento das licitações

As licitações reguladas pelo Manual de Convergência são realizadas mediante procedimento praticamente idêntico ao da Lei nº 8.666, que estava em vigor à época em que o Manual foi editado. Há apenas algumas diferenças pontuais.

Anteriormente, já tratamos da fase interna das licitações. Agora, passemos a tratar do conteúdo do edital e da fase externa dos certames.

a) O conteúdo do edital

As licitações realizadas de acordo com o Manual de Convergência devem ser processadas de acordo com as normas e condições estabelecidas pelo edital. Aplica-se o princípio da vinculação ao instrumento convocatório. O edital, portanto, encerra o momento no qual a Administração e o PNUD exercem a sua discricionariedade na elaboração dos requisitos de participação e na definição do objeto licitado. Após a publicação do edital (ou do envio das solicitações, quando for o caso), não é mais possível alterar as condições da licitação.

O edital deve conter todas as informações necessárias ao perfeito entendimento do objeto e à compreensão dos custos de sua execução, conforme determina a alínea "b" do item 10 do manual. É fundamental que o instrumento convocatório seja redigido em linguagem clara e de forma completa, a fim de evitar dúvidas e possibilitar que os licitantes cumpram com perfeição as exigências elaboradas.

Em linhas gerais, o edital deverá indicar com precisão qual deve ser o idioma da proposta, o número necessário de vias, o prazo de validade das propostas, a documentação adicional a ser entregue pelos licitantes, os procedimentos para a expedição de adendos, os procedimentos de resposta aos questionamentos, as instruções relativas à entrega das propostas e da documentação, os procedimentos de abertura da documentação, os procedimentos a serem seguidos em caso de erros aritméticos ou outros equívocos constantes das propostas, as informações sobre os critérios de avaliação e as regras de desclassificação das propostas.

O edital pode ainda conter anexos, que, para todos os efeitos, integram o instrumento convocatório. Normalmente, constituem anexos dos editais das licitações com participação do PNUD (i) as especificações técnicas, termo de referência ou memorial de obra; (ii) o modelo de proposta; (iii) uma planilha de itens unitários; e (iv) o modelo, ou minuta, de contrato.

Todos esses requisitos do instrumento convocatório estão descritos nas alíneas "d" e "e" do item 10.1 do Manual de Convergência.

O edital ainda deve conter instruções específicas a respeito das moedas a serem indicadas nas propostas, nos pagamentos a serem efetuados, bem como os respectivos critérios e taxas de câmbio a serem utilizadas, conforme estabelece o item 10.5 do Manual de Convergência.

b) O aviso de licitação e o envio de solicitação

O aviso de licitação ou o envio de solicitação (quando for o caso de haver tal envio) devem indicar a modalidade da licitação, a natureza do objeto, o critério de avaliação, o local para a retirada do edital, o local e as datas para a solicitação e prestação de esclarecimentos, a data, horário e local da sessão de recebimento e abertura dos envelopes de documentação e propostas, e a data, horário e local de outros eventos relacionados à licitação.

Devem indicar, portanto, as informações básicas mais importantes, de modo que os potenciais interessados já definam se tomarão as medidas necessárias à participação no certame.

c) Prazo para a entrega da documentação

O prazo mínimo entre a data de entrega das propostas e a publicação do edital ou o envio da solicitação depende da modalidade licitatória adotada. Na solicitação de cotação, deve ser de cinco dias úteis. Na solicitação de propostas e na concorrência, deve ser de trinta dias. Já tratamos disso ao discorrer acerca de cada uma dessas modalidades.

Não será possível estabelecer prazos menores. Entretanto, é admissível que sejam fixados prazos maiores, uma vez que os prazos previstos no manual podem não ser suficientes para a elaboração das propostas e obtenção de todos os documentos exigidos.

A suficiência dos prazos é indispensável à competitividade do certame. A previsão de um prazo insuficiente pode frustrar a competitividade e, por conseguinte, gerar um prejuízo aos cofres públicos (relembre-se que, nas licitações que contam com a participação do PNUD e são regidas pelo Manual de Convergência, os recursos são nacionais). Não se pode admitir que, por uma diferença de poucos dias, retire-se dos licitantes o direito de contarem com o tempo suficiente para a elaboração de suas propostas.

Trata-se aqui de um princípio geral de licitações, consagrado na alínea "c" do item 10.1 do Manual de Convergência. Nos termos desse dispositivo, "Os prazos deverão assegurar à luz das dimensões e complexidade do objeto, tempo suficiente para a elaboração das propostas".

d) Impugnação ao edital

A alínea "c" do item 11.3 do Manual de Convergência trata das impugnações aos editais. Estabelece-se que qualquer interessado é parte legítima para "impugnar junto ao PNUD, por irregularidade, edital de licitação, desde que nos prazos regulamentares estabelecidos no edital para os questionamentos de que trata o item 10.8 deste Manual".

Portanto, é direito dos licitantes impugnar exigências e previsões inválidas eventualmente contidas nos instrumentos convocatórios (e inclusive em seus anexos).

Note-se que o PNUD decidirá as impugnações, conforme estabelecido no manual. A Administração até poderá participar da deliberação, mas a decisão final será do PNUD. Caso a Administração decida uma impugnação sem a participação do PNUD, o impugnante poderá reclamar ao PNUD.

Quanto ao prazo para a impugnação, o manual apenas estabelece que ela deverá ser apresentada nos prazos regulamentares estabelecidos pelo edital para a apresentação de questionamentos. Esse prazo, portanto, poderá ser distinto daqueles fixados pela legislação brasileira.

Contudo, melhor seria que o manual já fixasse um prazo.

Se o edital de uma licitação regida pelo Manual de Convergência não indicar um prazo certo para a elaboração de questionamentos e aplicar subsidiariamente a lei brasileira, os prazos para impugnação serão os da lei.

e) Inadmissibilidade de propostas alternativas

O item 10.3 do Manual de Convergência veda expressamente a possibilidade de um concorrente apresentar duas ou mais propostas, a qualquer título. Cada licitante, inclusive filiais ou empresas do mesmo grupo econômico, só pode apresentar uma única proposta por licitação.

A Administração deverá, portanto, rejeitar a proposta de um licitante que já apresentou outra proposta ou que pertence a grupo econômico de outra empresa que já tenha apresentado outra proposta.

f) Alteração de propostas

É possível que o licitante retire sua proposta e encaminhe outra, desde que o faça antes da abertura, conforme previsto no item 10.4 do Manual de Convergência. Finalizado o prazo de entrega das propostas, não é mais possível trocar propostas ou qualquer outro tipo de documentação. Do contrário, dar-se-ia margem a condutas inaceitáveis com natureza de conluio por parte dos licitantes.

g) Questionamentos dos interessados

O Manual de Convergência prevê expressamente a possibilidade de os licitantes formularem questionamentos acerca do contido no edital. Trata-se da previsão contida no item 10.8 do manual. Assim, qualquer interessado que tiver dúvida a respeito de determinadas previsões do ato convocatório poderá formulá-las por escrito à comissão de licitação.

Não há um prazo determinado para a formulação dessas indagações. O item 10.8 do Manual de Convergência apenas estabelece que elas deverão ser formuladas "nos prazos regulamentares". Caberá ao edital estabelecer uma data máxima para a formulação de questionamentos. Nesse passo, é fundamental que seja estipulado um prazo razoável para tanto. A estipulação de prazo insuficiente equivalerá a rejeitar na prática o direito à formulação de questionamentos – o que fatalmente acaba reduzindo o número de interessados. Entretanto, não se pode olvidar que deve haver tempo suficiente para que a comissão de licitação formule as respostas aos questionamentos. De nada adianta haver um prazo muito dilatado para a apresentação de questionamentos se eles terão de ser respondidos de forma açodada.

O Manual prevê duas formas de se responder aos questionamentos: por correspondência ou por meio de uma conferência prévia.

Caso os questionamentos sejam respondidos por escrito, a comissão de licitação deverá fazê-lo por correspondência endereçada a todos os interessados, sem citar a origem dos questionamentos. É necessário que as respostas aos questionamentos sejam enviadas aos interessados em tempo hábil para que estes já levem em consideração tais respostas na formulação de suas propostas e na entrega da documentação necessária.

Quando se optar por se fazer uma conferência prévia, deve-se definir data, horário e local já no instrumento convocatório, de modo que todos os licitantes já saibam de antemão e se programem para nela comparecer. É possível, entretanto, que a comissão de licitação resolva posteriormente que é o caso de se realizar uma conferência prévia – caso, por exemplo, seja mais eficiente prestar os esclarecimentos dessa forma. Nesse caso, deve ser definida uma data com antecedência necessária a possibilitar o comparecimento de todos.

O comparecimento na conferência prévia é um ônus dos licitantes. Não há nenhuma obrigatoriedade em comparecer, mas o não comparecimento não poderá servir de escusa para deixar de observar os esclarecimentos prestados.

Ao final da conferência prévia, deve ser elaborada uma ata, a qual precisa ser enviada a todos aqueles que tenham retirado o edital, inclusive aos que não compareceram à conferência. O Manual de Convergência não prevê, mas é recomendável que essa ata fique à disposição no órgão para consulta pública de quem demonstrar interesse.

É fundamental que a ata da conferência prévia seja o mais completa possível, retratando exatamente quais foram os questionamentos formulados e os esclarecimentos prestados. Desse modo, busca-se dar ampla publicidade aos atos praticados, inclusive de forma que o licitante que não pôde comparecer à sessão possa competir em igualdade com os demais.

Além disso, é possível combinar as duas formas de prestar esclarecimentos. Pode haver o envio de correspondência e também a realização de uma conferência prévia. Dependendo da quantidade dos questionamentos, é até possível que haja mais de uma correspondência de resposta, bem como mais de uma conferência prévia.

Por fim, é óbvio que os esclarecimentos devem efetivamente sanar as dúvidas apresentadas. A prática demonstra que é muito comum haver certa desídia na formulação das respostas, normalmente apenas se remetendo a itens do edital que nada esclarecem. Essa conduta é inadmissível. Se os licitantes têm fundadas dúvidas a respeito do conteúdo do edital, de nada adianta apenas repeti-lo. A Administração deverá observar essa circunstância, uma vez que a qualidade dos esclarecimentos poderá refletir-se na qualidade das próprias propostas.

Além disso, se os esclarecimentos acabarem por alterar o conteúdo de uma exigência (por se perceber, por exemplo, que determinada exigência não poderia ser mantida devido à sua incompatibilidade com outra ou com o Manual de Convergência), deve-se reabrir o prazo para a apresentação das propostas.

h) A abertura dos envelopes

Os envelopes entregues pelos licitantes devem ser abertos em sessão pública previamente designada. Após a abertura, a documentação deve ser rubricada pelos interessados, a fim de não se permitir qualquer troca ou complementação de documentação.

Todos os licitantes têm o direito de examinar os documentos dos demais concorrentes e de apontar eventuais defeitos ou inconsistências, requerendo a consignação de tais apontamentos em ata.

O procedimento é o mesmo do previsto na Lei nº 8.666, então em vigor. Primeiramente, são abertos os envelopes que contêm a documentação de habilitação. Depois, abrem-se os envelopes das propostas apenas dos licitantes habilitados.

Como a documentação de habilitação pode ser bastante extensa, é comum que, logo após a abertura dos respectivos envelopes, a sessão seja suspensa para o exame dessa documentação pela Administração.

i) Pedido de reconsideração e recurso hierárquico na fase de habilitação

Após o exame da documentação, será proferida decisão acerca da habilitação dos licitantes.

O licitante inabilitado poderá pedir a reconsideração da decisão à própria comissão de licitação, no prazo de cinco dias úteis, conforme estabelece o item 13.1 do Manual de Convergência. Além disso, no mesmo prazo, cada licitante poderá pedir a reconsideração da decisão de habilitação dos demais licitantes, e inclusive poderá arguir defeitos adicionais na documentação de licitantes já inabilitados.

A própria comissão de licitação, portanto, decide os pedidos de reconsideração eventualmente formulados. Das decisões proferidas pela comissão de licitação em pedidos de reconsideração, cabe a interposição de recurso hierárquico, no prazo de cinco dias úteis, à Coordenação de Compras do PNUD.[162]

No caso de solicitação de cotação, o prazo será de dois dias úteis para o pedido de reconsideração e para o recurso hierárquico.

Assim, nas licitações regidas pelo Manual de Convergência, os licitantes têm duas oportunidades distintas de manifestação. Primeiro, podem pedir a reconsideração da decisão. Depois, terão mais uma oportunidade de se manifestar, dessa vez por meio de recurso à Coordenação de Compras do PNUD, a depender da decisão dos pedidos de reconsideração.

[162] Item 13.2 do Manual de Convergência de Normas Licitatórias do PNUD.

Já nas licitações regidas apenas pela lei brasileira, o licitante tem apenas uma oportunidade de se manifestar, que é por meio de recurso. A decisão é reapreciada pela comissão, sendo que, se for mantida a decisão, o recurso é encaminhado pela própria comissão à autoridade hierarquicamente superior.

Tanto o pedido de reconsideração quanto o recurso hierárquico que se voltam contra decisão de habilitação serão dotados de efeito suspensivo, conforme estabelece a alínea "b" do item 13.3 do Manual de Convergência.

Além disso, nenhuma decisão pode ser reformada sem que se tenha aberto aos demais licitantes a possibilidade de impugnarem os recursos – conforme estabelecido na alínea "c" do item 13.3 do Manual de Convergência. Note-se que o Manual de Convergência menciona a necessidade de impugnação apenas aos recursos. Assim, em tese, é possível que a comissão reconsidere sua decisão sem a necessidade de abrir vista do pedido aos demais licitantes.

j) Devolução dos envelopes aos licitantes inabilitados

Os envelopes lacrados contendo as propostas comerciais dos licitantes inabilitados serão devolvidos a eles mediante recibo. Essa devolução, entretanto, só poderá ocorrer se o licitante desistir de pedir a reconsideração da decisão ou de apresentar recurso, ou ainda após a decisão de todos os recursos hierárquicos.

A comissão deve intimar o licitante inabilitado de que seu envelope de proposta está à disposição para retirada.

Note-se que o licitante inabilitado poderá recorrer ao Judiciário ou a órgãos de controle, como o Tribunal de Contas, para reverter a decisão que o inabilitou. Nestes e em qualquer outro caso em que o licitante esteja questionando sua inabilitação, a comissão não poderá devolver as propostas ou destruí-las. Caso assim procedesse, a comissão acabaria inviabilizando na prática a reintegração do licitante ao certame, tornando sem efeito qualquer decisão proferida. Tal conduta é inadmissível e, em tese, poderia gerar até mesmo a responsabilização pessoal dos membros da comissão.

k) Abertura das propostas

Na sequência, serão abertas as propostas dos licitantes habilitados. Esse ato também deve ocorrer em sessão pública e aberta, realizada em data e local previamente definidos.

As propostas também deverão ser rubricadas e é possível que os licitantes já apontem defeitos nas propostas dos demais, requerendo a consignação de seus apontamentos em ata.

É comum que, novamente, a sessão seja encerrada a fim de que se examinem mais detidamente as propostas.

l) Avaliação das propostas

A avaliação das propostas deve se pautar pelas determinações do edital. Isso significa que a avaliação deve ocorrer mediante requisitos objetivos estabelecidos previamente. Não se pode exigir nada além do edital, assim como não é possível admitir propostas que não atendam com perfeição ao ato convocatório.

O item 12 do Manual de Convergência divide a avaliação de propostas em três grupos: avaliação de bens e serviços; avaliação de serviços técnicos profissionais especializados; e avaliação de obras.

l.1) Licitações para aquisição de bens e serviços

As propostas nas licitações que têm por objeto a aquisição de bens ou serviços devem atender às especificações técnicas do edital, bem como ao Termo de Referência, se houver. Além disso, devem ser avaliados os preços propostos pelos licitantes. Portanto, não basta oferecer o menor preço. Para ser a vencedora, a proposta deve, além disso, atender com perfeição às especificações técnicas estabelecidas pelo instrumento convocatório.

l.2) Licitações para aquisição de serviços técnicos especializados

Nas licitações que têm por objeto a contratação de serviços técnicos especializados, a avaliação das propostas é um pouco mais complexa.

l.2.1) O rol de serviços técnicos profissionais especializados

Inicialmente, é importante observar que o Manual de Convergência não estabelece um conceito abstrato de "serviço técnico profissional especializado". Optou-se por prever um rol desses serviços no "Glossário de Termos" que constitui o Anexo I do manual.

Segundo esse glossário, são serviços técnicos profissionais especializados os trabalhos relativos a: (i) estudos técnicos, planejamentos e projetos; (ii) pareceres, perícias e avaliações em geral; (iii) assessorias ou consultorias técnicas e auditorias financeiras ou tributárias;

(iv) fiscalização, supervisão ou gerenciamento de obras e serviços; (v) treinamento e aperfeiçoamento de pessoal; e (vi) restauração de obras de arte e bens de valor histórico.

Note-se que esse rol de serviços é bastante amplo. Sempre que se pretender a realização de licitação do tipo "melhor técnica" ou "técnica e preço", o serviço pretendido deve ser reconduzido a alguma dessas hipóteses.

I.2.2) O problema da definição do tipo licitatório: menor preço, técnica e preço ou melhor técnica

Entretanto, pode-se deparar com situação em que o serviço é inegavelmente de caráter técnico especializado, mas não conste expressamente desse rol. Nesse caso, pode-se utilizar licitação do tipo "melhor técnica" ou "técnica e preço", desde que de forma justificada. Ou seja, devem ser esclarecidos os motivos pelos quais se pretende adotar esses tipos de licitação. E tais motivos devem estar relacionados à necessidade da Administração de contratar um serviço com a melhor qualidade técnica possível, considerando-se as limitações orçamentárias do contratante.

Pode também ocorrer o inverso. É perfeitamente possível que um serviço técnico especializado seja licitado segundo o critério de "menor preço". Isso se aplicará sempre que for objetivo da Administração e do PNUD a contratação de um serviço qualquer, desde que preenchidos os requisitos técnicos mínimos previstos no edital.

O que se pretende esclarecer aqui é que a natureza do objeto licitado não impõe por si só o tipo de licitação a ser adotado. Na realidade, mesmo nas licitações de "menor preço", são estabelecidos critérios técnicos mínimos que devem ser atendidos pelos licitantes, sob pena de inabilitação ou desclassificação. Ou seja, a técnica não é inteiramente deixada de lado. Quando a Administração se contentar com uma qualidade técnica mínima, sendo indiferente se ela for superior, deve-se adotar o tipo "menor preço". Já se a qualidade técnica pretendida tiver influência na escolha do licitante, a ponto de se justificar um preço maior em função de uma técnica mais elevada, adotam-se os tipos "melhor técnica" ou "técnica e preço". Nesses casos, a qualidade técnica tem influência no nível de satisfação da Administração.

Observe-se que a definição do tipo de licitação deve ainda considerar o princípio da razoabilidade. Não se pode aceitar a contratação de um serviço mais caro se o benefício de sua melhor técnica for indiferente à Administração. O mesmo ocorrerá se o mínimo exigível em termos de técnica for o máximo possível. Nesses casos, o edital deve exigir a técnica necessária e a disputa se dará somente quanto ao preço.

I.2.3) A avaliação propriamente dita das propostas

As propostas de serviços técnicos devem atender ao Termo de Referência, cuja previsão é obrigatória nas licitações que possuem esse objeto. Além disso, a avaliação deve observar os demais critérios estabelecidos no edital, bem como os preços propostos.

Nessas licitações, deve haver uma qualificação prévia das propostas técnicas. Somente os licitantes cujas propostas alcançarem a nota de corte estabelecida pelo edital serão considerados qualificados.[163] Portanto, antes do exame das propostas comerciais, devem ser avaliadas as propostas técnicas. Isso significa que a documentação nessas licitações deve ser entregue em três envelopes: de habilitação, de proposta técnica e de proposta comercial.

Os licitantes cujas propostas não atingirem a nota de corte serão desclassificados e suas propostas serão a eles restituídas. Da decisão de classificação das propostas técnicas, cabe pedido de reconsideração no prazo de cinco dias úteis, bem como, posteriormente, recurso hierárquico à Coordenação de Compras do PNUD em igual prazo.

Note-se que os critérios de avaliação das propostas técnicas devem ser objetivos. O edital deverá estabelecer critérios pontuáveis e as notas atribuíveis a cada um deles. Deve-se buscar o máximo possível de objetividade, de modo a não se possibilitar julgamentos subjetivos.

A partir da classificação dos licitantes que alcançaram a nota de corte, o procedimento dependerá do tipo de licitação adotada.

Se o critério adotado pelo edital for o de "melhor técnica", somente será aberta a proposta comercial do licitante cuja proposta técnica foi a melhor classificada. A partir daí, o Manual de Convergência não desce a maiores minúcias. Entretanto, não se pode aceitar que haja a contratação de um licitante que tenha apresentado uma proposta comercial incompatível com os valores de mercado apenas por ter apresentado a melhor proposta técnica. Para essas situações, é recomendável que o edital estabeleça uma negociação entre a Administração e os licitantes, tal como previsto na Lei nº14.133.

Já se a licitação for do tipo "técnica e preço", devem ser abertas as propostas de todos os licitantes qualificados e, posteriormente, deve

[163] Item 12.2, alínea "a", do Manual de Convergência de Normas Licitatórias.

ser feita a classificação de acordo com os pesos atribuídos pelo edital à técnica e ao preço, fazendo-se uma média ponderada.

l.3) Licitações para contratação de obras

A avaliação das propostas nas licitações para a contratação de obras deve observar o atendimento do Memorial de Obras,[164] bem como os preços propostos. Isso não significa que haverá uma proposta técnica. Pode haver uma proposta comercial, em licitação do tipo "menor preço", sendo que essa proposta deve atender aos requisitos exigidos no Memorial de Obras (quanto a itens unitários contemplados no memorial, quantidades de cada item, e assim por diante).

l.4) Avaliação dos preços

O item 12.4 do Manual de Convergência estabelece que os preços das propostas comerciais podem ser analisados tomando-se como referência (i) os preços pré-negociados, listados nos catálogos de preço da IAPSO (*Inter-Agency Procurement Services Office*, que é o Escritório Interagencial de Serviços de Aquisições), bem como (ii) os preços correntes no mercado ou fixados por órgão oficial competente, ou ainda os constantes de sistema de registro de preços.

m) Pedido de reconsideração e recurso hierárquico na fase de avaliação das propostas

Após a avaliação e classificação das propostas (tanto técnicas quanto comerciais), os licitantes poderão pedir a reconsideração da decisão à comissão, no prazo de cinco dias úteis. Da decisão, poderão ainda interpor recurso hierárquico à Coordenação de Compras do PNUD, também no prazo de cinco dias úteis. Nas solicitações de cotação, o prazo é de dois dias úteis.[165]

O pedido de reconsideração e o recurso hierárquico que se voltam contra a classificação das propostas também são dotados de efeito suspensivo, assim como ocorre na fase de habilitação. Além disso, da mesma forma que na habilitação, a decisão só poderá ser reformada se os demais interessados tiverem a oportunidade de impugnar os recursos.

---

[164] Item 12.3 do Manual de Convergência de Normas Licitatórias.

[165] Itens 13.1 e 13.2 do Manual de Convergência de Normas Licitatórias.

O Tribunal de Contas da União já reconheceu a invalidade de previsão contida em edital de licitação regida pelo Manual de Convergência que deixava de contemplar a possibilidade de recurso contra a classificação das propostas e ainda vedava qualquer comunicação do concorrente com o contratante desde a abertura das propostas até a divulgação e notificação do resultado.

Precedente anterior do TCU

ACORDAM os Ministros do Tribunal de Contas da União, reunidos em Sessão Plenária, ante as razões expostas pelo Relator, em:
[...]
9.3. determinar à Agência Brasileira de Cooperação que:
[...]
9.3.2. nas licitações promovidas por organismos internacionais com recursos nacionais, oriente esses organismos para:
9.3.2.1. incluírem nos editais:
9.3.2.1.1. a previsão recursal de que trata o Capítulo 13 do Manual de Convergência de Normas Licitatórias, aprovado pelo Acórdão nº 946/2004 – Plenário ou a previsão dos recursos incluídos no Capítulo V da Lei nº 8.666/93;
9.3.2.2. não incluírem nos editais:
9.3.2.2.1. cláusulas que contenham proibições extravagantes, como a de impedir a comunicação entre o licitante e a contratante após a abertura das propostas, prevista no Subitem 25.1 do Edital/Unesco nº 230/2004; (Acórdão nº 330/2005-Plenário, Rel. Min. Benjamin Zymler, j. 30.03.2005)
n) A promoção de diligências

O item 11.2 do Manual de Convergência estabelece a faculdade de a comissão de licitação ou a autoridade superior realizarem diligências para esclarecer ou complementar a instrução.

Na realidade, sempre que houver dúvidas fundadas a respeito da documentação apresentada, deverão ser realizadas diligências. Não se trata de mera faculdade, mas de um dever-poder.

Essas diligências devem ser realizadas pela comissão de licitação ou ainda pela autoridade superior. Ao referir-se à autoridade superior, deve-se entender que se trata do próprio PNUD, uma vez que sua Coordenação de Compras é que julga os recursos hierárquicos propostos.

A realização de diligências, contudo, destina-se a complementar a instrução, esclarecendo o conteúdo de documentos apresentados. Não se trata de medida destinada a corrigir a documentação apresentada por algum licitante, uma vez que, dessa forma, haveria ofensa ao princípio da isonomia. Por isso, o item 11.2 do Manual de Convergência veda expressamente a inclusão posterior de documento ou informação que deveria ter constado originariamente da proposta.

o) Ultimação dos atos

Selecionada a melhor proposta de acordo com os critérios do edital, o licitante que a ofereceu será declarado vencedor. Assim, homologada a licitação, haverá a adjudicação de seu objeto ao licitante vencedor, que poderá ser convocado para assinar o contrato.

6.4.2.3 Exceções ao procedimento licitatório

Até o momento, tratou-se das licitações realizadas de acordo com o Manual de Convergência de Normas Licitatórias do PNUD. Entretanto, o manual estabelece também a possibilidade de contratação direta, mediante dispensa ou inexigibilidade de licitação. Trata-se de exceções à regra geral de que toda contratação administrativa deve ser precedida de um procedimento licitatório, mas isso não significa que, nessas situações, poderiam ser deixadas de lado algumas cautelas importantes.

De certo modo, as exceções ao procedimento licitatório envolvem cuidados até maiores, a fim de que não haja o direcionamento da contratação a determinado interessado.

O Capítulo 5 do Manual de Convergência trata das exceções ao procedimento licitatório. Inicialmente, estabelece algumas disposições de caráter geral e, em seguida, prevê as hipóteses de dispensa e de inexigibilidade.

6.4.2.3.1 Princípios gerais

O princípio central das licitações é o da livre concorrência. Promove-se uma licitação justamente para se permitir a competição livre entre interessados, que devem ser tratados com isonomia. Aquele interessado que atender aos requisitos estabelecidos e oferecer a melhor proposta deve ser o vencedor.

Justamente por isso, o Manual de Convergência prevê expressamente que um dos desvios mais graves que um oficial de aquisições pode cometer consiste em deixar de observar o princípio da livre concorrência.[166] Bem por isso, o Manual de Convergência estabelece um procedimento rigoroso de exame e aprovação das licitações e dos procedimentos de contratação direta.

O manual inclusive recomenda (*rectius*, determina) que seja examinada a adequação quanto à publicação de Manifestação de Interesse antes da abertura de um procedimento de contratação direta.

A Manifestação de Interesse é definida pelo item 9.2.2 do Manual de Convergência como um método de baixo custo para a identificação no mercado de possíveis interessados, em âmbito internacional ou nacional, para a realização de objeto pretendido pela Administração, sempre que isso não possa ser feito por meio do registro cadastral.

Ou seja, a Administração e o PNUD, diante de uma situação que aparenta ser de contratação direta, devem avaliar nos seus registros cadastrais se há o registro de alguma empresa que seria uma potencial interessada em executar o objeto pretendido. Não havendo, é recomendável que publique uma Manifestação de Interesse, a fim de que possíveis interessados manifestem ou não seu interesse. Havendo interessados, deve-se realizar uma licitação. Caso ninguém se manifeste, pode-se dar início a um procedimento de contratação direta.

Isso significa que a publicação de uma Manifestação de Interesse não é obrigatória. Pode-se tratar de caso que claramente não comportaria uma licitação. Entretanto, ao menos se exige que seja cogitado a respeito da publicação de uma Manifestação de Interesse.

Além disso, todo procedimento de contratação direta deve ser plenamente fundamentado em uma exposição de motivos. Devem constar dessa exposição de motivos as devidas justificativas para a não realização da licitação.

Note-se que não basta indicar qualquer motivo. Os únicos motivos aceitáveis, de acordo com a alínea "d" do item 5.1 do Manual de Convergência são aqueles relacionados à impraticabilidade de obtenção de outras propostas. O Manual de Convergência veda que a exposição de motivos se detenha em "questões secundárias" como a reputação ou a experiência do fornecedor.

A exposição de motivos para a contratação direta ainda deve demonstrar que o preço contratado é justo, razoável e compatível com o mercado. Ou seja, a inviabilidade de competição não pode servir de pretexto para contratações incompatíveis com o mercado. Entendemos que essa análise do preço contratado deve considerar como referência a

---

[166] Item 5.1, alínea "a", do Manual de Convergência de Normas Licitatórias do PNUD.

previsão do item 12.4 do Manual de Convergência, que determina como referência a utilização dos preços listados nos catálogos da IAPSO (*Inter-Agency Procurement Services Office*), bem como os preços de mercado, os fixados por órgãos competentes e os constantes de registros de preços.

Por fim, o Manual de Convergência ainda define como fator de cautela que toda contratação direta acima de 30 mil dólares seja ratificada previamente pelo Comitê Local de Contratos do PNUD, além de publicada em veículo de divulgação oficial. O comitê pode rejeitar a contratação e, ainda que a aprove, a sua divulgação pública é relevante como fator de transparência. Eventual contratação em desconformidade com os princípios licitatórios e com o Manual de Convergência poderá inclusive ser objeto de ação popular. Além disso, outros órgãos de controle deverão avaliar a legalidade da contratação, com o Ministério Público e o Tribunal de Contas competente.

6.4.2.3.2 A dispensa de licitação

Configura caso de dispensa de licitação aquele em que a competição é viável, mas a realização da licitação acabaria sendo incompatível com os princípios da atividade administrativa. Segundo Marçal Justen Filho, as razões da dispensa podem ser sistematizadas em quatro categorias: custo econômico da licitação, custo temporal da licitação, ausência de potencialidade de benefício e função extraeconômica da contratação.[167]

Assim, por exemplo, para a contratação de objeto de pequeno valor, pode ser dispensada a realização de uma licitação. Os próprios custos do procedimento licitatório não compensariam a sua realização, ainda que houvesse possibilidade de competição entre potenciais interessados. A dispensa também pode ocorrer em caso de calamidade pública, que se trata de uma situação excepcional em que a demora de um procedimento licitatório acaba por inviabilizar a contratação.

O item 5.2 do Manual de Convergência arrola doze casos de dispensa de licitação. A grande maioria deles é idêntica a hipóteses então previstas no artigo 24 da Lei nº 8.666. A correspondência das hipóteses do item 5.2 do Manual de Convergência com o artigo 24 da Lei nº 8.666 pode ser visualizada no seguinte quadro:

---

[167] *Comentários à Lei de Licitações e Contratos Administrativos*, p. 334-335.

Manual de Convergência (item 5.2)	Lei nº 8.666 (artigo 24)
a	I
b	II
c	III
d	IV
e	V
f	VII
g	VIII
h	X
i	XI
j	XV
k	XVII
l	XX

Em alguns desses casos em que há correspondência entre o Manual de Convergência e a Lei nº 8.666, entretanto, existem diferenças pontuais.

Os incisos I e II do artigo 24 da Lei nº 8.666 estabelecem como limite de valor para a dispensa o montante de quinze mil reais (10% do previsto na alínea "a" do inciso I do artigo 23). Já o Manual de Convergência adota como limite para a dispensa na alínea "a" o valor de cinco mil dólares e, na alínea "b", o montante de dois mil e quinhentos dólares.

A alínea "f" do item 5.2 do Manual de Convergência incorpora à sua redação conteúdo idêntico ao do artigo 48 da Lei nº 8.666. Já o inciso VII do artigo 24 da lei apenas se remete ao artigo 48. Ou seja, apesar da diferença de redação, o conteúdo das duas previsões acaba sendo o mesmo.

A alínea "g" do item 5.2 do Manual de Convergência estabelece como caso de dispensa a contratação de bens e serviços prestados por entidade que integre a Administração Pública. O mesmo é previsto no inciso VIII do artigo 24 da Lei nº 8.666. Entretanto, a lei exige que o órgão ou entidade tenha sido criado para o fim específico em data anterior à vigência da lei. O Manual de Convergência não contém tal especificação.

Nas demais hipóteses em que há correspondência do item 5.2 do Manual de Convergência com incisos do artigo 24 da lei, a redação dos dispositivos é igual, ou ao menos muito parecida, sem diferença de conteúdo.

Como há essa relação de correspondência entre as previsões do item 5.2 do manual e do artigo 24 da lei, seria despiciendo aqui examinar uma a uma cada hipótese. Aplica-se a elas toda a construção doutrinária e jurisprudencial já desenvolvida por ocasião da aplicação da Lei nº 8.666.

Convém, entretanto, chamar atenção para o fato de que o Manual de Convergência contém apenas doze casos de dispensa, um número bem menor do que o de previsões na lei brasileira. Assim, surge o seguinte questionamento: seria possível realizar uma dispensa em caso não previsto no Manual de Convergência, mas previsto na lei brasileira?

Para se chegar a uma conclusão quanto a esse questionamento, é necessário identificar o motivo pelo qual existem hipóteses de dispensa sem correspondência no Manual de Convergência.

A partir de uma análise dessas hipóteses, pode-se afirmar que não há uma correspondência absoluta basicamente por dois motivos.

Em primeiro lugar, porque seria impossível logicamente haver determinadas correspondências.

Em segundo lugar, certas correspondências até poderiam logicamente existir, mas não ocorrem porque várias hipóteses de dispensa de licitação foram acrescidas ao artigo 24 da Lei nº 8.666 quando o Manual de Convergência já tinha sido editado. Tais hipóteses jamais foram acrescentadas ao manual.

Assim, quando claramente não se tratar de hipótese de parceria com o PNUD, não se aplicará o Manual de Convergência. Tratar-se-á de uma dispensa regida pela lei brasileira.

Já quando seria possível haver uma parceria com o PNUD para uma dispensa prevista apenas na lei brasileira, entendemos como possível a contratação direta, ainda que sem previsão expressa no Manual de Convergência. Isso seria especialmente evidente quando as contratações diretas regidas pelo Manual de Convergência se reportarem à lei brasileira como norma subsidiária.

De todo modo, todos os casos de dispensa devem ser antecedidos de uma fundamentada exposição de motivos e, se for o caso, da publicação de uma Manifestação de Interesse.

6.4.2.3.3 A inexigibilidade de licitação

Os casos de inexigibilidade de licitação são aqueles em que é inviável a existência de uma competição entre interessados. Trata-se, portanto, de situação distinta da dispensa, em que a competição em tese até seria possível, mas, por certos motivos, a realização de licitação não seria conveniente.

As três hipóteses de inexigibilidade previstas no item 5.3 do Manual de Convergência encontram correspondência nas dos incisos I a III do artigo 25 da Lei nº 8.666. Muito embora haja diferenças redacionais, o sentido das previsões do manual e da lei é o mesmo.

Portanto, é despiciendo tratar de cada uma dessas hipóteses, uma vez que há farta doutrina e jurisprudência sobre elas.

6.5 Formalização dos contratos

Finalizada a licitação ou o procedimento dispensa ou inexigibilidade, o interessado é convocado para assinar o contrato. Caso seja exigida a prestação de garantia, ela deve ser prestada previamente à formalização do contrato.

6.5.1 Assinatura do contrato

O contrato deve ser assinado dentro do prazo de validade da proposta. Muitas vezes, a demora na licitação exige que a proposta seja renovada pelos licitantes. O licitante que continuar interessado na contratação deve renová-la.

Além disso, se entre a data-base da proposta e a assinatura do contrato decorrer tempo maior do que a periodicidade de reajuste, deve-se inclusive reajustar os preços de acordo com o critério previsto no edital antes mesmo de ser firmado o contrato. Do contrário, haveria uma defasagem no preço e um desequilíbrio econômico da avença já no início da sua execução.

Se o convocado não assinar o contrato no prazo e nas condições estabelecidas, o PNUD tem a faculdade de convocar os demais classificados, na ordem de classificação, para que o façam nas mesmas condições do licitante vencedor. A alternativa a isso é o cancelamento do certame.

Por óbvio, o contrato deve corresponder à minuta anexa ao edital, apenas com as complementações necessárias (como dados do contratado e valor da proposta vencedora, entre outros). Além disso, devem ser indicados no contrato o número do procedimento de licitação ou de contratação direta, a sujeição dos contratantes às normas do PNUD e às cláusulas contratuais. Compõem o contrato também as especificações técnicas, o termo de referência ou memorial de obras, a relação de pessoal, a proposta do contratado e os demais anexos especiais eventualmente constantes do edital.

Deve ser permitido a qualquer interessado o conhecimento dos termos da avença, bem como de todo o procedimento licitatório. Além disso, os resumos de todos os contratos com valores acima de 30 mil dólares devem ser publicados no *site* do PNUD na internet.

6.5.2 Garantia de execução do contrato

Se previsto no edital, o contratado terá de prestar garantia em uma das seguintes modalidades: caução em dinheiro, seguro-garantia ou fiança bancária. A garantia será de até 5% do valor do contrato, mas poderá ser de até 10% em contratações de grande vulto e complexidade, que envolvam riscos financeiros.

6.5.3 Aditamentos contratuais

É possível que haja a necessidade de posterior aditamento do contrato, em duas situações, conforme prevê o item 14.4 do Manual de Convergência: quando há necessidade de alteração de aspectos do contrato, e quando é necessário alterar a extensão dos serviços relacionados aos originariamente contratados. Portanto, o Manual de Convergência admite a realização de alterações qualitativas e quantitativas.

Essas alterações, entretanto, devem ser aprovadas pelo Comitê Local de Contratos (LCC) – quando o total dos aditivos é superior a 100 mil dólares ou quando o total dos aditivos corresponde a mais de 20% do contrato original. O Comitê Local de Contratos deve verificar se os aditamentos são justificáveis, ou se estão servindo como burla à realização de uma nova licitação.

O Manual de Convergência não estabelece um limite aos aditamentos contratuais. Ao prever as hipóteses de submissão ao Comitê Local de Contratos, contudo, reconhece implicitamente a possibilidade de que os aditamentos superem 20% do valor inicialmente previsto.

O Tribunal de Contas da União já apreciou licitação regida pelo Manual de Convergência em que o edital não previa expressamente os casos em que seriam cabíveis os aditamentos contratuais. Estipulava-se apenas que o contratante poderia acrescer ou reduzir a quantidade dos serviços sem mudança nos preços unitários. Nesse caso, o tribunal decidiu por determinar que fossem incluídas nos editais as hipóteses de cabimento de aditivos e os casos em que esses obrigatoriamente devem ser submetidos ao Comitê Local de Contratos.

Precedente anterior do TCU

> ACORDAM os Ministros do Tribunal de Contas da União, reunidos em Sessão Plenária, ante as razões expostas pelo Relator, em:
> 9.3. determinar à Agência Brasileira de Cooperação que:
> [...]
> 9.3.2. nas licitações promovidas por organismos internacionais com recursos nacionais, oriente esses organismos para:
> [...]
> 9.3.2.1.2. as hipóteses de cabimento de aditivos e os casos em que esses obrigatoriamente devem ser submetidos ao Comitê Local de Contratos, nos termos do Item 14.4 do Manual de Convergência de Normas Licitatórias, aprovado pelo Acórdão nº 946/2004 – Plenário, bem como de acordo com o art. 65 da Lei nº 8.666/1993. (Acórdão nº 330/2005-Plenário, Rel. Min. Benjamin Zymler, j. 30.03.2005)

Portanto, apreciou-se apenas a necessidade de observância das hipóteses em que os aditamentos seriam possíveis. Não se examinou a extensão possível dos aditamentos.

6.5.4 Fiscalização dos contratos

A fiscalização dos contratos fica a cargo do beneficiário na modalidade de execução nacional, que é a regra geral. Trata-se de uma atribuição do beneficiário, de acordo com o Manual de Execução Nacional.

6.6 Pagamentos ao contratado

6.6.1 Momento de realização dos pagamentos

O início de contagem do prazo para pagamento pode variar em cada caso.

Nas contratações que têm por objeto a entrega de bens, a alínea "a" do item 15.2 do Manual de Convergência prevê que o pagamento pode ser efetuado no prazo de trinta dias contado do recebimento dos documentos de embarque e das faturas, ou contado do recebimento dos bens. A previsão aplicável ao caso deve constar do edital e do contrato, a fim de que não haja dúvidas. Afinal, o momento de recebimento dos pagamentos tem influência até mesmo no equilíbrio econômico-financeiro da avença.

Já no caso de contratação de serviços ou obras de engenharia, os pagamentos são vinculados a etapas de execução do contrato. A fixação dessas etapas deve constar do contrato.

6.6.2 Adiantamentos e parcelamentos

Como regra geral, os pagamentos só são realizados depois de haver a aquisição do bem ou a prestação do serviço. Entretanto, o Manual de Convergência admite a realização de adiantamentos e de parcelamentos.

São exemplos de situações que podem justificar um pagamento antecipado os custos de mobilização (especialmente para obras), os custos iniciais (principalmente para serviços) e os custos de desenho. Nesses e em outros casos, o contratado poderá solicitar o adiantamento de pagamento.

O adiantamento deve ser plenamente justificado e tem que contar com a aprovação do Representante Residente ou Diretor da Unidade do PNUD. O adiantamento não pode corresponder a mais do que 15% do valor do contrato. Além disso, se o valor do adiantamento for superior a 30 mil dólares, o contratado deverá providenciar garantias bancárias ou cheques administrativos com prazo de validade igual à do contrato, conforme estabelece a alínea "a" do item 15.1 do Manual de Convergência.

O adiantamento deve ser amortizado nas parcelas remanescentes de pagamento, de modo a ser acordado entre as partes contratantes. Pode haver essa amortização antes do término do prazo contratual.

Apesar de não estar previsto no Manual de Convergência, entendemos que, se o adiantamento já foi amortizado em parcelas posteriores e o contrato continua em vigor, não há a necessidade de manter a garantia adicional prestada quando do adiantamento. Afinal, a Administração já conta com a garantia contratual. Exigir que a garantia relativa ao adiantamento perdure por todo o contrato, ainda que já tenha sido amortizada, seria onerar demasiada e injustificadamente o contratado.

Há também a possibilidade de parcelamento dos pagamentos. As parcelas devem ser vinculadas à conclusão bem-sucedida das etapas do contrato. A realização de pagamentos dessa forma deve ser previamente autorizada pelo representante residente ou diretor da unidade do PNUD.

O parcelamento aqui referido, contudo, não se confunde com a realização de pagamentos vinculados aos resultados alcançados. Trata-se aqui de um parcelamento excepcional.

CAPÍTULO 7

ACORDO DE COMPRAS GOVERNAMENTAIS DA OMC (GPA)

7.1 Explicação prévia

Neste capítulo, será examinado o Acordo de Compras Governamentais da Organização Mundial do Comércio – ou GPA na sigla em inglês (Government Procurement Agreement).

O objetivo não será tratar de absolutamente todas as previsões do GPA. O foco principal da análise se voltará a explicar em que consiste o GPA, como pode se dar a acessão do Brasil ao Acordo e quais os impactos diretos e indiretos do GPA sobre as licitações no país.

O Brasil, em maio de 2020, apresentou ao Comitê de Compras Governamentais da OMC a sua proposta de iniciar as negociações para fazer parte do GPA. A aproximação do Brasil ao GPA já havia se iniciado ainda em 2017, quando o país se tornou um membro observador.[168] Posteriormente, em agosto de 2020, a Secretaria de Comércio Exterior – Secex do Ministério da Economia publicou a Circular nº 55 de 2020 dando início a uma consulta pública para receber manifestações de interessados voltadas à compreensão de certas preocupações que deverão ser endereçadas pelo país nas negociações para aderir ao GPA. Depois disso, em fevereiro de 2021, o Brasil apresentou aos membros do GPA a sua oferta de acesso a mercado e em junho de 2022 fez uma oferta final. Tratava-se de uma etapa fundamental do processo que

[168] De acordo com o artigo XXI(4) do GPA: "4. Any WTO Member that is not a Party to this Agreement shall be entitled to participate in the Committee as an observer by submitting a written notice to the Committee. Any WTO observer may submit a written request to the Committee to participate in the Committee as an observer, and may be accorded observer status by the Committee".

poderia resultar na acessão do país ao Acordo. A oferta inicial brasileira e a revisada listavam os órgãos e entidades da Administração Pública que passariam a fazer contratações públicas abertas à concorrência internacional, bem como os bens, serviços e obras públicas cujas contratações deveriam ser abrangidas pelo GPA. Com isso, dar-se-ia início a um conjunto de negociações bilaterais entre o Brasil e cada membro do GPA.

Em 30 de maio de 2023, entretanto, o Brasil retirou sua oferta de adesão ao GPA. Com isso, as negociações se encerraram.

Apesar disso, o Brasil pode voltar a fazer uma oferta para aderir ao GPA. Por isso, é relevante tratar do tema apesar do encerramento das negociações. O resultado final de uma futura adesão do Brasil ao GPA seria a assunção de certos compromissos pelo país de modo a garantir que as licitações abrangidas pelo GPA atendam a determinadas exigências de transparência e não discriminem licitantes de outros países signatários do Acordo.

Para atingir esses objetivos, o Brasil necessariamente deverá adotar algumas práticas voltadas à ampliação da publicidade no exterior das licitações cobertas pelo GPA e precisará rever certas barreiras explícitas e implícitas que podem resultar em tratamentos discriminatórios a estrangeiros.

7.2 Considerações iniciais sobre o Acordo de Compras Governamentais (GPA) da OMC

7.2.1 O GPA como acordo plurilateral

O Acordo de Compras Governamentais (GPA) é um acordo plurilateral no âmbito da Organização Mundial do Comércio. Por ser um instrumento plurilateral, nem todos os membros da OMC são partes do Acordo. Eles aderem ao GPA se assim desejarem e, para tanto, devem cumprir os requisitos estabelecidos.

É importante compreender a distinção entre acordos plurilaterais e acordos multilaterais, uma vez que essa questão tem influência direta sobre a dinâmica da acessão do ao GPA.

Acordos plurilaterais são acordos aos quais apenas os signatários se vinculam, ou seja, não há uma vinculação automática de todos os membros de uma organização. No caso do GPA, comprometem-se com o Acordo apenas os membros da OMC que individualmente o assinam. A situação é diversa da que acontece num acordo multilateral, em que as decisões tomadas se aplicam a todos os membros da OMC.

A base da OMC é o multilateralismo, ou seja, a aplicação dos acordos a todos os seus membros com base no consenso formado previamente à sua celebração. O multilateralismo tem como objetivo principal a criação e manutenção de uma estrutura jurídica de comércio internacional que seja harmônica e sem preferências quanto à origem de bens e serviços. Dessa forma, busca-se evitar desvios potencialmente derivados de acordos bilaterais ou regionais, que poderiam estabelecer preferências de origem relacionadas à política externa de cada signatário – as quais, sob um certo ângulo, acabam comprometendo o objetivo central da OMC que é o levantamento de barreiras tarifárias de modo a se promover a liberalização do comércio internacional como um todo.[169]

Dentre os principais acordos multilaterais da OMC, destacam-se o *General Agreement on Tariffs and Trade – GATT* (acordo sobre comércio) e o *General Agreement on Trade in Services – GATS* (acordo sobre serviço).

O plurilateralismo, por outro lado, como observam Rafael Sérgio Lima de Oliveira e Cristiana Fortini, é uma espécie de "meio termo entre o bilateralismo e o multilateralismo".[170] Ou seja, o plurilateralismo busca manter a governança dos acordos internacionais de comércio da OMC – tanto é que a OMC possui comitês responsáveis pela análise da acessão de interessados e pela resolução de conflitos com base nos acordos plurilaterais – mas não exige o consenso de todos os seus membros para a formação desses ajustes. Esta é a situação do GPA: como um acordo plurilateral, não exige o consenso de todos os mais de 160 membros da OMC.

7.2.2 Breve histórico do GPA

A versão atual do GPA, ou seja, o GPA 2012, entrou em vigor em 6 de abril de 2014. No entanto, o objetivo de liberalização do mercado de compras públicas vem de muito tempo antes, antecedendo inclusive a criação formal da própria OMC.

Os primeiros esforços para submeter as compras governamentais às regras comerciais internacionalmente acordadas foram realizados no âmbito da Organização para a Cooperação e Desenvolvimento

---

[169] OLIVEIRA, Rafael Sérgio Lima de; FORTINI, Cristiana. A adesão brasileira ao Acordo de Compras Governamentais da Organização Mundial do Comércio. *Revista Opinião Jurídica*. Fortaleza, n. 18, n. 29, p. 120-151, set./dez. 2020, p. 126.

[170] OLIVEIRA, Rafael Sérgio Lima de; FORTINI, Cristiana. A adesão brasileira ao Acordo de Compras Governamentais da Organização Mundial do Comércio. *Revista Opinião Jurídica*. Fortaleza, n. 18, n. 29, p. 120-151, set./dez. 2020, p. 126.

Econômico – OCDE, quando se começou a ter consciência acerca da relevância dos mercados públicos no âmbito do comércio internacional.[171] Na época – início da década de 1960 –, a OCDE chegou a criar um grupo de trabalho no Comitê de Comércio para propor regras voltadas a criar um ambiente de procedimentos de contratação pública internacionais mais justos. Com base no trabalho dessa Comissão, o assunto foi então levado para a Rodada de Negociações Comerciais de Tóquio dentro do GATT em 1976. Como resultado, o primeiro acordo sobre compras governamentais (chamado de "Código da Rodada de Tóquio sobre Compras Governamentais") foi assinado em 1979 e entrou em vigor em 1981. O acordo celebrado em 1979, no entanto, era restrito a contratos de fornecimento de bens que superassem determinado valor nele fixado.

Posteriormente, esse primeiro "código de compras governamentais" foi alterado em 1987 para incluir em seu objeto também os contratos de prestação de serviços e a emenda entrou em vigor em 1988. Com o desenvolvimento da globalização, algumas partes do acordo, então, realizaram negociações para estender ainda mais o seu escopo e a sua cobertura em paralelo com a Rodada Uruguai. Como resultado das negociações, foi finalmente celebrado o *Government Procurement Agreement – GPA* 1994 em Marrakech, em 15 de abril de 1994 – ao mesmo tempo, aliás, em que foi formalmente criada a OMC por meio do seu Acordo Constitutivo. Essa primeira versão do GPA entrou em vigor em 1º de janeiro de 1996.

Pouco depois da implementação do GPA 1994, as partes signatárias iniciaram a renegociação do Acordo, em conformidade com o seu artigo XXIV(9). A negociação foi concluída em dezembro de 2011 e o resultado das negociações foi formalmente adotado em março de 2012. Assim, o GPA 2012 entrou em vigor para todas as partes do GPA 1994 que haviam ratificado o GPA 2012, embora permitisse a continuidade dos procedimentos internos de ratificação das outras partes. A última dessas outras partes, que foi a Suíça, depositou seu instrumento de aceitação do GPA 2012 no dia 2 de dezembro de 2020. Assim, o GPA 2012 entrou em vigor para a Suíça em 1º de janeiro de 2021, data em que o GPA 1994 efetivamente deixou de ser aplicável a todas as situações.

O GPA 2012, contudo, não é um acordo definitivo e imutável. Ele estabelece que as partes devem continuar empreendendo novas

---

[171] RODRIGUES, Nuno Cunha. *A contratação pública como instrumento de política económica.* Coimbra: Almedina, 2013, p. 102.

negociações sempre com vistas a atingir os seus objetivos centrais de reduzir e eliminar progressivamente as medidas discriminatórias e alcançar uma maior extensão da cobertura.

Atualmente, o GPA tem 22 partes, incluindo 49 membros da OMC, sendo que alguns membros estão em processo de adesão ao Acordo, inclusive a China.[172]

7.2.3 O objetivo do GPA

O objetivo do GPA é a abertura mútua dos mercados de compras governamentais dos membros signatários do acordo. Ou seja, cada membro da OMC que adere ao GPA pretende ao mesmo tempo abrir o seu mercado de compras públicas aos demais países signatários do Acordo, mas também ter aberto às empresas nacionais o mercado de compras governamentais dos demais membros.[173]

Nesse contexto, o GPA tem por objeto principal estabelecer e garantir que sejam observadas condições mínimas de concorrência, de modo que os procedimentos de contratações públicas sejam abertos, justos e transparentes. Portanto, não se trata apenas de permitir a pura e simples admissão de licitantes estrangeiros em condições de igualdade com os nacionais em qualquer licitação ou compra governamental nacional. A ideia de não discriminação que constitui o cerne do GPA é muito mais ampla; envolve a compreensão de que os procedimentos precisam ser transparentes, dotados de governança efetiva e despidos inclusive de barreiras implícitas, que muitas vezes são pouco evidentes, mas constituem obstáculos à efetiva abertura dos mercados nacionais de contratações públicas.[174]

---

[172] Conforme dados oficiais da OMC de 24 de setembro de 2024 disponíveis em: https://www.wto.org/english/tratop_e/gproc_e/gpa_accession_e.htm.

[173] Para uma visão atualizada e crítica, confiram-se: ARROWSMITH, Sue. Reimagining Public Procurement Law After Brexit: Seven Core Principles for Reform and Their Practical Implementation, Part 1 (January 10, 2020). Disponível em SSRN: https://ssrn.com/abstract=3523172 or http://dx.doi.org/10.2139/ssrn.3523172.

[174] ANDERSON, Robert D., SCHOONER, Steven L., COLLIN D. The WTO's Revised Government Procurement Agreement - An Important Milestone Toward Greater Market Access and Transparency in Global Public Procurement Markets (January 11, 2012). The Government Contractor, Vol. 54, No. 1, p. 1, January 2012, GWU Legal Studies Research Paper No. 2012-7, GWU Law School Public Law Research Paper No. 2012-7. Disponível em SSRN: https://ssrn.com/abstract=1984216.

7.2.4 O processo de acessão ao GPA e o regime de cobertura negociada

Previamente ao ingresso de qualquer parte ao GPA, realiza-se um processo detalhado de negociação das condições de cobertura do acordo para definir, segundo diversos parâmetros, quais contratações governamentais do membro ingressante estarão sujeitas ao Acordo.[175]

O interessado em aderir ao GPA define tanto de modo afirmativo quanto por meio de exclusões quais tipos de contratações (e valores) e quais entes subnacionais estão cobertos pelo Acordo. Mas essa definição da cobertura horizontal e vertical do GPA que incide sobre o membro ingressante não é unilateral, e sim o resultado de um complexo processo de negociação com cada signatário atual do GPA. Cabe ao membro ingressante a formulação da primeira oferta, que, evidentemente, deve ser o resultado de uma reflexão profunda e realista acerca dos seus próprios interesses na abertura do seu mercado de contratações públicas e nos negócios que podem ser proporcionados às empresas nacionais em outros países.

Portanto, o GPA consagra um regime de cobertura negociada. Cada membro entrante negocia individualmente com todos os demais signatários as coberturas horizontal e vertical, ou seja, quais contratos serão abertos para concorrência internacional segundo as regras do GPA e de quais entes da estrutura estatal são esses contratos. Os contratos serão submetidos ao GPA apenas se ultrapassarem um valor mínimo. As negociações podem excluir ou restringir o acesso às compras dos estados, municípios, ou mesmo de empresas estatais, por exemplo. Além disso, o GPA não afasta a possibilidade de serem preservados os estímulos às micro e pequenas empresas e à sustentabilidade, por exemplo. Também não ignora as circunstâncias peculiares dos países em desenvolvimento, admitindo que, no processo de negociação para a sua acessão, sejam estabelecidas ressalvas para possibilitar, nos prazos negociados, a adoção de políticas nacionais de desenvolvimento. O fato é que, como essas condições são negociadas, elas dependerão muito mais da negociação efetiva no ingresso de cada parte interessada do que do teor das previsões excepcionais do GPA.

---

175 Para mais detalhes sobre o processo de acessão ao GPA, confira-se: YUKINS, Christopher R. e SCHNITZER, Johannes S, GPA Accession: Lessons Learned on the Strengths and Weaknesses of the WTO Government Procurement Agreement (2015). *Trade Law & Development Journal* 89 (India 2015); GWU Law School Public Law Research Paper No. 2015-64; GWU Legal Studies Research Paper No. 2015-64. Disponível em

7.2.5 Conteúdo geral do compromisso de abertura mútua dos mercados de contratações públicas

A abertura mútua dos mercados de contratações públicas dos integrantes do GPA é feita mediante a assunção de compromissos em relação a basicamente três pontos: (i) procedimentos, (ii) não discriminação e (iii) acesso a mercado.

Em relação a procedimentos, o GPA estabelece alguns requisitos mínimos a ser observados – por exemplo, regras tratando de publicidade mínima nas licitações, facilitação à participação de fornecedores estrangeiros e um forte incentivo à adoção de procedimentos eletrônicos, que são mais acessíveis de qualquer lugar do mundo. O objetivo geral é estabelecer requisitos mínimos de transparência nas licitações que resultem em uma efetiva abertura aos licitantes dos membros signatários do Acordo.

Quanto à não discriminação, o GPA prevê vedações à formulação de exigências que, na prática, acabam sendo barreiras – muitas vezes implícitas – à participação de fornecedores dos outros países integrantes do Acordo. Um dos assuntos mais complexos diz respeito à previsão de regras de incentivo a licitantes e conteúdos locais, que em certos casos poderiam inviabilizar a participação efetiva de licitantes de outros países. O objetivo geral buscado pelo GPA nesse contexto é que cada membro signatário conceda aos fornecedores estrangeiros o mesmo tratamento que é aplicado aos fornecedores domésticos, mas há certas regras de transição que serão examinadas abaixo.

No tocante ao acesso ao mercado, o GPA dispõe sobre quais tipos de contratações estarão abertas aos fornecedores dos demais membros e quais os valores mínimos envolvidos – situações que comportam negociações em cada caso. Ou seja, os membros definem para quais entidades, bens e serviços se aplicarão os compromissos de transparência e não discriminação previstos no GPA, bem como os valores mínimos das compras abrangidas pelo Acordo. Em relação a esse tema, um tópico que gera grandes complexidades diz respeito à possibilidade de se estabelecer exceções relacionadas a políticas nacionais de fomento a micro e pequenas empresas e a setores considerados estratégicos.

Ao promover a abertura do seu mercado de contratações públicas por meio da adesão ao GPA, a ideia geral é que a Administração Pública de cada ente signatário do Acordo passe a contar com mais concorrentes em seus procedimentos de contratação, o que tende a fazer com que os custos sejam reduzidos, a qualidade dos produtos e serviços adquiridos seja melhorada, e assim haja uma maior eficiência nos gastos públicos. Da mesma forma, a sociedade é beneficiada não apenas com uma maior racionalidade dos gastos estatais, mas também ao poder utilizar serviços de melhor qualidade e mais baratos. Os fornecedores que são contratados pelo Poder Público também podem ser beneficiados ao ter aberta a possibilidade de disputar novos mercados. Por fim, o simples ingresso de investimentos estrangeiros diretos para o desempenho de atividades de interesse coletivo num determinado país tem um efeito em geral positivo na economia, tudo em decorrência de um aumento da percepção de segurança jurídica e de transparência nas licitações e contratações públicas.

Aprofundaremos vários desses assuntos adiante.

7.2.6 Os componentes do GPA: texto do Acordo e listas de compromissos de cobertura

Os componentes principais do GPA são (i) o texto do Acordo propriamente dito e (ii) as listas de compromissos de acesso a mercado apresentadas por cada um dos signatários do Acordo.

O texto do Acordo estabelece as regras básicas para que sejam respeitadas certas condições de concorrência aberta, justa e transparente nas contratações públicas.[176]

Já as listas de compromissos de acesso apresentam um cronograma de cobertura, ou seja, das atividades de aquisição de bens e serviços que cada parte do GPA apresenta como abrangida pelas condições de concorrência previstas no texto do Acordo.

É o artigo II(4) do GPA que estabelece que os membros devem enviar ao Comitê de Compras Governamentais um programa de cobertura, composto de uma série de listas relacionando quais órgãos governamentais, serviços, bens e projetos de infraestrutura estarão sujeitos às normas do Acordo. Além disso, os membros devem informar um patamar monetário mínimo (*threshold*) para que as licitações e contratos estejam vinculados ao Acordo – patamar esse que pode ser diferente a depender da natureza do contrato (fornecimento de bens, fornecimento de serviços e execução de trabalhos de infraestrutura).

Os compromissos de cobertura das partes constituem parte integrante do GPA e estão contidos no Apêndice I do Acordo. O cronograma de cada parte contém diversos anexos que detalham os seus compromissos em relação a quatro aspectos da cobertura: (i) quais são

[176] Algumas disposições do texto do Acordo serão examinadas na sequência.

as entidades estatais cobertas pelo Acordo; (ii) quais os bens, serviços em geral e serviços de construção cobertos pelo Acordo; (iii) quais os limites mínimos de valor acima dos quais as atividades licitadas estarão cobertas pelo Acordo; e (iv) quais as exceções à cobertura.

As licitações de bens, serviços em geral e serviços de construção serão sujeitas às regras do GPA apenas (i) se realizadas por uma entidade coberta pelo GPA, (ii) se estiverem acima dos limites mínimos de valor estabelecidos, e (iii) se não constarem de nenhuma das exceções contidas nas notas aos cronogramas.

Os cronogramas de cobertura de cada parte signatária do GPA contêm sete anexos, conforme estabelece o artigo II(4) do Acordo: (i) Anexo 1 (sobre entidades do governo central); (ii) Anexo 2 (entidades subnacionais, ou seja, entidades estaduais, municipais etc.); (iii) Anexo 3 (outras entidades); (iv) Anexo 4 (bens); (v) Anexo 5 (serviços); (vi) Anexo 6 (serviços de construção); e (vii) Anexo 7 (notas gerais).[177] [178]

7.3 O conteúdo do GPA

7.3.1 A cobertura do GPA

Conforme tratado acima, a definição dos contratos e entes cobertos pelo GPA é feita em um procedimento negociado entre o entrante e cada signatário do Acordo.

O resultado da existência de um procedimento de acordo em relação a isso é que, para os propósitos do Acordo, as licitações cobertas pelo GPA são aquelas (i) que têm por objeto a aquisição de bens e a prestação de serviços (ou a combinação desses dois tipos de objeto), tal como especificado nos Anexos de cada parte ao Apêndice I e que não sejam realizados com uma visão comercial de compra e venda ou para o uso na cadeia de suprimento de bens e serviços para compra e venda comercial;[179] (ii) cujos contratos podem ser de diversas formatações jurídicas, tais como compras, arrendamentos e aluguéis com ou sem opção de compra ao final; (iii) nas quais o valor do contrato é igual ou superior aos valores mínimos previstos nos anexos de cada parte ao

---

177 Os cronogramas de cobertura de cada parte estão previstos no documento GPA/113. Disponível em: https://docs.wto.org/dol2fe/Pages/SS/directdoc.aspx?filename=q:/PLURI/GPA/113.pdf&Open=True. Acesso em: 24 setembro 2024.

178 O portal da OMC na internet contém informações detalhadas sobre as coberturas e os valores mínimos em cada país: Disponível em: https://www.wto.org/english/tratop_e/gproc_e/gp_app_agree_e.htm. Acesso em: 24 setembro 2024.

179 Previsão contida no Artigo II(2.a.ii) do GPA.

Apêndice I ao tempo da publicação do edital; (iv) realizadas por uma entidade coberta em conformidade com os anexos do Apêndice I e (v) que não seja prevista como exceção à cobertura conforme as exceções previstas no próprio texto do GPA e nos anexos do Apêndice I.

Portanto, a efetiva extensão dos casos cobertos pelo GPA dependerá em grande medida das negociações realizadas na acessão de cada parte ao Acordo.

O texto do GPA, no entanto, prevê desde logo algumas situações em que o Acordo não se aplica (a não ser que haja alguma previsão em contrário nos anexos do Apêndice I de cada parte). Assim, em princípio o GPA não se aplica aos seguintes casos: (i) aquisição ou aluguel de terras, prédios existentes ou outros bens imóveis e direitos derivados deles; (ii) arranjos não contratuais ou outras formas de assistência que uma parte desempenha, incluindo acordos cooperativos, subsídios, empréstimos, aportes de capital, garantias e incentivos fiscais; (iii) aquisição de agência fiscal ou de serviços de depósito, liquidação e serviços de gestão para instituições financeiras reguladas ou serviços relacionados à venda, resgate e distribuição de dívida pública, incluindo empréstimos e títulos do governo, notas e outros documentos similares; (iv) contratos para empregos públicos; e (v) licitações conduzidas (v.1) com o propósito específico de providenciar assistência internacional, inclusive auxílios ao desenvolvimento, (v.2) para atender condições previstas em acordo internacional relacionado a estadia de tropas ou relativo a implementação de projeto conjunto dos países signatários do acordo, e (v.3) sob procedimento particular ou condição de uma organização internacional, ou financiado por subsídios internacionais, empréstimos ou outras condições e em que o procedimento e as condições aplicáveis seriam incompatíveis com o GPA.[180]

Portanto, o próprio texto do GPA contém exceções relativamente amplas, com vistas a fazer com que o Acordo não prejudique situações específicas em que a lógica de contratação não é atingida pelo objetivo de ampliar o acesso a contratações públicas. Por exemplo, se uma contratação é feita com vistas a promover uma ajuda internacional ou dar cumprimento a um acordo com outro país, essas situações, por serem específicas e bem delimitadas, não ofendem a lógica do GPA que é aumentar o acesso às contratações públicas em geral.

---

[180] Previsão contida no artigo II(3) do GPA.

7.3.2 Os princípios gerais do GPA

O artigo IV do GPA relaciona três grandes princípios gerais: (i) não discriminação, (ii) incentivo ao uso de meios eletrônicos e (iii) princípios relacionados à condução dos procedimentos de licitação.

7.3.2.1 O princípio da não discriminação

7.3.3.1.1 Conteúdo básico

O GPA exige que cada parte, incluindo suas entidades – subnacionais ou não – que realizem licitações se comprometam, imediata e incondicionalmente, a conferir aos bens, serviços e fornecedores das demais partes o mesmo tratamento que prestam (i) aos bens, serviços e fornecedores domésticos e (ii) aos bens, serviços e fornecedores das demais partes.

O princípio da não discriminação não se resume, portanto, a conferir aos licitantes estrangeiros o mesmo tratamento que é dispensado aos fornecedores nacionais. Também não se resume a conferir condições isonômicas a bens e serviços estrangeiros em comparação com bens e serviços domésticos. Além disso, o princípio da não discriminação impõe que o mesmo tratamento seja dispensado a todas as demais partes do GPA, seja em relação aos fornecedores, seja quanto a bens e serviços. Assim, por exemplo, um país signatário do GPA não pode conferir um tratamento às empresas sediadas nos Estados Unidos que seja mais benéfico do que o tratamento dispensado a empresas sediadas em outro país signatário do acordo (como a Nova Zelândia, por exemplo).

O princípio da não discriminação é tão relevante que o GPA contém regras que procuram detalhar ainda mais certas situações que serão consideradas como ofensivas a esse princípio. Por exemplo, o artigo IV(2) do GPA estabelece que cada parte signatária do Acordo não poderá (i) tratar um fornecedor local de forma menos favorável do que o tratamento concedido a outro fornecedor local apenas com base na alegação de que um deles é afiliado ou de alguma forma controlado por um estrangeiro nem (ii) discriminar um fornecedor local apenas porque os bens e serviços ofertados por esse fornecedor em uma licitação específica são bens ou serviços que podem ser considerados como sendo de outra parte signatária do Acordo. A rigor, essas previsões nem precisariam constar expressamente do texto do GPA, uma vez que decorrem diretamente da ideia de não discriminação. No entanto, o detalhamento do princípio, numa clara tentativa de impedir qualquer conduta discriminatória pelas partes do Acordo, demonstra a relevância do princípio da não discriminação, que é central ao GPA.

7.3.3.1.2 Regras procedimentais para garantir a não discriminação

Uma das grandes dificuldades na aplicação do GPA consiste em realmente evitar que haja condutas discriminatórias por parte dos entes que realizam os procedimentos de contratação. É muito fácil estabelecer requisitos ou procedimentos que pareçam pertinentes mas, na prática, servem justamente para beneficiar licitantes domésticos ou de certas localidades em detrimento de outros. Essas barreiras não evidentes também são violações claras ao princípio da não discriminação.

Diante disso, o GPA estabeleceu algumas regras procedimentais que têm por objetivo justamente dar maior concretude ao princípio da não discriminação.

Quatro dessas regras merecem destaque.

A primeira delas é a previsão de *métodos específicos de seleção*, denominados de *open tendering*, *selective tendering* e *limited tendering*. Como regra geral, deve ser adotado o procedimento do *open tendering*, que permite que as propostas possam ser apresentadas por todo e qualquer fornecedor. Essa abertura aos licitantes estrangeiros é condição essencial para que não haja barreiras não evidentes ao ingresso do capital estrangeiro.

A segunda previsão a ser destacada é o estabelecimento de *prazos mínimos para a apresentação de documentação e propostas*. O artigo XI do GPA estabelece os prazos mínimos que devem ser observados. Como regra geral, o prazo mínimo para apresentação de documentação e proposta será de 40 dias contados a partir da publicação do edital (para procedimentos abertos – *open tendering*), mas há situações que admitem prazos mais curtos, de 25 dias, ou mesmo prazos de 15 dias e 10 dias.

A existência de um período relevante para a apresentação de propostas é um dado importante quando se pretende abrir o mercado de compras públicas à iniciativa privada. Se o prazo for muito curto, o licitante estrangeiro acaba muitas vezes nem tomando conhecimento do certame ou não tendo prazo suficiente para providenciar todos os documentos necessários à sua participação.

A terceira regra de destaque diz respeito às *publicações dos editais* das licitações. Tais publicações devem ocorrer nas mídias relacionadas no Apêndice III do ingresso de cada país (de modo que os licitantes de todos os signatários do GPA saibam previamente quais os potenciais locais de publicação). Além disso, o acesso a essas publicações deverá ser gratuito. Não poderá haver cobrança de taxas para o simples acesso aos editais das licitações.

A quarta previsão se refere ao *tratamento concedido aos proponentes*. De acordo com o artigo XV, a entidade que estiver promovendo a licitação deverá dar um tratamento aos interessados que garanta a imparcialidade e a objetividade do procedimento. Deverá também se abster de penalizar o licitante que apresentar sua proposta depois do horário estipulado, bem como terá de conceder um tratamento igualitário (por exemplo, estendendo a todos os interessados as oportunidades para a correção de erros formais). Outro dever consiste na transparência no fornecimento de informações aos interessados, de modo que haja um tratamento efetivamente isonômico.

7.3.2.2 O uso de meios eletrônicos

O segundo princípio geral do GPA consiste no forte incentivo ao uso de meios eletrônicos para a realização de licitações.

A razão para esse incentivo à utilização de meios eletrônicos na realização de licitações é evidente. É muito mais fácil e barato que licitantes do mundo todo participem remotamente de procedimentos licitatórios, encaminhando sua documentação e suas propostas por meio eletrônico, do que aconteceria se eles tivessem de participar pessoalmente desses certames.

No entanto, o uso de meios eletrônicos poderia reforçar as barreiras de discriminação – por exemplo, quando se utilizam sistemas obsoletos, para os quais um licitante estrangeiro não teria condições de encaminhar sua documentação.

Em função disso, o GPA estabeleceu dois princípios básicos a ser observados quando se realiza uma licitação por meios eletrônicos – artigo IV(3).

O primeiro deles é o de que as entidades que realizam licitações com a utilização de meios eletrônicos devem utilizar sistemas e *softwares* – inclusive relacionados à autenticação de informações – que sejam disponíveis e interoperáveis com outros sistemas e *softwares* de tecnologia da informação igualmente disponíveis. A utilização de sistemas e *softwares* pouco utilizados, de difícil acesso ou que não sejam interoperáveis, seria uma barreira não evidente – mas ainda assim uma barreira – a licitantes de outros países.

O segundo princípio básico é o de que os países devem manter mecanismos que assegurem a integridade dos pedidos de participação e das propostas, inclusive no tocante ao registro das informações recebidas e à prevenção de acessos inapropriados. É necessário, portanto, que haja segurança em relação ao recebimento e ao tratamento das informações recebidas num procedimento licitatório conduzido de modo eletrônico.

7.3.2.3 A condução dos procedimentos de contratação

O terceiro grande princípio do GPA é o da condução transparente e imparcial dos procedimentos de contratação – artigo IV(4).

De acordo com o GPA, três deveres são compreendidos dentro dos princípios de transparência de imparcialidade.

O primeiro deles é o de que os procedimentos de contratação devem atender às regras estabelecidas pelo GPA, utilizando métodos como os do *open tendering*, *selective tendering* e *limited tendering*.

Isso não significa que cada país signatário do acordo deverá ter três procedimentos de licitação nomeados dessa forma. Os países podem manter os seus procedimentos, inclusive em suas nomenclaturas previamente adotadas. Devem, no entanto, ter como regra geral a abertura a todos os licitantes, de todos os países signatários do GPA, com a possibilidade de que haja procedimentos mais restritos nos casos em que o próprio GPA admitir essas limitações.

No Brasil, por exemplo, não há a necessidade de se reformular o rol de procedimentos licitatórios previstos na Lei nº 14.133 de modo a adotar a nomenclatura do GPA, uma vez que em regra as licitações são abertas a todos os licitantes, podendo haver restrições de acesso e contratações diretas em hipóteses previamente delimitadas pela legislação. A essência das modalidades de licitação previstas no GPA é plenamente observada com as previsões atualmente em vigor da Lei nº 14.133.

O segundo dever é o de evitar conflitos de interesse. Tal dever é previsto de forma absolutamente genérica pelo GPA – artigo IV(4) b. Significa, contudo, que devem ser evitadas situações que possam colocar em dúvida a lisura do procedimento de contratação.

Também neste ponto, a legislação brasileira já contempla regras nesse sentido. O artigo 14 da Lei nº 14.133, por exemplo, proíbe que participem de licitações ou da execução de contratos o autor do anteprojeto, do projeto básico ou do projeto executivo, empresa responsável pela elaboração de projetos adotados pela Administração, pessoas que mantenham vínculo de natureza técnica, comercial, econômica, financeira, trabalhista ou civil com dirigente de entidade contratante, empresas coligadas concorrendo entre si, dentre outras hipóteses.

O terceiro dever é o da prevenção de práticas de corrupção. Trata-se de dever igualmente necessário para que haja realmente um procedimento de contratação transparente e imparcial. Práticas corruptas prejudicam a transparência e constituem barreiras à livre concorrência.

Também nesse ponto, a legislação brasileira atende ao dever. Há não só diplomas normativos que combatem e punem atos de corrupção e improbidade, como também a previsão de penalidades administrativas e criminais para situações de práticas dessa natureza – tais como aquelas previstas no artigo 155, inciso XII, da Lei nº 14.133, que se reporta ao artigo 5º da Lei nº 12.846.

7.3.3 Condições especiais para países em desenvolvimento

Um ponto que costuma gerar discussões em relação ao acesso dos países ao GPA diz respeito à questão das políticas públicas relacionadas às compras governamentais.

Diversos países utilizam as contratações públicas como mecanismos de fomento a diversas práticas consideradas positivas, como o incentivo à economia local, a práticas sustentáveis, a micro e pequenas empresas, e assim por diante.

Apesar de buscar a abertura dos mercados de contratações públicas, o GPA não impede que sejam atreladas a eles certas políticas de incentivo. O artigo V contém regras a esse respeito.[181]

7.3.3.1 A regra geral: considerar as necessidades dos países em desenvolvimento

A regra geral é a de que, nas negociações para acessão de países em desenvolvimento, as partes devem ter especial consideração em relação às necessidades financeiras, comerciais e de desenvolvimento desses países. O GPA, portanto, admite que sejam fixadas condições

181 A respeito do tema, confira-se: YUKINS, Christopher R. and SCHNITZER, Johannes S, GPA Accession: Lessons Learned on the Strengths and Weaknesses of the WTO Government Procurement Agreement (2015). Trade Law & Development Journal N. 89 (India 2015); GWU Law School Public Law Research Paper No. 2015-64; GWU Legal Studies Research Paper No. 2015-64. Disponível em: http://ssrn.com/abstract=2749889.

específicas no processo de acessão de países em desenvolvimento, na medida em que essas especificidades sejam direcionadas a endereçar as necessidades dessas partes em potencial.

7.3.3.2 Concessão de tratamento mais favorável

Com a acessão de países em desenvolvimento, as demais partes do Acordo devem dar imediatamente aos bens, serviços e fornecedores desse país o tratamento mais favorável que é concedido às demais partes do GPA, sujeito aos termos e condições negociados entre a parte e o país em desenvolvimento.

Por outro lado, o país em desenvolvimento que ingressar no GPA, desde que com a concordância das outras partes do Acordo, poderá adotar ou manter certas medidas durante um período de transição, de acordo com um cronograma específico, que serão fixadas no seu ingresso e de uma maneira que não haja discriminação entre as outras partes do Acordo.

De acordo com o artigo V(4), durante o período de negociação para a acessão do país em desenvolvimento, pode-se estabelecer um prazo maior para a aplicação de obrigações específicas. Para países menos desenvolvidos, esse prazo pode ser de até cinco anos após a sua adesão. Para os demais países em desenvolvimento, o prazo não será superior ao efetivamente necessário e não poderá ultrapassar três anos.

Tais medidas de transição podem ser de quatro naturezas.

7.3.3.2.1 Preferências de preço

A primeira delas é a previsão de um programa de preferência de preço, desde que ele estabeleça preferência às partes das propostas que efetivamente incorporem bens e serviços originários do país em desenvolvimento e observando-se que essas preferências sejam estabelecidas de modo transparente, descritas de modo claro no instrumento convocatório do certame.

O GPA não estabelece quais preferências de preço podem ser previstas em um programa dessa natureza, nem os seus limites. Não se prevê, por exemplo, que haja apenas uma regra de desempate nem se estabelecem percentuais máximos. Deixa-se esse detalhamento a cargo das negociações relacionadas ao ingresso dos países em desenvolvimento. O importante é que as regras sejam claras e transparentes, de modo que haja certeza quanto ao seu conteúdo e elas não venham a se tornar barreiras implícitas aos objetivos buscados pelo Acordo.

7.3.3.2.2 *Offsets*

A segunda medida de transição possível consiste no estabelecimento de *offsets*.

Offsets são condições destinadas a incentivar o desenvolvimento local ou melhorar a balança de pagamentos da parte interessada, tais como exigências de conteúdo local, de licenciamentos de tecnologia, de investimento local, dentre outras.[182] Não há uma relação taxativa de medidas dessa natureza que possam ser adotadas. O GPA prevê apenas alguns exemplos.

Para que medidas de *offset* sejam estabelecidas provisoriamente no ingresso de países em desenvolvimento, além de haver uma negociação com relação ao seu conteúdo, é necessário que elas sejam depois estabelecidas de forma clara e objetiva nos instrumentos convocatórios dos procedimentos de contratação. Essa imposição do GPA tem a clara preocupação de fazer com que haja transparência e objetividade na condução dos procedimentos licitatórios, de modo que alegações relacionadas a *offsets* acabem não sendo, na prática, barreiras implícitas à entrada de fornecedores estrangeiros.

7.3.3.2.3 Estabelecimento de fases na adesão

A terceira medida transitória pode consistir no estabelecimento de fases para o ingresso de certas entidades administrativas ou setores econômicos (ou seja, a previsão de fases para a ampliação das coberturas horizontal e vertical do Acordo).

Quando um país em desenvolvimento ingressa no GPA, não é obrigatório que todas as entidades abrangidas pelo acordo sejam desde logo incorporadas. O mesmo se aplica em relação aos setores econômicos. É possível estabelecer fases em que, por exemplo, sejam incorporadas ao Acordo primeiro certos entes nacionais, depois outros entes subnacionais, e assim por diante. Pode-se também aplicar o GPA primeiramente ao fornecimento de bens, por exemplo, ampliando-se depois a sua aplicação a serviços e construção e em um outro momento serviços em geral.

---

[182] O Artigo I, alínea 'l', do GPA estabelece a seguinte definição: "offset means any condition or undertaking that encourages local development or improves a Party's balance-of-payments accounts, such as the use of domestic content, the licensing of technology, investment, counter-trade and similar action or requirement".

O estabelecimento dessas fases deve ter pertinência lógica com os objetivos de desenvolvimento do país entrante e deve ser negociada no seu acesso ao GPA.

7.3.3.2.4 Limites mínimos de valor (*thresholds*) provisórios

A quarta medida provisória aceitável consiste no estabelecimento de um limite mínimo de valor (*threshold*) que seja maior do que o limite mínimo permanente. Assim, por exemplo, pode-se estabelecer que o GPA primeiramente se aplicará a contratações com valor de no mínimo $500 e que somente em momento posterior o Acordo abranja contratações com limite mínimo de $250. Com isso, há uma ampliação paulatina da aplicação do Acordo, que tem o seu espectro de incidência ampliado aos poucos – o que dá em tese a oportunidade de adaptações à nova realidade decorrente da aplicação do Acordo.

7.3.3.3 Previsão das medidas excepcionais e o papel do Comitê de Compras Governamentais

Caso sejam negociadas condições dessa natureza, ou seja, de aplicação postergada de certas obrigações, as condições negociadas, o prazo que será observado e eventuais obrigações provisórias deverão ser previstas no Anexo 7 do Apêndice I do país ingressante.

O Comitê de Compras Governamentais da OMC, no entanto, poderá (i) estender esses prazos a pedido do país em desenvolvimento ou ainda (ii) aprovar a adoção de novas medidas transitórias se entender que houve especiais circunstâncias que não puderam ser antecipadas ao longo do processo de adesão.

O país em desenvolvimento que for beneficiado pela previsão de medidas excepcionais deverá notificar o Comitê acerca da evolução dos passos previstos nas medidas excepcionais de adesão, de modo a demonstrar que está em dia com as obrigações assumidas. O Comitê revisará o modo como estão sendo implementadas as obrigações transitórias e verificará a sua efetividade a cada cinco anos.

7.3.4 Publicação e conteúdo dos editais

Os editais das licitações cobertas pelo GPA devem ser publicados nos meios de divulgação relacionados no Apêndice III do ingresso do país signatário. É importante que haja a relação dos locais em que tais publicações devem ocorrer para que as empresas situadas nos demais países signatários tenham certeza a respeito de onde procurar por tais licitações. Trata-se de uma medida procedimental destinada a dar maior transparência e evitar tratamentos discriminatórios.

O acesso às publicações dos editais deverá ser gratuito. Não serão admitidas cobranças de taxas para esse acesso.

Os editais deverão observar um conteúdo mínimo, que é estabelecido no artigo VII(2). Alguns exemplos de informações obrigatórias são os seguintes: (i) nome e endereço do ente que está promovendo a licitação, (ii) descrição do objeto, incluindo natureza e quantidade a ser contratada, (iii) estimativa de tempo para futuras contratações no caso de contratos recorrentes, (iv) cronograma para a entrega dos bens ou serviços e prazo de vigência do contrato, (v) método de julgamento e data final para envio das propostas, (vi) endereço para submissão das propostas, (vii) idiomas em que as propostas serão aceitas, caso possam ser aceitas em idiomas diferentes do oficial, (viii) relação de informações e condições a ser preenchidas, e (ix) indicação de que a procuração é coberta pelo Acordo.

Além disso, uma publicação mais sumária deve ocorrer em paralelo, num dos idiomas da OMC. O conteúdo mínimo dessa publicação mais sumária é o seguinte: (i) objeto da licitação, (ii) data final de submissão das propostas ou de solicitação de inclusão na lista de potenciais fornecedores, e (iii) endereço para requisição dos documentos da licitação.

O GPA ainda incentiva que seus signatários publiquem informações sobre futuras licitações que ainda planejam realizar, tão logo quanto possível, em cada ano fiscal ("*notice of planned procurement*"). Essas publicações deverão conter informações sobre o objeto e sobre a data estimada para que ocorra o certame.

7.3.5 Condições de participação

Nas licitações cobertas pelo GPA, somente poderão ser estabelecidas condições de participação que sejam realmente essenciais para assegurar que o fornecedor tem as capacitações legais e financeiras necessárias, bem como as habilidades comerciais e técnicas de executar o objeto pretendido – artigo VIII(1). Isso incluirá em certos casos a formulação de exigências relacionadas à comprovação de experiência pretérita. Previsões similares constam do artigo X, itens 7 a 10.

O artigo VIII(3) exige que sejam levadas em consideração as experiências demonstradas pelo licitante tanto no território do país em que está sendo realizada a licitação como também nos territórios das demais partes do Acordo. Além disso, as condições de avaliação devem ser previstas no edital, de modo que cada licitante saiba de antemão quais exigências serão consideradas na análise das propostas.

Serão causas de exclusão: (i) falência, (ii) realização de declarações falsas, (iii) deficiências de performance relevantes e persistentes em contratações anteriores, (iv) condenação por crimes graves e outras ilegalidades significativas, (v) existência de condutas equivocadas ou omissões que afetam a integridade do fornecedor e de sua cadeia de produção, e (vi) inadimplemento de tributos. Em relação a essas causas, como o artigo VIII(4) contém redações bastante amplas, será importante delimitar no edital efetivamente quais serão as causas de exclusão.

7.3.6 Sistema de qualificação de fornecedores

O artigo IX(1) estabelece que os signatários do GPA poderão manter um sistema de registro eletrônico de fornecedores – algo similar a um procedimento auxiliar para a pré-qualificação de interessados.

Apesar do incentivo à existência de um pré-cadastro, o GPA destaca que os signatários devem trabalhar para minimizar as diferenças no sistema entre licitantes nacionais e estrangeiros. A própria adoção do sistema para a qualificação de fornecedores não deve ser utilizada para criar obrigações desnecessárias.

7.3.7 Prazos mínimos

O prazo para a apresentação da documentação e das propostas deverá ser fixado em consonância com a natureza e complexidade da contratação, levando em conta inclusive questões como o tempo necessário para o envio das propostas quando a licitação não é realizada por meios eletrônicos.

Em regra, o prazo para a entrega das propostas não poderá ser inferior a 25 dias contados da publicação do edital. Se houver alguma situação emergencial, o prazo poderá ser reduzido para 10 dias. Além disso, o GPA estabelece que em regra os prazos para entrega das propostas e da documentação não deverão ser inferiores a 40 dias. Há ainda hipóteses em que se admitem reduções dos prazos de entrega das propostas.

O GPA permite, portanto, que haja uma flexibilidade em relação a prazos mínimos, mas estabelece requisitos relativamente precisos para que os prazos possam ser reduzidos, de modo a privilegiar um tratamento isonômico e não dificultar a participação de licitantes de outros países.

A fixação de prazos mais alongados é importante para viabilizar a participação de licitantes estrangeiros, que normalmente terão algumas dificuldades em função do idioma e da distância existente.

7.3.8 Métodos de seleção

O GPA prevê três métodos de seleção: *open tendering, selective tendering* e *limited tendering*.

7.3.8.1 *Open tendering*

O *open tendering* é o método de seleção em que qualquer fornecedor pode submeter uma proposta. Trata-se do método que constitui a regra geral. Em princípio, as licitações cobertas pelo GPA devem ser abertas a todos os interessados.

7.3.8.2 *Selective tendering*

No *selective tendering*, apenas fornecedores qualificados previamente são convidados para apresentar propostas.

7.3.8.3 *Limited tendering*

O *limited tendering* é um método de seleção em que a entidade que realiza a licitação contata o fornecedor ou os fornecedores de sua escolha.

O artigo XIII do GPA prevê que a utilização do *limited tendering* não pode ocorrer com o propósito de impedir competição aberta entre fornecedores nem para discriminar fornecedores estrangeiros ou privilegiar fornecedores domésticos.

Estabelecida essa regra geral, o artigo XIII detalha as situações em que o *limited tendering* pode ser o método de seleção aplicável, tais como: (i) situações em que não houve propostas pelos potenciais interessados, (ii) em que nenhum fornecedor conseguiu atender as condições de participação, (iii) situações em que um único fornecedor pode apresentar proposta razoável devido a questões de direitos de exclusividade ou por questões técnicas, (iv) casos em que um único fornecedor atende requisitos necessários de interoperabilidade de *softwares* e equipamentos, dentre outras.

A entidade contratante que utilizar o *limited tendering* deverá fazer um relatório justificando a utilização desse método e demonstrando que a sua adoção não tem o propósito de beneficiar ou prejudicar prestadores domésticos e estrangeiros. Isso ocorre justamente porque o *open tendering* é reconhecido como sendo o método mais salário.

7.3.8.4 A manutenção dos métodos nacionais de seleção

É importante esclarecer que, ao prever três métodos diferentes de seleção, o GPA não exige que cada signatário do Acordo adote essa nomenclatura. Não há nem mesmo a necessidade de que cada signatário tenha exclusivamente esses três procedimentos de seleção.

Na realidade, os métodos de *open tendering, selective tendering e limited tendering* não são exatamente procedimentos de seleção. São apenas métodos para a escolha de contratados. O GPA pretende apenas estabelecer que há procedimentos abertos a todo e qualquer interessado (que são a regra geral), procedimentos dos quais apenas fornecedores pré-qualificados podem participar, e situações em que não haverá uma disputa aberta. A rigor, é plenamente possível que um país signatário do GPA continue empregando os seus procedimentos de licitação, com a nomenclatura estabelecida na legislação doméstica, e ainda assim esteja em conformidade com o GPA justamente porque esses procedimentos são compatíveis com os métodos de escolha estabelecidos no Acordo.

7.3.9 Procedimentos de revisão doméstica

O GPA exige que as partes signatárias do Acordo tenham um procedimento de revisão interna das condutas relacionadas com as contratações cobertas pelo Acordo. Trata-se de uma preocupação do GPA com o estabelecimento de mecanismos processuais para a defesa da aplicação do Acordo e das regras domésticas editadas justamente para cumprir o GPA.

Os procedimentos de revisão doméstica destinam-se a permitir que sejam alegadas violações ao GPA e às regras domésticas editadas pelas partes signatárias como meios de aplicação do Acordo.

Mas não basta qualquer procedimento de revisão interna. O GPA exige um "*judicial type procedure*", ou seja, um procedimento que envolva garantias processuais fundamentais, de modo que as revisões sejam efetivas, tempestivas, transparentes e não discriminatórias.

Com esses objetivos, o GPA faz algumas exigências que devem ser observadas pelos procedimentos domésticos de revisão.

Primeiro, os interessados que apresentarem reclamações não poderão ser impedidos de participar dos certames em curso e futuros apenas pelo fato de terem formulado tal reclamação.

Segundo, cada participante deve ter prazo razoável e suficiente para preparar e apresentar suas reclamações. Tal prazo não deverá ser inferior a dez dias.

Terceiro, cada parte do Acordo deverá estabelecer ou designar pelo menos uma autoridade administrativa ou judicial imparcial que seja independente das entidades que estão realizando a contratação para receber e revisar a reclamação feita pelo licitante.

Quarto, nas situações em que uma autoridade administrativa incialmente ficar responsável pela decisão das reclamações, o país membro do GPA deverá assegurar que o fornecedor tenha condições de recorrer contra a primeira decisão para uma autoridade administrativa ou judicial imparcial e independente.

Quinto, o procedimento de revisão deverá permitir que haja decisões interlocutórias rápidas, de modo que o licitante que alega ser prejudicado possa efetivamente participar do certame pretendido.

Sexto, o GPA exige que o procedimento atenda a certas previsões, tais como: (i) deve haver decisão por escrito, (ii) os participantes do certame terão o direito de ser ouvidos previamente à tomada de decisão, (iii) os interessados terão o direito de ser representados e acompanhados, (iv) os autos devem ser acessíveis aos participantes, (v) os participantes podem exigir que o procedimento de revisão seja público, e (vi) a decisão final deverá ser dada por escrito e terá a descrição da fundamentação que levou à conclusão adotada.

7.3.10 A administração do GPA: o Comitê de Compras Governamentais

O GPA, na condição de tratado internacional vinculante entre os seus signatários, é administrado pelo Comitê de Compras Governamentais da OMC. Esse Comitê é composto por representantes de todas as suas partes.

Como um tratado internacional vinculante, o GPA é administrado pelo Comitê de Compras Governamentais, que é composto por representantes de todas as suas partes. A aplicação do Acordo é realizada por meio de dois mecanismos: o mecanismo de revisão interna em nível nacional e o mecanismo de solução de controvérsias da OMC em nível internacional.

7.4 A harmonização legislativa e o caso do Brasil

7.4.1 A exigência de harmonização no GPA

O artigo XXII(4) do GPA exige que as partes, até a data de entrada em vigor do Acordo no seu território, adaptem suas leis e regulamentos, bem como suas regras, procedimentos e práticas, às previsões do GPA.

Cada parte deverá informar o Comitê de Compras Governamentais acerca das mudanças implementadas que sejam relevantes para a aplicação do GPA.

7.4.2 Os objetivos buscados com a harmonização

Aponta-se que o dever de harmonização legislativa decorre da compreensão de que a existência de semelhanças entre as legislações sobre contratações públicas dos países é um fator de facilitação do trânsito das empresas entre os mercados nacionais de contratações públicas.[183]

Mais do que isso, no entanto, a harmonização das regras internas dos países é uma necessidade para que haja a aplicação das previsões do GPA. Se houvesse antinomias entre o GPA e as regras internas, isso geraria incertezas que poderiam, no limite, comprometer os próprios objetivos buscados com o Acordo.

7.4.3 Harmonização, uniformização e soberania

Harmonização não significa uniformização de normas.

Na uniformização, quase toda a matéria seria definida em um acordo internacional, restando pouco espaço para que cada signatário disciplinasse o assunto em questão. As regras seriam em sua maioria idênticas para todos os países.

Na harmonização, ocorre fenômeno diverso. Admite-se que haja regras distintas entre os países – e, portanto, respeitam-se os espaços de liberdade e soberania que cada signatário do GPA tem para definir

[183] OLIVEIRA, Rafael Sérgio Lima de; FORTINI, Cristiana. A adesão brasileira ao Acordo de Compras Governamentais da Organização Mundial do Comércio. *Revista Opinião Jurídica*. Fortaleza, v. 18, n. 29, p. 120-151, set./dez. 2020, p. 130.

suas regras internas de licitações e contratações públicas. Diretrizes mais gerais são tratadas na norma internacional, admitindo-se que haja regras específicas em cada país, que podem ser inclusive diversas entre si, mas que devem ser harmônicas, ou seja, devem conviver sem comprometimento das diretrizes gerais e dos objetivos do acordo que foi firmado.[184]

Um exemplo permite compreender a questão. Como já foi mencionado, o GPA contempla três métodos de seleção: *open tendering*, *selective tendering* e *limited tendering*. Ou seja, o Acordo admite que haja procedimentos abertos a qualquer interessado, procedimentos abertos apenas a licitantes pré-qualificados, e procedimentos em que haja convites direcionados. Nos termos em que foi elaborado o GPA, isso não significa que cada signatário do Acordo deve reformular seus procedimentos licitatórios a fim de contemplar essas três modalidades. Cada país pode continuar tendo suas específicas modalidades de licitação, que podem ser três ou mais, inclusive. O que se exige dos signatários do GPA é que a principiologia de ter essa variedade de métodos de seleção seja possível. Assim, por exemplo, se um país contemplar regras domésticas de licitação que envolvam apenas convites direcionados a empresas específicas, selecionadas segundo critérios não transparentes, não haveria a necessária harmonização. Essa sistemática, além de evidentemente contrária a princípios acolhidos pelo GPA (como os da não discriminação e da transparência), seria incompatível com a ideia que orienta o Acordo no sentido de que a regra geral deverá ser a abertura dos procedimentos de contratação a todos os potenciais interessados.

Evidentemente, a harmonização legislativa exigida pelo GPA – e por diversos instrumentos internacionais em geral – não é ofensiva à soberania dos países. Ao aderir a um acordo como o GPA, um país está justamente exercendo a sua soberania. A harmonização legislativa não é uma imposição unilateral, mas um instrumento para dar aplicabilidade aos objetivos que os países livremente aceitam ao firmar um acordo como esse. É evidente que um país, ao aderir ao GPA, pode ter de alterar regras domésticas, mas não se trata de uma imposição e sim de uma adesão livre e voltada a objetivos que o próprio país considera relevantes e positivos para a sua economia interna.

---

[184] GEORGOPOULOS, Aris C.; HOEKMAN, Bernard; MAVROIDIS, Petros C. *The internationalization of public procurement*. Oxford, 2017, *passim*.

7.4.4 O caso brasileiro: pontos sensíveis de harmonização

Havendo a acessão do Brasil ao GPA, entendemos que haverá a necessidade de harmonização de algumas regras domésticas, muito embora a legislação brasileira, em especial com as inovações contempladas pela Lei nº 14.133, já esteja em linha com os princípios fundamentais do Acordo.

Alguns pontos merecem digressões.

7.4.4.1 Nacionalidade como regra de desempate

O artigo 60 da Lei nº 14.133 estabelece quatro critérios para desempate de propostas, que devem ser aplicados na seguinte ordem: (i) disputa final, (ii) avaliação do desempenho contratual prévio dos licitantes, (iii) desenvolvimento pelo licitante de ações de equidade entre homens e mulheres no ambiente de trabalho, e (iv) desenvolvimento pelo licitante de programa de integridade conforme orientações dos órgãos de controle.

Não se discutem as previsões legais. De todo modo, o §1º do artigo 60 da Lei nº 14.133 estabelece que, em igualdade de condições, se não houver desempate com a aplicação dos critérios mencionados acima, será assegurada preferência, sucessivamente, aos bens e serviços produzidos ou prestados por (i) empresas estabelecidas no território do Estado ou do Distrito Federal do órgão ou entidade da Administração Pública que estiver realizando a licitação, (ii) empresas brasileiras e (iii) empresas que invistam em pesquisa e no desenvolvimento de tecnologia no país.[185]

A previsão de regras que levem em conta a nacionalidade dos licitantes ou o fato de investirem em pesquisa e desenvolvimento de tecnologia no Brasil para efeitos de desempate não parece compatível com o princípio do tratamento não discriminatório do GPA. Afinal, trata-se, a rigor, de uma discriminação dentre os licitantes que leva em conta a sua nacionalidade, algo que o GPA justamente busca afastar.

Diante disso, no processo de harmonização das normas internas de licitações, entendemos que os critérios de desempate do artigo 26 da Lei nº 14.133 precisarão ser revistos e provavelmente reformulados ou eliminados.

---

[185] Há ainda uma hipótese a mais prevista no §1º do art. 60 que é a de bens e serviços produzidos por "empresas que comprovem a prática de mitigação, nos termos da Lei nº 12.187, de 29 de dezembro de 2009", ou seja, práticas voltadas à mudança do clima.

7.4.4.2 Margens de preferência

Outro ponto complexo é o das margens de preferência.

O artigo 26 da Lei nº 14.133 prevê que, no processo de licitação, poderá ser estabelecida margem de preferência para bens manufaturados e serviços nacionais que atendam a normas técnicas brasileiras.

Ainda segundo o artigo 26, a previsão de margem de preferência será definida em decisão fundamentada do Poder Executivo federal (artigo 26, §1º, inciso I), mas poderá ser de até 10% (dez por cento – inciso II) e poderá ainda ser estendida a bens manufaturados e serviços originários dos países que integram o Mercosul desde que haja reciprocidade com o país em acordo internacional (inciso III).

Especificamente em relação a bens manufaturados nacionais e serviços nacionais resultantes de desenvolvimento e inovação tecnológica, a margem de preferência poderá ser de até 20% (vinte por cento).

Portanto, o estabelecimento de margens de preferência a empresas nacionais que invistam em desenvolvimento e tecnologia no Brasil acaba por criar uma distinção diretamente relacionada à nacionalidade dos licitantes. Sendo assim, a rigor, tais previsões não estão em harmonia com o princípio da não discriminação previsto no GPA.

Note-se que o §6º do artigo 52 da Lei nº 14.133 estabelece que os editais não poderão prever condições de habilitação, classificação e julgamento que constituam barreiras de acesso ao licitante estrangeiro. No entanto, o mesmo dispositivo admite a previsão de margem de preferência para bens produzidos no país ou serviços nacionais que atendam às normas técnicas brasileiras previstas no art. 26 da lei. Ou seja, a própria Lei nº 14.133 admite que a previsão de margens de preferência pode ser um fator que contribui para o fechamento do mercado nacional de compras públicas.

Diante disso, caso o Brasil ingresse no GPA, parece-nos que as previsões relacionadas com margens de preferência a empresas brasileiras precisarão ser revistas à luz do princípio da não discriminação e outros princípios gerais contemplados no texto do Acordo.

7.4.4.3 Prazos mínimos

Fundamentalmente em seu artigo XI, o GPA exige o cumprimento de certos prazos específicos entre a publicação do edital e outras datas referenciais. Os prazos do GPA normalmente são de 40, 25 e 10 dias, dependendo do tipo de modalidade que está sendo utilizada.

Trata-se de regra fundamental para garantir a transparência ladas licitações.

No caso específico do Brasil, a Lei nº 14.133 prevê uma série de prazos que devem ser observados. No entanto, se, para o mesmo evento, o GPA exigir um prazo maior, deve-se entender que os prazos do GPA devem prevalecer nas licitações que sejam cobertas pelo Acordo.

A rigor, portanto, parece-nos que seria cabível alterar os prazos da Lei nº 14.133 de modo que as previsões relacionadas a prazos sejam compatibilizadas com as do GPA.

7.4.4.4 Métodos de seleção

Conforme já foi explicado acima, o GPA prevê três métodos de seleção: *open tendering*, *selective tendering* e *limited tendering*. O critério de distinção está na possibilidade de participação. O *open tendering* é aberto a qualquer interessado e é a regra geral. O *selective tendering* admite a participação de todos os licitantes desde que tenham sido pré-qualificados. Já o *limited tendering* é aberto apenas aos licitantes que forem convidados.

A Lei nº 14.133 contempla diversas modalidades de licitação que não são exatamente essas relacionadas no GPA. No entanto, não se exige que o Brasil tenha modalidades de licitação exatamente iguais àquelas previstas no GPA. Assim, não é necessário reformular a estrutura procedimental das licitações no Brasil. O que se exige é que os procedimentos licitatórios previstos nas normas domésticas sejam harmônicos com os métodos de seleção existentes no GPA.

No caso, as modalidades de licitação previstas na legislação brasileira não conflitam com os métodos de seleção do GPA. Isso porque a regra geral é a abertura dos certames a todos os interessados e há a previsão de procedimentos auxiliares.

Assim, não parece ser necessário alterar a Lei nº 14.133 porque, no tocante aos métodos de seleção, ela está em consonância com o GPA.

7.4.4.5 Procedimentos de controle e revisão dos atos tomados

O GPA exige que as partes signatárias do Acordo tenham um procedimento de revisão interna das condutas relacionadas com as contratações cobertas pelo Acordo. Os procedimentos de revisão doméstica destinam-se a permitir que sejam alegadas violações ao GPA e às regras domésticas editadas pelas partes signatárias como meios de aplicação do Acordo.

Mas não basta qualquer procedimento de revisão interna. O GPA exige um *judicial type procedure*, ou seja, um procedimento que envolva garantias processuais fundamentais, de modo que as revisões sejam efetivas, tempestivas, transparentes e não discriminatórias.

Entende-se que não é necessário alterar a legislação brasileira. O Brasil tem um sistema de controle e impugnação dos atos praticados em qualquer procedimento de contratação. E tais controles sem dúvida são feitos com contraditório, ampla defesa e a possibilidade de participação de terceiros em certos momentos.

De fato, a legislação brasileira garante o contraditório e a ampla defesa na via administrativa, sempre com prazos adequados. Além da possibilidade de impugnar certos atos no âmbito da própria licitação, há uma diversidade de outros meios de discussão, tais como: (i) representações ao Ministério Público, (ii) representação ao Tribunal de Contas competente, (iii) possibilidade de propor ação popular e ações coletivas, (iv) possibilidade de ingressar como *amicus curiae*, dentre outras.

7.4.4.6 Conclusão final acerca da harmonização

No mais, não precisará haver mudanças tão significativas nas normas domésticas. O Brasil tem um sistema de licitações desenvolvido e que exige decisões claras, objetivas, transparentes, impede os conflitos de interesses e permite contraditório e ampla defesa.

REFERÊNCIAS

ABREU, Rogério Roberto Gonçalves de. Apontamentos sobre os contratos administrativos internacionais e as licitações internacionais no contexto do direito brasileiro. *Boletim de Licitações e Contratos – BLC*, São Paulo, v. 20, n. 12, p. 1164-1184, dez. 2007.

ACCIOLY, Hildebrando. *Manual de direito internacional público*. 15. ed. São Paulo: Saraiva, 1996.

ALMEIDA, Carlos Otávio Ferreira de. Compras governamentais internacionais: os precedentes do contencioso no GATT e na OMC. *Revista de Direito do Estado – RDE*, São Paulo, v. 4, n. 16, p. 193-223, out./dez. 2009.

ALMEIDA, Guadalupe Maria Jungers Abib de. A licitação e as regras específicas de contratos de empréstimo firmados com os organismos internacionais. *Boletim de Licitações e Contratos – BLC*, Rio de Janeiro, ano 4, n. 16, p. 355-359, maio 2006.

AMARAL, Paulo Osternack. *Arbitragem e Administração Pública*: aspectos processuais, medidas de urgência e instrumentos de controle. Belo Horizonte: Fórum, 2012.

ANDERSON, Robert D., SCHOONER, Steven L., COLLIN D. The WTO's Revised Government Procurement Agreement - An Important Milestone Toward Greater Market Access and Transparency in Global Public Procurement Markets (January 11, 2012). The Government Contractor, Vol. 54, No. 1, p. 1, January 2012, GWU Legal Studies Research Paper No. 2012-7, GWU Law School Public Law Research Paper No. 2012-7. Disponível em: SSRN: https://ssrn.com/abstract=1984216.

ANDRADE, Leonardo Aureliano Monteiro de. *As licitações públicas financiadas pelo BID no Brasil*. 2007. Dissertação (Mestrado em Direito) – Pontifícia Universidade Católica de Minas Gerais, Belo Horizonte, 2007.

ARAÚJO, Edmir Netto de. *Curso de direito administrativo*. 5. ed. São Paulo: Saraiva, 2010.

ARROWSMITH, Sue. Horizontal policies in Public Procurement: a taxonomy. *Journal of Public Procurement*, v. 10, Issue 2, p. 149-186, 2010.

ARROWSMITH, Sue. Reimagining Public Procurement Law After Brexit: Seven Core Principles for Reform and Their Practical Implementation, Part 1 (January 10, 2020). Disponível em SSRN: https://ssrn.com/abstract=3523172 ou http://dx.doi.org/10.2139/ssrn.3523172.

ARROWSMITH, Sue, Reimagining Public Procurement Law after Brexit: Seven Core Principles for Reform and Their Practical Implementation: Part 2 (August 12, 2020). Disponível em SSRN: https://ssrn.com/abstract=3672421 ou http://dx.doi.org/10.2139/ssrn.3672421.

ASSONI FILHO, Sérgio. O Estado enquanto licitante internacional. *Revista de Direito Internacional e Econômico*, Porto Alegre, v. 2, n. 1, p. 105-113, out./dez. 2002.

BANDEIRA DE MELLO, Celso Antônio. *Curso de direito administrativo*. 27. ed. São Paulo: Malheiros, 2010.

BANDEIRA DE MELLO, Celso Antônio. *O conteúdo jurídico do princípio da igualdade*. São Paulo: Revista dos Tribunais, 1978.

BAPTISTA, Luiz Olavo. Contratos internacionais da administração pública: novos rumos?. *In*: BANDEIRA DE MELLO, Celso Antônio (Org.). *Estudos em homenagem a Geraldo Ataliba*. São Paulo: Malheiros, 1997. v. 2. Direito administrativo e constitucional.

BARBOSA, Rangel Garcia. As licitações internacionais brasileiras e a OMC. *Revisa Zênite de Licitações e Contratos – ILC*, Curitiba, ano XII, n. 137, p. 602-621, jul. 2005.

BARROSO, Luis Roberto; SOUTO, Marcos Juruena Villela. Aquisição de bens financiadas pelo BIRD. *Boletim de Licitações e Contratos – BLC*, São Paulo, ano X, n. 8, p. 386-391, 1997.

BICALHO, Alécia Paolucci Nogueira. Impactos da concepção contemporânea do certame nas licitações internacionais. *Revista Zênite – Informativo de Licitações e Contratos – ILC*, Curitiba, ano XIX, n. 222, p. 852-855, ago. 2012.

BINEMBOJM, Gustavo. Regulamentos simplificados de licitações das empresas estatais: o caso da Petrobras. *Fórum de Contratação e Gestão Pública – FCGP*, Belo Horizonte, ano 6, n. 68, ago. 2007. Disponível em: http://www.editoraforum.com.br/bid/bidConteudo=46766. Acesso em: 02 mar. 2010.

BITTENCOURT, Sidney. Entendendo as licitações internacionais. *Informativo de Licitações e Contratos – ILC*, Curitiba, ano VII, n. 81, p. 910-914, nov. 2000.

BITTENCOURT, Sidney. *Licitações internacionais*: considerando a lei brasileira: Lei nº 8.666/93 e as regras estabelecidas pelo Banco Mundial – BIRD. 3. ed. Belo Horizonte: Fórum, 2011.

BREUS, Thiago Lima. A funcionalização da contratação pública para a realização de políticas públicas (horizontais). *Revista de Direito Público da Economia – RDPE*, Belo Horizonte, ano 13, n. 51, p. 219-241, jul./set. 2015.

CALASANS JUNIOR, José. *Manual da licitação*. São Paulo: Atlas, 2009.

CAMILO JUNIOR, Ruy Pereira; MARTINS, Geovane Mendes. *Dispute boards*. São Paulo: RT, 2024.

CARVALHO FILHO, José dos Santos. *Manual de direito administrativo*. 25. ed. São Paulo: Atlas, 2012.

CAVALI, Marcelo Costenaro. *Cláusulas gerais antielusivas*: reflexões acerca de sua conformidade constitucional em Portugal e no Brasil. Coimbra: Almedina, 2006.

CHARLES, Ronny. *Leis de licitações públicas comentadas*. 3. ed. Salvador: JusPodivm, 2010.

CITADINI, Antônio Roque. *Comentários e jurisprudência sobre a Lei de Licitações Públicas*. 3. ed. São Paulo: Max Limonad, 1999.

COSTA, Paolo Henrique Spilotros. Licitações com financiamento pelo Banco Interamericano de Desenvolvimento (parecer). *Informativo de Licitações e Contratos – ILC*, Curitiba, ano IX, n. 102, p. 668-679, ago. 2002.

CRETELLA JÚNIOR, José. *Das licitações públicas*: comentários à Lei Federal nº 8.666, de 21 de junho de 1993. Rio de Janeiro: Forense, 2006.

CYMBALISTA, Tatiana Matiello; ZAGO, Marina Fontão; RODRIGUES, Fernanda Esbizaro. O poder de compra estatal e a margem de preferência para produtos e serviços nacionais introduzida na Lei de licitações. *Revista de Direito Público da Economia*, Belo Horizonte, v. 9, nº 35, p. 143-178, jul./set. 2011.

DAL POZZO, Antônio Araldo Ferraz; PORTO FILHO, Pedro Paulo de Rezende. Projetos financiados por organismos internacionais em concorrências públicas: limites constitucionais e legais de suas diretrizes (*guidelines*). *Informativo de Licitações e Contratos – ILC*, Curitiba, ano IX, n. 106, p. 1008-1012, dez. 2002.

DALLARI, Adilson Abreu. *Aspectos jurídicos da licitação*. 7. ed. São Paulo: Saraiva, 2006.

DALLARI, Adilson Abreu. Licitação: preferência a empresas nacionais: legalidade de convênio celebrado entre o BNDES e a CEME. *Revista de Direito Público – RDP*, n. 86, São Paulo, p. 65-71, jul./set. 1988.

DI PIETRO, Maria Sylvia *et al*. *Temas polêmicos sobre licitações e contratos*. São Paulo: Malheiros, 1994.

DI PIETRO, Maria Sylvia. *Direito administrativo*. 24. ed. São Paulo: Atlas, 2011.

DOLINGER, Jacob. *Direito internacional privado*. Rio de Janeiro, Renovar, 2005.

FERNANDES, Jorge Ulisses Jacoby. *Sistema de registro de preços e pregão presencial e eletrônico*. 3. ed. Belo Horizonte: Fórum, 2008.

FERRAZ, Luciano. Função regulatória da licitação. *Revista Eletrônica de Direito Administrativo Econômico – REDAE*, Salvador, Instituto Brasileiro de Direito Público, n. 19, ago./out. 2009. Disponível em: http://www.direitodoestado.com.br. Acesso em: 23 dez. 2011.

FERREIRA FILHO, Manoel Caetano. *Comentários ao Código de Processo Civil*. São Paulo: Revista dos Tribunais, 2001. v. 7.

FOLGOSI, Rosolea M. Licitação e as "guidelines" do Banco Mundial. *In*: BANDEIRA DE MELLO, Celso Antônio (Org.). *Estudos em homenagem a Geraldo Ataliba*. São Paulo: Malheiros, 1997. v. 2.

FROSSARD, Leila Barbieri de Matos; CÂMARA, Leonor Moreira. Poder de compras da administração pública federal: novas perspectivas para o debate acadêmico. *Encontro de Administração Pública e Governança da Anpad*, Vitória, nov.2010. Disponível em: http://www.anpad.org.br/diversos/trabalhos/EnAPG/enapg_2010/2010_ENAPG393.pdf. Acesso em: 14 set. 2024.

FURTADO, Lucas Rocha. *Curso de direito administrativo*. 3. ed. Belo Horizonte: Fórum, 2012.

FURTADO, Lucas Rocha. *Curso de licitações e contratos administrativos*. 3. ed. Belo Horizonte: Fórum, 2010.

GARCIA, Flávio Amaral. *Licitações & contratos administrativos*. 3. ed. Rio de Janeiro: Lumen Juris, 2010.

GEORGOPOULOS, Aris C.; HOEKMAN, Bernard; MAVROIDIS, Petros C. *The internationalization of public procurement*. Oxford, 2017.

GRAU, Eros Roberto. Concorrência: execução de serviços: empresa estrangeira: qualificação: irregularidade: proposta: preço: cotação: moeda estrangeira: irregularidade. *Boletim de Licitações e Contratos – BLC*, São Paulo, ano V, n. 11, p. 427-435, nov. 1992.

HUCK, Hermes Marcelo. *Evasão e elisão*: rotas nacionais e internacionais do planejamento tributário. São Paulo: Saraiva, 1997.

HUPSEL, Edite Mesquita. Licitação nacional: realização do objeto com recursos provenientes de agências internacionais de cooperação: observância das normas de licitação do Banco Mundial: possibilidade de negociação com o licitante que ofertou o menor preço, na hipótese de rejeição de todas as propostas: obrigatoriedade, porém, da consulta prévia ao organismo financiador (parecer). *Informativo de Licitações e Contratos – ILC*, Curitiba, ano IV, n. 43, p. 714-717, set. 1997.

JUSTEN FILHO, Marçal. *Comentários à lei de licitações e contratos administrativos*. 15. ed. São Paulo: Dialética, 2012.

JUSTEN FILHO, Marçal. *Comentários à lei de licitações e contratações administrativas*. 2. ed. São Paulo: RT, 2023.

JUSTEN FILHO, Marçal. *Curso de direito administrativo*. 8. ed. Belo Horizonte: Fórum, 2012.

JUSTEN FILHO, Marçal. *Pregão*: comentários à legislação do pregão comum e eletrônico. 5. ed. São Paulo: Dialética, 2009.

JUSTEN FILHO, Marçal; JORDÃO, Eduardo Ferreira. A contratação administrativa destinada ao fomento de atividades privadas de interesse coletivo. *Revista Brasileira de Direito Público – RBDP*, Belo Horizonte, ano 9, n. 34, p. 47-72, jul./set. 2011.

JUSTEN NETO, Marçal. A negociação de condições mais vantajosas. *In*: JUSTEN FILHO, Marçal; PEREIRA, Cesar A. Guimarães (Org.). *O Regime Diferenciado de Contratações Públicas (RDC)*. Belo Horizonte: Fórum, 2012.

LEÃO, Eliana Goulart; SENHORINHO, Eliane Maria. Observações sobre as licitações internacionais. *Informativo de Licitações e Contratos – ILC*, Curitiba, ano IV, n. 45, p. 847-856, nov. 1997.

MAGALHÃES, José Carlos. Obrigatoriedade de observância das normas sobre licitação do BIRD (parecer). *Informativo de Licitações e Contratos – ILC*, Curitiba, ano IV, n. 36, p. 132-141, nov. 1997.

MEIRELLES, Hely Lopes. *Direito administrativo brasileiro*. 38. ed. São Paulo: Malheiros, 2012.

MENDES, Renato Geraldo. *Lei de licitações e contratos anotada*. 8. ed. Curitiba: Zênite, 2011.

MODESTI, Ancelmo. *Offset*: teoria e prática. *In*: WARWAR, Z. (Ed.) *Panorama da prática do offset no Brasil*: uma visão da negociação internacional de acordos de compensação comercial, industrial e tecnológica. Brasília: Projeto Editorial/Livraria Suspensa, 2004.

MONTEIRO, Vera. *Licitação na modalidade de pregão*. 2. ed. São Paulo: Malheiros, 2010.

MOREIRA NETO, Diogo de Figueiredo. A globalização e o direito administrativo. *In*: MOREIRA NETO, Diogo de Figueiredo. *Uma avaliação as tendências contemporâneas do direito administrativo*. Rio de Janeiro: Renovar, 2003.

MOREIRA, Egon Bockmann; GUIMARÃES, Fernando Vernalha. *Licitação pública*: a Lei Geral de Licitação – LGL e o Regime Diferenciado de Contratação – RDC. São Paulo: Malheiros, 2012.

MORIS, Gustavo. Licitações internacionais frente aos princípios constitucionais. *Informativo de Licitações e Contratos – ILC*, Curitiba, ano XI, n. 124, p. 499-500, jun. 2004.

MOTTA, Carlos Pinto Coelho. *Curso prático de direito administrativo*. 3. ed. Belo Horizonte: Del Rey, 2011.

MOTTA, Carlos Pinto Coelho. *Eficácia nas licitações e contratos*. 12. ed. Belo Horizonte: Del Rey, 2011.

MOTTA, Carlos Pinto Coelho; BICALHO, Alécia Paolucci N. Licitações nacionais como instrumento da efetivação dos princípios constitucionais do desenvolvimento nacional e do incentivo ao mercado interno. *Fórum de Contratação e Gestão Pública – FCGP*, Belo Horizonte, ano 9, n. 107, p. 7-11, nov. 2010.

MOTTA, Fabrício M. A harmonização das normas sobre licitação nos Estados-Partes do Mercosul. *Interesse Público*, Porto Alegre, ano 5, n. 17, p. 100-122, jan./fev. 2003.

MUKAI, Toshio. As licitações internacionais, as normas da Lei nº 8.666/93 e as dos organismos financeiros internacionais. *Boletim de Licitações e Contratos – BLC*, São Paulo, v. 10, n. 8, p. 373-374, ago. 1997.

MUKAI, Toshio. Curiosa legislação: empresas privadas estão submetidas à obrigatoriedade de proceder a licitações públicas. *Fórum de Contratação e Gestão Pública – FCGP*, Belo Horizonte, ano 8, n. 86, p. 84-85, jan. 2009.

NERY JUNIOR, Nelson; NERY, Rosa Maria de Andrade. *CPC comentado e legislação extravagante*. 7. ed. São Paulo: Revista dos Tribunais, 2003.

NIEBUHR, Joel de Menezes. *Pregão presencial e eletrônico*. 6. ed. Belo Horizonte: Fórum, 2011.

NORMANDO, Fernando. Licitações internacionais. *Informativo de Licitações e Contratos – ILC*, Curitiba, ano VI, n. 59, p. 3-6, jan. 1999.

OLIVEIRA, Ivo Ferreira de. *Licitações internacionais*. 3. ed. Belo Horizonte: Fórum, 2011.

PACHECO, José da Silva. A reclamação no STF e no STJ de acordo com a nova constituição. *Revista dos Tribunais*, São Paulo, n. 646, p. 19-32, ago. 1989.

PARIZI FILHO, João. A sujeição de licitações brasileiras às normas internacionais. *Boletim de Licitações e Contratos – BLC*, São Paulo, v. 4, n. 8, p. 476-480, ago. 2000.

PEDRA, Anderson Sant'Ana. Licitação internacional: normas nacionais x normas estrangeiras (uma visão constitucional). *Fórum de Contratação e Gestão Pública – FCGP*, Belo Horizonte, ano 2, n. 19, jul. 2003. Disponível em: http://www.editoraforum.com.br/bid/bidConteudoShow.aspx?idConteudo=8142. Acesso em: 04 mar. 2010.

PEREIRA JUNIOR, Jessé Torres. *Comentários à lei das licitações e contratações da Administração Pública*. 8. ed. Rio de Janeiro: Renovar, 2009.

PEREIRA JUNIOR, Jessé Torres. *Comentários à lei das licitações e contratações da Administração Pública*. 7. ed. Rio de Janeiro: Renovar, 2007.

PEREIRA JUNIOR, Jessé Torres; DOTTI, Marinês Restelatto. *Políticas públicas nas licitações e contratações administrativas*. Belo Horizonte: Fórum, 2009.

PEREIRA, Cesar A. Guimarães. A Lei nº 12.598 e as licitações e contratações administrativas no setor de defesa. *Informativo Justen, Pereira, Oliveira e Talamini*, Curitiba, n. 62, abr. 2012. Disponível em: http://www.justen.com.br. Acesso em: 06 ago. 2012.

PEREIRA, Cesar A. Guimarães. *Elisão tributária e função administrativa*. São Paulo: Dialética, 2001.

PEREIRA, Cesar A. Guimarães. International Bidders and Public Procurement in Brazil. *Informativo Justen, Pereira, Oliveira e Talamini*, Curitiba, n. 45, nov. 2010. Disponível em: http://www.justen.com.br. Acesso em: 07 jan. 2011.

PEREIRA, Cesar Augusto Guimarães; TALAMINI, Eduardo (Coord.). *Arbitragem e Poder Público*. São Paulo: Saraiva, 2010.

PINTO, Nelson Luiz. *In*: MARCATO, Antonio Carlos (Coord.). *Código de Processo Civil interpretado*. São Paulo: Atlas, 2004.

PLAWIAK, Rainier Belotto. Contratos administrativos internacionais: a Lei nº 8.666/93 frente às normas do comércio internacional. *Revista Brasileira de Direito Internacional*, Curitiba, v. 2, n. 2, p. 284-308, jul./dez. 2005.

REISDORFER, Guilherme F. Dias. *Responsabilidade pré-contratual do Estado*. Belo Horizonte: Fórum, 2024.

RESEK, Francisco. *Direito internacional público*. 11. ed. São Paulo: Saraiva, 2008.

ROCHA NETO, Edson Francisco. *Dispute boards*: aspectos processuais. São Paulo: RT, 2024.

ROMERO, William. Participação de empresas estrangeiras em licitações no Brasil. *Informativo Justen, Pereira, Oliveira e Talamini*, Curitiba, n. 23, janeiro/2009. Disponível em: http://www.justen.com.br. Acesso em: 14 jan. 2011.

ROMERO, William. The System of Protests and Appeals in Brazilian Public Biddings Law. *In*: JUSTEN FILHO, Marçal; PEREIRA, Cesar A. Guimarães (Ed.). *Infrastructure Law of Brazil*. 2. ed. Belo Horizonte: Fórum, 2011.

ROSILHO, André Janjácomo. *Qual é o modelo legal das licitações no Brasil?*: as reformas legislativas federais no sistema de contratações públicas. 2001. Dissertação (Mestrado) – Escola de Direito de São Paulo, Fundação Getulio Vargas, São Paulo, 2011.

ROSSITO, Isabella Karollina. Contratação pública socialmente sustentável: mecanismos na legislação nacional brasileira. 2019. Dissertação (Mestrado) – Universidade de São Paulo, Ribeirão Preto, 2019. Disponível em: https://www.teses.usp.br/teses/disponiveis/107/107131/tde-10092021-133651/. Acesso em: 13 set. 2024.

SANTOS, Alexandre Moreira Tavares dos. Da reclamação. *Revista dos Tribunais*, São Paulo, v. 92, n. 808, p. 121-166, jan./fev. 2003.

SCHWIND, Rafael Wallbach. Licitações financiadas por organismos internacionais no Brasil. *Fórum de Contratação e Gestão Pública – FCGP*, Belo Horizonte, ano 9, n. 107, p. 65-70, nov. 2010.

SCHWIND, Rafael Wallbach. Licitações internacionais realizadas por entidades de direito privado e aplicação do "drawback". *Informativo Justen, Pereira, Oliveira e Talamini*, Curitiba, n. 23, jan. 2009. Disponível em: http://www.justen.com.br. Acesso em: 20 ago. 2012.

SCHWIND, Rafael Wallbach. Public Procurement Financed by International Agencies and Multilateral Funds in Brazil. *In*: JUSTEN FILHO, Marçal; PEREIRA, Cesar A. Guimarães (Org.). *Infrastructure Law of Brazil*. 2nd ed. Belo Horizonte: Fórum, 2011.

SCHWIND, Rafael Wallbach. *Remuneração do concessionário*: concessões comuns e parcerias público-privadas. Belo Horizonte: Fórum, 2010.

SCHWIND, Rafael Wallbach. Remuneração variável e contratos de eficiência no Regime Diferenciado de Contratações Públicas (RDC). *Interesse Público – IP*, Belo Horizonte, ano 13, n. 70, nov./dez. 2011.

SCOZZIERO, Eduardo de Seixas. A impossibilidade de instauração do pregão internacional com base no artigo 16 do Decreto nº 3.555/2000. *Fórum de Contratação e Gestão Pública – FCGP*, Belo Horizonte, ano 6, n. 66, p. 53-57, jun. 2007.

SILVA, Erivam Paulo da. O uso do poder de compra do Estado como instrumento de política pública: a Lei Complementar nº 123/2006, sua implementação. 2010. Dissertação (Mestrado). Escola Brasileira de Administração Pública e de Empresas, Centro de Formação Acadêmica e Pesquisa, Rio de Janeiro, 2010. Disponível em: https://bibliotecadigital.fgv.br/dspace/bitstream/handle/10438/3408/erivam.pdf?sequence=1&isAllowed=y. Acesso em: 14 set. 2024.

SILVA, José Afonso. *Comentário contextual à Constituição*. 3. ed. São Paulo: Malheiros, 2007.

SILVA, Rodrigo Alberto Correia da; MOLLICA, Julio César. Licitações internacionais e o princípio da igualdade entre os licitantes. *Informativo de Licitações e Contratos – ILC*, Curitiba, ano XI, n. 120, p. 139-141, fev. 2004.

SOUTO, Marcos Juruena Villela. *Licitações e contratos administrativos*. 3. ed. Rio de Janeiro: Esplanada, Adcoas, 1998.

SQUEFF, Flávia de Holanda Schmidt. O poder de compras governamental como instrumento de desenvolvimento tecnológico: análise do caso brasileiro. *Instituto de Pesquisa Econômica Aplicada*, Brasília, Texto para Discussão nº 1922, janeiro de 2014. Disponível em: http://comprasgovernamentais.com.br/wp-content/uploads/2014/01/O-PODER-DE-COMPRAS-GOVERNAMENTAL.pdf. Acesso em: 14 set. 2024.

SUNDFELD, Carlos Ari. A Administração Pública na era do direito global. *In*: SUNDFELD, Carlos Ari; VIEIRA, Oscar Vilhena (Coord.). *Direito global*. São Paulo: Max Limonad, 1999.

SUNDFELD, Carlos Ari. Guia jurídico das parcerias público-privadas. *In*: SUNDFELD, Carlos Ari (Coord.). *Parcerias público-privadas*. São Paulo: Malheiros, 2005.

SUNDFELD, Carlos Ari. *Licitação e contrato administrativo*. 2. ed. São Paulo: Malheiros, 1995.

SUNDFELD, Carlos Ari. O direito administrativo sobreviverá à globalização? *In*: SUNDFELD, Carlos Ari. *Direito administrativo para céticos*. São Paulo: Malheiros, 2012.

SUNDFELD, Carlos Ari. Uma lei de normas gerais para a organização administrativa brasileira: o regime jurídico comum das entidades estatais de direito privado e as empresas estatais. *In*: MODESTO, Paulo (Coord.). *Nova organização administrativa brasileira*. Belo Horizonte: Fórum, 2009.

TCU. *Transferência de tecnologia*: Programa de Desenvolvimento de Submarinos (Prosub) e Projeto H-XBR. Brasília, 2014. Disponível em: http://portal2.tcu.gov.br/portal/pls/portal/docs/2657464.PDF. Acesso em: 12 fev. 2015.

TCU. *Licitações & Contratos*: orientações e jurisprudência do TCU. 5. ed. Brasília: TCU, Secretaria-Geral da Presidência, 2024. Disponível em: https://portal.tcu.gov.br/data/files/16/04/09/B2/2DEB19104CE08619E18818A8/Licitacoes-e-Contratos-Orientacoes-e-Jurisprudencia-do-TCU-5a-Edicao.pdf. Acesso em: 25 set. 2024.

THALER, Richard H.; SUNSTEIN, Cass R. *Nudge*: Improving Decisions About Health, Wealth and Happiness. New Haven & London: Yale University Press, 2008.

TORRES, Ronny Charles Lopes de. Licitação com recursos oriundos de organismo internacional: análise do §5º do artigo 42 da Lei nº 8.666/93. *Fórum de Contratação e Gestão Pública – FCGP*, Belo Horizonte, ano 6, n. 66, p. 32-37, jun. 2007.

TRINDADE, Antônio Augusto Cançado. *Direito das organizações internacionais*. Belo Horizonte: Del Rey, 2003.

TRINDADE, Antônio Augusto Cançado. *O direito internacional em um mundo em transformação*. Rio de Janeiro: Renovar, 2002.

VALIM, Rafael. A negociação de condições mais vantajosas no Regime Diferenciado de Contratações Públicas (RDC). *In*: CAMMAROSANO, Márcio; DAL POZZO, Augusto Neves; VALIM, Rafael (Coord.). *Regime Diferenciado de Contratações Públicas – RDC (Lei nº 12.462/11)*: aspectos fundamentais. 2. ed. Belo Horizonte: Fórum, 2012.

WALD, Arnoldo. A arbitragem contratual e os *dispute boards*. *Revista de Arbitragem e Mediação*. São Paulo, v. 2, n. 6, p. 9-24, jul./set. 2005.

YUKINS, Christopher R. and SCHNITZER, Johannes S. GPA Accession: Lessons Learned on the Strengths and Weaknesses of the WTO Government Procurement Agreement (2015). Trade Law & Development Journal N. 89 (India 2015); GWU Law School Public Law Research Paper No. 2015-64; GWU Legal Studies Research Paper No. 2015-64. Disponível em: http://ssrn.com/abstract=2749889.

ZAGO, Marina Fontão. Poder de compra estatal para a Implementação de políticas públicas: o uso derivado da contratação pública. Tese (Doutorado) – Universidade de São Paulo, São Paulo, 2018. Disponível em: https://www.teses.usp.br/teses/disponiveis/2/2134/tde-13112020-173328/publico/4094250_Tese_Corrigida.pdf. Acesso em: 14 set. 2024.

Esta obra foi composta em fonte Palatino Linotype, corpo 10
e impressa em papel Pólen Bold 70g (miolo) e Supremo 250g (capa)
pela Gráfica Star7.